JN316447

証聖者マクシモス『難問集』

証聖者マクシモス『難問集』

―― 東方教父の伝統の精華 ――

谷　隆一郎訳

知泉書館

凡　例

一、ギリシア語原典には、節の番号も題もないが、各節に訳者の判断で表題を附した。
一、原典にはほとんど切れ目がないので、一まとまりごとに分けて小見出しをつけ、また適宜改行した。
一、翻訳文中、「　」内は主として聖書や教父からの引用であるが、訳文を分かりやすくするために、適当に用いた。
一、〔　〕は原文にない言葉を補ったときに用い、また（　）は言い換えないし説明のための語句に用いた。
一、検索に便利なように、原典のミーニュ・ギリシア教父全集の頁数を上方に附記した。
一、聖書からの引用は、証聖者マクシモスの論述との関わりを考慮し、底本に忠実に新たに訳した。（それゆえ、現行の邦訳聖書は各種参考にしたが、訳文はその限りではない。）
一、訳註は、先行の教父たちの著作等々についての言及は必要な範囲で最小限に留め、本文の内容の読解と吟味に資するものとなるよう心がけた。

はしがき

本書は、東方・ギリシア教父の伝統にあって後期の代表者、証聖者マクシモス（五八〇頃―六六二）の主著の全訳である。これは、「カッパドキアの三つの光」たる教父の一人、ナジアンゾスのグレゴリオス（四世紀、教父の黄金時代）と擬ディオニュシオス・アレオパギテース（恐らく六世紀はじめ、シリアの修道者）とのさまざまな難解な言葉を、大きく敷衍し解釈してゆくという体裁の著作であり、体系的なものではない。しかしそれは、結果として、東方教父という大きな思想潮流をすぐれて集大成したものとなっているのである。

証聖者マクシモスの名は、我が国では余り知られていないが、東方教父、ビザンティンの思想伝統を継承する国々にあっては、最も際立った尊敬を集めている。この点、日本においては、たとえば空海、道元のような存在に当たると言えよう。

ここに教父の伝統とは、一言で言うならば、旧・新約聖書のヘブライ・キリスト教的伝統という土台の上に、古代ギリシア哲学（愛智）の諸伝統を摂取し、根本での拮抗とともにそれらを何らか超克していったものであった。（従ってそれは、いわば東洋における「大乗仏典成立の歴史」にも比せられよう。）そしてそれは、学と修道との渾然と一体化した比類なき姿を有しており、後世の容易に凌駕しがたい人類の古典となりえているのである。

してみればこの書は、確かにキリスト教の思想伝統のうちにあるのだが、さまざまな先入見や偏見、あるいは自己への執着などをできるだけ排して、虚心に受けとめてゆくなら、そこには「人間・自己とは何か、また何でありうるのか」、そして「善く生きるとは何なのか」といった素朴で根源的な問題についての、まさに透徹した洞察と論究が見出されるであろう。

もとより、本書に取り上げられた諸々の主題は、いずれも奥行きの深いものであって、誰にとっても決してやさしくはない。しかし、ここに見事に結晶した言葉・ロゴスを心開いて味読することによって、われわれもまた、先人が徹底して探究しかつ体現した境位に何ほどか参与してゆくことができるであろう。

ともあれこの書が、広い意味での同行の人々にとって、またさらには、今もいつも、心に何らかの苦しみを抱きつつ真に道を求めるすべての人々にとって、探究のよき糧となり生の一つの道しるべともなれば、まことに幸いである。

二〇一五年七月

谷　隆一郎

目　次

目次

目　次

証聖者マクシモス『難問集』

――東方教父の伝統の精華――

しるしの聖母
ヤロスラーヴリ，13世紀

聖なるディオニュシオスと〔ナジアンゾスの〕グレゴリオスの
さまざまの難解な言葉をめぐって、マクシモスが聖なるトマスに宛てて

序　言

ロゴス・キリストの現存を問う

1032A 神の聖なるしもべ、霊的父にして師、主人であるトマスに宛てて、卑しく罪深い者、取るに足らぬしもべであり弟子であるマクシモスが〔以下の言葉を記す〕。

あなたは熱心な観想をよく持続させて、神的なものの移りゆくことのない習性（姿）（ἕξις）を捉えた。すなわち、神にはなはだ愛された人よ、あなたは単に知恵（σοφία）をではなく、知恵の美（κάλλος）を最も節度をもって愛する者となった。ここに知恵の美とは、「実践ある知（γνῶσις）」ないし「知恵ある実践」であって、それらの特徴は、両者に満たされたような「神的な予知と裁きとのロゴス（言葉、意味）」である。

そうしたロゴスにもとづいて、あなたは霊（πνεῦμα）によって知性（ヌース）を感覚に結合させて、いかに神が真実に「神の似像（εἰκών）に即して人間を創った」（創世一・二六）かということを示した。つまり、神が
1032B 人間を「善性（ἀγαθότης）のゆたかなしるしとして存立させた」ということを示したのだ。そしてあなたは自らのうちに、相反するもの（神性と人性）の美しい結合として、「諸々のアレテー（徳）によって身体化した神（θεὸς σωματούμενος）」をいみじくも証示しているのである[1]。

さて、あなたは神の高みを推し測りつつ、その無化（κένωσις）（フィリピ二・七）を模倣してわたしのもとに降るのをふさわしいと考え、あなたのすでに知っている章句を探究するようわたしに求めた。それは、ディオニュシオス・アレオパギテースとナジアンゾスのグレゴリオスの言葉である[2]。彼らは聖にして傑出した至福の

1033A 人々であり、まさに択びにより永遠の定めとして、上から神のもとに引き上げられた。そして、聖人たちによって達成されるような知恵の満ちあふれをすべて真に受容し、〔単に〕自然・本性に即した生を超えて、魂の実体（ウーシア）を〔より善く〕形作ったのである。

そのことによって彼らは、唯一生きているキリストを持つに至った。そして、より大なることを言えば、キリストが彼らにとって魂の魂となり、彼らのすべての行為と言葉と思惟を通して顕現するのだ(3)。が、その際、彼らによって示されたことがそれを説得するというのではなく、かえってキリスト自身が、恵みによって彼らにとって代っているのである。

1033B しかし、聖霊を受けなければ、わたしはどうしてイエスを主と呼ぶことができようか(4)（一コリント一二・三）。物言わぬ者のごとく不自由で、知性（ヌース）を朽ちゆくものの形に釘付けしている者が、どうして主の諸々の力を語り、主を讃美する声を聞くことができようか。また、情念（πάθος）への愛好のゆえに魂の聞く力がロゴス（言葉・根拠）に敵対している者が、どうして至福の声を聞くことができようか。あるいは、世に打ち勝たれたようなわたしにとって、いかにして〔神の〕ロゴスが世に打ち勝って現れ出るであろうか。またもし、自然・本性（φύσις）に即して物質的なものを愛する状態のゆえに、ロゴスが知られないものであるならば、どうしてロゴスは、世において自然・本性的に現れ出るであろうか(5)。

1033C そして、わたしのように呪われた者が聖なる人々を汚し、浄くない者が浄い人々を汚すことが、どうして厚顔でないであろうか。それゆえわたしは、不従順の危険には捉われていないとしても、軽率のそしりを恐れつつ、禁じられたことへの挑戦を試みることにしたい。すなわち、それら二つの中間なのだが、わたしは、不従順の危険の方は赦されぬこととして避け、軽率の科の方はむしろ耐えうるものとして択ぶのである。

さて、聖なる人々の仲介とあなたたちの祈りの助けとによって、偉大な神にして救い主なるキリストが導きたまうならば、敬虔に思惟し、また各々の章句についての解釈をできるだけ簡潔に、然るべき仕方で語りえよう。（なぜならロゴスは教師として、小さき者たちにも大きな力を与えるからである。）そこで、時代的にむしろわれわれに近い人として、神的な〔ナジアンゾスの〕グレゴリオス〔の言葉の解釈〕から始めることにしよう[6]。

一　三一性（三位一体）の意味

1033D 聖なる「神学者グレゴリオス[7]」の『神学講話』第三講話「子について」に、次のように言われている。

「それゆえに、単一なるもの（μόνας）ははじめ（根拠）から二へと動かされ、ついには三一性（τριάς）となる。」

1036A また同じ著者の『平和について』の第二講話には、こうある。

「単一なるものは富（ゆたかさ）によって動かされ、二は質料と形相（εἶδος）の上にあり、それらから諸々の物体（身体）が生じる。そうした二は超えられ、三一性が完全なるものとして定義される。」

神性の栄光と輝き

神のしもべよ、このように不調和と見えることについては、単に調和を求めても行きづまり、それらの文のより整合的な意味を思惟によって見出すことはできない。つまり、「二が超えられて、二には停止しないこと」と、

1036B 「さらに三一性が定義されることと単一なるものの動きが三一性において停止すること」とは、同一のことなのだ。なぜならば、単一なる根拠（μοναρχία）を誉れあるものとして、つまり一つの顔（プロソーポン）によって捉えられたものとして尊びながら、無限（ἄπειρον）へと走ることは、無秩序なことと看做されるからである。

しかし、父と子と聖霊という三一性は、自然・本性的に同じく尊ばれるべきものであり、聖なるものとして存立している。それらの協調（合致）はゆたかなものであり、輝きの一なる放射であって、決してそれらを超えて神性（θεότης）が発散してゆくのではない。それは、われわれが神々の〔多なる〕領域へと入ってゆくことのないためである。また神性は、そうした神々のうちで定義されてはならない。それは、神性の貧しさを〔主張しているなどと〕非難されないためである。

それゆえこのことは、諸々の存在物の超実体的原因を語るような原因論ではなくて、神性の栄光について語る敬虔な言明なのだ(8)。神性は単一なるものであって二ではなく、三一性であってしかも多ではない。そして神性は、始まり（根拠）なきもの、非物体的なもの、分裂なきものなのである。単一なるものは、真に単一である。なぜならそれは、分割の除去ということによって、自らの後なる諸々のものの根拠（原因）ではないからだ。従って単一なるものは、自然・本性的に（ピュシスとして）多数性に向かうことなく、同一実体（ὁμοιούσιος）なる
1036C 三一性の存在のヒュポスタシスのうちなるもの（エンヒュポスタトス）なのである(9)。

一なる神性と三つのヒュポスタシス　神性の動き

そうした三一性は真に三一性であって、数の区別によって複合されているのではなく、三つのヒュポスタシス（個的現実、位格）の単一なるものが、実体・本質（οὐσία）のうちに存するのだ。（つまり、三一性は、それ自身

が分割を蒙ることはないので、単一なるものの複合ではないからである。）そこで、三一性は真に単一なるものとして、そのように在り、単一なるものは真に三一性として、そのように存立してきたのだ。なぜならば、一なる神性が単一的に在り、かつ三一性的に存立しているからである。

しかし、もしあなたが、超無限なる神性がいかにして動かされるかという、その「動き」のことを聞いて驚いたとしても、それは神性そのものの受動（パトス）のことではない。(10) すなわちそれ（神性の動き）は、まず神性の「在ること」の〔無時間的な〕ロゴス（意味）を照らしている。が、さらに、「在ること」が「いかに在る」かに先立って確かに知られるならば、「いかにして現に〔この世界に〕存立するか」の方式が次にあらわにされるであろう。してみれば「神性の動き（κίνησις）」とは、それを受容しうる人々にとって、神性の「在ること」と「いかに〔現に〕生成してくるか」ということについての、照らしによって生じてきた知（γνῶσις）なのである。(11)

二　子の無化と受肉——ヒュポスタシス・キリストの成立

1036D 同じ著者（ナジアンゾスのグレゴリオス）の『神学講話』第三講話に、こう言われている。

「神性」には、また「諸情念や身体（物体）（σῶμα）よりもより善い自然・本性（ピュシス）」には、より高い表現を帰すべきである。他方、あなたのために無化し受肉した方、複合した方には、つまり人間となった
1037A 方には、より低い表現を帰すべきである。

ロゴスの無化と受肉　ヒュポスタシス的な結合

神のロゴスは、神としては全体として充溢した実体（ウーシア）であり、子としては全体として完全なヒュポスタシス（個的現実）である。子は無化し（フィリピ二・一三）、固有の肉体（σάρξ）の種子となった。すなわち、語りえざる孕みによって「摂取された肉と結合したヒュポスタシス」となったのである。

神のロゴスはこうした新たな神秘によって、真実にかつ不可変な仕方で全体として人間となった。それは、「創られぬ自然・本性と創られた自然・本性」、そして「不受動的な自然・本性と受動的な自然・本性」との両者からなるヒュポスタシスであった。つまりそれは、それらからヒュポスタシスが成る当のすべての自然・本性的ロゴス（本質）を、欠くことなく摂取したヒュポスタシスであったのである。

1037B
しかし、神のロゴスが、「それらのヒュポスタシスであった当のすべての自然・本性的ロゴス」を実体的に摂取したのならば――それは、肉の摂取によりヒュポスタシスに即して生じた結合・一性（ἕνωσις）によってであるが――、全く賢明な師によれば、そのことは、キリストを単なる人間と看做して本来の肉の受動を附与しないためであった。すなわちキリスト自身の肉なのだが、だからと言って、神が罪に対して真に受動的であった（蒙った）のではないのである。

アレイオス派とアポリナリオス派とに対する批判

そこで、ロゴスが「それに即して端的に受肉して存立した当の実体（ウーシア）」と「それに即して肉を摂取して複合的なものとなった当のヒュポスタシス」とを師は区別した。後者は、摂理ある仕方で受動的な神となったのだ。そこで師はその間の異なりを示して、次のように言っている。

「アレイオス派のように、自然・本性（ピュシス）についての無知のためにヒュポスタシスに固有のものを述語づけて、自然・本性として受動的な神を崇拝するべきではない。そして、人間となったロゴスはより悪しきものだと言ってはならないのだ。」

1037C つまりアレイオス派は、〔キリストの〕魂に対立するものとして神性を語り(12)、他方、アポリナリオス派は知性（ヌース）なき魂を教理として語る。こうして彼らは、〔受肉した〕ロゴスから人間的自然・本性の完全性を切り捨て、神性を自然・本性的に受動的なものとするのである(13)。

子の受肉は罪から離れた仕方による

しかし独り子たる神は、真実にわれわれと等しい人間となり、自然・本性的に肉の働きを通して知性的かつロゴス的に魂として働き、われわれの救いをもたらす。ただしそれは、全体として罪から全く離れた仕方によるのであって、〔キリストの〕自然・本性には罪の特質は播かれていない(14)。かえって、〔キリストは〕人間の自然・本性的な働きなしに真に人間となったのだ。

その際、人間のロゴスはその実体・本質（ウーシア）の全体であり、実体に即してあるすべての特徴を自然・本性的に備えている。というのは、共通的かつ類的に述語づけられるものは、それらの実体の全体であるが、
1037D その欠如は全く自然・本性の滅亡をもたらすからである。実際、もし自然・本性的に備わっているものが欠落するときには、諸々の存在物のいかなるものも、それ自身を保持したものとして持続しないのである。

三　受肉と神化（その一）

1040A

〔神学者グレゴリオスは〕同じく『神学講話』第三講話において、次のように語っている。

「独り子たる神（ロゴス・キリスト）は、今はあなたによってなみされているが、かつてはあなたの上にあった。今は人間であるが、かつては複合的ではないものとしてあり、そのように存続していた。が、今は〔自らでは〕なかったものを摂取したのだ。はじめには、原因なきものであった。（なぜなら、一体誰が神に原因があるなどと言えようか。）しかし後には、原因によって生成した（誕生した）のである。ただそれは、自ら頑なさによって神性をなみしているあなたが、その傲りから救われるためであった。そこで〔独り子たる神、キリストは〕、知性（ヌース）を介して肉と結合し、下方の神たる人間となったのである。なぜなら、より善きものが勝利して〔キリストは〕神のもとに引き上げられ、一つのものとなった（一体化した）からだ。それは、神が人間になったように、人間が神になるためである。」

「かつては」と「今は」との対比　永遠と時間

1040B

グレゴリオスは言う。かのお方（独り子たる神）は、今はあなたによってなみされているが、かつてはあなたの上に在った。つまり、かつては明らかに、すべての時間と自然・本性（ピュシス）との彼方に、それ自体として在った。しかし今は、あなたのためにそれら両方に服したものにならんとした。(15) ふつう、人間は人間であり、単純な自然・本性とヒュポスタシス（個的現実）として、複合的なものではなかった。また他方、神はひとり神として、身体（物体）（σῶμα）と身体に伴うものとから離れていた。しかし今〔神は〕、思惟的魂を有する肉体（σάρξ）を摂取し、かつてなかったもの、つまり「ヒュポスタシス（個的現実）として複合したもの」が生じたのだ。が、その際、〔ヒュポスタシスたるロゴス・キリストは〕かつて在った単純な自然・本性（人性）をなおも保持している。それは、人間としてのあなたを救うためである。

確かに神は、その肉的誕生の原因のみを、つまり〔人間の〕自然・本性の救い〔のため〕という原因を有していた。つまり、その自然・本性をあたかも受動性という分厚さを超えるかのように超えて、知性（ヌース）を介して肉体と交わらせ、下方（地上）の神たる人間となった。その際、神は、罪は別として、身体と魂――それらを通して死があるのだが――、そしてそれらに共通のものなど、われわれ人間たる限りのすべてのためにすべてとなり、思惟されるものによって「見られる神」となったのである。

「ロゴスの受肉」と「肉（人間）の神化」

それゆえ、神自身はまさに変化することなくして、われわれのごとく自然・本性的に受動的なものへと無化し、
1040C 受肉によって自然・本性的感覚のもとにあるものとして真に生起した。そして自然・本性的に受動的な肉を通して、超無限の力をあらわに顕現させつつ、「見られる神」、「下方の神」と呼ばれるのだ。なぜならば、そのとき肉は明らかに神と結合され、より善きものが勝利して一つのものになる。すなわちロゴスは、ヒュポスタシス的な同一性によって肉を摂取し（ヨハネ一・一四参照）、神化させたのである。(16)

しかし師の言うように、「一つのものになった」のだが、〔端的に〕一つのものではない。つまり、われわれにおける自然・本性的な異なりは、一つのヒュポスタシスの同一性において、混合なき仕方で残存しているのだ。

なぜなら、〔受肉したロゴスには〕一方ではヒュポスタシスの、他方では自然・本性（ピュシス）の明らかな特徴が存するからである。確かに、「神が人間となったのは、人間が神になるためである」とされた[17]。が、それは、罪によって汚れ、真に欲求すべきでない生のうちにあるわたしのことを言っているのではなくて、自然・本性の完全な回復によって恵み（χάρις）の力のみを知るあなたたちのことを言っているのだ。そして、本性的な神が
1040D 受肉して人間的な弱さを分有した限りで、それだけまた、恵みに即したふさわしい力によって、あなたたちがまさに証しされんとしているのである。

その際、神自身は自らの無化（κένωσις）にもとづいて（フィリピ二・六―九参照）、恵みによって救われる人々の神化（θέωσις）を知っていた[18]。彼らは全体として神的かたちとなり、全体として神を受容し、神にのみ安らうであろう。そしてそれこそは、この約束（福音）が真に成就するであろうと信じる人々が、それに成らんとして熱心に努めるべき完全性なのである。

四　受肉と神化（その二）

1041A 同じく神学者グレゴリオスは、『神学講話』第三講話で、こう語っている。

「〔神の〕ロゴスは従順でも不従順でもなかった。そうしたことは、下位の人々に対して、そして二番目の人々に対して当てはまる。つまり一方は、信義ある人々に対して、他方は罰に値する人々に対してである。しかしロゴスは、しもべの姿として、同じくしもべたる人々のもとに降り（フィリピ二・七）、〔本来のロゴスとは〕異なるかたちを取った。つまりロゴスは、自らのうちにわたしを、わたしに属するもの（諸々の性

質）とともに全体として担うのだ。それは、火がロウを溶かしたり、太陽が霧を追い払ったりするように、劣ったものを自らのうちで滅ぼすためであり、わたしもまた、混合によってかのもの（ロゴスに属するもの）に与るためである。

1041B
それゆえロゴスは、そのわざによって従順に誉れを与え、受難することによってそれを証示する。なぜならわれわれにあって、諸々の実践によって示さなければ、心の状態だけでは十分ではないからだ。わざは心の状態の証明なのである。そして次のように捉えることは、恐らくより悪しきことではない。すなわち、人間愛の術（わざ）は、自らの受難によってわれわれの従順さを試し、すべてわれわれの苦しみ（人間的なもの）を測る。その結果われわれは、ロゴス自身のうちにわれわれのもの（人間的なもの）が存することを知り、受難することによって〔ロゴスが〕弱さをも担っていることを考慮に入れて、どれほどわれわれが命じられ、どれほど赦されるかということを知ることができるのである。」

自然・本性の受動性

グレゴリオスによればロゴスは、自然・本性的に神である限りで、従順や不従順などということから全く自由である。なぜなら、ロゴスは主であって、自然・本性的にあらゆる掟の与え手だからだ。ところで、掟に対する従順は遵守であり、不従順（背反）は過誤である。というのは、掟に従った法と法の成就および過誤とは、自然・本性的に動かされたものに属し、他方、過誤は、「在ること」が自然・本性的に静止であるようなもの（神）には属さないからである。

1041C
〔神の〕ロゴスはしもべのかたちで（フィリピ二・七）、自然・本性的に人間となり、同じしもべたちのもとに降って、〔自らとは〕異なる姿になった。と同時にわれわれの自然・本性（ピュシス）の受動性を本性的に受容した。なぜなら、本性的に罪を犯しえない方が、罪を犯す人間の異質な報いを受けたからである（ヘブライ四・一五）。すなわちそれは、過誤（罪）によって罰せられるような「自然・本性全体の受動性」である。[19]

ロゴスの無化と降下　人間愛のわざ

もしロゴスがしもべのかたちに無化したのならば、つまり人間として降下し、他のかたちになり、自然・本性的に受動的な人間になるのならば、そうしたロゴス自身の無化（κένωσις）と降下は、善いものであるとも
1041D に、人間愛〔のわざ〕（φιλάνθρωπος）でもあると観想される。[20] それは一方では、〔ロゴス・キリストが〕真に人間であり、他方、自然・本性的に受動的なものとして真に人間となったということを示している。それゆえ師は、次のように言う。「ロゴスは自らのうちにわたしを、わたしに属するもの（諸々の性質）とともに全体として
1044A 担う」と。すなわち、人間的自然・本性の全体を、その分離しえぬ諸情念（受動）（パトス）とともにヒュポスタシス的結合によって担うのである。

罪の力としての意志的背反　ロゴスの受肉による救い

そのことによってロゴスは、われわれのうちのより悪しきものを滅ぼす。受動的なものは、そうした悪しきものによってわれわれの自然・本性に入り込んでいたのだ。ここに、より悪しきものとは、〔意志的な〕背反による「罪の法」のことである。そして罪（ἁμαρτία）の力は、われわれの意志（グノーメー）の「自然・本性に背反した状態」であって、自然・本性の緩みや緊張によって受動的なものへの情動を導き入れてしまう。[21]

かくしてロゴスは、罪によって捉われた人々を救っただけではなく、われわれの報い（罰）を自らにおいて解放しつつ、神的な力を分かち与えた。その際、わざを尊重して恵みを熱心に求める人々に対して、自然・本性的に善なるものに関わる「意志の同一性（不変なること）」によって、「魂の確固たること」と「身体の不滅性」とを結実させるのである。このことについて、聖なる師は次のように言って教えている。

1044B 「自らのうちでより悪しきものを滅ぼすために――それは丁度、火がロウを溶かし、太陽が霧を晴らすようにであるが――、わたしもまた、かの恵みによって明らかに諸情念から浄められた者となって、混合によってかの方の諸々の善きものを受け取る。」

聴従（従順）の原型

わたしはまた、ある聖なる知者から言葉と生とを学んで、「ロゴスは他のかたちを担い取る」という他の表現を知っている。なぜなら、かの方は問われて、「ロゴスの自然・本性的な聴従が、服従のように存する」と語っているからだ。つまりロゴスは、法を逸脱したわれわれのために「聴従（従順）」（ὑπακοή）を定めて、われわれのものを自らの姿としつつ、人類全体の救いをもたらしたのである。

それゆえロゴスは、〔父への〕聴従を実際のわざによって尊び、古きアダムに代わって自然・本性的に新しいアダムとなった。すなわち、ロゴスは自ら進んで、諸々の受動的なもの（パトス）を通してわれわれと一つになり、受難することによって聴従を経験するのである。

無化（受肉）は神化させる力として働く

1044C このことについて偉大な師（グレゴリオス）は、まさに次のように言う。身体の法（定め）によって、「イエスは渇き、飢え、労苦し、そして泣いた」（ヨハネ一一・三三）と。それは、〔身体的に〕生き働いている状態の明らかな証しであり、同じしもべたちのためにしもべとして降下した（受肉した）ことのしるしである。

神のロゴスは、自然・本性としてしもべたるわたしたちのためにしもべとなったが、自然・本性（ピュシス）として主に留まった。それはわたしを、欺瞞によって専制的に支配している者（悪魔）の主人とするためであった。すなわち、しもべとしての姿を主人として働かせつつ、諸々の肉的なものを神的に働かせて、自然・本性的に不受動で主となる力を、肉的なもののうちで証示するためであった。その力とは、受動的なものを通して諸々の朽ちるものを滅ぼし、死を通して不壊の生命を造り出す力である。

他方、主人たる諸々のものをしもべの仕方で実践し、つまり諸々の神的なものを肉的に実践しつつ、〔神の〕語りえざる無化（受肉）（κένωσις）を証示した。そうした無化は、受動的な肉を通して朽ちるものとして誕生
1044D した人類（すべての人々）を、まさに神化させる〔力として働く〕のである。(22)

ヒュポスタシス的結合

こうした関わり（交流）によって、ロゴス・キリスト自身がそれらのヒュポスタシス（個的現実）（ὑπόστασις）であった当の〔二つの〕自然・本性（ピュシス）と、それらの実体的な働き（エネルゲイア）ないし動きとが明らかにされよう。そして〔受肉した〕ロゴス自身は、それら〔二つの自然・本性〕の混合なき結合（一性）なのである。

しかしその際、ロゴス自身がそれらのヒュポスタシスであった当の自然・本性の分離を受け容れることはない。なぜならば、ロゴスは自らにおいてふさわしい仕方で単一に、つまり一なるかたちで働きつつ、各々の自然・本性によって生じたものは、自らの神性の力によって固有の肉の働きを、分離することなくあらわに示しているからである。

1045A

受難を蒙りつつも神であり、奇蹟を行いつつも人間であった

もとよりロゴス自身は、一であって、それ以上に一なるものはなく、また自らが自らよりも全く一なるもの、あるいは保全しえているものでもない。それゆえ、〔ロゴス・キリストは〕受難を蒙りつつも（πάσχων）真に神であったし、〔同じロゴス・キリストが〕奇蹟を行いつつも（θαυματουργῶν）真に人間であった。なぜなら〔ロゴスは〕、「真の〔二つの〕自然・本性（ピュシス）の語りえざる結合（一性）に即した、真のヒュポスタシス」であったからである。

そこでロゴスは、それら両者を相互にかつふさわしい仕方で働かせつつ、それらを真に保ち、混合なきものとして存続している。なぜなら、不受動と受動、不死性と死性、そして見られるものと思惟されるものとが、自然・本性的に〔同時に〕存立しているからだ。つまりロゴス・キリスト自身、自然・本性的に神であり、かつ自然・本性的に人間なのである。

かくして、わたしの思うところでは、自然・本性的に主なる方は聴従（従順）を尊び、受難することによって自ら〔父なる神への〕聴従を証ししている。それは、より悪しきものから自らの自然・本性全体を浄めて保持するだけではなく、われわれの聴従を試すためであった。自然・本性的にすべての知を包含している主は、人間的

な経験をすることによってわれわれに即したものを学び、またわれわれが〔主の〕全き服従をどれほど探し求め、
1045B どれほどそれに自分を委ねてゆくべきかということを定めているのだ。そして主は、そうした〔父への〕聴従に
よって、恵みの力によって救われるべき人々を、おのずと父のもとに導いてゆくのである。

救いの神秘

おお、われわれの救いの神秘（μυστήριον）の何と偉大で畏るべきことであろうか。[23] 主（ロゴス・キリスト）
が「自然・本性的にわれわれに即してある限りでわれわれは求め」、「われわれに即してあるものをわれわれを
超えて〔主と〕結合・一体化させる限りで、われわれに道が開かれる。」それはもとより、罪を愛好するグノー
メー（意志）の習性が、自然・本性（ピュシス）の弱さを悪（κακία）の材料（素材）にしてしまわない限りにお
いてであるが。そして大いなる師は、明らかにこうした考えを有しており、続く箇所で次のように確認している。
「もしこの世界の闇に現れた光が遮りによって迫害されたならば——それは思うに、悪や誘惑という他の闇
1045C のもとにということであろうが——、より弱いものとしての闇は、どれほどのものなのか。そしてかの敵が
逃げ去って、われわれが何ほどか〔光に〕捉えられるとしても、何か驚くべきことがあろうか。なぜなら、
これらのことを正しく考える人々にとっては、われわれが捉えられることよりも光が迫害されることの方が、
より大なること（重要なこと）だからである。」

五　受肉の神秘——ヒュポスタシス的結合と二つのエネルゲイア

1045D アテナイの主教ディオニュシオス・アレオパギテースは修道士ガイオスに宛てた書簡で、次のように言っている。

「あなたは問う、万物を超えたイエスは、いかにしてすべての人々と実体的に関わるのかと。それは、イエスが諸々の人間の原因として人間と語られるからではなく、実体・本質（ウーシア）に即して全体として真に人間であるからである。」

ロゴスの受肉の意味　その証明となる力

1048A 聖書の単純な解釈としては、神は、神によって生み出されたすべてのものの名によって、万物の原因として指し示される。それゆえ、受肉（σάρκωσις）の後にも同じ仕方で、神が人間だと再び名づけられるのだが、偉大なディオニュシオスは右のような言葉で修道士ガイオスを正して、次のように教えている。すなわち万物の神は、単に受肉したことによって人間と言われるのではなく、実体全体に即して真に人間であるからこそ人間と言われるのだ。

ところで、右のことの唯一で真実の証明となるのは、かの存在（受肉した神）を自然・本性に即して現に存立させている力（δύναμις）である[24]。しかし、そうした力を、真理の自然・本性的な働き（ἐνέργεια）として、また固有にかつ第一に特徴づける働きとして語っても誤りではないであろう。かかる働き（エネルゲイア）とは、形相を造り出す働き、つまり、かの存在に自然・本性的に伴っているすべての固有性を生み出す働きなのだ。が、その形相的な固有性がなければ、ただ非存在あるのみである。この偉大な師によれば、それは全く存在しないも
1048B のであって、動きも存在も有していない。

そこで、ディオニュシオスは極めて明らかに、自然・本性に本来帰属していなかった罪のほかには、「われわれに属するもの全体に受肉した神」が決して否定されないと教えている。つまり受肉した神は単に人間と呼ばれるのではなく、実体全体に即して真に人間だと明確に語られているのである[25]。

イエスは人間愛を担う

続く箇所でディオニュシオスは、人間的に実体となった方の名称についてさらに進め、「われわれはイエスを人間的に定義するのではない」と述べている。つまりわれわれは、思惟（観念）（ἔννοια）を超えた一性を切り離して、イエスを単なる人間だと語るわけではない。なぜならば、「実体的に」というのは、単に人間の原因として本性的な神を語るのではなく、われわれに即して真に人間として実体化した神を語っているからだ。すなわちイエスは、自らが神でもあるので単に人間なのではなく、また自らが人間でもあるので「単に超実体的なもの
1048C でもない。」なぜなら彼は、単なる人間でも裸の神でもなくて、「人間愛を担う方として真に人間だからである。」

イエス（ロゴス・キリスト）は人間に対する無限の欲求（愛）によって、欲した当のものとして自然・本性的に自らが生起した。その際、言い表しがたい無化によって自らの実体のうちで何かを蒙ったのではなく、また語りえざる摂取を通して何らか人間的な変化ないしは自然・本性全体の減少を蒙ったのでもない。〔神の〕ロゴスがそれらの存立を根本的に支えているのだ。

マニ教徒の愚かなおしゃべり　アポリナリオスの神話

また「人間を超えて」とは、男性なしに神的に〔受肉した〕からである（ルカ一・三五）。そして「人間に即して」人間的にとは、受胎（孕み）の法によって〔受肉した〕からである。すなわち、「超実体的なもの」（ὑπερούσιος）が、人間の実体から実体化している。

なぜなら、マニ教徒の愚かなおしゃべりのように、肉の形相においてわれわれに対する見せかけの形のみを
1048D 現象させたのではなく、他方、アポリナリオスの神話のように、肉として実体化されたものを天から〔降下させて〕ロゴス自身と結合させたというのでもない(26)。かえってロゴス自身が、実体全体に即して真に人間となって、魂を吹き込まれた肉を思惟的に摂取することによって受肉したのだ。その際、ヒュポスタシスに即してロゴスに肉（人間本性）が結合・一体化されているのである(27)。

ロゴス自身は把握されえない

しかし、つねに超実体的なものは、決して超実体性の充溢よりも劣ったものではない。なぜなら、ロゴスが人
1049A 間となったとき、その自然・本性に服属したのではなくて、むしろ逆に、他の神秘を創って人間の自然・本性（ピュシス）を己れ自身に高めたからである。だがそこにあっても、ロゴス自身は全く把握されえぬものに留まり、しかもまた固有の受肉を、あらゆる神秘よりも超実体的で把握されえぬ生成（γένεσις）として示しているのだ。つまり、受肉を通して把握されうるものとなる限りで、それだけいっそうかのものは、受肉を通して把握されえぬものとして知られるのである。

実際、師は次のように言っている。「ロゴスは、その顕現の後にも隠されている。あるいはより神的なことを

言えば、顕現のうちにもそうなのだ。すなわちイエスの神秘は隠されており、言葉によっても知性によってもそれ自体としては表されない。語られたものは語りえざるものに留まり、思惟されたものは知られざるものに留まる。(28)」

ロゴスの超実体性を証明する力

この神的な超実体性の証明のために、一体何が、いっそう証明の力あるものとなるであろうか。つまり、隠されたものが顕現によって、語られぬものが言葉によって、余りの卓越ゆえに不知なるものが知性によって、そしてより大なることを言えば、超実体的なものが実体化することによって〔生起することほどに〕。〔ロゴスというものは〕まさに、「こうした充溢によって実体へと真にもたらされ、実体（ウーシア）を超えて実体化されるのだ。」

1049B

すなわち、〔神のロゴスは〕自然・本性的な生成・誕生の法をはっきりと更新して、男性による種（形相）を介することなく真に人間となった。そして明らかに、乙女（マリア）は超実体的なロゴスそのものを自然・本性を超えて生む。つまりそうしたことは、男性によらず、しかも乙女の血によって人間的に、まさに自然・本性に反した不思議な定めによって為されたのである。

かくして、「ロゴスは人間的なものを人間を超えて働かせる。」つまり、諸々の要素の自然・本性を不受動な仕方で徐々に更新するのだ。というのも、水はむろん流動的なものであって、質料的かつ地上的な足を受けとめて支えることができないが、超越的な力によって堅固なものになったからである。もしイエスが床の上を歩くかのように湖の上を歩き（マタイ一四・二五）、物体的大きさと重さのある足を濡らさずに、流動的で濡れたもの（水）

1049C の上を真に渡ったのであれば、イエスは、肉の自然・本性的働きが自らの神性の力と切り離されないということを示しているであろう。湖を渡るなどという動きは、肉（人間本性）とヒュポスタシス的に結合した神性に属するからである。ここに神性（神的本性）とは、無限を超え実体を超えた何ものかである。

その際、超実体的なロゴスが人間的な実体（ウーシア）を摂取して、人間的な仕方で実体化されながら、ロゴス自身に固有なものは小さなものとはならない。が、他方そうしたロゴスは、人間を一般的に特徴づける「実体のあらゆる動き」を保持していた。（人が活動する際、むろんそのすべての動きは、自然・本性的に人間たるかたち・形相を与えられている。）

われわれのための摂理　ロゴスは実体を超えて実体化され、人間を超えて人間的なものを働かせる

1049D ロゴスが真に人間となったとすれば、息をし、語り、歩き、手を動かし、諸々の感覚を感覚物の知覚のために用い、飢え、渇き、食べ、眠り、労苦し、涙し、苦しみを受けるなどする。しかしロゴスは、ヒュポスタシス的な自存する力を有しており、他のすべてのものを包含しているのだ。その際ロゴスは、それらすべてに関して自存的に働きつつ——魂が自分と同族の身体を自然・本性的に動かすような仕方で——、〔ロゴスに〕摂取された自然・本性（人性）を、つまりロゴス自身に属するものとして真に生じかつそのように語られる自然・本性を動かす。あるいは本来的に言えば、ロゴス自身は、自らの変化なくして、しかも現に関わりのある自然・本性となり、われわれのための摂理（οἰκονομία）を現実的に成就させたのである。

1052A それゆえロゴスは、摂取された実体が自らを存続させている働き（エネルゲイア）を滅ぼさず、また師の言うように、その実体（ウーシア）をも滅ぼさない。「ロゴスは実体を超えて実体化され、人間を超えて人間的なも

のを働かせる」とある通りである。ここに、ロゴスは両者（人間の実体と働き）に対して、それぞれの自然・本性的なロゴス（根拠、意味）を――それらなくしては、いかなる存在物もそれ自身として存在しえないのだが――、存続させることによって、〔両者の〕方式の新しさを示しているのである。(29)

実際、もしわれわれが、一方では摂取された自然・本性（人性）の存立を語り、他方ではそれを存立させている働きの消失を語るならば――これは卓越ゆえの〔消失という〕否定表現であるが――、いずれにおいても等しく措定されているもの（人性）の、一方は存立を、他方は全き消失を意味することになるが、それは理にかなったことであろうか。

「在ることのロゴス（意味）」と「現にいかに在るか（生成するか）の方式」との異なり

そしてまた、摂取された自然・本性（ピュシス）は、自ら動くのではなく、その自然・本性にヒュポスタシス
1052B
的に（καθ᾽ ὑπόστασιν）結合した神性によって真に動かされる。しかし、自然・本性を存立させている動きを取り去るなら、もはやその実体（ウーシア）もそれ自体としての自存的なものも語れない。かえって、そこでの自然・本性（人性）は、「真に実体化されている（存立している）神なるロゴス」によって、自らの「在ること」を現に得るのだ。(30)

そして、〔神性と人性との〕いずれにあっても（「在ること」を否定する同じ理由があるので）、われわれは自然・本性における動きを――それなくしては自然・本性も存在しないのだが――認める。その際、「在ることのロゴス（意味）」と「〔現に〕いかに在るかの方式」とは異なることを知る。前者は自然・本性に関わり、後者は〔生成の〕摂理（οἰκονομία）に関わると確信するのである。(31)

イエスにおける二つのエネルゲイアの異なりと結合

それらの結合は、超実体的なイエスの本性の大きな神秘を表している。その神秘とは、二つの働き（エネルゲイア）の異なりと結合・一性（ἕνωσις）とを自らにおいて証示しているのだ。すなわち一方は、結合された二つのものの自然・本性的ロゴス（意味）において「分離なき仕方で」観想されるものであり、他方は、現に生成
1052C したものの単一的な方式において「混合なき仕方で」知られるものである[32]。何が、誰が、どこで、またいかなる自然・本性が、存立の力を欠いたものとして生じるだろうか。なぜなら、偉大な師が言うように、およそ何の力も持たないものは、存在することがなく、何かでもなく、また何らかの肯定（状況）も帰属しないからである。

しかし、そのようなことはありえないとすれば、「キリストの〔二つの〕自然・本性（ピュシス）」と——キリストはそれらのヒュポスタシスであったのだが——、「キリストの自然・本性的エネルゲイア」とを敬虔に告白しなければならない。キリストはまさに、二つの自然・本性に即して「二つのエネルゲイアの結合・一性」であったのである。というのは、キリストは自らにおいて、自然・本性に即した仕方で単一的ないし単一形相的に働き、しかもすべてに渡って分離なき仕方で、自らに固有な肉のエネルゲイアを神的な力によって顕現させているからである[33]。

実に、〔神と人間との〕両者の自然・本性的なものを欠けることなく持っていなければ、いかにしてキリストは、自然・本性的に神でありかつ人間でありえようか。そして、変化しないものがそれらによって自然・本性
1052D 的に働いていることが認められなければ、何が、そして誰が存在すると知られるであろうか。二つの自然・本性（φύσις）——それらから、それらにおいて、そしてそれらとして〔キリストが〕存在するのだが——の一つに関して、キリストが動きなきもの、働きなきものに留まるなどということが、どうして信じられようか。

乙女マリアは神を生む者（テオトコス）

従ってロゴス・キリストは、実体を超えて実体化され、生成のはじめ（根拠）と自然・本性的な誕生の他のはじめとを創った。つまり、キリストは自らの肉の種によって孕まれ生まれたが、その誕生において乙女（処女性）のしるしとなったのだ。そして、混合されえぬものの対立がそこでは真実であることを示しているのである。

なぜなら、同じ女性（マリア）が乙女でありかつ母であって、そうした対立する両者の結合によって自然・本
1053A 性（ピュシス）を新たにしている。乙女たることと生む者たることとは対立しているからであるが、それら両者の結合は自然・本性からは思惟されえないであろう。それゆえ、その乙女（マリア）は真に「神を生む者」（テオトコス）であって、自然・本性を超えて孕み、かつ超実体的なロゴスを生んだのである[34]。子を生む母は本来、播かれた者と孕まれた者との母だからである。

神性と人性との不可思議な結合（生成）によって、超無限の力が知られる

1053B さてロゴス・キリストは、人間を超えて人間的なものを働かせる。その際、一性の極みとして、神的力に変化なく結合した人間的働き（エネルゲイア）をあらわに示すのである[35]。すなわち人間の自然・本性（ピュシス）は、神的自然・本性（神性）に混合なき仕方で結合せしめられて全体に浸透したので、決して破壊されず、またヒュポスタシスに即して人間的自然・本性と結合・一体化した神性から、決して分離されないのだ。

なぜなら、超実体的なロゴスはわれわれのために、われわれの実体（ウーシア）を真に摂取して、「自然・本性の肯定」と「卓越性による〔自然・本性の〕否定」とを結合して、人間となったからである。そこにあっては、自然・本性（ピュシス）を超えた「現にいかに在るかの方式（τρόπος）」が、自然・本性の「在ることのロゴス

（意味、根拠）」と結びつけられている。それは、諸々の〔存在の〕方式の新しさによって、自然・本性が本質的な変化を蒙らないことを確証し、また超無限の力が対立する二つのもの（神性と人性）の生成によって知られることを示すためであった。

1053C

神的ロゴスの意志的力　信がキリストの神秘を知的に保持している

ところで、神的ロゴスは自らの意志（志向）（γνώμη）の力（権威）によって、自然・本性の諸々の受難（受動）を積極的なわざとする。ただし、われわれが自然・本性的な必然性の結果なのではなく、ロゴスはわれわれのうちで働きつつ、われわれが自然・本性的に受難する（蒙る）ものを通り過ぎて（経験して）ゆく。かくして、ロゴスは意志的力（権威）によって、われわれにおいて本性的に意志（グノーメー）の動きであるものが、実はロゴスによって動かされたものだということを示しているのである。[36]

師はこのことを続く箇所において、次のように明らかにしている。「一体誰が、他の多くのことをすべて語れようか。それらを通して知性（ヌース）を超えた仕方で神的に見る人は、イエスの人間愛についての肯定的な事柄が卓越した否定の力を有していることを知るであろう。」すなわち、超実体的なロゴスは語りえざる結合に
1053D 従って、自然・本性のすべてを自然・本性とともにまとったのだが、人間的なものを自然・本性的意味（ロゴス）によって肯定されるもの――それはまた、神的なものではなかった――としてではなく、自然・本性を超えた方式によって否定されるものとして持っていた。これらについての知（γνῶσις）は、知性（ヌース）を超えた証明しえぬものであって、キリストの神秘を知的に保持する人々の信（πίστις）こそがそれらの把握としてあるのである。[37]

ロゴス・キリストは神として自らの人間性を動かし、人間として神性を顕現させた

このことの集約的な意味を、師は次のように語っている。「キリストは〔単に〕人間ではなかった。」なぜならわれわれにおけるような誕生の法を取ることがなかったので、自然・本性的な必然性から自ずと解放されていたからである。しかし他方、「キリストは人間ならぬ者ではなかった。」なぜなら、われわれにおける自然・本性的な何ものをも自然・本性として欠くことがなかったので、実体全体に即して真に人間であったからである。すなわちキリストは、われわれのように自然・本性に即して人間であり、われわれと同一実体（ὁμοιούσιος）
1056A であったので、人間的なものに由来する。しかし、「キリストは人間的なものを超えている。」そして、諸々の〔存在の〕方式の新しさによって、われわれのようにではなく、〔神的〕自然・本性をしるしづけているのである。

ヒュポスタシス・キリスト

かくしてロゴス・キリストは、「人間を超えて真に人間となり」、「自然・本性を超えた諸々の方式」と「自然・本性に即した諸々のロゴス（意味、根拠）」とを、互いに結合したものとして壊さずに有している。元来それらの交わり（結合）（σύμβασις）は不可能であったのだが、ロゴス自身は何も不可能なことのない存在として、真の結合・一性となった。そして、「それらのヒュポスタシス（ὑπόστασις）であった」当の〔二つの〕自然・本性（神性と人性）のいずれにあっても、他のものと切り離されることなく、むしろそれぞれを通してもう一方のものが信じられるのだ。すなわち、ロゴス・キリストはまさに両者なのであって、一方では、神として自らの人間性を動かし、他方では、人間として自らの神性を顕現させていたのである。

キリストは神的に受難し、人間的に奇蹟を為した

1056B そこで改めて言うなら、〔受肉した〕ロゴスは単なる人間ではなかったので、自ら進んで神的に受難した（θεϊκῶς πάσχειν）。しかし他方、ロゴスは、神として単に〔超然と〕在るのではないので、肉を通して人間的に奇蹟のわざを為した（ἀνθρωπικῶς θαυματουργεῖν）。それが奇蹟的受難（πάθη θαυμαστά）であるのは、受難する者の「自然・本性に即した神的力」によって新たに生じたからである。そして、それが受動的奇蹟（θαύματα παθητά）であるのは、奇蹟を為す者の肉の「自然・本性に即した受動的力」によって現に成就されたからである。(38)

神人的エネルゲイア

この点、師は本質的に次のように言っている。「神的な事柄はまた、単に神に即して生じたのではない。」なぜなら、〔この場合〕神的ロゴスは単に超実体的なものとしてあるのではないので、肉と切り離されて単に神的に働いたのではなく、また単に人間ではないので、人間的なものを人間に即して働かせたのでもないからだ。かえって神的ロゴスは、「人間となった神の何らか新たな神人的エネルゲイア（θεανδρικὴ ἐνέργεια）を、われわれのために働かせたのである。」

そして、すぐれて人間愛を担う方（神なるロゴス・キリスト）は、「思惟的に魂を吹き込まれた肉」を摂取することによって、肉的な姿で生まれ真に人間となった。すなわち、神的エネルゲイアを語りえざる一性に従って人
1056C 間化させ、われわれに対する摂理（οἰκονομία）を神人的に（θεανδρικῶς）成就させたのだ。あるいは同時に、神的かつ人間的に神的なわざと人間的なわざとを為して、あるいはより明らかに言えば、同一の存在のうちに神

的かつ人間的エネルゲイアを顕現させているのである[39]。

キリストの二つの自然・本性（神性と人性）と二つのエネルゲイア

それゆえ知恵ある方は、諸々の神的なものと人間的なものとの相互の分割を否定することによって、結合・一性を肯定しつつ、諸々の人間的なものの自然・本性的異なりを放棄することもなかった。しかし、もし結合・一
1056D 性の方式が異なりの意味を保持するものであるならば、キリストの二つの自然・本性（神性と人性）がそれぞれの名で呼ばれ、従ってキリストが二つのエネルゲイア（働き）をあらわにしていることは、聖なる人の言葉が示すところである。なぜなら、結合された二つのもののロゴス（本質、意味）は、いかなる結合の方式であれ、自然・本性においても性質においても減少せしめられなかったからである。

しかし、〔結合にもたらされた〕両極の否定によって、何か中間のものの肯定があるのではない。キリストには、両極の否定によって肯定されるような何らか中間のものはないからだ。かえってキリストには、新たな神秘を特徴づける「新しさ」が存する。そうした神秘のロゴスとは、〔二つの自然・本性の〕共生・共存
1057A （συμφυΐα）の語りえざる方式である。なぜなら、いかにして神が受肉しかつ神に留まるかということを、一体誰が知るであろうか。いかにして神が真に神に留まり、かつ真に人間であるのか。つまり、〔ロゴス・キリストは〕自然・本性的存立において自らが神でも人でもあることをあらわにし、またそれぞれを通して他方を示しており、しかもいずれも変化することがないのである。

信仰の根本的な意味　神人的エネルギアを受容し宿した姿

信・信仰（πίστις）のみが、これらのことを受容し捉えうる。[40] つまり信は、かの神的ロゴスを沈黙のうちに尊ぶのだが、諸々の存在物のいかなるロゴス（言葉、根拠）も神的ロゴスの自然・本性には適合しない。そこで、「神人的」（θεανδρική）エネルギアとは単純なものとして在るのではなく、何らか合成された事態でもなく、あるいは単に裸の「自然・本性に即した神性」、あるいは「端的な人性」などとして在るのでもなく、あるいはまた、両極（神性と人性）の合成された中間的な領域を呼ぶものでもない。かえって「神人的」とは、人間となった神、すなわち完全に受肉した神として生起していることなのである。

1057B さらに言えば、何かに関して「新しい」と考えられるのは、〔対象としての〕単一のものではなく、「一つの力」によるほかはないであろう。「新しさ」は、そうした自然・本性を必然的に自らにもたらすのであって、性質に属することであり、量にではないからだ。というのは、あらゆる自然・本性（ピュシス）の定義は、それ自身の実体的エネルゲイアのロゴスによって成り立つからである。それは、山羊雄鹿の神話で称えられるような二重のものとしては語られえないのだ。

キリストの二つのエネルゲイアによる奇蹟と受難　肉（人間）の変容と神性との結合

とすれば、一つのエネルゲイアとその自然・本性的なものとを有するようなものが、いかにして諸々の奇蹟と受難を全うしえたであろうか。それら二つのことは、習性の破壊によって欠如が生じることなしに、それぞれ自然・本性のロゴス（意味）によって互いに異なっているからである。そして、存在物のいかなるものも、自然・本性の定め・限度とロゴスとによって保たれており、単一のエネルゲイアによっては諸々の反対のことを為しえないのだ。
それゆえ、自然・本性的な性質において神性と肉（つまりは人性）とは同一ではないので、キリストの神性と肉について、端的なあるいは自然・本性的な一つのエネルギイアを語ることはできない。そのようなときには、一つの自然・本性を語ることになり、また三一性は四つ組のようなものになってしまうであろう。なぜなら神性（θεότης）は、自然・本性に即しても、力に即しても、またエネルギイア（働き）に即しても、
1057C 肉（σάρξ）と同一のものとはならないからだ。つまり、〔神の〕子は一つの実体・本質によって本来、父と霊に対して同一であるが、結合によって決して肉と同一になったのではない。肉は自然・本性的に死すべき性を有しているが、子はそうした肉との結合によって、肉に生命を与えるものを創ったのだ。それゆえ子は、自然・本性の変化を担うものとして見出されよう。なぜなら子は、肉の実体（ウーシア）をかつてなかったものへと変容させ、その当のものを自然・本性によって〔神性と〕結合したものとして形成するからである。

神人的エネルギイアの現出　新しく生きる人の新たなエネルギイア

そこで改めて、神人的エネルギイア（θεανδρικὴ ἐνέργεια）がいかに現出したかを考察しよう。神人的エネルギイアを自らのためにではなくわれわれのために為した方は、自然・本性を超えた諸々の働きに
1057D よって自然・本性を新たにした。そうしたわざ（の意味するところ）は、自然・本性の法に即して導入された生（βίος）である。主は自然・本性として二様であり、神的な法と人間的な法とによって混合なく結合された生を同一のものとして担いつつ、それを適切な仕方であらわにしたのである。
すなわち、その新しい生とは、単に地上のものと無縁で逆説的なものではなく、また諸々の存在物の自然・本

性によって識別されるものでもなくて、新しく生きる人の新たなエネルゲイアをしるしづけているものなのだ。(41)
この神秘に対してふさわしい名称を考え出した人は、それを神人的（θεανδρική）と呼んだ。それは、語りえ
ざる結合・一性に対応する交わりの方式を示さんがためである。つまり、キリストのそれぞれの部分に自然・本
性的に帰属するものを、相互に交わるものとして形成するような方式である。ただしそれぞれの部分が他の部分
に対して、自然・本性的なロゴス（意味、本質）において変化したり混合したりすることはないのである。

神性と人性とのヒュポスタシス的結合

1060A たとえば、火に投げ込まれた剣の刃は熱く燃えて、燃える刃（切断するもの）となる。（なぜなら、火が鉄と結
合・一体化しているからである。）そのように、火の燃える力は鉄の刃と結合する。つまり、鉄は火との結合によっ
て燃えるものとなり、また火は鉄との結合によって刃となるのだ。しかし、「結合における互いの交替」によっ
て決して変化を蒙るのではない。かえって各々のものは、結合に際して共に在るものの固有性（特性）を獲得し
つつ、自らの自然・本性的な固有性を変化なきものとして保持しているのである。
それと同様に、「神的な受肉」の神秘によって神性と人性とがヒュポスタシス的に結合・一体化される。しか
1060B し、そうした結合を通して自然・本性的な脱自的エネルゲイアは決して失われず、また結合の後に相互の関係が
なくなるのでもなく、結合と共存にあっても神性と人性は区別されるのだ。なぜなら、受肉したロゴスは、自ら
の神性の活動的働き全体によって人間性の受動的力を、結合によっても消滅しえず共存しているものとして保持
しているからである。

ロゴスは神人的に働く

すなわちロゴスは、神で在りつつ、諸々の奇蹟（驚くべきわざ）を人間的な仕方で働かせる。そこにあって奇蹟は、自然・本性的に受動的な肉を通して生起するのだ。そして他方、ロゴスは人間でありつつ、自然・本性の諸々の受動（受難）（πάθη）を神的力・権威によって完成されたものとして担う。従って、ロゴスは同時に神で在りかつ人間で在って、右の二つのことをむしろ神人的に（θεανδρικῶς）為している。(42)

つまり、〔受難することによって〕ロゴスは、われわれがそうであった姿（人性）を自らが受け取っていることを示し、他方〔奇蹟を働かせることによって〕、自らが範型として示した姿にわれわれが成りゆくよう、われわれをロゴス自身に委ねるのだ。両者を通して、ロゴスが、「それらから、それらにおいて、そしてそれらであるところの」諸々のもの（存在物）の真理たることが、まさに信じられる。(43)そして、それ〔受肉したロゴス〕こそが真実で信義あるもので在るとわれわれによって告白されることを、ロゴス自身欲しているのである。

1060C

結語　ロゴス・キリストの心を模倣すること

かくして、言葉と生によって聖なる人々よ、あなたたちはそうしたロゴス・キリストの姿を保持しつつ、その寛大な（受苦の）心を模倣するがよい。そしてこの書物を受け容れ、そこに含まれたことの人間愛ある裁き手として、あなたたちのしもべの誤りに同情をもって打ち勝ってほしい。この書を聴従（従順）のわざとして受けとめてくだされればと思う。そしてさらに、あらゆる知性（ヌース）を超えた平和（フィリピ四・七）を造り出して、わたしのためにキリストとの和解の仲立ちとなっていただきたい。

救い主（ロゴス・キリスト）は、まさにその平和の根拠であり、彼を畏れる人々を諸々の情念の混乱から、実

践的習性によって解放し自由にする。そして、来たるべき世の父は、上なる世を満たす人々を聖霊によって、愛
1060D と知を通して生み出すのだ。救い主なるキリストに、栄光と力とが父と聖霊とともに世々にありますように。
アーメン。

聖　母
コンスタンティノポリス（現イスタンブール），ハギア・ソフィア聖堂，12世紀

1064A

1064A

クジコスの主教ヨハネに宛てて、マクシモスが主において挨拶を送る

序言

信仰と神的生の経験

学への愛のゆえに諸々の善きものを熱心に愛する人々は、恐らく正当にも万人から誉め称えられる。また、それら善きもののうちなる知識（ἐπιστήμη）をいっそう善きものへと押し進めて、より善き人々の教えに委ねる人々は、尊敬を受けるであろう。なぜなら彼らは、誤りに陥っている人々の知と知識とを探究によっていみじくも捉え、それらの人々を無知と無経験と自らの恥とから解放するからである[1]。

しかし、いかなる言葉があなたたちをふさわしく称えることができようか。あるいはいかなる人々が思惟をめぐらせて、あなたたちの徳（ἀρετή）の大きさを十分に見出させようか。というのは、あなたたちはまさに精神的（ロゴス的）羊の牧者であり、霊的な笛の音によって上なる羊舎へと彼らを導き養う者だからである。それは他の人々には為しえないことであって、あなたたちは諸々の神的なものについての「神秘的な知（γνῶσις）の習性（ἕξις）」をすでに保持している。

そうした習性によって、あなたたちはキリストの教会（エクレシア、全一的交わり）にふさわしい者として信頼
され、その船の舵取りを知的に遂行してゆく。その船は信仰と神的生の経験という荷を積んでおり、生の海での
1064B 試練によって何ら害を蒙ることなく、神的な意志（θέλημα）という港へと向かっているのだ[2]。そこであなたた
ちは、自分に知られている諸々のことについて（神はそれらの導き手としてあなたたちを定めたのだが）、単に知恵
ある人々だけをではなく——あなたたちの誰かが知においてより優れているなら——、学に未熟で決してふさわ
しくない人々をも導いてゆく。つまりあなたたちは、彼らがあなたたちのように、何か〔神的な善きもの〕を見
出す信（πίστις）によって、不明瞭なものの代わりに尊ぶべきものを求め、ふさわしくないものは求めないとい
う方向に導くのである。

神学者グレゴリオスの難解な章句について解釈してゆく

そこでわたしもまた、あなたたちの尊い手紙を受け止め、聖なる「神学者グレゴリオス」の言葉の中であなた
たちが難解だと訴えてきた章句について——われわれはかつてそれらを、互いに労苦して探究したのだが——、
あなたたちの要請に応え、それらの解釈を提示したいと思う。わたしはあなたたちの徳（アレテー）に確かに驚
き、キリストにふさわしい明らかで尊い貧しさを称えた。しかしむしろ、あなたたちを通して、あなたたちにお
1064C いてあらゆる仕方で栄光をあらしめられている主を称えたのだ[3]。主はあなたたちを創り、主にふさわしい姿にな
る力をあなたたちに恵み与えた。そして主は、しもべたるあなたたちのわざを通して真理（ἀλήθεια）の美し
さを——この小さく値なく学に乏しく、あらゆる徳と知を欠いているわたしにまで——、あらわに顕現させたの
である。

それゆえわたしは、あなたたちの謙遜な姿を見つめて、あなたたちの要請を能う限り受け容れるよう促された。
そしてあなたたちのために多くの章句について解釈してゆくが、それも理由なきこととは思われないであろう。
かえってあなたたちもまた、〔わたしの〕従順という好ましく愛されるべき報いを受け取って、自らの熱心な祈
りをつねに恵み与えられることを求めている。かくして、神なるキリストが、つまり神を畏れる人々の確かな助
1064D け手が、言葉（ロゴス）による協力者としてわたしのもとに来たるであろう。[4] あるいはむしろ、全く敬虔に言う
なら、〔神的〕ロゴスがわたしの言葉（ロゴス）の全体を満たし導きたもうであろう。

この著作の方式と態度

しかし、わたしはあなたたちが以下の論を読む際、飾られた言葉をわたしから求めないようにと願う。わたし
は耳によい修辞的な言葉を持たず、表面的なことをさまざまに切り取って単に概観することもしない。というの
も、諸々の教えについてわたしは習熟しておらず、またそれらの探究はまさに愛されるべきもの、望み求められ
るべきものと思われるからである。もし、この聖にして偉大な師の思惟を、秩序なき説明によって何ほどか推測
1065A するとしても、決して解釈の多様に陥るべきではない。なぜならその方（ナジアンゾスのグレゴリオス）は、あな
たの知るように「神学者」（θεολόγος）として簡潔な筆致で知的に語っており、たとい極めて修辞的で知恵へ
の愛に満ちているとしても――多くの場合、そしてとくにわたしにとって――、その著作を解明しようとする者
に自らの意図（目的）を必ずや示しているからである。

すなわち、あなたたちにあって通常、神を愛する熱心さが上方へと促し、わたしの書き記したものを簡潔で明らかなものにもたらすなら、あるいは知性（ヌース）全体をより高いものへとまっすぐに正してゆくなら、あな

1065B たたちは全き報いを受け取るであろう。そして、万物の主に対する「神的霊感による祈り」を受け取り、同時にまた、主の神的かつ超自然的な思惟を諸々の誤りや敵対的攻撃に晒すようなことはないのである。

そこでわたしは、あなたたちの手紙〔の要請〕に従って、以下の章において〔師父の〕それぞれの字句（表現）に即して探究を進めてゆくが、善良で人間愛あるあなたたちがわたしの語ることに対して判定者となってくださるよう願うのである。

六　神なるロゴスの隠された在り方

〔ナジアンゾスのグレゴリオスの〕『貧しい人々への愛について』という講話から。そこには次のように記されている。

「わたしは協力者（συνεργός）に対するかのように、それ〔身体〕を大切にする。しかし、何らかの反抗を避けることはできない。あるいは足かせで重くさせられたり地に向かったり、神から何らか落下することもできない。」

より高いロゴスによってより高い知性（ヌース）を確立すること

この至福な人には、落下させられることと足かせをはめられることとが同じことだとは考えられない。そこで、それがその人の大いさにふさわしいことだと思えるとしても、そのように看做してはならない。すなわち、諸々の言葉にあって表面的なものは、ロゴスによって熟考された知性（ヌース）（νοῦς）を持っていないことは明ら

1065C かである。なぜなら、あらゆる文の恐らく相応の意味を、美しいもの、有益なものにもたらさないならば、文脈に外れたものをあらゆる仕方で導き出してしまうと考えられるからである。

どうしてそうでないことがあろうか。しかし彼ら（師父たち）は、ロゴス（言葉）を賢明な知性（ヌース）によって形成し、さらにはより高いロゴスによってより高い知性を確立している。それは、より高いものがより高いものによって語り告げられ、また両者によって真理（ἀλήθεια）が何ほどか多くの人々に示され、あるいは近づきがたい大きさがすべての人々に示されるためである。そこで、語られた諸々のことのすべての謎（αἴνιγμα）がわれわれにあらわとなるように、至福なる人々の論述そのものを吟味し探究してゆくことにしたい。

アレテー（善きかたち、徳）と知なしには救いはない

さて、彼（ナジアンゾスのグレゴリオス）は言う。「わたしは協力者に対するかのように、それ（身体）を大切にする。しかし、何らかの反抗を避けることはできない。あるいは足かせで重くさせられたり地に向かったり、神から何らか落下することもできない」と。このように言うとき、彼は自分について語っているのでは全くなく、救い（σωτηρία）を愛する人がすべて実践か観想かに注意を払うことを考えて、自らを通して共通の人間
1065D 性について語り告げているのだ。なぜならば、アレテー（善きかたち、徳）（ἀρέτη）と知（γνῶσις）なくしては、何人も決して救いに達することはできなかったからである。[5]

気概と欲望との変容

1068A それゆえ、彼の言うには、もし観想を通して神の近くにある人々や幸福な美（善）（κάλλος）を喜ぶ人々の

一人にわたしが定められたのならば、すべてのことにおいて平和と聖性（ἁγιασμός）を担いつつ、分割されえぬ同一性たる神に対して意志（γνώμη）によってわたし自身を委ねよう。そして、魂の非ロゴス的な諸力を適切に思惟し、ロゴスによってそれらを知性（ヌース）に近づけ、親密なものにさせる。それらの諸力とは、気概（θύμος）と欲望のことであるが、気概を愛（ἀγάπη）に、欲望（ἐπιθυμία）を喜びに変容させることになろう。[6] ここに喜び（χαρά）とは、神に適った仕方で跳びはね祝うことであり、母によって〔自分の生まれる前に〕喜びの対象となった〔洗礼者〕ヨハネや（ルカ一・五八）、イスラエルの王ダビデが木製の箱を作って休息したことなどが、それに当てはまるであろう。

なぜなら、母の胎内では（もしむずかしい言葉が多くの人々にとっておぼろげで、しかも真実であるなら）、万物の創り手にして主なる方は、われわれでありかつ神なるロゴスである。つまりロゴスは、生の現存する形式のうち
1068B
で、一方は母のうちにあるようにおぼろげであり、この感覚的世界にはほとんど現れない。それは、ヨハネのように霊（πνεῦμα）による人々にとってである。が、他方、人々は物体的環境としての母から見るように、諸々の存在物において隠されたロゴスを何ほどか見るのだ。そしてそれは、恐らくヨハネの恵みに喜ぶ人々のことであろう。

現存する生は暗闇

というのも、来たるべき世の語りえざる栄光と輝き、そして生の母の特性に比較すれば、現存する生は暗闇と何ら異ならないからである。そうした現存する生のうちに、完全で完全以上の「神なるロゴス」は、心ではまだ子供のようなわれわれのために、人間愛を有する存在として〔神の〕子として誕生したのだ。それゆえすでに述

べたように、もしわたしが、現在の生に即して人間に近づきうる神的な頂きを、つまり神的かたちの習性を無視し、身体の情愛に自ら進んで自分を傾かせるならば、また近親の人々や心配事によって重くされて引き裂かれ、
1068C 神から落下しているならば、天の国のみについて気遣いと探究に――それに対しては地上の生は力がなかったのだが――心砕きながらも、神へと思いを馳せて上昇してゆくよりも、むしろ諸々の感覚的なものによって動かされていることになろう。

アレテーによる離脱がなければ

そしてわたしは、なおも実践的な戦いによって諸々の情念に対して備えており、決してそれらによって敵の意図を受け入れず、浄めある仕方で悲しみを逃れているとしても、身体を軽率に慈しみ、明らかにそれに服している。すなわち、身体への関わりをアレテー（徳）による離脱（χωρισμός）よりも優先してしまうのである。

従って〔そのようなときには〕、観想的な人は、たとい習性によってすでに身体に対して禁欲的な人となっていても、諸々の神的なものの観想を怠るならば、〔神から〕引き離されてしまう。他方、実践的な人は身体と戦う者となり、自己自身との格闘に引き込まれる。そして、魂の自由（ἐλευθερία）たるアレテーのために労苦するよりも、諸々の情念のしもべとなることを択んでしまうのである。(7)

七　人間と神化――自然・本性の存在論的ダイナミズム

1068D 同じく〔ナジアンゾスのグレゴリオスの〕『貧しい人々への愛について』から。

1069A 「わたしのための知恵（σοφία）とは何か。そしてこの神秘（μυστήριον）の何と偉大なことか。あるいは神的ロゴスは、われわれが神の部分であり、上から降った者であることを欲するのか。それは、われわれが〔その神秘の〕ゆえに喜び、讃美し、また創造主をなみすることのないためである。つまりわれわれ自身が、身体（σῶμα）との格闘と戦いにおいて、創造主をつねに見つめ創造主が弱き身体と結合した姿がふさわしい者を教え導く姿を見つめるためである。」

ヘレニズムの教え　罰としての「身体との結合」

これらの言葉に接する人々は当然、真理の探究のために労苦するならば、むろん罰（報い）を受けることはない。が、彼らはヘレニズムの教えから触発されるとき、安易な方へと逃げてしまう。つまり、彼らは自らの思いなしによって、諸々のロゴス的なものの一性があると語る。そうした一性によって、われわれは神とともに在り、神のうちに住居と礎を、そしてさらに生起した動きを有するというわけである。〔彼らによれば〕ロゴス的なものは、動きによってこの身体的（物体的）世界の生成へと異なりをもって散らされており、「神を見る」というあらかじめ備えられていた恵みが、罪を犯した人々の罰（報い）として諸々の身体と結びついている。(8) そうした
1069B 見解を持ち込むことによって、彼らは師（グレゴリオス）のことを〔誤って〕推し測っているのである。

「在ること」を得るに至るもの（被造物）は、すべて動かされる

しかし彼らは〔そのように捉えるとき〕、不可能なことがいかに横たわっているか、そして為しえぬことがいかに目指されているかということを知らなかったのだ。それは、真実のロゴス（言葉）が後の論の流れから然る

べき仕方で明らかにする通りである。もし神的なものが、万物を満たす成就する力として不動である（自らは他のものによって動かされない）とすれば、非存在の状態から「在ること」（τὸ εἶναι）を得るに至るものはすべて、「動かされるであろう」。それは、何らかの原因によって全体として〔在ることへと〕もたらされるのだ。

すなわち動かされるものは未だ〔静止して〕存立しておらず、欲望による動き（κίνησις）の力は、未だ欲求される終局のものに安らってはいない。（自然・本性に従って動きにもたらされるものは、その指し示している終極のもの以外においては止まらないのだ。）つまり動かされるものは、欲求（志向）の終極に達してはいない。なぜなら、かのもの（終極、目的）は、それへと定位された諸々のものの動きとして現れてくるのであって、そのとき〔外なる対象として〕存立していたのではないからである。(9)

1069C
だが、もしかのもの（終極）があるとき強制的な力によって生じたと彼らが主張し、そして最後で唯一の欲求のうちに〔その存立の〕基礎と宿りを求める高ぶった論は分散でしかないと認めるならば、表面的なことを言わないためには、そこにおける論拠を無限の習性（状態）へと移行させるような、何らかの証明がまさに前提されていることになろう。なぜなら、それ（無限なるもの）を否定することは、経験によっては全くありえず、またそれを妨げる理由が強められることも、何ら存在しないからだ。そこで、論理的なこと（ロゴス的なこと）がそのように捉えられる際、善（美）（καλόν）のうちに不変の基礎を何ら持たず、あるいはそれを希望することもないなら、それ以上に憐れむべきことが何かあろうか。

それ自体として善なるもの（神）について　善に礎を有しているなら愛を生み出す　生成したものは、愛に

よって神へと集約されてゆく

しかし、もし彼らが「可能なこと（為しうること）」を語り、反対の（不可能な）ことが現に生じた経験を通して「欲しないこと」を語るならば、善は、彼らにとってはそれ自体としてではなく、反対の（善ならぬ）ものを通して（間接的な仕方で）、必然的に「愛されるもの」となろう。が、それは「愛されるもの」であるとはいえ、自然・本性によってではなく、本来的にでもない。なぜならば、それ自体として「善」（ἀγαθόν）、「愛される
1069D もの」、そして「すべての動きを引きつけるもの」ではないものはすべて、本来的に善（美）（καλόν）ではないからである。

1072A それゆえ、こうした思慮を巡らす人々は当然、自分にとって快楽となるものの欲求を引きつけることなく、悪に対して働く恵みを告白することになろう。かくして彼らは、自ら然るべきことを教え、また善（καλόν）のうちにいかに確固とした礎を有しているかを学ぶのだ。そして彼らは、そこからの生成を——もし自らそれに与りゆくことを知っているなら——、必然的に語ることになろう。すなわちそこに生成してくるのは、彼らによれば益をもたらすものとして自然・本性（φύσις）そのものよりも有益なものであり、あらゆるものよりも尊い獲得物つまり「愛」（ἀγάπη）を生み出すものなのだ。そして愛によってこそ、神から生成したすべてのものは永遠にかつ不変な仕方で神へと集約されてゆくのである。(10)

神からの生成（創造）は、動きに先んずる

さて、改めて言えば、諸々の思惟的なものや感覚的なものの「神からの生成」（γένεσις）は、動き（κίνησις）に先んずるものと考えられる。なぜなら動きというものは、生成に先んじてはありえないからである。

1072B 生成したものにあって、思惟的なものの動きは思惟されうるものであり、感覚的なものの動きは感覚されうるものである。つまり、諸々の存在物の姿を注意深く探究する人々の見るように、生成したいかなるものもそれ自身のロゴス（本質）からして、全く不動のもの（動かぬもの）ではなく、この点は魂なきものや感覚的なものにしても同様である。彼らの言うには、万物は直線としても円としても球体としても動かされている。あらゆる動きは、単純な仕方と複合的な仕方とによって包まれているのだ。

「生成、動き、そして静止」という階梯

それゆえ、もし仮に、「在るもの」の生成（創造）が動きに先立たれていると看做されるなら、動きは〔存在物の〕生成の後に考えられ、従って生成の後に動きがあると考えられることになろう。しかし動きとは、「それ自体としての目的（τέλος）」へと促されているような自然・本性的力だと言われるのだ。そしてパトス（受動、情念）は、つまりあるものから他のものへと生成した動きは、不受動なる目的（終極）を有する、また活動的エネルゲイア（働き）は、自己目的なもの（それ自体として完全なもの）（αὐτοτελές）たる目的を有する（それへと定位されている）のである。(11)

1072C 確かに、生成したものはいずれも、自己原因としてあるのではない以上、自らの原因ではない。でなければそれは、何ものに向かっても何らか動かされないものとして、生まれざるもの、原因なきもの、動かされぬものとなるであろう。動かされぬものは、それ自身についての定義が真であるなら（他のように語る人もあろうが）、何ものかのために在るのではないので、諸々の存在物の自然・本性（ピュシス）を超越しているのだ。言い換えれば、〔究極の〕目的（τέλος）とは、そのために万物が在るところのものであって、それ自身が他のもののため

にあるのではないものである。

自己同一で不受動なもの　第一の原因・根拠

またさらに、自己目的なもの（それ自体として完全なもの）は、自ら充足していて（他から）働きを蒙ることのないものである。それはまた、自己同一であり、他のものから「在ること」を受けないものであり、不受動なもの（ἀπαθές）である。なぜならそれは、唯一なもの、無限なもの、把握されえぬものだからである。つまり不受動なものは、普遍的に言って本来、「蒙ること」（受動）がなく、他から愛されたり愛によって何か他のものへと動かされたりすることもない。

だが、諸々の生成したものは、それから「在ること」がもたらされる当の第一で唯一の原因によって「動かされる」のであって、生成したもののうちで決して最後に欲求されるものではない。諸々のロゴス的なものの分散
1072D は、はじめに誕生した一性から諸々の身体の生成を、自らにおいて結果として受け入れていると看做されよう。

モーセ、ダビデ、パウロ、そしてキリストの証言

ところで、モーセやダビデやパウロといった聖人たちは、そして彼らの主キリストは、以下のように証言している。すなわち（モーセの書において）、「生命の樹から食べてはならない」（創世二・七）と、始祖は歴史記述（物語り）を為している。また他のところではこう言われる。「あなたたちは今に至るまで、主なる神があなたたちに与えるはずの安息という相続に至っていない」（申命一二・九）とある。また他方、ダビデは次のように叫んでいる。「わたしは神の栄光を見て、心が満たされている。」そして、「わたしの魂は力のある生ける神を、渇く

1073A

がごとくに求めている。一体いつ神のもとにゆき、その顔にまみえることができようか」（詩編四二・二）。

しかしパウロは、フィリピの人々に対してこう書き送っている。「死者からの甦り（復活）にわたしも何らか与りたいと思う。が、わたしはすでに捉えたとか、すでに完成されたというのではなく、わたしがイエス・キリストによって捉えられているその当の方（キリスト）を捉えようとして、追い求めている」(12)（フィリピ三・一一―一二）。さらにまた、ヘブライ人たちに対しては次のように記されている。「キリストの安息に入る人は、その諸々のわざからも休息した。神がその固有のわざから休息したように」（ヘブライ四・一〇）。また同じ手紙の中でパウロが言うには、誰かが約束のものに達したとは、彼自身も肯定していない。しかしキリストは、次のように呼びかけている。「労苦して重荷を負う人々はすべて、わたしのもとに来るがよい。わたしはあなたたちを休ませよう」（マタイ一一・二八）。

1073B

生成したもの（被造物）の「生成、動き、静止」という基本構造

さて、生成したもののうちいかなるものも、目的へと動かされた自らの自然・本性的力を決して静止させることはなかった。また、目的へと定位された自らの働き（エネルゲイア）を休息させることはなかったし、動きに従った受動（パトス）の実り・成就を、つまり不受動なものを、動かざるものをもたらすこともなかったのだ。というのも、ただ神のみが不動で充足しており、不受動なるがゆえに、〔真の〕目的であり、完全なものであり、不受動なものだからである。

しかし他方、諸々の生成したものの働き（エネルゲイア）と受動（蒙ること）とは、始まりなき（根拠づけられぬ）目的へと動かされ、何らか限定された目的で停止するのであって、実体的に性質なきものではなく、そのよ

うなものになるのでもない。すべて生成せしめられたもの、創造されたもの（被造物）は、明らかに無限定なもの（ἄσχετον）ではないからである。

そこで、受動（パトス）ということにはよく注意すべきである。受動は力（可能性）の変化ないし消滅に即して明らかにされるのではなく、諸々の存在物に自然・本性的に帰属している。なぜなら、すべて生成したものは動かされることを蒙るのであり、自己によって動くもの（自己運動）でも、自己によって力あるものでもない
1073C からだ。それゆえ、もし生成したものがロゴス的（知性的）なものとして存立し、全体として動かされているなら、それは「在ること」（τὸ εἶναι）を通して、はじめ（根拠）から自然・本性的に動かされており、さらには意志（γνώμη）によって「善く在ること」（τὸ εὖ εἶναι）を通して、〔真の究極の〕目的（τέλος）へと動かされるのである。(13)

神は「在ること」の与え手であり、「善くあること」を恵み与える者である

なぜならば、諸々の動かされるものの動き（κίνησις）の目的は、「つねに（永遠に）善く在ることそのもの」（αὐτὸ τὸ ἀεὶ εὖ εἶναι）に存するからである。つまりそれは、根拠（ἀρχή）たる「在ることそのもの」（αὐτὸ τὸ εἶναι）であり、まさに神である。そして神は、根拠かつ目的として、「在ること」の与え手（δοτήρ）であり、また「善く在ること」を恵み与える者（χαριστικός）であるのだ。(14) すなわちわれわれは、神から端的に動かされ、また目的としての神へと何らか動かされているのである。

そこでもし思惟的なもの（νοερόν）が、それ自身において思惟的に類比的な仕方で（ἀναλόγως）動かされるなら、思惟的なものは全体として思惟する。もし思惟するなら、思惟されたものを全く愛する。もし愛するな

1073D ら、当の愛されるべきものへの脱自（超出）（ἔκστασις）〔という姿〕を蒙る。もしそのように蒙るなら、明らかに〔根拠、神へと〕促される。もし促されるなら、動きの熱心さを全く伸展させる。そして、もしその動きを熱心に伸展させるなら、愛された全体において全体が全体によって捉えられるに至るまでは、止まることがない。[15]つまり自由な意志・択び（προαίρεσις）によって自ら進んで、完全な救いが全体として受容される（宿りきたる）に至るまでは〔止まることがない〕。それは、把握するもの全体によって全体が形成されるためである。ただその際、かの把握されたもの全体を知ることを、かのもの自身が自らによって意志するというのでは決してなくて、
1076A 把握する〔側の〕ものがそう意志しているのである。[16]

子が父に従うような聴従

そのことはいわば、空気が全体として光によって照らされたり、鉄の全体が火によって全体として燃やされたりするような場合に、あるいは同様の何か他の場合に〔見て取ることができよう〕。それらによってわれわれは、善性（ἀγαθότης）のすでに生じかつ消滅した分有（μετουσία）をではなくて、ふさわしい人々にとって来たるべき「善性の分有」を志向的な仕方で、ただ影像として捉える。なぜなら、書き記されているところ（聖書）によれば、希望されているものはすべて、視覚と聴覚と思惟（διάνοια）との彼方にあるからである。

そしてこれは恐らく、神的な使徒パウロの言うごとく、子が父に従うような聴従（従順）（ὑποταγή）のことである。それはつまり、自ら進んで受容する人々が従うということである。そうした聴従に従って、あるいはそ
1076B れを通して、「最後の敵たる死が滅ぼされるのだ」（二テモテ一・一〇）。しかし逆に、われわれによって、あるいは自らの力によって、朽ちる力がひそかにわれわれのうちに侵入してくる。ここに朽ちる力とは、自ら進んで全

体として神から離れ、支配されることをうまく支配する力なのだ――それは、神が意志することに従って何かを意志することを怠ることによる。――。実際、われわれの救い主自身、自ら父への聴従をわれわれの範型として示して、次のように言っている。「もはやわたしの意志するようにではなく、あなたの意志するように為したまえ」(17)（マタイ二六・三九）と。

「わたしのうちでキリストが生きている」というパウロの言葉　意志（グノーメー）的聴従

また神的なパウロは、主に倣って己れ自身を否定しつつ、もはや固有の生命を持っているとは思わないかのように、「もはやわたしが生きているのではなくて、わたしのうちでキリストが生きている」（ガラテア二・二〇）と言う。しかし、こう言われたからとて、あなたたちは心騒がせてはならない。なぜならばわたしはその際、自由（αὐτεξουσίον）の廃棄が起こると語っているのではなくて、むしろ自然・本性に即した確かで揺るぎない姿、あるいは意志（グノーメー）的聴従（ἐκχώρησις）を語っているからである(18)。それによってわれわれは、「在ること」を確固として保持し、似像が原型へと回復するように現に動かされることを欲するであろう。

神的エネルゲイアの現存　全体が善に適った仕方で交流している

1076C そしてその際、しるしのような刻印によって似像は原型に美しく（善く）適合せしめられ、他の仕方で在ることはなく、またその力もない。あるいはより明らかに、かつより真実に言うなら、神的エネルゲイアを把握するような力を有することを意志し欲するのではなくて、むしろ神化（θέωσις）によって神となり、自然・本性的に存在するものと思惟されるものとを脱自・超出すること（ἔκστασις）によって、〔真の〕快楽を得ようとするのだ。そのことはただ、勝利を得させる霊（πνεῦμα）の恵みと、唯一それを保持して働き神を証示しているもの（キリスト）とを通してこそ、現に証示しうるであろう。

かくして万物を貫いて、神と神に適った人々との唯一のエネルゲイアがある。しかしむしろ、ただ神のエネルゲイアがあるのであって、それにふさわしいすべてのものにおいて全体が善に適った仕方で交流している（περιχωρέω）のである。(19)

というのも、欲求による自由な動きはすべて、最後の欲求が現れ、分有する人々の力に類比的に分離なくして
1076D
分有され、いわば場を得るときには、何か〔究極の〕他のものにおいて必然的に停止する。つまり、「それに向かって」より高きもののすべてのわざと思惟が急ぎゆき、「それにおいて」すべての欲求が停止し、そして「それを超えては」いかなる仕方でも何ももたらされないのだ。なぜなら、至福な師の言うように、熱心なすべての動きがそれに向かって伸展する当のものはもはや存在せず、また諸々の生成するものに対するすべての観想は、それにおいて停止するからである。

神の語りえざる顕現と現存　神の似像は原型へと高められるべき

1077A
そこで、神の外に何かが在るとは証示されず、あるいは神と対立していると看做されるものもない。それゆえ、神の語りえざる顕現と現存ということからすれば、すべて思惟されるものや感覚されるものは神によって把握されているので、何かあるものの欲求が自己に向かうと誤りとなろう。(20)それは丁度、太陽が現れるとき、その混合なき大きな光のゆえに、昼間には星の光も星そのものもないのと同様である。つまり太陽の光によって星などの光は隠され、諸々の感覚によって認め知られる限りのものはないのだ。

確かに、創造されないものと創造されたものとの間には、無限の中間物と異なりが存し、それは神に関してはなおさらのことである。思うにそのとき、諸々の存在物の実体的存立が「何として」、「いかに」、「何において」在るかということを学ぶが、われわれは未だ〔神の〕何なのかに対する知的な欲求には動かされてはいない。そこでさらに、神の後なる各々のものの各々による知がわれわれにあって完了すると、無限にして神的な把握され
1077B ざるものが喜ばしい仕方で、類比的に（アナロギア的に）われわれに宿り、分有されるのである(21)。

これは神的な師によれば、全く愛智の為せるわざである。「われわれは〔神に〕知られている限りで、知ることができよう」（一コリント一三・一二）。なぜならわれわれは、今は原型（ἀρχέτυπον）への欲求を有しているのだが、神的かたちや神的なものを思う知性（ヌース）とロゴスを本来のものと混合させており、〔神の〕似像（εἰκών）は原型へと高められてゆくべきだからである。

創造（生成）の意味と根拠　一なる神的ロゴスは多くのロゴスを統べている

さて、「在らぬもの」の分散した一性と「いかに在るか」の現れとについて、来たるべき将来の姿は、今われわれにとって聖書の達しうる思惟的なものとロゴス的なものとから現出してくるであろう。そこで、これについて語らねばならない。われわれが神の分（分け前）（μοῖρα）としていかにして神から発出したかについては、神の導きによって次のように言えるであろう。

1077C 諸々の存在物が「在らぬもの」から「在るもの」へと神によってもたらされたことを、誰がロゴス（言葉、根拠）とソフィア（知恵）とによって洞察するであろうか。確かに人間は、自然・本性的存在者の無限の異なりと多様性において感応しつつ、そこから魂の観想する力を導き出し、被造物がそれに即して創られた当の〔神的〕

ロゴスを、自らの思惟の脱自的ロゴスによって識別するであろう。つまり、かの〔神的〕ロゴスは、生成せしめられた諸々のものの分割されえぬ異なり（それぞれに固有のかたち）において、そこで多くのロゴスを〔結合し〕統べている一なるロゴスとして見出されてこよう。すなわちそれは、諸々の生成物が、互いにそして自らに対して混合なき固有性を有していることのうちに〔洞察されてくるの〕である。[22]

神的ロゴスは善き意志によって、然るべきときに創造する　不断の創造

そしてさらに、一なるロゴスに対する万物の異なりにおいて、かの一なるものはそれ自身を通して、混合なき仕方で多なるものとして（それらのうちに）現存している。またそれとともに、神なるロゴスは、万物の根拠かつ目的として、父なる神と同じ実体（ウーシア）であり、またヒュポスタシスのうちなるもの（エンヒュポスタトン）（ἐνυπόστατον）である。[23] そうした神なるロゴスによって、万物は創られたのだ。すなわち、天にあるも
1077D のも地にあるものも、見えるものも見えざるものも、王座も主権も支配も権威も、すべては「ロゴスによって」、「ロゴスを通して」、「ロゴスのために」創られたのである[24]（コロサイ一・一六）。

1080A すなわち神なるロゴスは、生成するもの（創られたもの）の諸々のロゴスを〔創造の範型として〕自らのうちに有し、善き意志（βούλησις）によってそれらに即して、見えるものと見えざるものという両方の被造物を非存在から存立させた。つまり、ロゴスとソフィアとによって然るべきときに（κατὰ τὸν δέοντα χρόνον）万物を、普遍的なものも個別的なものも創造したし、また現に創造しているのである。[25]

われわれは確かに、天使たちのロゴス（根拠）が〔この世界の〕形成に先んじて〔神的ロゴスのうちに〕据えられていると信じる。それは、生成し成就してきた各々のもののロゴス、つまり諸々の実体と力とのロゴスで

あって、上なる世界（κόσμος）である。他方、人間のロゴス（根拠）は、神から「在ること」（τὸ εἶναι）を得たすべての人々のロゴスである。(26) 従ってそれは、思うに個々の人々のロゴスのことではなく、それ自身無限なる卓越によって「語りえず把握しえざるロゴス」であり、すべての被造物の彼方にある。そしてそれは、被造物自身の実体的かつ思惟的な異なり（差異）と区別との彼方にあるのだ。(27)

万物は神的ロゴスを類比的に（アナロギア的に）分有している

1080B
しかし、そうしたロゴス自身は、それによって生成したすべてのもののうちに、それぞれの類比（アナロギア）（ἀναλογία）に即してよき仕方で顕現し多数化しており、それ自身のうちで万物を更新（統合）させる。生成した諸々のものは、その〔根拠たる〕ロゴスにもとづいて「在ること」と「存続すること」とを獲得し、またロゴスから、ロゴスへと生成したのだ。そして存続するものと動くものは、神を分有して（神に関与して）いる。すなわち、すべてのものは神から生じたということを通して、類比的に神を分有している。この点、偉大なディオニュシオス・アレオパギテースの見るごとく、知性（ヌース）に即して、ロゴスに即して、感覚に即して、生命的動きに即して〔万物は神を分有しているのだ〕(28)。

神の分（分け前、運命）　神的ロゴスへの上昇と更新

ところで、天使や人間といった諸々の思惟的なものとロゴス的なものは、「神のうちなる、神とともなるロゴ
1080C
スによって創られた」のであり、それゆえにまた、神のうちに現存する「神のロゴス」を通して、既述のごとく「神の分（分け前、運命）」と呼ばれ、かつ現にそのように在る。もちろん、神的ロゴスによって動かされる

のなら、神のうちで生まれるのだ。そして神のうちに自らの「在ること」のロゴスが、根拠（ἀρχή）かつ原因（αἰτία）として先在している。ただしかし、欲求に固有の根拠以外の他のものを捉えんと意志するのではなく、神から流出するのでもなく、かえってむしろ、神への志向（意志）によって神となり、ふさわしい仕方で神に与ることによって「神の分（分け前）」と言われるのである。

すなわちそれは、自然・本性に即して知恵ある仕方で、またロゴス的に、固有の美しい動きを通して根拠と原因とを受容するのだ。その際、固有の根拠の後なる何か他のところに向かうのではなく、「それに即して創られた」当のロゴスへの上昇と更新（ἀποκατάστασις）へと動かされる。あるいは明らかな神的目的への動きが、自らの定め・限度として神的目的そのものを捉えており、〔そのように神的ロゴスによって〕何らか動かされるのである。[29]

1080D さて、聖なるバシレイオスは『聖なる預言者イザヤについての註解』において、次のように言って〔事柄を〕明らかにしている。

「安息日とは、神の民に備えられた安息である。それは真に在ることを通して神が据えたものであり、さらには安息日の安息日を証示している。それによって世（κόσμος）は、明らかにこの世的なものから離れて十字架につけられたのだ。そして、霊的な安息日という固有の場に落ち着く。そこにおいては、生成したものはもはや固有の場から動かされず、その状態の回りに静寂（ἡσυχία）と平穏（ἀταραξία）を保持している。
1081A そして、次のように記されていることによれば、神はそうした至福にふさわしい人々の場（τόπος）なのである。『神のうちにわたしの守り手があり、わたしを救う堅固な場があらんことを』（詩編三〇・三）。」

創造（生成）は然るべき時（カイロス）に為される「在ることのロゴス（意味）」と「生成の方式」との峻別かかる場に、万物の諸々のロゴス（根拠）が確固として据えられ、またそれらのロゴスに即して神は万物を、〔現実の〕生成に先んじて知っていると言われる。つまり万物は、「それ（神的ロゴス）において」、「それによって」、そして真理そのものにおいて存在するのである。

ただしかし、「今在るもの」、「来たるべきもの」のすべては、それら自身の諸ロゴスによって、あるいは「神に知られていること」によって、同時に現に「在ること」へともたらされるのではなくて、それぞれのものは創造主の知恵（ソフィア）にもとづいて、それぞれのロゴスにふさわしい仕方で、然るべき時（カイロス）（καιρός）に（時宜に応じて）創られる。そしてそれら自体の「在ること」は、〔神的ロゴスのうちに〕エネルゲイアによって捉えられる（現出する）であろう。

一方では神は、エネルゲイア（働き）に即してつねに創造主であるが、他方、可能性においてある諸々のもの
1081B （被造物）は、エネルゲイア（働き、現実）においては未だ「在らぬ」ものである。なぜなら、無限なものと有限なものは同時に在ることはできないし、実体（ウーシア）と超実体とが同時に在りうるというロゴス（根拠）をあらわに示すこともできない。また、測りえぬものが測りのうちなるものと、無限なるものが限定（条件）のうちなるものと、そしてカテゴリーの種（形相）を持たぬものがそれらすべてによって存立しているものと、同一のものとして現出してくるということもありえないのである。

ロゴスの一と多　自らの「在ること」のロゴスは、神のうちに先在している

なぜならば、すべての被造物は実体・本質と生成（γένεσις）に即して、諸々の固有のロゴスと自らの外なる

諸々のもののロゴスとによって包まれたものとして、はじめて現出せしめられるからである。それゆえ、最高で否定的な神学のロゴスが高められるとき——それは超実体的なものであるので、それについては、他のものに知られるような何かが、全体として語られることも思惟されることも在ることもない——、そうした〔根拠たる〕神的ロゴスは、誰によってもいかなる仕方においても分有されないのだ。が、一なるロゴスは多なるロゴスであり、多なるロゴスは一なるロゴスである。(30)

1081C
すなわち一方では、諸々の存在物において、「一なるものの善」にふさわしく〔他のものを〕形成し存続させうる前進（発出）（πρόοδος）としては、一なるロゴスは多なるロゴスである。しかし他方、多なるものを一なるものへと転回させ導きうるような還帰・上昇（ἀνάφορα）と予知（πρόνοια）としては、多なるロゴスは一なるロゴスである。それはいわば、円の中心が、そこから伸びる諸々の直線の諸根拠を全き力によって捉え、かつ全体を統合しているような仕方である。

かくしてわれわれは、自らの「在ること」のロゴス（根拠、意味）が神のうちに先在していることによって「神の分（分け前）」であり、かつそのように呼ばれる。ちなみに、再びわれわれが上方から流出したなどと言われる際には、われわれは、それによって創られた当の「神のうちに先在しているロゴス」によって動かされたのではないことになってしまうであろう。

イエス・キリストはすべてのアレテー（徳）の実体である　アレテーある人は神を分有している

1081D
ところで他の方式では、諸々の存在物のロゴスを敬虔に探究することによって、適切にその〔根拠たる〕ロゴスに与ってゆくことができる。なぜなら、神の一なるロゴスがそれぞれの人のアレテー（徳）（ἀρέτη）の実体・

本質であることは、疑いえないからである。次に記されているように、われわれの主イエス・キリスト自身、すべてのアレテー（徳）の実体なのである。「キリストはわれわれのために、神によって知恵、正義、聖性そして贖いとなりたもうた」（一コリント一・三〇）。主はこれらのものを、自らにおいて絶対的に語られたものとして有している。つまり主は、われわれにおけるように知恵ある人、正しい人などと区別ある仕方によってではなくて、まさに「知恵そのもの」、「正義」、「聖性」として存在しているのだ。

従って明らかに、すべての人間は、アレテーの確かさを習性として分有するとき、諸々のアレテー（善きかたち、徳）の実体・本質たる神を疑いもなく分有しているのである。そのとき人は、善（ἀγαθόν）の自然・本性
1084A
的な種子を自由・意志（プロアイレシス）によって真に耕し、〔アレテーの成立において〕根拠と同一のものとして目的を、また目的と同一のものとして根拠を証示している。が、むしろ、その際、根拠と目的とは同一であり、〔相俟って〕神を純粋に証示しているのである。(31)

神の分有によって善が現成してくる　神の似像に類似性が附与される

実際、神に目を注ぐ人は、神がすべての事物（πρᾶγμα）の根拠であり目的として存在していることを信じた。神が根拠（原因）としてあるというのは、その分有によって自然・本性的な善が現に「在ること」へともたらされるからである。他方、神が目的としてあるというのは、〔人が改めて自らの〕根拠を意志し択ぶとき、称えられるべきもの（目的としての神）を誤りなく熱心に求めゆく人の道を成就させるからである。そうした道に従って、人間は「神の在ること」を神によって捉えつつ、いわば神となる（人として神が顕現する）。その際、〔神の〕似像（εἰκών）という自然・本性的に善きものに対して、さらに自由・意志（プロアイレシス）にもとづいて、

「アレテー（善きかたち）を通しての〔神の〕類似性」（ἐξομοίωσις）が附与されるのだ。それは、人が自らの固有の根拠へと上昇し、親近性を獲得してゆくことによるのである。(32)

1084B

神のうちに生き、動き、存在している

そして次の使徒的な表現は、以下のことを満たし成就している。それはすなわち、「われわれは神のうちに生き、動き、存在している」（使徒一七・二八）というものである。

このことについてまず、神のうちに先在している「在ること」（τὸ εἶναι）のロゴスを朽ちさせないような「注意・専心」（προσοχή）を通して、〔人間が〕「神のうちで生まれる。」次に、神のうちに先在している「善く在ること」（τὸ εὖ εἶναι）のロゴスに即して、諸々のアレテー（善きかたち、徳）を通して働くものとして「神のうちで動く。」そしてさらに、神のうちに先在している「つねに（永遠に）在ること」（τὸ ἀεὶ εἶναι）のロゴスに即して、「神のうちに生きるであろう。」それゆえそれは、不受動の習性によって自らによって不動（動かされぬもの）である。

しかし他方、来たるべき世においては、神のうちに先在する諸々のロゴス（根拠）を、あるいはむしろ神を――神のうちに諸々の善美なるものの諸ロゴスが据えられているのだが――、与えられた神化（θέωσις）に即して愛によって称え、働かせているのである。

「在ること」、「善く在ること」、そして「つねに在ること」という三つの階梯

人間はまた、次のような意味で「神の分（分け前）」である。まず、「在るもの」（ὄν）としてであるが、それは、

1084C 神のうちなる「在ること」のロゴスを通してである。次に、「善」（ἀγαθόν）としてであるが、それは、神のうちなる「善く在ること」のロゴスを通してである。第三に、「神」（θεός）としてであるが、それは、神のうちなる「つねに在ること」のロゴスを通してである。すなわち人間は、それらを尊び、それらに即して働く。またそれらを通して、自らを神のみに全体として参入せしめる。そして、神のみを自らにおいて全体として刻印し、かつ形成するのである。

神の人間化　人間の神化

その結果、人間は、恵み（χάρις）によって神として「在り」、かつ「神と呼ばれる」ことになる。神は神として在りつつも、降下（受肉）によって自らを通して人間と呼ばれるのだ。そのことにおいて〔存在〕様式の変容をもたらすような力（δύναμις）が証示されることになる。つまりその〔受肉の〕力は、〔人間が〕神を愛することを通して人間を神化させ、また〔神の〕人間愛を通して神を人間において人間化させるのだ。またその力は、よき交わり・転回によって、一方では人間の神化を通して神を人間とし、他方、神の人間化（受肉）を通して人間を神とするのである。

より悪しきものへの自由な傾きによって罪に陥る

1084D 神のロゴスと神は、すべてのものにおいてつねに受肉（身体化）（ἐνσωμάτωσις）の神秘を働かせようと欲している。[33] しかし、神の分でありながら固有の根拠を放棄してしまい、附与された原因による「自らのうちなるアレテーのロゴス」を非ロゴス的な仕方で「在らぬもの」へともたらす人は、まさに上から落下すると言われる。

そうした人は、「それに即して」、「それにおいて」、「それを通して」自らが動かされ生成せしめられた、当の固有の根拠かつ目的〔神的ロゴス〕に向かうことがなく、魂と身体との不安定な回転と恐ろしい無秩序とのうちにある。つまり彼は、より悪しきものへの自由な傾き・衝動によって、誤りなき原因からの追放〔頽落〕を自分自
1085A 身に招いてしまうのである。(34)

また、「そこから落下する」とは、魂の「神への歩み」を本来は分離なきものとするはずの自由の力が自己へと向けられることによって、「より善きものと存在」とを「より悪しきものと非存在」とに進んで交換してしまったことだと言われよう。

存在物は神の意志を指し示している

ところで、聖なるディオニュシオス・アレオパギテースの教えるところによれば、〔右に〕わたしの語った諸々のロゴスは、「あらかじめ神に知られたもの、神的な諸々の意志（θέλημα）」だと聖書によって語られている。同様にまた、『ストローマテイス〔交ぜ織り袋〕』の著者アレクサンドリアのクレメンスの師、パンタエノスの周辺の人々も、〔諸々のロゴスが〕聖書によって神的意志と語られているとする。すなわち、外なる〔異教の〕学問に通じたある人々から尋ねられるとき、キリスト者たちは、諸々の存在物が何らかの仕方で神を知っていると看做す。つまりそれらを受けとめる際、思惟的なものなら思惟的に、感覚的なものなら感覚的に、およそ存在
1085B 物が神を知っていると彼らは答えた。（ただし感覚的なものを感覚的に知るのでも、思惟的なものを思惟的に知るというのでもない。）

しかし諸々の存在物を超えたものは、存在物に即して存在物として捉えられることはありえない。それゆえわ

れわれは、ロゴス（論）の理を提示しつつ、存在物が固有の意志（θέλημα）として〔現出した〕神を知っていると言おう。もし神が万物を意志によって創造し、何らロゴスが矛盾しないならば、その固有の意志が神だと知ることは、敬虔に語ることであり、かつ正しいことである。つまり神は、生成した各々のものを意志しつつ創った。と同時に神は、意志しつつ存在物を創ったがゆえに、存在物を〔自らの〕固有の意志として知るのである。(35)

そのことからしてわたしは、先の諸々のロゴスが次のような聖書の言葉に即して語られていると思う。すなわち、「すべてのことについてわたし（神）はあなたを知った」（出エジプト三三・一七）と、モーセに対して言われ
1085C ている。またある人々について、「主は自らの存在物を知った」（二テモテ二・一九）と言われ、別の人々に対しては、「わたしはあなたたちを知らない」（マタイ七・二三）と言われている。つまり明らかに、自由・意志的な（択びの）動きは、各々の人が神の意志やロゴス（言葉）に即して、あるいは神の意志やロゴスに反して、神的な声を聞くように備えたのである。

われわれは神の分（分け前）　われわれは知性とロゴスと霊を、似像の原型たる神に接近させてゆく

神を担う人は、これらのこと、またそれらに類することの思惟を、次のように語っていると思う。「われわれが、神的かたちや神的なものと自らの知性（ヌース）やロゴスとを本来的な仕方で結びつけるとき、〔神の〕似
1085D 像（εἰκών）は、今それへの欲求を持っている当の原型へと回復せしめられよう。」それゆえ彼は、こうした短い言葉を通して、諸々の存在物の測り（尺度）に達したなどと思っている人々を、教理的に引き離すであろう。さらに、われわれがいかに「神の分（分け前）」であるかを明らかにし、至福の静けさの来たるべき本来の姿を暗示し、そして、希望によって浄められ熱心に求められている人々を不動の静けさと決して落下せぬ実りへと促

すのである。
なぜならばわれわれは、実体・本質（ウーシア）とロゴスによって、その観念を有している当のものに向かっ
1088A て、ロゴスと自然・本性に即して単純な姿勢で正しく歩むべきであるからだ。そして、罪を犯すことと誤ることに陥るようなすべての探究から離れ、それらについての動きに無知によって立ち向かうことなく、あらゆることに神的なかたちで関わってゆかなければならない。かくしてわれわれは、大きな知性（ヌース）とロゴスと霊（プネウマ）によって自らの知性とロゴスと霊を、あるいはむしろ自らの全体を、似像の原型たる神全体に接近させてゆくのである。

ロゴス的創造による生命

それは、大いさについてのロゴス（説教）が次のように教えていた通りである。「語りえざる光と、聖にして王にふさわしい三位一体の観想とが受容される。その光はより明らかに、より浄められた仕方で照らし、知性（ヌース）全体に混合するが、わたしはそうした光を諸々の天の唯一の王国として立てる。」そのようなとき、わたしは〔真の〕快楽を得て喜び、その結果、自らの諸々のものを〔神による〕諸々の存在物にあえて結合するのだ。そして、天使たちと人間たちのロゴス的創造はすべて——目的への動きに従って諸々の神的ロゴスに自然・
1088B 本性的に調和させられたものの何も、不注意によって創造主から滅び去ることがない限りで——、自らの全体および逸脱しない人々を賢明な仕方で救ったのである。

かくして、〔ロゴス的創造において〕神は、神的自然・本性の諸々の道具的なものと存在物と生成物とを知り、それらに永遠の語りえざる生命を附与し恵み与える。その際神は、魂の方式で全体を通して全体としてそれらに

息吹（霊）を吹き込むのだ。その結果、身体の肢体が創造主によって秩序づけられ、有用なものとして生み出されて、固有の栄光と至福とに満ちたものとして神の御旨にかなうわざを為すであろう[36]。また、そこにおいて恵み与えられる生命とは、「現存しかつ腐敗を通しても保持される生命」の持続的な固有性からは、すべてにおいて解放された（自由な）生命なのである。

1088C

神は魂と身体とにそれぞれの仕方で現成する　受肉した神の恵みによって人間が神化せしめられる

そうした（自由な）生命を、空気が吹き込むのではなく、また血液という回復手段が流出させ存立させているのでもない。かえって神は、全体として全体において受容され、身体（σῶμα）への魂の関わり方によって魂（ψυχή）に、また魂を媒介として身体に現成する。それは神自身の知るごとく、魂が不変性（ἀτρεψία）を受容し、身体が不死性（ἀθανασία）を受容して、全体として人間が、「人間のうちに受肉した神」（ἐνανθρωπήσας θεός）の恵み（χάρις）によって神に与るものへと神化せしめられるためである[37]。すなわち人間が、自然・本性（ピュシス）によっては魂と身体に即して全体として人間に留まり、しかも他方、恵みによっては魂と身体とに即して全体として神となる（神が現成する）ためである。そしてそれは、神にふさわしい「至福の栄光」の神的輝きによるのだ。その輝きに比すれば、より輝かしくより高い輝きは何も知られえないのである。

神化とは真に愛されるべきもの

確かに、それにふさわしい人々にとって神化（θέωσις）よりも愛されるべきものがあろうか。神化にもとづ

1088D いてこそ神は、神々となる人々と結合・一体化し、自らのすべて〔のわざ〕を善性（ἀγαθότης）によって為すのだ。それゆえわたしは、神的な把握とそれに伴う喜びの享受とによって生じる状態を、快楽（ἡδονή）、聴従（従順）、そして喜びと呼んだのである(38)。

ここに「快楽」とは、自然・本性に即して働いていたものの目的・終極（τέλος）のことである。（そのように快楽と定義される。）また「聴従」とは、受動的なものを能動（為すこと）へともたらす脱自的な力である。そのように言えるのは、光に対する空気の、あるいは熱に対する火の、与えられた範型的原因に即してのことである。かかる原因は、自然・本性的にかつ真実に、諸々の存在物の頭以外のものではないと信じられ、そうした頭には、1089A 然るべき仕方で不受動性（情念からの解放）が伴うのである。

そして「喜び」とは、何ら対立するものを持たず、また過ぎ去るものも来たるものもない状態だという。なぜなら、喜びは過ぎゆく悲しみを知らず、快楽の場合のように、恐れを介して予期されるような満足を受け取ることもないからである。それゆえ、神から霊を吹き込まれた諸々のロゴス（言葉）は、またそれらのロゴスによってわれわれの神的かつ神秘的な父祖たちのことを探究する人々は、来たるべき真理を示す名称として確たる「喜び」というものを至るところで語り出している。

無限なる神は、神を享受しようとする人々の欲求を無限に伸展させる

従って、もし過ぎゆくものにおいてわたしには小さなことに見えることが、自然・本性的にかつ聖書的に父祖 1089B のこととして示されたならば、生成したものの何も「動かされていること」を止めず、また神の意図（目的）に従って自らに静止を受け入れることもなかった。諸々のふさわしいものにとって神のうちに住まう（宿る）とい

う動きが逸れてしまうことはありえないのである。なぜなら、すでに語られたことからして、諸々のロゴス的なものによる確かさのために何らか小さな助けを得るということが、われわれにとって何らか可能だからだ。

それとともに、神のうちで実在的に生じた諸々のものは、欲求に応じて激しい満足を受け取る。その際、あらゆる満足は固有のロゴス（意味、理由）と限度とに即してすでにあった欲求を消し去り、二つの方式で生じているのだ。というのも欲求（ὄρεξις）は、根底に存する諸々のもの（基体）（ὑποκείμενον）を小さなものとして取り囲んで消失させるか、あるいは、普通それらから満足の生じることがつねであった当のものを、恥ずべきもの、形なきものとしてなみしつつ嫌うからである。

しかし神は、自然・本性として無限で尊ばれるものであって、分有（μετοχή）によって神を享受しようとする人々の欲求を、おのずと無限なるものへと伸展させるのであった(39)。もしそのことが真実なら（実際そうである
1089C のだが）、語られたものは、諸々のロゴス的なものの一性であったのではなくて、神のうちなる宿りの満足を捉えて分配された。そして固有の分散によって、この世の生成をもたらしたのだ。それは、われわれが善を制限したもの、尊ばれないものにしてしまわないためである。つまり、何らかの満足によって限定されたものや、自らの不変なる欲求を制御しえなかった人々にとって分裂の原因となるものは善とは言えない。

在らぬものを捏造し、空しさを拝する人々　人間における悲惨さの原因

ところである人々は、わたしの思うに、在らぬものを捏造し、さらに由々しいことに、思慮あることの至福なる父を咎めて、別の空しさを拝している。そのことによって、彼らはかつての「生のかたち」から、諸々の魂を身体のうちに閉じこめる。そして恐れなきもの（自由）をかつて生じた悪の罰として捉えうるだけでなく、諸々

の顔（プロソーポン）の信頼を通して他の人々を然るべき仕方で誘惑するようになる。彼らは善く為すことも賢
1089D 明に為すこともなく、そのように為している人々を追い出すのだ。（われわれ自身は、語られたことによって師のこころ・知性を敬虔に、他の仕方で探究するであろう。）
1092A しかしわたしは、そのようなことが人間の生成（誕生）だとは思わない。かえって師は、人間において生じた悲惨さ（苦）の原因を語ろうとするのである。なぜなら師は、次のように言うことによってわれわれの身体の悲惨を嘆いているからだ。すなわち、「わたしの恐れる結合と分離とに従い、わたしの愛するものを与えた」と。そして続いて、われわれがそれによって汚されている当の悪しきものの原因について、またそうした原因の最も知恵ある予見（πρόνοια）について、次のように言われる。「わたしのための知恵（σοφία）とは何か、そしてこの大きな神秘は何なのか。」そのように言って明らかに、次のような解決（出口）を導き出している。
すなわち、神はわれわれが神の分（分け前）として、上から発出することを欲している。それは、尊厳〔ある
1092B 姿〕によって上昇し、創造主をなみすることのないためである。その際、われわれは身体〔への執着〕との格闘・戦いにあってつねに創造主を見つめ、また自分に結合している弱さは、尊厳あるものをもたらす糧（導き）となるというのだ。[40]

善性による創造　神化の受容

こうしてグレゴリオスが言うには、〔実は〕人間は神によって、善性を通して魂と身体とから生成・誕生した。つまり人間には、ロゴス的かつ思惟的な魂が与えられており、そうした魂は、魂を創った方（神）の似像（εἰκών）に即して存立している。その際、一方で魂（ψυχή）は、欲求と全体的力による全体としての愛

（ἀγάπη）とによって、確固として知的に神を保持し、また〔神の〕類似性（ὁμοίωσις）に従って「神化されること」を受容している。

他方、「基底にあるものに対する知的な予見（摂理）」と「己れのごとく隣人を愛せよと命じる掟」とによって、〔人間は〕いみじくも身体（σῶμα）を受け取る。そして、諸々のアレテー（善きかたち、徳）を通して身体を整え、神に服属させるのだ。そのとき身体は、アレテーの中庸的な力によって〔人間という〕家のしもべとなる。そうした力は、与えられた不死性の解消しえぬ絆を身体に結合するのである[41]。

神は人間を通してすべての存在物に類比的に関わる　万物を包摂する神の現存

その結果、神が魂に対してあるように、魂が身体に対して生成し、万物の創造主（δημιουργός）が一なるもの
1092C
として証示されるであろう[42]。すなわち創造主は、人間を通して類比的に（アナロギア的に）（ἀναλόγως）すべての存在物に関わりつつ（歩を刻みつつ）、互いに自然・本性（φύσις）として隔たっている多くのものを、人間の一なる自然・本性の回りに互いに適合するものとして一（ἕν）へともたらすであろう。

かくして神自身は、万物を包摂し、自らにおいてエンヒュポスタトン（ヒュポスタシスにおいてあるもの）としつつ（ἐνυποστήσας）、すべてにおいてすべてとなるであろう[43]。存在物の動き（κίνησις）はもはや緩められ放置されたものとしては保持されず、神の現存に分け与らないものは何も存在しない。そしてそうした神の現存にもとづき、目的・終極（τέλος）への「神的意図のある」関わりによって、われわれは神々、子たち、身体、肢体、そして神の分（分け前）等々として在り、またそのように呼ばれるのである。

人間の生成　自由な意志・択びによって、より善きものにもより悪しきものにも開かれている

さて、このようにして人間は生成・誕生した。しかし〔人類の〕父祖にあっては、権威（力）（ἐξουσία）の
1092D ために〔それに従うべく〕備えられていたものを、より悪しきものへと使用した。それはつまり、許されていたものから禁じられていたものへと自らの欲求（ὄρεξις）を転換させることによってであった。なぜなら人間は、〔次のことについて〕自由な力のある者（αὐτεξούσιος）であって、主に寄り縋って一つの霊（πνεῦμα）として生まれることもありうるし、他方、悪しきものに執着し、一つの身体になるように唆されて択ぶこともありえたからだ。そして、神的な至福の目的を欲しながら、恵みによって神であることよりも択びによって地となることの方を優先して、自己自身を追放してしまったのである(44)。

神の人間愛　善性による救いの摂理（十字架の死によっての）

しかし、同時に神は、知恵ある仕方でかつ人間愛として、また自らにふさわしく善性（ἀγαθότης）によって
1093A われわれの救いを摂理としてみそなわし、われわれにおける思惟的力の非ロゴス的動きに対して、それに伴う当然の罰（τιμωρία）を定めた。その際、神は自らを然るべき理由（ロゴス）で〔十字架の〕死によって懲らしめた(45)。――われわれはその死に面して、知性（ヌース）によって神のみに帰すべき愛（ἀγάπη）の力を放棄してしまったのだ。――それは、われわれが〔他の〕何をも愛することなく、受苦を蒙ることによって〔悔い改めることを〕学び、存在への力を再び取り戻すことを教えられるためである(46)。

人間の生成についての論の展開

そこでさらに、次のような言葉によって事柄がより明らかとなっている。

「しかしわたしには、そうしたことによって、諸々の善きものの何も〔未だ〕人々にとって確かなもの、持続するものではなく、かえって、そのことは他の仕方でなら技術的なロゴスによって、またすべての知性
1093B （ヌース）を超えた知恵（σοφία）によってよく実現されると思われる。もとよりわれわれは、諸々の見られるもののうちで、さまざまに変化させられたり変化させたりするものによって、また上方や下方にもたらされたり変動させられたり、把握される前に離れたり逃げたりするものによってもてあそばれている。しかしわれわれは、それらのもののうちに不安定で変則的なものを観想しつつ、来たるべきものへと移されるのである。では、そのことに向けてまだ備えができておらず、快楽と虚偽がわれわれを隷属させているとき、われわれは善く為すためにそもそもどうすればよかったのか。実際〔快楽と虚偽のうちにあるときには〕、すべてに勝ってより善きものやより高きものを思惟しえず、また神の似像に即してそれらのものに成ることもできない。そしてわれわれは、上なる存在のことを聞いて信じていても、それを引き離し（祭り上げ）てしまうのである。」

そして再び、都市で生活している人々に対する説教（ロゴス）の中で、次のように言われている。

1093C 「それは、真実で第一の知恵（ソフィア）に対してはわれわれが無に等しいことを知り、その方のみをつねに志して、そこからの諸々の光によって輝かしめられることを求めるためである。そこにおいて知恵は、諸々の見えるものや揺れ動くものなどの不規則な姿を通して、不動で永続的なものへとわれわれを導くのだ。」

ただ思うに、既述のごとく、人間性の生成についての原因を、師は明示してはいない。しかし生成にあっては、

われわれの生命（ζωή）に過誤による苦しみがのしかかってくるのであって、それは〔師の〕神的な文を熱心に注意深く吟味する人々には明らかである。師はその（人間性の生成についての）原因を――つまり「そこから」（質料因）、「それによって」（始動因）、「それにおいて」（形相因）、そして「そのために」（目的因）という原因を、われわれを知恵ある仕方で摂理的に導く救いを明らかにしつつ――、それらのロゴス（言葉、論）によって指し示している。[47] しかし他方、〔救いが〕生じた当の神秘には諸々のロゴスがあらわとなるが、師はそれらのロゴスの力を他の方式で用いて、それについての自らの敬虔な意図を全体として明らかにしている。それは、〔イエス・
1093D キリストの〕誕生について、次のように語っている通りである。

「知性と感覚は、すでに固有の定めによって互いに区別され、内的に存立していた。そして創造主のロゴスの偉大さをそれ自身のうちに担いつつ、貫くような声で宣べ伝える人々の偉大なわざを、沈黙のうちに称えている。それは、より大なる知恵と自然・本性的な完全性とのしるしであるが、両者（知性と感覚）による混合であったのではなく、善性（ἀγαθότης）のすべての富のしるしでもない。そこで、創造的なロゴス
1096A はこのことを明らかにしようとして、見えざる自然・本性と見える自然・本性とから、一なる生命体として、人間を創った。言い換えれば、先に存する質料（ὕλη）から身体（σῶμα）を創り、自ら生命を吹き込んだ（もちろん、思惟的魂と神の似像とをロゴスは知っていた。）すなわち第二の世界（κόσμος）のように、地上においで小さなもののうちに大きな存立を、つまり拝すべき混合として他の天使（＝人間）を創ったのである……。」

神の分（分け前）

ところで、『光のうちに』には次のように言われている。

「このようにして彼らは、諸々の上なるものへの礼拝を記すだけではなく、拝されるべき諸々の下位のものもあるという。そして万物は、神によるものであるので神の栄光（δόξα）に満たされる。また人間は、神の手によって創られ、その似像として称えられる。」

1096B これらのことは小さな（基本の）ことだとしても、全く争う余地はなく十分なことだと思う。そして、語られたことについての師の全体的思惟を示すためには、論争することも栄えあることと看做される。が、他方、師がわれわれをいかに「神の分（分け前）」と呼んだかについてなおも反駁されるならば、それに対抗するロゴス（論）は、以下のように多くの点でより高度なものとして示されよう。

キリストは教会（エクレシア）の頭、教会はキリストの体

聖にして至福なる使徒パウロは、霊の諸々のロゴスに教えられていっそう信ある者となる。つまりパウロは、世々に先んじて神のうちに隠された知恵を称え、人間の「闇のような生」のすべてに光を当てて、諸々の魂の「無知の曇り」を取り払うのだ。これについては、『エフェソの信徒への手紙』が次のように十分に説き明かしている。

「われわれの主イエス・キリストの神、栄光の父が自らの知（ἐπίγνωσις）において（根拠として）、あなたたちに知恵と黙示との霊を与え、心の眼を照らしたまわんことを。それは、あなたたちが神の呼びかけ（招
1096C き）の「もたらす」希望（ἔλπις）とは何か、そして信じるわれわれにおいて神の力の卓越した大いさと

は何かということを、神の強い力の働きに（ἐνέργεια）よって知るためである。[48] すなわち神は、キリストのうちにその力を働かせ、キリストを死者のうちから甦らせ（復活させ）、天において父の右の座に着かせ、あらゆる支配、権威、力、主権の上に置き、この世においてだけでなく、来たる世においてもすべての名に勝る名を与えた。そして神は、すべてのものをキリストの足もとに従わせ、キリストをすべてのものの上にある頭として教会（エクレシア、全一的交わり）に与えたのだ。つまり教会（エクレシア）はキリストの体であり、すべてにおいてすべてを満たしている方の満ち溢れなのである。」（エフェソ一・一七—二三）

キリストの満ち溢れ　われわれはキリストを通してキリストのうちに再統合される

1096D
また、後の箇所ではこう語られている。

「そして神は、使徒たち、預言者たち、福音記者たち、牧者たち、そして教師たちを〔それぞれの役割として人々に〕与えた。かくして聖なる人々は奉仕のわざに適した者とされ、キリストの体を造り上げてゆく。そしてついにはわれわれすべてが、神の子の信と知（ἐπίγνωσις）との一性に、また完全な人に、そしてさらにはキリストの満ち溢れの年という測り・尺度に与りゆくことになろう。それは、われわれがもはや未熟
1097A
な者ではなくなり、人々を誤りに導こうとする悪賢い人間の、風のように変わりやすい教えにもてあそばれたり引き回されたりすることなく、かえって愛において真理を語り、すべてにおいてすべてのものを頭たるキリストに向かって増し加えるためである。キリストによって体（身体）全体は、あらゆる節々が補い合ってしっかり組み合わされ結び合わされて、各々の部分は分に応じた働きに従って体を成長させ、愛によって自らを造り上げてゆくのである。[49]」（同、四・一一—一六）

わたしは、敬虔に生きることを知っている人が、キリスト者として真に信じている真理の顕現のために、他の証しを欠いているとは思わない。実際〔パウロは〕、知恵ある仕方で次のように教えている。

「われわれは、すべてにおいてすべてを満たしている神なるキリストの、肢体であり身体であり満ち溢れ（πλήρωμα）である（同、四・一三）。すなわちわれわれは、世々に先立って父なる神のうちに開示された意図（σκοπός）に従って、われわれの神の子、イエス・キリストを通してキリストのうちに再統合されている（ἀνακεφαλαιούμενοι）。（エフェソ、一・一〇）」

受肉における神秘の顕現　子は人間の自然・本性をヒュポスタシスに即して自らに統合・一体化させた

1097B なぜならば、諸々の世々と世代にわたって開示された神秘は、今や子なる神の真実で完全な受肉（人間のうちなる宿り）（ἐνανθρώπησις）を通して顕現せしめられているからだ。すなわち子は、われわれ人間の自然・本性（ピュシス）をヒュポスタシスに即して（καθ᾽ ὑπόστασιν）、分離することも混合することもなく自らに結合・一体化させた。そして、われわれによる思惟的かつロゴス的に魂と化した「キリストの聖なる肉を通して」、われわれを自ら（キリスト）に結合させたのである。つまり子は、はじめから己れ自身と結合しており、また自らの人間性に即して己れと同一なものを価値あるものとしたのだ。というのも、われわれはキリストの体・身体として、世々に先立ってキリストのうちに在るべく定められているからである[50]。（同一・一四参照）

その際、身体に対する魂の方式によって、キリストは〔人間的自然・本性を〕霊において自らに調和させ、結合させた。そして、自らにおける満ち溢れの「霊的な日の測り」へと〔人間的自然・本性を〕導き入れる。
1097C かくして、われわれがそのように生まれたこと、そして世々に先立ってわれわれに対する「神の完全に善き意図」が生じたことを示した。それは、何らかの新しさに即して固有のロゴスによって受容されるべきものではなく、新たに到来した方式を通して、明らかに満ち溢れ（充満）へと導き入れられたのである。

人間は神の善性のしるしを持つ　神秘的な宿りの神秘

なぜならば、神は自らに似たものとしてわれわれを創ったが、それは、人間が神から遠く離れて異邦人になってしまわないためである。（人間は神の善性の確かなしるし・特徴を分け持っており、それゆえ神は、人間が世々に先んじて神のうちに在ることを意図し、そのことを至福の目的として定め、われわれには自然・本性的な諸力を善く使用するような方式を与えるのだ。他方、人間は自然・本性的な諸力を誤用することによって、自ら進んでその〔善き〕方式を追い払ってしまうのである。）そこで、かつてよりも逆説的で、神に適った他の方式が導入されなければならなかった。すなわち、自然・本性（ピュシス）を超えたものは、自然・本性に即したものよりもより高いものなのである。

1097D
そしてそれこそは、われわれすべてが信じているように、人間に対する「神の神秘的な宿り（ἐπιδημία）の神秘」である。神的使徒の言うように、「はじめの契約（διαθήκη）が汚されることなく存続したなら、第二の場所は求められなかったであろう」（ヘブライ二・七）。なぜなら、万人に明らかなごとく、キリストのうちに誕生した「世の終極における神秘」は疑いもなく、世のはじめの父祖たちにおける過誤を示すものであり、その成就であるからである。(51)

魂と身体との結合（心身関係）

さて、神の分〔分け前〕〔たる人間〕の声は、彼らに与えられた方式に即して有益な仕方で師に対して語られる。そしてすべて高貴な〔自由な〕人は、語られた声として魂と〔肢体の〕方式とを受容した。つまり、それがこれらのことにおいては肢体の分だと知っており、決して諸々の想念の欺きを抱えることはないのである。なぜなら、
1100A もし肢体が身体の部分であるなら、肢体と分〔分け前〕とは同一なものとなろう。だが、もし分〔分け前〕が肢体と同一なものなら、肢体の集積と総合は道具的な身体を形成し、その〔組織された〕道具的身体は、思惟的な魂と結合・一体化されて完全な人間を示す〔成り立たせる〕ことになろう。それゆえ、人間の部分が——つまり魂であれ身体であれ、人間の肢体であれ——真理に背いて罪を犯すのではないのである。

しかし、もし道具的身体が思惟的魂に、そして人間に帰属しているなら、魂全体は身体の全体にわたって生きることと動くこととを与えている。魂は自然・本性として単純で非身体的であって、身体に分散されたり閉じ込められたりせず、身体の肢体の全体と各々とに現存しているのだ。そして、身体は自らにおいて、自然・本性的
1100B に基体としてある「魂の働き〔エネルゲイア〕を受容しうる力に即して」、魂〔の働き〕を受容している。

その際魂は、それぞれ異なった仕方で自らを変容しうる肢体に現存しつつ、身体が一つで在ることを保持するために肢体と類比的に〔アナロギア的に〕結合している。[52] こうして、キリスト者の至福の希望の大きな語りえざる神秘へと導かれたのだ。そして、われわれに即しては小さくないし大きく、われわれを超えては生まれざる類似を受け取り、それらのことについて静かな、たやすい思惟を形成したのである。

魂の先在説の批判　魂と身体とは関係的にある

そこで、魂が身体より先に存在するという理に適わぬ説を放棄するがよい。そして「復活へと立ち上がる人々は、最後の欲求の明らかにより浄い現れと分有とのゆえに死ぬことはありえない」と語る主を、われわれとともに
1100C
信じるがよい(53)。そして主は、「生きてわたしを信じる人はすべて、永遠に死ぬことはない」（ヨハネ一一・二六）と言う。もし魂が〔それ自体として〕先在したとすれば、人が死を何らかの仕方で受け容れることもありえなかったであろう。それゆえ、魂についてありえぬような臆見に驚いて、自然・本性的な考えの外に出てはならない。

なぜならば、すでに示したように、もし身体と魂とが人間の部分であって、部分というものが必然的に何かとの関係としてあるとすれば（全体はまさに述語づけられるもの〈カテゴリー〉を有するからだが）、そのように関係的に語られるものは、その生成（γένεσις）に際して、同時に全体として、また全体的に在るからだ。すなわち諸々の部分は、それらの〔現実の〕結合によって〔人間という〕形相全体を完成させるのであって、区別のための概念（ἐπινοία）によってのみ〔魂や身体という〕各々の実体・本質（οὐσία）を互いに区別するのだ。魂と
1100D
身体とは人間の部分として、〔現実には〕互いに時間的に先在したり、後に別々に存在したりすることはできない。というのも、そのようなことを言えば、関係（πρός τι）のロゴス（意味）が廃棄されてしまうからである。

またさらには、もし魂が身体の前に「それ自体として形相（εἶδος）であり」、あるいは身体がそうであるならば、「身体への魂の結合」ないし「魂への身体の結合」に即して、形相はそれらのうちの他の各々を完成することになろう。が、その際、受動的なものがそのことを為すか、あるいは自然・本性的なものがそのことを為すかのいずれかである。もし前者であるならば、存在するものが存在しなかったものへと受動し、それは滅ぶという

ことである。他方、自然・本性的なものが為すのであれば、そのことを明らかに本性を通してつねに働かせており、魂は身体化されることを、そして身体は魂化されることを決して止めないであろう。

魂と身体との同時的生成　「生成のロゴス」と「実体のロゴス」との異なり

1101A しかし思うに、形相（εἶδος）に即した〔人間としての〕全体の成就（生成）は、あるものに対する他のものの結合に際しての、〔単に〕受動（πάθος）によるのではなく、また諸々の部分の自然・本性的な力によるのでもなくて、魂と身体とにおいて〔人間の〕形相が全体として同時に生成すること（γένεσις）による。つまり、いかなる形相にあっても、ある形相から他の形相へと滅びなしに変化することはありえない。

だがもし、魂が身体の死と解体との後にも在りかつ存続し、しかも魂は身体〔との結合〕以前にも在りかつ存続していると言われるなら、それは理に適った捉え方ではないであろう。というのも、「〔現実の〕生成のロゴス（意味、方式）」と「実体・本質（οὐσία）のロゴス」とは同じではないからだ。つまり前者は、「いつ」、「どこで」、「何に対して（関係的に）」在るかということであり、後者は明らかに、「何」で在り、「いかに」在るかということである。(54)

魂は、身体の死の後にも「ある人の魂」

1101B とすれば、魂は生成の後につねに実体として在るが、生成にあっては絶対的に在るのではなく、「いつ」、「どこで」、「何に対して」という結合（状態）として在る。なぜなら、魂は身体の死の後にも、単純に魂なのではなくて、人間の魂であり、しかも「ある人の魂」だからである。すなわち人間は、身体とともに魂の形相全体を有し、それゆえ、そうした魂の形相は〔身体との〕結合に即して、人間的な部分として〔人間に〕述語づけられるのである。

同様にまた、身体は自然・本性として死すべきものであるが、生成によって解消してしまうものでもない。なぜなら身体は、魂との分離（χωρισμός）の後に端的に身体とは言われず、かえって人間の身体であり、しかもある人の身体だからである。たといそれらから〔身体が〕成る当の諸々の要素が、おのずと解体されるとしても。そして人間の形相全体との関わりとしては、〔身体は〕人間的なものの部分として述語づけられるのだ。(55)

1101C

魂と身体とは、それぞれ実体としては、異なりつつ、同時的に生成する

かくして、魂と身体という両者の関係（σχέσις）は、それぞれが人間的形相全体の諸部分として分離されぬ仕方で思惟され、同時にまた、それらの生成を成り立たせている。しかし他方、両者は実体・本質（ウーシア）としての互いの異なりを示しているのであって、何らかの方式で本質に即した本来的なロゴス（意味）をなおざりにすることはない。従って、身体ないし魂は、全体として関係なしには見出されえないし、またそのように語られえない。なぜなら、何かの「他」が在るとは、他のものあってこそ同時に語られるからである。他なるものがそれ以外のものよりも先に在るなら、何かに先んじてある〔と言われる〕のだ。もとより、関係性そのものは不動であって、それら両者について言われる。そして、もしこうした論（ロゴス）が真理から外れていないとすれば、それは神の恵みによる。つまり、あなたたちの祈りによって神は、善く（美しく）思惟することを導きたもうのである。そして、もしこの論述が真理から何らか逸れるところがあるとしても、あなたたちは神からそれらの〔真の〕知（γνῶσις）を霊的に授けられて、正確なロゴス（論）を知ることであろう。

八　神への背反（罪）とその結果としての身体の腐敗と死は、アレテー（善きかたち）へと変容せしめられる

1101D 同じくナジアンゾスのグレゴリオスの『貧しい人々への愛について』に、こう記されている。

「質料（ὕλη）はそれ自身からして、流れのうちにあるかのように秩序なきものをもたらすであろう。」

右の言葉のここでの意味は、先の章での考えにもとづいていると思う。実際それは、質料や身体への愛好に関する多くの事柄を通り越して、次のことを示している。すなわちその言葉から、聖人のよく吟味された意図（目
1104A 的）を以下のように推し測ることが可能である。

意志（グノーメー）による神への背反（罪）と、その結果としての身体の腐敗と死

人間は、不滅性と不死性との美しさに輝くものとして神によって創られた。しかし人間は、自らにおいて質料的な自然・本性（ピュシス）の汚れを思惟的な美よりも優先し、魂に即したふさわしい尊厳を忘れてしまった。あるいはむしろ、魂を神的かたちに美しく装った神を忘れて、すべてのことを為したのだ。

それゆえ人間は、〔迷いのある〕意志（γνώμη）にふさわしく、神的な裁き（判断）に従って摂理的にわれわれの救いをもたらすべき実りを引き抜いてしまった。すなわち〔そのようにして〕、身体の腐敗と死、そしてあらゆる情念へと促す動きと機会だけでなく、自らのうちと外との質料的実体の不安定さと不規則を、そして変化することへの傾きとたやすさを取り集めてしまった。そのとき神は、〔人間自身の〕過誤を通してわれわれの身

1104B 体に魂を混合させ、変化への傾きあるものとした。同様に身体に対しては、蒙ること、朽ちること、そして全体的に解体することをもたらしたのである。(56)

創造における神の予知

ところで、死すべき身体の皮は聖書の記述によれば、われわれのうちに附与された力を明らかにしている。なぜならば、「被造物は滅びに服しているが、それは自らの意志によるのではなく、服従させた方〔の意志〕によるのであり、しかも希望を持っている」（ローマ八・二〇）からだ。実に、神ははじめから予知（πρόγνωσις）にもとづいて、あらかじめ過誤（罪）（παράβασις）〔が為されること〕を見越しつつ被造物を創ったのである。(57)すなわち、人間は蒙ること、害されることによって、自らが自らに、そして固有のふさわしい〔と思える〕ことに同意してしまい、身体と自己とへの情愛を分離なき仕方で受け容れてしまうのだ。全能な者としてわれわれの生をみそなわす神は、われわれを懲らしめるために、われわれが固有の衝動によって自らの思惑で、自然・本性的に諸々の事柄を用いることを許すからである。そのときわれわれは、それらをめぐって、それらによる混合
1104C と混乱を通して何らか狂気のわざを遂行し、自然・本性的に愛されるべきものに対して、現存するものへの非ロゴス的な愛（ἔρως）を導入することになる。

善に即した完成への道　現にある不安定性はアレテー（善きかたち）へと変容せしめられる

そこで、諸々の存在物の三つの普遍的な方式のうちの——それらに即してわれわれの諸情念が懲らしめられて癒されるというが——各々の方式により、われわれを超えたより善きロゴス（言葉、根拠）にもとづいて、神に

知られた「善に適した完成」へと賢明に秩序ある仕方で諸情念の悪しき重さ〔悲しみ〕が司られて、質料の無秩序に対する薬が備えられる。

その仕方として、われわれはかつて犯した罪の赦しを思って悔い改める。が、恐らくわれわれは、無知ゆえにそれらの罪の痕跡を記憶に保持しておらず、それゆえそれらを想起して、諸々の科に対して然るべき更正を果た
1104D すことがない。あるいは、われわれは意志することがなく――悪のすでに生じた習性ゆえに、その力がないのだが――、あるいは弱さを浄められる。あるいは、われわれは現にある分散した悪を追放し、将来の〔生の〕習性を見るべく前もって教えられる。あるいは、もし思惟と徳（アレテー）によってより高い栄光があるなら、確た
1105A る寛容と敬虔な勇気との驚くべき範型を、他の人が他の人々に示すことであろう。そして自らを通して十分に、恐怖に対する穏やかな戦いによって、しばらく隠されていた真理をあらわにするのである。

それゆえ師は、現在の生を超えては何も熟考しない人々に対して、身体の健康を頼りにせず、諸々の事態の移りゆく流れにあってそれらの欠陥によって揺り動かされないようにと勧告する。現在の生・生命が存する限り、その腐敗に巻き込まれることがあり、そこには転回や変化が伴うのだ。というのは、身体と外的事物との不類似や混乱から生じるものは何であれ、不確かなものだからである。「質料はそれ自身からして、秩序なきものをもたらすであろう」という、始めに引いた言葉は、このことを言っていると思う[58]。

言い換えれば、腐敗と変化のもとにすべてがある限りで、われわれは卑しい身体を身にまとい、そこに植え
1105B 込まれた弱さによって多くの悪に服している。しかしわれわれは、不安定性〔不等性〕を通して互いに分離することなく、かえってむしろ、他の人々の欠陥をわれわれの過剰によって満たしつつ、健全な想念によって尊い自然・本性の不安定性を明らかにしよう。

そこで、現にある不安定性は恐らく変容せしめられうるであろう。それは、われわれにおけるロゴスの力がすべてに勝ってアレテー（善きかたち、徳）を称えるものとして証示されるためである。なぜなら、身体と外なる諸々のものとの転回や変化は、万人のものであって、それはもたらしかつもたらされつつ、静止せず移り動くものをまさに静止した確かなものとして獲得させるからである。

九　無限と卓越した否定

1105C 聖アタナシオスのロゴス（言葉）について、同じくナジアンゾスのグレゴリオスの講話から。

「それ（知性）は何か神よりもより高いものを持っておらず、そもそも持つこともないだろう。」

このことについては、神的な心を持つこの師はあらゆる比較や分別から、そして他の状態から解放されていると思われる。なぜなら、それらのことについて明瞭に知る人々の言うには、ロゴス（言葉）のそこでのかたち（形相）は測りがたく、また、卓越した否定（ἀπόφασις）の力を有しているがゆえに、すべてを超えて比較を絶しているといえるからである。[59]

一〇　神学・哲学の諸問題

同じくナジアンゾスのグレゴリオスの『アタナシオスを称えて』から。

冥府に降るキリスト
コンスタンティノポリス（現イスタンブール），コーラ美術館，14世紀

1105D 「ロゴスと観想（θεωρία）によって質料と肉的なものとを通ってゆく人々には——それらは雲とも蔽いとも言うべきものだが——、人間的自然・本性（ピュシス）に可能な限り、神と結合し、最も純粋な光に捉えられるということが生じた。そのように自らの上昇（ἀνάβασις）と神化（θέωσις）をゆくのは幸福な人である。そうした人には、真に愛智の道をゆくことと、質料的な二性（多数性）を超えて三一性における思惟的な一性（ἑνότης）に結合してゆくこととが、恵みとして与えられる。」

1　序　言

観想と実践

1108A わたしは聖人たちのアレテー（善きかたち、徳）について師から伝えられたこの言葉が、何か欠けた仕方としてあるとは思っていない。あなたも記しているように、たとい誰かが、実践なしにロゴスと観想によってのみ神的な愛智の道行き（哲学）（φιλοσοφία）に参入する人々がいると言うとしても、わたしはそれとは反対に、諸々の存在物についての真の判断（κρίσις）と働き（行為）（ἐνέργεια）とは、実践（πρᾶξις）によるものだと語るのである。わたしは、それのみが真に満たされた愛智（哲学）だとあえて定義しよう[60]。あるいはむしろ、それをあらわに導入したいと思う。（もとよりそれは、ロゴスと観想によって正されてゆくべきものであるが。）

実践と観想によるアレテー（善きかたち）の形成　アレテーは身体を通して顕現する

すなわちそこにおいては、実践はロゴスと全く結合し、実践についての判断は観想に包摂されるのである。なぜなら、一方でロゴスは、身体の動きを秩序づけ、不条理への衝動を何らかの正しい想念による拘束によって知的に引き戻すからだ。他方で観想は、善く思惟されたことと判断されたこととを、思慮深く判断して択び取る。それはあたかも、真の知（γνῶσις）によって輝く光が真理そのものを示しているかのようである。そしてそれら

1108B
（ロゴスと観想）二つのことによって、あらゆる愛智者のアレテー（善きかたち、徳）が最上に形成され、かつ守られる。つまり、それらのことからアレテーは、まさに身体を通して、（全体ではないが）顕現せしめられるのである。

というのも、愛智（哲学）は神的力の特徴を有しているが、身体から離れたものではなくて、神的力の何らかの影なのだ。そしてこのことは、その力によるだけではなく、愛智に即した恵みに対して裸となった人々が、神を愛する人々の神的かたちを模倣してゆくことによる。その際、彼らは美（善）（καλόν）の分有によって悪の恥ずべき姿から切り離され、神の分（分け前）にふさわしい者になってゆく。あるいは、力ある人々からの然るべき助けを得て、魂の根底に隠された力ある姿を、実践的に身体を通して顕現させてゆくのだ[61]。こうして彼らは、すべての人々に対してすべてとなり、すべてのものを通して神の予知・摂理（πρόνοια）を現存させ、また彼ら自身が〔神の栄光を表す者として〕称えられることになる。

身体を通してのアレテーの明証

1108C
そこで、もし善く受苦することを負っている人が誰もいなかったり、アレテー（徳）に向かって範型によって刻印される必要のある人がいなかったりすれば、それぞれの人は自分自身で全く自足し、魂において諸々のアレテーの恵みをすでに享受していることになろう。そしてそのことは、身体を通してのアレテー（善きかたち、徳）の明証なしにはありえないのであって、そのように言うのは理に反したことではない。それゆえ、あたかも存在

物を所有しているかのように、観想を通して敬虔に思惟し、そしてロゴス的欲求を通して正確にかつ正しく存在物についてのロゴス（意味）を定義する人は、自らの判断を守りつつ、他の人からの批判によって損なわれることなく自らを保っている。そのような人は同時にまた、すべてのアレテーを全体として有し、知られた真理以外
1108D の何ものにももはや動かされず、すべてのものを速やかに超えゆくのである。(62)

その際、彼は肉と世に属するもののいかなる事柄をも言挙げすることがなく、すでにしてロゴスによって把握された実践をたやすく為す。つまり、われわれにおける思惟的なものは、最も力強い不受動な諸々のロゴス（意味、根拠）を担っている。それらは魂のロゴス的力であるが、それらにもとづいてすべてのアレテー（徳）とロゴスが在りかつ存続しているのだ。一方でそれらは、〔単に〕「在ること」のために身体（σῶμα）を全く必要としない。が、他方、先に言及した諸原因を通して現に〔この時間的世界に〕顕現するためには、然るべき時
1109A （καιρός）に身体を使用することが避けられないのである。(63)

身体はアレテーを証示するもの

実際、「諸々の思惟的なものの思惟」、「アレテー（徳）」、「諸々の学（技術）の知的ロゴス（意味、根拠）」、「選択」、そして「意志（欲求）」などは、固有な仕方で思惟的力に属し、他方、諸々の「判断」、「同意」、「弁明」そして「衝動」などは、一般的（類的）な仕方で思惟的力に属すという。前者は知性（ヌース）に即した観想のみに属し、後者はロゴスに即した知的力に属するのである。そこで聖人たちは、これらに守られたものとして固有の（本来の）生・生命（ζωή）を保持した。

それゆえ幸福な人は、アレテー（徳）と知（γνῶσις）によって、かつて諸聖人から受け取ったすべての言葉

を、ロゴスと観想を通して把握しつつ、総合的に導かれたのだ。それらの言葉（ロゴス）を通して彼らは、観想によって神の把握に知的に接近してゆき、またロゴスによって諸々のアレテーを通して、神的かたちを思慮深く自らに刻印した。そのとき彼らは、身体を通しての実践を名づけることが必要とは全く考えなかった。なぜなら
1109B 身体は、アレテー（善きかたち、徳）を形成するものではなくて、ただアレテーを証示するものであり、諸々の神的な思惟と想念とのしもべだということが知られていたからである。

観想的なものと実践的なもの

このことはまた、他の方式によっても明らかにされよう。すなわち、われわれにおける現実的な事柄に関わる人々は、ロゴス的なものの諸々のロゴス（意味、根拠）が、一方は観想的なもの（θεωρητικός）であり、他方は実践的なもの（πρακτικός）であると語っている。前者は知性（ヌース）に即したものであり、存在物を保持しているかのようである。後者は意志（欲求）的なものであって、実践されるべきものにあって正しいロゴス（言葉、意味）を定めるものである。そして彼らは、観想的なもの（力）を知性（ヌース）と呼び、実践的なもの（力）をロゴスと呼ぶ。また前者を知恵（σοφία）と呼び、後者を思慮（φρόνησις）と呼ぶのである。

1109C もしそのことが真実であれば、実践というものはその原因からして蓋然的なものに関わるので、師は質料（ὕλη）からは、〔実践の〕ロゴス（意味、根拠）を定めなかった。が、その際、何ら対立するものを持たないものを習性（ἕξις）と名づけたのである。というのも、観想的な人は敵対的かつ論争的ではなく、諸々の真理にロゴス的かつ知的に寄り縋るからだ。そして、それらによる快楽・喜び（ἡδονή）のために見ること以外には、何かを受け取ることがないのである。

ただこのことは、他の仕方でより明らかにされる必要があろう。そこで、アレテー（徳）に即した完全性のロゴス（言葉、根拠）を求めて努力する人々は、質料との交わりの状態からまだ浄められていない人々が実践的なものに関わっていると言う。そうした未だ至らぬ人々は、存在するものについての判断が混合しており、移りゆくものに関わる状態（習性）を捨てられず、自分自身が移りゆく姿に留まるのである。

ロゴスと観想を通して「神に似た者」となる

しかし、自らの状態として神に最も近づき、神を何らか把握することによって至福を実りとして得る人々は、
1109D 質料的な状態を真に破って自己自身と神とに対してのみ向き直る。そして彼らは、実践的なものと質料とのつながりを全くなみしつつ、観想によって神と親しいものになってゆくのだ。それゆえ、彼らは質料に対する習性をもはや持たず、変化しないものに留まるという。だが、質料に執着するような習性のある人は、そうした習性によって必然的に、自然・本性（ピュシス）に反して質料へと変化せしめられてしまうのである。[64]

この点、師は次のように洞察している。質料への傾きを拒否すべく質料から自由になることを欲する人は、偉
1112A 大な力を必要とする。「かくして、ロゴスと観想を通して質料や肉的なものを超え出る人には――それらは雲や蔽いと呼ばれるべきだが――、神に似た者となることが生じるのである。」

2a　肉（σάρξ）が何らか雲や蔽いであることについて

では、なぜ師は肉のことを雲や蔽いと呼んでいるのか。それは次のような知見による。人間的知性はすべて、自らが迷って自然・本性に即した動きを失うときには、情念（πάθος）と感覚と感覚されたものとをめぐる動

きを有し、それ以外のものには動かされない。そして神への自然・本性的な動きから迷い出し、肉を情念〔パトス〕と感覚へと分割してしまうのだ。そこで、魂を吹き込まれた肉の両面が、雲と蔽い〔という言葉〕によって指し示されているのである。

1112B なぜなら、雲と呼ばれるのは、魂の指導的役割を肉的な情念〔パトス〕が曇らすからである。また感覚的な欺きとは、蔽いのことである。それは、諸々の感覚的なものの見かけ〔現象〕によって魂に打ち克ち、思惟的なものへの移行を塞いでしまうのだ。それら〔雲と蔽い〕によって魂は、諸々の自然・本性的な善きものを忘却してしまい、自らの全体的な働き・活動（ἐνέργεια）を感覚的なものへと転向させてしまう。そして、既述のことからして魂は、〔悪しき〕気概（θυμός）、欲望（ἐπιθυμία）、そして快楽（ἡδονή）といった醜いものを〔自らのうちに〕見出すことになるのである[65]。

2b 快楽はいかにして生じるか

1112C 禁じられたすべての快楽は、諸々の情念から感覚（αἴσθησις）を介して、何らか感覚されたものによって全体として生じてくる。すなわち快楽とは、感覚しうる力によって感覚を通して形成された「感覚のかたち（εἶδος）」であり、あるいは非ロゴス的な欲望によって生じた「感覚的な働き〔エネルゲイア〕の方式（τρόπος）」にほかならない。また欲望とは、感覚に附加されて快楽へと移行する「感覚に生じてくるかたち」である。そして感覚は、欲望によって動かされて感覚されたものを受け取り、快楽をもたらす。

それゆえ聖人たちは、魂が肉を介して質料に向かい自然・本性に反して動かされて、地上的な形態をまとわされることを知り、むしろ魂を介して、自然・本性に即して神へと動かされるのだ[66]。そして彼らは、肉的なもの

が神に適合した仕方で支配されることを弁え、諸々のアレテー（善きかたち、徳）の修行（ἄσκησις）を通して、
1112D 能う限り神的な輝きによって魂を飾るのである。

3　魂のすべての動きはいかなるものか

知性による動き　ロゴスによる動き　感覚による動き

三つの普遍的な動きとは、「知性（ヌース）によるもの」、「ロゴス（言葉）によるもの」、そして「感覚によるもの」であるが、それらは魂を一なるものへと集約し、恵みによって照らす。
すなわち、第一に「知性による動き」とは、単純な、また解釈を欠いた動きである。それによって魂は、知ら
れざる仕方で神へと動かされ、いかなる仕方によっても、いかなる存在物によっても、神をその超越ゆえに知る
1113A ことがない。第二に「ロゴスによる動き」とは、知られざるもの（神）を原因に即して定義する動きである。そ
れによって魂は、自然・本性的に動かされ、原因としてのみ知られたものの「それ自身における自然・本性的な
すべてのロゴス（言葉、根拠）」を、自らにおいて形成し、知識（ἐπιστήμη）による働きによって措定するのだ。
そして第三に、「感覚による動き」とは、複合的な動きであって、それによって魂は、諸々の外なるものに触れ
る。そして、諸々の見えるもののしるし（象徴）から諸ロゴスを自らにおいて形成し、それらを通していみじく
も、自然・本性的動きの「真実で変化しない方式によって」、砂地のように現存する世々を超え出てゆくのであ
る。

そこで〔改めて言えば〕、魂の動きはまず、感覚をロゴスを介して知性（ヌース）へと高める。（ここに感覚は、諸々の感覚されたものの霊的なロゴスを有しているのだ。）魂の動きは次に、一なるかたちでロゴスを、一つの単純

で不分割の思慮によって知性（ヌース）と結合・一体化させる。（ここにロゴスは、存在物の諸々のロゴスを保持し
1113B ている。）魂の動きはさらに、知性（ヌース）を神へともたらす。（知性は、すべての存在物をめぐる動きを浄めて解放し、また知性による自然・本性的な働きを休止させる。）

かくして知性にもとづいて、魂の動きは全体として神へと集約され、霊（πνεῦμα）によって神全体と結合するにふさわしいものとされ、人間に可能な限りで天上のものの似像全体を担うのだ[67]。そして、こう言うことが許されるなら、魂の動き自身が引き上げられ神に結合された限りで、それだけ神的な顕現（ἔμφασις）が下にもたらされることになる。

神と人間とは互いに範型　人間の神化と神の人間化

というのも聖人たちは、神と人間とは互いに範型（παράδειγμα）であると言う。すなわち、人間が愛によって強められて自らを神化させた限りで、それだけ神は、人間愛によって人間化した（人間として現出した）。そしてまた、人間が自然・本性的に見えざる神を諸々のアレテー（善きかたち、徳）によって顕現させた限りで、そ
1113C れだけ人間は、神によって知性に即して、知られざるものへと引き上げられるのである[68]。

従って、ロゴスと観想に即して成り立っているこうした愛智（哲学）にもとづいて——それに即して身体の自然・本性は必然的に高貴なものとされるのだが——、聖人たちは迷いなく神の欲求（πόθος）へと向かわしめられ、自らに内在する「神的なものへの自然・本性的反映を通して」、ふさわしい仕方で神に近づいたのだ[69]。

その際、自然・本性や感覚に属するものとして、互いに包含されている身体（物体）（σῶμα）と世とを観想し、格闘しつつそれらから離れるのである。それらにあっては他のものが他のものに属しており、互いに他に対する

何らかの固有性ゆえに、それ自身におけるロゴスによって捉えられているものが解消することは決してない。そして魂の恥ずべきものが、諸々の死すべきものや有限なものによって朽ちたり捉えられたりするよう導く。しか
1113D し他方、不死的なものやつねに動くものを、唯一〔真に〕不死なる神に結びつけるのだ。つまり、それらはあらゆる無限よりも上にあり、〔固有性を〕解消せぬ仕方で神に結びつき、世と肉との反抗する動きに決して服することがない。思うにこれこそは、あらゆるアレテー（善きかたち、徳）と知との充満（πλήρωσις）であり、目的・終極なのである。

万物において現出している神を多様な仕方で称える　感覚とは魂の道具

ところで、聖人たちが存在物の諸々の現象によって動かされるとしても、それは、彼らがそれらを基本的に見たり聞いたりした際、質料的に（即物的に）動かされたのではなくて、万物を通して万物において在りかつ現れ
1116A ている神を多様な仕方で称えるためであり、また「奇蹟（驚くべきもの）の多くの力」と「栄光の基底」とを自ら取り集めるためである。

なぜならば、彼らは知性（ヌース）とロゴスと感覚とを有する魂を神から受け取っており、そうした魂は感覚されたものを思惟的なものに向けるからである。同時にまた、ロゴスは運び込まれたものを内なるものにもたらし、知性（ヌース）は蒙ったもの（情念的なもの）を思惟的なものにもたらすのである。（彼らは蒙ったものを、生命あるものの想像とも呼ぶが、生命あるものにあって他の生命と相互のものと通過する場とを知っている。知恵ある人々は、そうした想像の像が感覚を構成していると言う。つまり感覚とは、想像された諸々のものを受け取りうる「魂の道具」なのだ。）従って、諸々の働き（エネルゲイア）は、それら自身に帰せられるのではなく、万物が「それによって」、

また「それから」生成した当の与え手たる神にこそ帰せられると考えなければならない(70)。

1116B

存在の三つの普遍的方式　「在ること」と「善く在ること」と「つねに在ること」　中間のものは自由な意志に依存している

さて、諸々の存在物についての正確な把握から学び知られることであるが、人間にとって可能な三つの普遍的方式が存する。それらの方式に即して神は万物を創ったのだ。すなわち神は、「在ること」（τὸ εἶναι）、「善く在ること」（τὸ εὖ εἶναι）、そして「つねに在ること」（τὸ ἀεὶ εἶναι）というかたちへと、われわれを実体的に存立させたのである(71)。

それら三つのもののうち、両極は原因たる神によってのみ成り立つが、中間のあり方は、われわれの自由な意志（γνώμη）と動き（κίνησις）に依存している。しかし、そうした中間のものを通してこそ、両極についても正しく（本来的に）発語されることになるのだ。つまり、中間の「善く在る」というかたちが発動し現存しなければ、両極としての「在る」および「つねに在る」ということを名指すことも空しくなるであろう。「善く」ということが自由に〔意志的な仕方で〕結合することがなければ、他の仕方では両極における真理が現出することも守られることもない。そして、「善く在ること」という中間のものは本来、両極と結びついて両極における真理（ἀλήθεια）を守っているのであり、あるいは神への絶えざる動き（ἀεικινησία）によって志向している真理を守っているのである。

自然・本性的な力の誤用によって腐敗（悪）が生じる

1116C

とすれば、自然・本性に即したロゴス（言葉）によって魂の見る目を伸展させ、諸々の自然・本性的働きを何らか背反して用いることのないようにしなければならない。なぜなら、自然・本性的な諸力を誤用するときには、必然的に腐敗が生じてしまうからだ。[72] それゆえ、まっすぐに聴従し、自然・本性（ピュシス）の適切なロゴスに即して、原因へと導かれてゆくようにと、知恵ある人々は教えている。その結果、端的に「在ること」と「真に在ること」とが附与され、受け取られることになろう。

そこで彼らは推論して、等しく次のように語るのだ。自らの「在ること」の原因によって動かされずに、自己自身に、あるいは神以外の何かあるものに向かって動かされる人には、いかなる益があろうかと。なぜなら、自らの「在ること」のロゴス（根拠）へと、自己自身によってあるいは神以外の何か他のものによってもたらされることは、決してありえないからである。

1116D

ロゴスによる高貴な感覚

それゆえ彼らの教えるところによれば、知性（ヌース）は、神のみと神の諸々のアレテー（善きかたち）とについて思惟し、また語りえざる栄光によって至福そのものを不知なる仕方で獲得しなければならない。またロゴス（言葉）は、諸々の思惟されたものを解釈し称えるものとなり、それらを一にもたらす方式を正しく論じる。さらに「ロゴスによる高貴な感覚」は、万物における異なった力と働きを想像して、存在物の諸々のロゴス（言葉、意味）を示してできるだけ魂に伝える。[73] その際、それらは知性とロゴスによって、舟を進めるかのように魂を知恵ある仕方で導いてゆく。そのとき魂は、この流れゆく不安定な、他のものへと変化し感覚に浸された「生

の道」を、濡れることなく促され、通り過ぎてゆくのである。(74)

1117A

4　モーセによる紅海（葦の海）の渡過（出エジプト一四・一五―二九）についての観想

かの偉大なモーセは、恐らくロゴスの一撃によって――杖はまさにその最も力ある象徴であるが――、感覚の海という欺きを打った。あるいは、この点についてより本来的に言えば、神的な契約を追い求める民に、確固として揺るがぬ足下の地を準備したのである。

つまりそれは、次のことを示している。すなわち、感覚の下にある自然・本性（ピュシス）は、正しいロゴスによって観想され、よく記述されて、諸々のアレテー（徳）で飾られた生（βίος）へと渡ってゆく。(75) そして、そのように海を横切ってゆく人は、両側に分離した水の間に隠されており、そうした水の激しい圧迫から何ら危険を蒙ることがなかったという。

すなわち、思惟的な海から諸々の水を象徴的なロゴス（言葉、意味）によって区別することは、互いに連なっ
1117B
ている諸々の悪しきものを――それはアレテー（善きかたち、徳）の欠乏と過剰という性格を有するのだが――アレテーから切り離すことであり、〔神的な〕ロゴスがそれを為しえたのだ。とすれば、諸々の悪しきものに進んで執着する人は、神に向かって熱心に急ぐ人々と互いに結びつくことが決して許されないであろう。

5　モーセのシナイ山登攀についての観想

神は諸々のアレテー（徳）の型と範型　モーセは神的な型の型

そこでモーセは再び、呼びかける神に聴従し、下位にあるすべてのものを超え出て、「神の在ます闇（密雲）」

に入っていった（出エジプト二〇・二一）。すなわち、形なく見えざる非身体的境地に入っていったのだが、それは、神以外のあらゆるものとの関わりから自由な知性（ヌース）によってであった。[76] モーセはそうした闇に至って——それは人間的自然・本性（ピュシス）に最もふさわしいことであるが——、あたかもかの至福の上昇
1117C （登攀）にふさわしいほうびとして、時間（χρόνος）と自然・本性との生成を包含するような知（γνῶσις）を受け取り、さらには、神自身を「諸々のアレテー（徳）の型と範型（παράδειγμα）」とした。すなわちモーセは、いわば絵画のごとく、原型たる神の類似・模倣（μίμησις）を美しく保つものとして、そうした自己を神によって刻印し、その後、山を下りた。そして神的な栄光を分有しつつ、他の人々と顔を合わせ、彼らに恵み（χάρις）を証示したのだ。

かくしてモーセは、自らが神的な型（τύπος）の型となって、惜しみなく自己を与えかつ提示し、〔神の山にて〕見たこと聞いたことを民に語り告げた。[77] そして、神からの天与の遺産として神の諸々の神秘を、自分に続く人々に文書によって伝えたのである。

6　ヨシュアの指導とヨルダン河の渡行、そして石の剣による割礼についての観想

1117D モーセの後継者ヨシュアは——彼について記された事柄の多くは省くことにするが——、かつて砂漠において敬虔さのために教えられたことを、多くの仕方で民に伝えた。すなわち、シナイ山でのモーセの死後（申命三二・四九）、ヨシュアは、石の剣による割礼という異常なかたちで民を浄め（ヨシュア五・二）、民のすべてが涸
1120A れたヨルダン河を、神の契約の箱を先行させて渡るように導いた（同、三・一七）。その契約の箱によって、明らかに救い主たるロゴスが象徴的に指し示されていたのだ。

ヨシュアは法的な秩序を記した文を記し終えた後、諸々の思惟的なものの高みにおいて、「神を見る真のイスラエル」の指導者となった。[78] そして、神への信仰にもとづく鋭いロゴス（言葉）によって、魂と身体とのあらゆる汚れに割礼を施したのだ。つまり、罪（ἁμαρτία）へと促すもののあらゆる悲惨さから民を解放し、時間と諸々の動くものとの移りゆく自然・本性（ピュシス）を、非物体的なものの姿へともたらせた。そしてその際、われわれの自然・本性は、諸々の神的な神秘（μυστήριον）を受容しうる知を、アレテー（徳）という肩の上に掛けるのである。[79]

7　エリコの町を七周したこと、契約の箱、角笛、そして断罪などについての観想（ヨシュア六・一以下）

1120B ヨシュアはエリコの町を七周し、神秘的な叫びとともに角笛を鳴らして、堅固で征服しがたいと思われていたエリコの町を下した。そのようにしてヨシュアは、神のロゴスが「知性（ヌース）とロゴスによって、あるいは知とアレテーによって」世界に打ち勝ち世々を完成する存在だということを、神秘的に明らかにしたのだ。それらのうち、契約の箱と角笛は次のことの予型である。つまり、それに従う人々にとっては、感覚されたものとは征服され打ち勝たれた世であることを示している。また、感覚されるものにおいて享受されるいかなるものも、神的な善きものを愛する人々にはふさわしくない。なぜなら、感覚されるものの享受は死と腐敗とに結びつき、神的な怒りの原因となるからである。

そして、カルミの子アカルは――感覚されるものから何かを引き入れようとして、物的質料的なものを好む迷い
1120C ある想念のことだが――、神的な裁きによる憐れむべき死を証示している。その際ロゴスは、悪しき心の根底

において働き、罰に値する人を窒息させて、死をもたらすのである。(80)

8　テュロスとその支配、攻略についての観想

神の子イエス・キリストの「神秘の型」　十字架を通して罪を捕える

また聖書の記述によれば、「そのときヨシュアは引き返して、ハツォルを占領し、その王を剣で打ち殺した。ハツォルは昔、これらの王国の盟主であったからである。彼らは剣をもってハツォルの全住民を撃ち、滅ぼし尽くした。」（ヨシュア一一・一〇―一一）

こうした言葉から教えられるのは、そこには「神秘の型（予型）」が提示されているということであった。すなわち、われわれの真の救い主、神の子イエス・キリストは、諸々の悪しき力を滅ぼし、ふさわしい人々に恵
1120D
みを与えた。つまり、自らの受肉（ἐνανθρώπησις）の時（カイロス）にあって、十字架を通して罪を捕え、自らの力ある言葉によって罪の支配者たる悪魔を殺したのだ。(81)（罪はかつてすべての人々を支配していたからである。）そしてキリストは、罪に属するすべての住民、つまりわれわれの諸々の情念（パトス）と恥ずべき悪しき思いとを滅ぼした。それは、キリストに属しキリストに従って生きる人々のあらゆる生と動きとに対して、罪がいかなる仕方においても影響を与えることのないためである。

1121A

9　「諸々の天は神の栄光を語り告げている」（詩編一八・一）という言葉についての観想

ダビデは時代としては先述の人々より後の人であるが、霊（πνεῦμα）においては彼らと等しい（同時的な）人である。(82)生において多くの神秘的なことを経験した士師たちを経て、ダビデは、大空が神の栄光を語り告げ、

天上の幕屋がその手のわざを語るのを聞いて（それは創造主がいかなる魂にも示さなかった驚くべきことだが）、神学の心（ヌース）についての諸々のロゴス（言葉）を魂なきものから受け取った。

そして、ダビデは自らのわざを完成させることによって、予知と裁きとの諸方式を人間に能う限り教えられたのだ。ただその際、万物の支配（摂理）は個々の部分では多様化されているので、それらの〔個々の〕ことについてのロゴス（意味、根拠）には、彼も達することがないのである。(83)

1121B

10 「わたしの父と母はわたしを見捨てた」（詩編二六・一〇）という言葉についての観想

さらにはまた、「わたしの父と母はわたしを見捨て、主がわたしを捉えた」（詩編二六・一〇）とある。それはまず、生成消滅についての「肉の自然・本性的な法（νόμος）」を語っている。われわれはすべて、その法に即して過誤を通して生まれ、かつ存在を保っている。それは思うに、感覚によってわれわれを生む母を見捨てて逃れることが、諸々の朽ちるものに対する欲望にとっては必要であることを、隠された仕方で語り告げている。すなわち、見える世界はそうした朽ちるものを通して移りゆき消失するが、主は、霊的な法によって養子とするにふさわしい人々を受け容れ、彼らの父となるのだ。そして主は、善なる存在として自らの全体を、類似性（ὁμοίωσις）に即したアレテー（徳）と知というかたちで、彼らすべてに与えたのである。(84)

1121C

そのことは恐らく、「父と母について記された法」と「それに即した身体的礼拝」とを通して、謎かけられた仕方で語られている。それらから離れることによって、霊的な法の光は、それにふさわしい人々の心（καρδία）に射し込み、肉的な隷属からの解放（自由）を恵み与えるのである。

11　ホレブ山の洞穴でエリヤが見た幻視（列王上一九・九）についての観想

エリヤの幻視

最も知恵のある人エリヤは、「火」、「地震」、そして「山をも動かす大きく強い風（霊）」といった幻視にまみえた。わたしの思うに、それらはそれぞれ「熱心さ」、「分別」、そして「確かで善良な信・信仰」のことである。
1121D 「分別」は、連なる地震のように、悲惨さに燃え立たしめられた習性を――それは悪の現れであるが――、アレテー（徳）によって揺るがす。また「熱心さ」は、不敬虔な人々を火によって照らし、風（霊）の温かさで更正させようと説得する。そして「信仰」は、神の栄光のために風（霊）の力によって、また諸々の奇蹟の顕現を通して不受動な人々を突き動かし、真に信実な人を知的な水と神化の力ある火との導き手とする。そうした信仰は、
1124A 一方では無知の飢えを癒すとともに、他方、親密に神に犠牲を捧げる人々をなだめるのだ。信仰はまた、悪を教える諸々の想念と、言葉だけの知恵を持つ悪霊たちとを滅ぼし、情念への隷属に屈した人々を解放するのである。

神の現存する優しい風の声

これらすべての後に、エリヤは、神がそのうちに現存する優しい風（霊）の声を感じ取って、次のような存在状態（κατάστασις）を神秘的に教えられた。すなわちそれは、「ロゴス（言葉）の発出」と「生の諸々の方式」と「諸々の習慣」とによるものであって、神的な、揺らぐことなき、平和な、全く非質料的な、単純な、あらゆる形相と形態から解放された状態であった。

エリヤはその栄光に驚き、美（善）（κάλλος）によって傷手を受けて、単にそれを追うよりも、むしろそれと

ともに在ることを憧れ望む(85)。つまり、真理のために闘うよりも、真理とともに全体として在ることを望み、神に対立するものは何も見ることも知ることもなく、全体として全体を通して全体において在る神のみが知られることを、遥かに価値あることと判断するのである。 1124B

もとより、エリヤは今はまだ、肉体において真理とともに在ることを保持しており、諸々のアレテー（徳）という神的馬車に乗って質料（物質）を通り過ぎてゆく(86)。ここに質料とは、あたかも思惟的なものに対する知性（ヌース）の浄い移行の覆いのようなものであり、また諸々の情念によって魂の指導的力を曇らせる「肉の衣」のようなものである。

かくして彼は、腐敗に服した肉とともにある者（人間）に可能な限りで、自らの欲していた諸々の語りえざる善に与る者となるであろう。そして恐らくわれわれにとっても、約束されたものへの確かな信頼が生じるであろう。なぜなら神は、右のように神秘的に生じたことを通して、まさにそうした信頼をエリヤに実現させているからだ。実に神は、「神のみとともに平和に存在すること」が他のいかなる善よりも益があると、声高に叫んでいるのである。

1124C

12 エリヤの弟子エリシャについての観想（列王下二・一）

エリヤの弟子で霊的な後継者エリシャは、諸々の質料的な像によって働きが制約されたような感覚をもはや持たず、すでに知性（ヌース）によって霊（プネウマ）の恵みへと進んでいった。すなわち、エリシャは彼の目の今一つの働きによって、自分の回りに諸々の悪しき力と対立する神的な力を見た。そして、その力が弱さよりも——思うに肉よりも——強いことを見て、それを自分の伴侶（友）と認めることができたのである(87)。

実際、肉をめぐって悪（πονηρία）の諸々の霊が知性（ヌース）に侵入し、さらには魂を所有しようとする。が、そのとき、魂の回りに天使たち同士が陣を作り、いわば高貴な像によって包囲するのだ。エリシャはこうしたことすべてを教えられ、また他の人々にも教えたのである。

1124D

13　アンナとサムエルについての観想（サムエル上一・二〇）

神に聴従するロゴス（言葉）　あらゆる善は神に由来し、神へと終極づけられている

偉大なサムエルの母、至福なアンナは石女で子供がいなかったので、子供が授かるようにと神に請い願った。そしてアンナは、もし子供が与えられたなら、恵み与えた神にその子を返しかつ奉献することを、神殿での祈りによって熱心に約束したのである。

かくしてアンナは、神秘的に（不可思議な仕方で）次のことを教えている。すなわちすべての魂（人間）は、諸々のアレテー（善きかたち、徳）の種子が神によって播かれることを通して、諸々の肉的な快楽（ἡδονή）に対しては石女でなければならない。それは、前に在るものを思惟によって知的に見る力を生むことができるためである。が、そのことは、観想による敬虔な注意を通して、神に聴従するロゴス（言葉、理性）を孕みかつ生み出すことによって、はじめて可能なのだ[88]。それゆえ、人にとって大きく貴重な義務としてあるのは、何ものも自
1125A
分に固有のものとは決して看做さず、与えかつ受け取る神のみにすべてを帰すことである[89]。

確かに律法には、「わたしの賜物、わたしの贈物、そしてわたしの実りを、わたしに捧げるように注意せよ」（民数二八・二）と言われている。あらゆる善（ἀγαθόν）は根拠たる神に由来し、神へと終極づけられているからである。そして、肉の諸々の動きを否定し、それらに対する魂の傾きをなみして、真に分別に満たされたすべ

ての人々においてこそ、神のロゴス（言葉、知）が生起するであろう[90]。

14　不浄の家を滅ぼす人についての観想（レビ一四・三八）

1125B
祭司が法的定めに従って何らかの不浄な家に入り、それを識別し、所有物の浄めのために必要なことを要求するという言葉を聞くとき、それは次のことを意味しているであろう。すなわち、祭司たるロゴス（理性）は浄い光として魂のうちに入り、恥ずべき行為を伴う汚れた欲求や思考を拭い、回心と浄め（κάθαρσις）との諸方式を賢明に提示する[91]。このことはわたしの思うに、偉大なエリヤを受け容れた女性によって、より賢明に証示されている。彼女はこう言った。「神の人よ、あなたはわたしが自らの不正を思い出すように、わたしのもとに来た」（列王下一七・一八）。

15　聖なるエリシャとサラプティアのやもめについての観想

1125C
すべての魂は、諸々の善きもののやもめとなると、アレテー（徳）と神の知との砂漠となる。しかし、そうした魂が神的で識別力あるロゴスを受容するときには、自らの諸々の罪を想起して次のことを教えられる。つまり、アレテーのパンによっていかに糧となるロゴス（言葉、理性）をもたらすか、真理の教えによっていかに生命の泉を飲むか、そして自然・本性（ピュシス）そのものよりもその気遣いをいかに優先するかを教えられるのだ。かくして、器としての肉（σάρξ）は、諸々のアレテー（徳）による実践的な調和に奉仕することになろう。そして、かごとしての知性は、知の光を保つ観想を絶えず注ぎだし、自然な思念はやもめの息子のように、かつてのような情念に満ちた生（ζωή）を捨てて、ロゴスによって与えられる神的で真実な生に与るにふさわしいものとされるのである(92)。

1125D

16　主の変容（μεταμόρφωσις）についての観想

キリストの変容は神性の象徴

さらにまた、キリストの弟子たちのうちである人々は、聖書に記されているところによれば、アレテー（徳）の熱心さによってキリストとともに上昇し、キリストの顕現（φανέρωσις）の山に引き上げられた。そこにおいて彼らは、変容したキリストにまみえたのだ。その姿は、顔の光のゆえに近づくことのできないものであった。彼らはキリストの衣の輝きに驚き、傍にいたモーセとエリヤの称讃によって、キリストの畏れ多きことを知ったのである（マタイ一七・一―三）。

そして彼らは、肉による生を終える前に、霊（πνεῦμα）が彼らのうちに働かせた「感覚的働きの変化」に 1128A よって、肉から霊へと移った。つまり、諸々の情念の蔽いを彼らのうちの知的な力によって引き上げた（取り除いた）。そのとき彼らは、霊によって魂と身体との感覚的なものが浄められ、自らに示された諸々の神秘の霊的なロゴス（意味）を教えられるに至った。

すなわち、彼らは次のことを神秘的に学んだ。キリストの顔の光輝く至福の光線は、眼のすべての働きを凌駕したものとして、知性（ヌース）と感覚と実体と知とを超えた「キリストの神性（θεότης）」の象徴 1128B （σύμβολον）だということを。キリストは［有限な］形相も美も持たなかったが、彼らは、キリストが「肉（人間）となったロゴス」にほかならないことを知った。つまり、キリストが人の子たちを超えた美を有し、「はじめに在り、神とともに在り、そして神で在った」（ヨハネ一・一）ことを学び知るのだ。そして彼らは、「万人にとって全く捉えられぬもの」としてキリストを称えるという「神学的な否定」によって、恵みと真理に満ちた「父の独り子」たる栄光（同、一・一七）に知的に上昇せしめられたのである。(93)

キリストの白くなった衣は創造の象徴　モーセとエリヤは世と肉とに対する執着から解放された

ところで、キリストの白くなった衣は、聖書の物語の象徴を担っている。この場合それは、うちに隠されたロゴス（意味）を明らかにしながら、モーセとエリヤにとって輝かしく明瞭で賢明なものとなり、何ら不可解な謎や象徴的影もなく思惟される。(94) そのとき彼らは、神についての明瞭で正しい知に達して、世と肉とに対する執着
1128C から解放されたのだ。あるいは衣は、創造そのものの象徴とも考えられる。ただそれは、感覚のみによる欺かれるものや傍にあるものの汚れた把握を除去することによって現れてくる。そして衣は、それが含むさまざまな形相の知的な多様さによって、衣との類比（アナロギア）という仕方で創造的なロゴスの織りなすふさわしい力をあらわにしている。

なぜなら、いずれの場合でも語られたことはその意味に適合しているからである。両者にあってそれは、把握しえないことに対してわれわれがふさわしくない仕方で適用しないために、われわれには不明瞭なものとして隠されている。つまり聖書の語りにおいて、それは一方ではロゴス（言葉、知）であり、他方では創造における創造主、作り手、技術者である。こうしていずれにあっても、欲する人は誰しも、科なき仕方で神とともに正しく生きるべきだということが必然的に帰結してくると思う。そしてそれは（正しく生きることは）、霊における聖書の知を通して、また霊に即した諸存在物の自然・本性的観想を通して生起しうるであろう。

1128D そこで、自然・本性的な法（νόμος）と書かれた法（聖書）という二つの法は同等のものであり、それぞれ同

じことを教えている。一方が他のものより優れていることも、劣っていることもない。それはまさに、完全さを愛する人は知恵を完全に欲する者になりうるということを示している。

17　自然・本性的な法と書かれた法、そしてそれら相互の関わりにおける調和についての観想

法は全体が調和ある織り物

思うに法（νόμος）というものは、それに含まれたさまざまな事柄に注意するとき、全体が調和ある織り物と
1129A なっていて、それゆえ何か一冊の書物のようである。

すなわち、書物はさまざまな文字とシラバスを有していることが、まずわれわれの注意を引く。諸々の要素が結合し、多くのものが重なって一つの身体を形成しているのである。次に書物は、諸々の語を有する。それらは文字やシラバスよりも普遍的なもの、より高く微妙なものであって、賢明に分けられ語りえざる仕方で刻印されているロゴス（意味）が、それらから読み取られ整えられる。が、さらに、単独のものとして何らかの観念（思惟）（ἔννοια）を提供する。そしてさまざまの像をふさわしく結びつけることによって、それらを真実のものの像（εἰκασία）にもたらすのだ。(95) かくして、創造主は、類比的（アナロギア的）な仕方で（ἀναλόγως）、諸々の見えるものを通して自らが何らか見られるようにしているのである。

法は、倫理的、自然・本性的、そして神学的な愛智という三者から成る

しかし他方、法は諸々の学知のかたちによって見定められる。すなわち〔古来の〕知恵ある教えによれば、法は天と地とそれらの中間のもの、つまり「倫理的」（ἠθική）、「自然・本性的」（φυσική）、そして「神学的愛智

（哲学）」（θεολογική φιλοσοφία）という三者から構成された今一つの世界（宇宙）（κόσμος）なのだ。[96] そのように法は、世界を存立させた存在の語りえざる力（δύναμις）を証示している。そして法は、諸々の存在物が互
1129B いに関わりつつ〔全体として〕同一のものだということを示している。つまり「書かれた法（聖書）」は、可能性として自然・本性的な法であり、「自然・本性的法」は、習性（ἕξις）として書かれた法であって、同一のロゴス（根拠、意味）を隠している。これらの一方は、書くことと現象によってであり、他方は、思惟（νόησις）と開示されたものによってである。

聖書の語りは衣服、思惟されたものはロゴスの肉

さらにまた、聖書の諸々の語り（言葉）（ῥῆμα）は衣服だと言われ、諸々の思惟されたものは「ロゴス（言葉、根拠）の肉」だと理解される。前者においてはわれわれは隠し、後者においてはあらわにするのだ。同様にわれわれは、生成したものが見られるようになるために押し出された「形相」や「形態」を、やはり衣服と呼ぶ。そしてわれわれは、それらが創られた範型的な諸ロゴスを、肉と理解する。そこで同様に、前者においてはわれわれは隠し、後者においてはあらわにするのだ。なぜなら、万物の創造主にして法の附与者たるロゴスは、あらわ
1129C なものでありつつ隠されているからである。つまりそれは、自然・本性（ピュシス）としては見られえぬものであって、隠されたものとして現れ出る。[97] それは、創造主たるロゴスが自然・本性的に小さなもの（軽いもの）だと、知者たちに信じられないためである。

隠されたものは否定を介してあらわになる

しかし他方、隠されたものはわれわれにとって、否定（ἀπόφασις）を介してあらわになるであろう。そして、真実なものを諸々の形態と謎によって似せて造る力は、文字と現れたもの（現象）とを通り過ぎ、霊（プネウマ）の力によって〔神なる〕ロゴスそのものへと、語りえざる仕方で上昇してゆくのだ。あるいはまた、現れたものは、述定されることによって〔かえってかのロゴスを〕隠す[98]。

それは、ギリシア人たちのようにわれわれがロゴスを殺す者となって、「創造主の代りに被造物を礼拝する」（ローマ一・二五）ことのないためである。つまり、諸々の見られるものよりもより高いものが何もないとか、感覚的なものよりも偉大なものはないなどと信じることのないためである。

あるいはユダヤ人たちのように、文字のみを見て多くの〔実体的な〕ものを物体ないし身体（σῶμα）のみに
1129D 還元し、腹を神として、恥ずべきものを栄光あるものと看做すならば、われわれは神を殺す者として同じ分け前（報い）を受け取ることになろう。その際、ロゴス（キリスト）は実は、われわれに即して、われわれを通して、そしてわれわれのために身体を摂り、シラバスと文字において小さなものとして感覚によって捉えられるものとなった。そしてロゴスは、われわれのうちなる思惟のすべての力を自らの方へと促し傾向づけるのだ。しかしユダヤ人たちは、こうしたロゴスを識別することがなかったのである。

文字は殺すが霊は生かす　肉の法と霊の法

それゆえ神的なパウロは、「文字は殺すが、霊は生かす」（二コリント三・六）と言っている。なぜなら、文字はそれ自身として欲せられるとき、欲する人々にとって自らのうちなるロゴス（言葉、理性）を殺してしまうの

が常だからである。それと同様に、諸々の被造物の美（κάλλος）は、それを創造した神の栄光に帰されなければ、それを見る人々は自ずとロゴス的な敬虔さをだまし取ることになるのだ。そこで福音は再びこう言う。「も
1132A
しそれらの日々が短くされなければ（これは明らかに悪の日々のことだが）、すべての肉（人間）は救われないであろう」（マタイ二四・二二）と。つまり、神についてのあらゆる敬虔な思惟も救われないのだ。なぜなら、悪の日々は、それらを感覚に即して創るような誤った判断がロゴスによって制限され、敬虔な正しさの後に従うときには、短くされる（縮小される）からである。

肉の法は、反キリストと何ら異なることがない。それはつねに霊（プネウマ）と戦い、霊の神的な法と対立する。そしてついには、現在の生は、肉の法によって打ち負かされた人々によって親しみのあるもの、愛されるものとなる[99]。かくして、力あるロゴス（言葉、理性）は未だ文字にとってあらわなものではなく、廃棄されてしまう。だがロゴスは、死すべきものを不死なるものから区別し、困惑を自由から区別して、隷属の外に置く。そして真理そのものを、それ自身に即して虚偽から浄められたものとして示し、質料的で移りゆくものを神的で永遠なるものから見分けるのだ。しかし知性（ヌース）は、質料的なものに対する「感覚による親しさ」によって移
1132B
りゆくものに誤って傾き、非ロゴス的愛着ゆえに死に至らしめられるのである。

ロゴスの受肉の目的

それゆえ、ロゴスの「神にふさわしい降下（受肉）」が生じるのは、根本的にはとりわけ次のことのためである。それはすなわち、知性（ヌース）を無知の死から引き上げ、質料的なものに対する情念に満ちた状態を追放し、さらには自然・本性的に愛されるべきものへの知性（ヌース）の欲求を回復することである[100]。

そこでわたしは、必然的に次のように思う。衣服より遥かに善い身体に思いを潜めるべきであり、神的でより高い思惟についての——聖書による、また被造物についての観察によるような——諸々のロゴス的存在に、ロゴ
1132C スからロゴスへと熱心に前進しつつ思いを潜めるべきである。なぜなら、ロゴス自身が「魂は食物に勝り、身体は衣服に勝る」（マタイ六・二五）と言っているからである。その際、かのエジプトの女性のように、「万物を存立させ、また現に存立させているロゴス」を捉えることのない人々が、これらのものを持っていないからといって反駁されてはならない。彼女はヨセフの衣服のみを取って、愛する者との親密な交渉を全く逸したのだ（創世三九・一一—一二）。

神的な変容の山に登ったとき、ロゴスの身体と衣服とによってロゴス自身を見て拝する

このように、われわれは神的な変容の山に登ったときに、「ロゴスの衣服つまり聖書の言葉」と「被造物の現れつまりそれらについての教理」とによって輝かしく栄光あるものを、神的なロゴスによってより高い観想を通
1132D して見るであろう[101]。そしてわれわれは、主なるイエスを庭師と思ったマグダラのマリアのように、ロゴスの至福に胸を打たれず、また生成と消滅のもとにある事物の創り主が感覚を超えているとは看做されないなどということはなく、閉じられた戸を通って死者からわれわれのもとに来て生きている存在を、見て拝するであろう。そのとき、われわれにおいて感覚の働きは全くなみされていたのだ。その生ける方とは、ロゴスそれ自身であり、すべてにおいてすべてたる神である。そこでわれわれは、彼の善性によるすべての思惟的なものを〔ロゴスの〕身体と認め、感覚的に形成されたものを〔ロゴスの〕衣服だと認めるのである。

こうした事柄について次のように語られているのは、不適切なこととは思われない。「彼らはすべて、衣服の

1133A ように古くなる」（ヘブライ一・一二）と。それは、知性（ヌース）によって捉えられた「見えるものの消滅」による。「そして、マントのようにあなたはそれらを回転させ、それらは変化せしめられよう」（同、一・一二）とあるが、それは不滅の予期された恵み（χάρις）によるのである。

18　自然・本性的観想の五つの方式についての簡潔な解釈

実体、動き、異なり、混合そして場所という五つの方式

右のことに加えてさらに、われわれは創造（κτίσις）のわざによって教えられることとして、われわれの欲し求める究極の諸ロゴス（意味、根拠）と、それらに結びついている「観想の五つの方式」とを明らかに知るであろう。聖なる人々はそれら五つの方式によって創造ということを区別して、その神秘的な諸ロゴスを敬虔に集約したのだ。すなわち、「実体・本質」（οὐσία）、「動き」（κίνησις）、「異なり（差異）」（διαφορά）、「混合」（κρᾶσις）、そして「場所（位置）」（θέσις）という五つの方式に、創造を区別したのである。

彼らの言うところによれば、はじめの三つは神の知（ἐπίγνωσις）へとわれわれを導くものである。それは、
1133B 「実体に即して」、「動きに即して」、そして「異なりに即して」という〔神についての〕知のあり方である。それらによって神は、人間たちにとって何らか知られるものとなる。つまり、人間は諸々の存在物からして、神が「創造主」、「予知者」（προνοητός）、そして「裁き手（審判者）」（κριτός）として現出することを推し測るのである。

他の二つ、「混合」と「場所」は、われわれを「アレテー（徳）」と「神との親しみ（οἰκείωσις）」へと教え導く。これらによって人間は形成されて、いわば神となる。つまり、「神が在ること」を諸々の存在物から経験し、

善性（ἀγαθότης）による「神の全体的な顕現（ἔμφασις）」を知性（ヌース）によって何らか見て、ロゴスによる神の純粋な（混合なき）印象を自らのうちに形成するのだ。[102] なぜなら彼らが言うには、浄い知性が敬虔な知（γνῶσις）によって見るものを、知性は蒙りうるのであり、それゆえ、習性に即してアレテー（徳）というかたちを通して、かのもの（知性の見るもの）に自らが成りゆくのである。

実体（ウーシア）は、神学（神をふさわしく称えること）を教える

1133C かくして、第一に「実体（ウーシア）」は、神学（神を称えること）を教えるものとなる。つまりわれわれは、実体を通して諸々の存在物の原因を探究し、「神が在る、存在すること」を学び知るのだ。[103] もとより、神が実体・本質において何であるのかを知ろうと努めるのではないが——なぜなら諸々の存在物（実体）には「神の何なのか」を表すものは何も存しないからだ——、それらの実体ということを通してわれわれは、原因づけられたものから原因へと何ほどか立ち帰ってゆくのである。

動きは存在物の予知を指し示す

第二に「動き」とは、諸々の存在物の予知を指し示すものである。われわれは生成したものの動きによって、各々のものの「実体に即し形相に即した」不変の同一性（ταυτότης）を観想し、また万物が切り離されつつも、語りえざる一性（ἕνωσις）にもとづいて互いに秩序立って結合し調和していることを観想するのだ。そして、各々のものが存立しているゆえんの、当の根拠たる諸ロゴスを、われわれは思惟するのである。[104]

異なりは、予知と裁きを指し示す

第三に「異なり〔差異〕」とは、裁き〔判断〕を指し示すものである。というのも、われわれは諸々の存在物の1133D 異なりによって、神が賢明な分配者だということを学び知るからだ。それはつまり、諸存在物にあって個々のロゴス〔意味、根拠〕の自然・本性的力（δύναμις）が、基体において調和しているのを見てのことである。

ところで、予知（πρόνοια）は知性（ヌース）に属すとわたしは言う。予知は転換させる力ではなく、また諸々の予知されたものを不必要なものから必要なものへともたらす摂理的力でもなくて、万物を統合する力であり、万物がはじめに存立する根拠たる諸々のロゴスを保持する力である。

他方、裁きとは、罪人たちを訓育しいわば罰を与える力ではなくて、存在物の存続を守り保持する力なのだ。(105) 生成した各々のものは、そうした力によってこそその存立の根拠たる諸ロゴス〔との結合〕によって、自然・1136A 本性的な同一性における不壊で不可変な存続を有する。すなわち、創造主ははじめ〔根拠〕から、各々のものの「在ること」、「何で在るかということ」、そして「いかに、どれほど在るかということ」を定め存立させているのである。

ただし言い換えれば、予知と裁きは、われわれの自由な択びの衝動に関わっている。それらは多くの仕方でわれわれを諸々の悪しきものから離れさせ、善きものへと知恵ある仕方で向き直らせる。そしてわれわれに依らぬものを、われわれに依るものとは反対に正しく措定することによって、現在と未来と過去との悪を切り捨てるのだ。それらのものにあって予知と裁きとは別のものだとは、わたしは言わない。それらは「可能性〔力〕としては」同一のものであり、「われわれに対する関わりとしては」、異なった多様な働き（ἐνέργεια）を有するものとなるのである。(106)

混合ないし結合は、われわれの意志のしるし・象徴

第四に、諸々の存在物の「混合」ないし「結合」（σύνθεσις）とは、われわれの意志（γνώμη）のしるし・
1136B 象徴（σύμβολον）である。なぜなら、意志が諸々のアレテー（善きかたち、徳）に縋りつき、それらを自らに混合させるときには、意志は、思惟に即して神に適合した世界（κόσμος）を形成することになるからである。(107)

場所は、意志によって択びとられた習性を教える

第五に「場所（位置）」とは、意志（グノーメー）によって択び取られた習性（ἕξις）を教えるものである。そこで習性は、「善く」ということについての意見を確固として保持しており、敵対するものによって鍛え訓育することを担っている。そしてそうした習性を有する人々は、ロゴス的な根底からあらゆる種類の変化を受容するのである。

ところで、彼らが再び「場所」を「動き」に、また「混合」を「異なり」に結合するならば、彼らはあらゆるもののヒュポスタシス（個的現実）を、「実体」と「異なり」と「動き」とにおいて分割しえぬ仕方で区別する。そして思惟によるロゴス（言葉、意味）によって、原因が諸々の原因づけられたものからさまざまな仕方で技術的に観想されると考えたならば、彼らはそれ（原因）が「在り」、「知恵あるもので在り」、そして「生きたもので在る」と敬虔に把握した。

1136C かくして彼らは、父と子と聖霊についての神的で救いの力あるロゴスを教えられた。そうしたロゴスに従って彼らは、原因たるロゴスが「在ること」（τὸ εἶναι）の原因だということを神秘的に照らされる（教えられる）だ

けでなく、「存立（ὕπαρξις）の方式」をも敬虔に悟らしめられる。(108)

倫理的哲学（愛智）、自然・本性的哲学、そして神学的哲学という三つの方式

さて、改めて「場所（位置）」のみに即してすべての被造物を観察するとき、彼らは先に言及した「観想の五つの方式」を三つに集約する。すなわち彼らは、被造物がそれ自身のロゴスによって天と地とその中間のものから成り、さらには「倫理的哲学（愛智）」、「自然・本性的哲学」、そして「神学的哲学」という三つの方式から成ると知っているのだ。

異なりに即して、右の三つの方式を知恵と愛智（哲学）にまとめる

次に、「異なり」のみから被造物を見るとき、すなわち含むものと含まれるものとから――それらは天とそこに含まれるもののことだが――見るとき、彼らは右に述べた三つの方式を二つにまとめている。それは「知恵」
1136D （σοφία）と「哲学（愛智）」（φιλοσοφία）である。ここに知恵は、いわば記述のすべての敬虔な方式を神に適合した仕方で包摂して受容し、他のものについて自らのうちに隠された自然・本性的なロゴス（意味、根拠）を含んでいる。他方、哲学（愛智）はいわば「習性と意志（グノーメー）」、「実践と観想」、「アレテー（徳）と知」とを一緒に保持し、原因としての知恵に対する固有の関わりによってそれらを引き上げるのである。

混合と結合から創造的なロゴスを思惟する

さらには「混合」のみから、あるいはすべてのものの調和ある「結合」に即して被造物を見ることによって、

1137A
また、語りえざる仕方で一つの世界（宇宙）の完成へと万物を結合し、諸々の部分を全体へと関わらせている創造的なロゴス（言葉、根拠）を思惟することによって、彼らは二つの方式を観想の一つの方式へと還元するのだ。かくして彼らは、諸々の存在物（実体）のうちなる諸ロゴスを通して、単純な仕方で知性（ヌース）を原因へと向ける。そして、いわば一つの集約によって万物を一緒に引っ張る。それは、万物の個々のロゴスによって分散することなく、それらを超えゆくことによるのである。

神は、すべての実体、動き、異なり、混合、そして場所の端的な原因

そこで彼らは、諸々の存在物に対して正確に注意することによって、明らかに次のことを説得される。すなわち、諸々の「実体・本質（ウーシア）」、「動き」、異なっているものの「区別」、混合されているものの分解しえぬ「結合」、そして「場所」にしつらえたものの確たる基礎などの、まさに根拠として神のみが存在する、ということを。神は、何らか思惟されたすべての「実体」、「動き」、「異なり」、「混合」、「場所」の端的な原因なのだ。

1137B
彼らはまた、同様の類似性にもとづいて、この世界で感覚されたものに即した神秘的観想を、諸々のアレテー（徳）を通して霊によって充実せしめられた思惟的な世界へと、知恵ある仕方で移行させるのである。

観想の諸方式を唯一のロゴスへともたらす　すべてのものはより善きものへと委ねられる

かくして彼らは、記述の〔観想の〕諸方式を一なるものへともたらす。つまり、思惟に即した思惟的世界の実体を、アレテー（徳）の異なったかたちによって完成させるような唯一のロゴス（根拠）へともたらすのだ。そして彼らはできる限り、それらを自らのうちに形成し、諸々の存在物とアレテー（徳）との諸ロゴスを通り過

ぎ、むしろそれらとともに「それらを超えた一なるもの」へと、つまり超実体的で（ὑπερούσιον）超善なるもの（ὑπεράγαθον）たる〔一なる〕ロゴスへと不知なる仕方で上昇せしめられてゆく。そうしたロゴスのために、そうしたロゴスによって、〔諸々のものの〕「在ること」（τὸ εἶναι）が成立しているのだ。

彼らはさらに、自らのうちに存する自然・本性的力に、能う限り全体として全体的に結合・一体化せしめられる。そして、ロゴスによってのみ知られるほどに、ロゴスを受容しうるものにロゴス自身によって形成されるの
1137C だ。かくして彼らは、一なる神たるロゴス全体のあらわなかたち（εἶδος）を、諸々の神的な特徴を通して完全に持つ。それは鏡によって観られたかのようなかたちであった。ただその際、人間が本性的に指し示されるような古い特徴が何ら損なわれることなく、すべてのものはより善きものへと委ねられる[109]。それは丁度、暗い空気が光によって全体として変容せしめられるようにである。

19a　メルキセデクについての観想

わたしの思うに、偉大な驚くべき人であるメルキセデクは——神的な言葉（聖書）によってそのように語られていた（創世一四・一八—二〇、詩編一〇九・四、ヘブライ六・二〇—七・二二）——時間と自然・本性（ピュシス）
1137D を超えた者となること、また神の子に似た者となるにふさわしいということを、知りかつ経験した。というのも、メルキセデクは明らかに恵み（χάρις）によって、習性として能う限りそうした人となったからである。実際、恵みの与え手（たる神）は、実体としてそうした存在だと信じられる。

すなわちメルキセデクは、「父もなく、母もなく、系図もなく」（ヘブライ七・三）と言われているが、そこから理解されるのは、彼がアレテー（徳）に即した「恵みの頂」から自然・本性的な特徴を全く脱ぎ捨てたという

1140A
ことである。そして「彼は日々の始めも、生命の終わりも持たなかった」（同、七・三）と言われるとき、それはすべての時間と世との固有性を包摂する知を証しし、また、すべての質料的かつ非質料的な実体の存立を超えた観想を証ししているのである。

メルキセデクは永遠の祭司　神的かたちたるアレテーの不変の習性

しかし、「メルキセデクは神の子に似た者とせられて、永遠の祭司であり続ける」（ヘブライ八・三）と言われるとき、それは恐らく次のことを明らかにしている。すなわち彼は、神的かたちたるアレテー（徳）の不変の習性によって、また神へと届く思惟的な眼によって、注意深さを保つことができる。なぜならアレテーは本来、自然・本性と戦い、真の観想は時間や世と戦うからだ。かくしてアレテーは、神の下にあると思われるいかなるものにも隷属したり打ち勝たれたりせず、神のみが生むものであって、始めと終わりを持ついかなるものによっても取り囲まれずに（把握されずに）留まると知る。すなわちアレテーは、始まり（根拠）と終わり（目的）とを定める神を自らのうちに象っており、諸々の思惟的存在のあらゆる思惟（νόησις）を、語りえざる脱自（ἔκστασις）によって神自身へと引き上げるのである[110]。

1140B
知とアレテー（徳）による神的な類似性　神のみへの不変の愛

これらのもの、つまり「知」と「アレテー（徳）」とによって神的な類似性（似姿）（ὁμοίωσις）が示され、それらを通して神のみへの不変の愛が、それにふさわしい人々において守られる。そして、そうした愛にもとづいてこそ、〔神の〕子たることの尊厳が神の御旨にふさわしく与えられ、つねに神と交わり神とともにあることが

1140C

恵み与えられる。つまり、子たることの尊厳は、それを願い求める人々に神的な類似性をあらわに示すのである。

そこからわたしは、然るべき仕方で次のことを理解する。偉大なメルキセデクは、自然・本性のもとで自然・本性的に終極まで達したのだが、それは時間と自然・本性を通してではなかった。すなわちメルキセデクは、生（βίος）とロゴスにおいてすでに超越せしめられて、もはや何も残さなかったような人々に属しており、「神的なロゴスが彼を正しい者とした」（詩編五〇・六）と語られるべきである。わたしの思うにメルキセデクは、アレテー（善きかたち、徳）と知によって、またそれらを通して自らを意志的に変容させたのだ。(111)

なぜならば、そこにおいて意志（γνώμη）は、諸々のアレテー（徳）を通して自然・本性の手強い法と高貴に戦ったからである。また知性（ヌース）の動きは、知を通して時間と世との固有性を汚れなく乗り越えてゆく。これらのことにあって、諸々の捨てられたものの固有性が特徴的なものだと看做すのは正しくなく、むしろ摂取された〔神的な〕ものの大いさこそ特徴的なものなのだ。そして、それら摂取された〔神的な〕ものによって、またそれらにおいてのみ、知もアレテー（徳）も在りかつ知られるのである。(112)

ロゴスを通して恵みによって霊において神から生まれる

こうしてわれわれは、諸々の見られるものに自然・本性的に関わりつつ、それらの色から諸物体を知りかつ名づける。それは丁度、照らされた空気を光と呼び、火に焼かれた質料（材料）を火と呼び、白くなった身体を白と呼ぶといった仕方である。

そこで、もしメルキセデクがわれわれにあって価値あるものの善き択びによって、自然・本性（ピュシス）やそれに即したすべてのものよりもアレテー（善きかたち、徳）を優先したならば、また、神の後なるすべてのものを観想によって己れの背後に知的に位置づけ、すべての時間と世を知によって超えたならば、次のように言えよう。その際、神的なメルキセデクその人は、何らかの限度が見て取られるようないかなる存在物にもかかずらうことがないのだが、神的で始まりなき、不死なる実体に向かって、ロゴスを通して恵みによって霊において神から生まれしめられ、生むものたる神との安全で真実な類似性を自らのうちに担うのである。[113]（なぜなら、すべて
1140D 誕生は本来、生まれたものを生むものと同一のものにするからだ。つまり、「肉から生まれたものは肉であり、霊（プネウマ）から生まれたものは霊である」〈ヨハネ三・六〉とされている通りである。）

メルキセデクは意志的に、全体たる神から生まれしめられた

1141A かくしてメルキセデクは、父、母、系図、日々の始めと生命の終わりとが含まれているような、自然・本性的で時間的な諸々の固有性によってではなく――彼はそれらに先んじており、それらを自分から全く解き放った――、神的で至福な諸特徴によって名づけられた。彼の〔人間としての〕かたち（形相）は、それらの特徴によって自らに刻印されていたからである。そうした神的な特徴には、時間も自然・本性もロゴス（言葉）も知性も存在物の他のいかなる限定も、達することがない。それゆえ偉大なメルキセデクは、「父もなく、母もなく、系図もなく、日々の始めもなく、生命の終わりもない」（ヘブライ七・三）と記されている。神を担う人々の真のロゴス（言葉）が、彼についてそのように明らかにしているのだ。

それは、彼が在ることを始め、終わったような、非存在からの創られた自然・本性によるのではなく、神的で創られぬ恵み（恩恵）によるのであった。が、恵みは、つねに在る神からのものとして、すべての自然・本性と
1141B 時間とを超えてつねに存する。そして、そうした恵みによってのみ、メルキセデクは全体として意志的に、全体

たる神から生まれしめられたと知られるのである。

メルキセデクはただ一人そのような者として、アレテー（徳）によって最初に質料と形相とを等しく超えた者となり、聖書にその名が留められた。すなわち彼は、父もなく、母もなく、系図もなく、また時間と世とのもとにあるすべてのものを知（γνῶσις）によって超えていると示されえたのだ。なぜなら、それらのものの「在ること」は時間的に生成し始めたのであり、それらがあるとき「在ること」は否定されず、またそのことは、「日々の始めもなく、生命の終わりもない」と示されていたことを、思惟の神的な道にあって何らかないがしろにするわけでもない。

メルキセデクは超越的に、隠れた仕方で黙しつつ、つまり簡潔に言えば不知なる仕方で、すべての存在者を排
1141C 除した後に神自身のうちに入ってゆき、全体として全体によって形成され変容を蒙った。それは、「彼は神の子に似た者とされ、永遠に祭司に留まる」という言葉が明らかにしえている通りである。なぜなら、際立った仕方で善（美）（καλόν）に関わり始めた聖人たちのある人は、与え手たる神の型（τύπος）だと宣言されるからである。

神的アレテーゆえに神なるキリストの似像を担う　キリストは各人における善き刻印の原型であり原因

この意味で偉大なメルキセデクは、自らのうちに形成された神的アレテー（善きかたち、徳）ゆえに、神なるキリストとその語られざる諸々の神秘との似像であるにふさわしいのだ。そしてすべての聖人たちは、そうしたキリストへと集められる。ここにキリストとは、各々の人における善き（美しき）刻印の原型であり原因なのだ。(114)とくにかの人（メルキセデク）は、他のすべての人々よりもキリストの多くの範型を担っているのである。

1141D 19b メルキセデクにおいて語られたことの「主についての解釈」

われわれの主、神なるイエス・キリストは一なる存在として、自然・本性（ピュシス）と真理とにおいて「父なく、母なく、系図なく、日々の始まりも生命の終わりも持たない」（ヘブライ七・三）。その際、母なき者たるゆえんは、非質料的にして非身体的であって、永遠より先なる父からの上なる生まれが全く知られないからだ。父なき者たるゆえんは、母からの「下なる時間的な、身体のうちなる誕生」にあって、孕みのときに種子による形相が介在しなかったからである。また系図がないゆえんは、キリストの誕生がいずれの観点からも、万人に
1144A とって接近しえず把握されえぬ方式を有しているからである。

しかし主キリストは、自然・本性（ピュシス）として神であり、始まりなく終わりなく全く無限なるものとして、日々の始まりも生命の終わりも持たない。キリストは、悪ないし自然・本性的な死によって「在ること」を止めるわけではないので、永遠に祭司に留まる。なぜなら、キリストは神であり、自然・本性とアレテー（徳）とによるすべての生命の与え手だからである。

ただ、偉大なメルキセデクのみについてロゴスが〔特別な〕恵みを定めているからといって、そうした恵みに誰かが与りえないと思ってはならない。神はすべての人に対して、救い（σωτηρία）への自然・本性的力を等しく与えたのだ。それは、欲するなら各々の人が、神的な恵みによって変容させられうるためである[115]。そして人は、メルキセデクやアブラハムやモーセになろうと欲し、すべての聖人を端的に自らのうちに移し入れようとす
1144B るならば、何ものにも決して妨げられない。それは、人が単に名前と場所を変えるのではなく、聖人たちの生の方式とかたちとを模倣するためである。

19c　メルキセデクについての他の観想

それゆえ、地上の肢体を死なせ、自らの肉の思いを滅ぼし、肉への関わりを――それによってわれわれが神のみに負っている愛が分割されてしまうのだが――全体として振るい落とし、さらには神的な恵みゆえに肉と世とのすべてのしるしを否定する人は、至福なパウロとともに次のように言うことができよう。「誰がわれわれをキリストの愛から引き離すことができようか」（ローマ八・三六）と。そうした人は偉大なメルキセデクに即して、父なく母なく系図なき者となった。なぜなら彼は、霊（プネウマ）との結合（συνάφεια）が生じたことによって、もはや肉と自然・本性とのもとに服することがないからである。(116)

1144C

19d　日々の始めも生命の終わりもないということについての他の観想

もし人がこれらのことについて、「わたし（キリスト）のゆえに自分の魂（生命）を失って」（ルカ九・二四）自己自身を否定するならば、それを見出すであろう。すなわち、彼はより善き生命（ζωή）のために、自らの意志するものとともに現在の生命を超えゆき、神のロゴスという「生き働いている唯一のもの」を獲得するに至る。神のロゴスはまさに、「魂と霊との節々にまで、アレテー（善きかたち、徳）と知（γνῶσις）を通して働いているのだ」（ヘブライ四・一二）。そうした人は、現在あることに全く捉われることなく、始めも終わりもない者となった。つまり彼はもはや、自らのうちで始めと終わりのあるような生命を担うことなく、また多くの情念によって乱されることもなく、うちに住まうロゴスの神的で永遠なる生命、そして死によって制限されない生命のみを有しているのである。(117)

19e 「永遠に祭司に留まる」（ヘブライ七・三）についての観想

1144D そこでメルキセデクは、自然・本性（ピュシス）と時間とを超えた諸々の善きものを実践と観想とを通して育みつつ、大きな注意を払って自らに固有の賜物にいそしみ、かくして永遠に続く祭司となった。彼は神的な交わり（ὁμιλία）をつねに享受し、善（καλόν）への意志による不変性によって自然・本性的に不変なものを模倣する。それゆえ彼は、永遠に〔祭司に〕留まることを、ユダヤ的に罪の死によって妨げられることがないのである。

1145A ところで、メルキセデクは讃美と告白という犠牲を捧げ、万物の創造主としての神の栄光を称える。そして、万人に対する予知的で正しい裁き手としての神に、思惟による神的祭壇において大いなる仕方で感謝を捧げるのだ。が、「幕屋にて礼拝する人々は、そうした祭壇から食物を取って食べる権利がないのである」（ヘブライ一三・一〇）。なぜならば、文字にのみ拘泥し、救いのために非理性的な情念の犠牲で十分と看做す人々は、い
1145B わば神的知の神秘的な糧や生きた知恵の入った椀に与ることができないからだ。彼らは、罪のわざを止めることを通してイエスの死を告げるが、知性（ヌース）に即した観想を通してイエスの復活（ἀνάστασις）を——そのために、それによって死（受難）が生じたのだが——告白することはない。ここにそうした観想とは、正義（δικαιοσύνη）のうちで諸々の善きわざによって照らされるものなのである。

しかるに彼らは、一方では肉において死に赴くことを自ら進んで立派に択ぶのだが、他方、霊（プネウマ）において生きることを何らか始めないのだ。[118] つまり、彼らにおいて幕屋の堅固さはあるが、聖人たちのロゴスと知によって道が顕現することは未だない。その道とは、「わたしは道である」（Ἐγώ εἰμι ἡ ὁδός）（ヨハネ一四・六）と語る「神のロゴス」である。[119] そして彼らは、肉によるロゴスを実践を通して知っているが、「父の独り子とし

ての、恵みと真理とに満ちた栄光」（同、一・一四）へと観想によって与りゆくことは欲しないのである。

1145C

20　アブラハムについての観想

神なるイエス・キリストをアブラハムに見出す

アブラハムはまた、自らの地と親族と父祖の国から出て、神によって示された地に入るとき（創世一二・一）、霊的な者となる。なぜならば彼は、習性として肉から離れ、諸々の情念から離脱することによって肉の外に出たからである。彼は諸々の感覚を見捨て、それらによる罪の誤りをもはや決して受け容れなかった。つまりアブラハムは、感覚されたものをすべて超え出ており、彼の魂には、諸々の感覚によって欺かれたり困惑したりすることが生じないのである。

アブラハムは知性（ヌース）のみによってあらゆる質料的な結びつきから自由になり、知（γνῶσις）の神的で至福な地に達した。彼は神秘的な仕方で長さと広さにおいて旅し、そこにわれわれの主、神なるイエス・キリ
1145D ストを見出すのだ[120]。実にキリストは、神を畏れる人々の善き遺産である。つまり、長さにおいてキリストは、それ自体として想像しえぬものであり、人間に可能な限りで、ふさわしい人々から神的なものと称えられる。また広さにおいてキリストは、われわれを通して栄光あるものとされる。それは、あらゆるものを結びつける最も思慮深い予知（πρόνοια）のゆえにであり、また最も驚くべき語りえざる摂理（οἰκονομία）のゆえにである。

愛を通して知的に神に近づく人は、もう一人のアブラハムである

かくしてアブラハムは、主を称えることが教えられるような諸々の方式に、実践と観想によって与る者となっ

た。それら（実践と観想）によって本来、神との親しさ（友愛）（φιλία）と類似性が確かに達成されるのだ。こ
れらのことについて簡単に言えば、肉と感覚と世を――それらによって思惟的なものへの知性の関わりが解消さ
れるのだが――、実践的に全く捨て、思惟のみによって愛（ἀγάπη）を通して知的に神に近づく人は、もう一
1148A 人のアブラハムである。なぜなら彼は、同等の恵みによって父祖と同じアレテー（善きかたち、徳）のしるしを
有していることが示されるからである。[121]

21a　モーセについての観想

神的な善きものへの熱心さ　霊の貧しさ

モーセは諸々の情念を支配する人として、他の仕方で再び現れる。すなわち、思惟の悪魔たるファラオが暴
君として、より善きものよりもより悪しきものを優先し、霊的なものに抗して肉的なものを押し立てるとき、敬
虔な想念は破壊されるのだが、そのようなときモーセは、意志的な仕方で神によって誕生せしめられ、真の修業
1148B の箱のうちに置かれた（出エジプト二・三）。つまりモーセは、外的には肉に即した倫理的な諸々の方式によって、
また内的には魂に即した諸々の神的な思惟によって確立せしめられたのである。[122]

そこでモーセは、自然・本性的に観想された諸々のものを受容する法・律法（νόμος）に至るまでは、思惟的
な〔意味での〕ファラオの娘たる感覚のもとにあることを受け入れた（同、二・一〇）。そして、神的な善きもの
への真摯な熱心さによって、「肉に属するエジプト的な思惟を殺し」（ローマ八・六）、それを砂に埋めたのだ（出
エジプト二・一二）。ここに砂とは思うに、諸々の悪における実りなき習性（ἕξις）のことである。敵によって砂
のうちに悪の雑草が播かれるなら、そこに内在する霊の貧しさ（πτωχεία）ゆえに何も生じない。が、霊の貧

しさは、〔情念から解放された〕不受動なものを生みかつ守るのだ。
すなわち砂は、神的な命令によって邪悪の霊〔風〕から隔てられ、諸々の誘惑の変化する波に対して壁となる。
1148C そして苦く塩からい悪の海に対して、限界を定めている。それは、次のように記されている通りである。「彼は
海に対する境として砂を置いた。それに対してこう言われている。それよりも遠くに行ってはならず、越えては
ならない。そうすれば、あなたにあって波は放り出されよう」（エレミア五・二二参照）。ここに波とは、地〔上
的なもの〕に同意し、そこから喜びを求めるような諸々の想念のことである。〔魂の〕気概的部分は、そうした
喜び（快楽）のために、分別の力あるロゴスと戦い、それを支配し凌駕しようとするのである。

燃える柴における「わたしは在る」（ヤハウェ）の顕現　聖母マリアにおける受肉の神秘を指し示すもの

しかしモーセは賢明な羊飼いとして、諸々の情念や質料が剥ぎ取られた状態である砂漠を通って、思惟の高み
に見られる「神の知（γνῶσις）の山」へと、羊たち（イスラエルの民）を導く（出エジプト三・一）。おお何と労
1148D 苦しつつ、モーセは感覚に対する知性（ヌース）の関わりを破ることによって、霊的な仕方で観想されたものを
通して時を過ごしたことか。（これは思うに、荒野を移行した四十年のことである。）そしてモーセは、柴において
あるかのように諸々の存在物の実体に現存する「語りえざる、超自然・本性的で神的な火」にまみえ、かつ〔そ
の呼び声を〕聞くにふさわしい者とされた（同、三・二）。その神的な火とは、神なるロゴス（言葉、根拠）のこ
とであって、それは後の世にあって、聖なる乙女（マリア）という柴から輝き出て、肉（σάρξ）を通してわれ
われに語るのである[123]。

信と聴従とによる神秘の受容

ところでモーセは、〔燃える柴に近づく際に〕靴を脱ぎ、その神秘へと思惟の歩みを進めて、死んだ衣のような人間的想念から全く解放された。そしてその光景へと、顔（πρόσωπον）のように思惟の眼を向け直した。他方、信のみによってモーセは、聞く仕方で魂の聴従を示してその神秘（μυστήριον）を受容することに向かったのである。そうした聴従（従順）によってこそ、神秘は諸々の悪しき力に抗する力強く色あせぬ力を備えさせるのだ。

1149A
かくしてモーセは、自然・本性（ピュシス）に背反する諸々のものから自然・本性に即したものを、肉的なものから魂的なものを、そして質料的かつ感覚的なものから思惟的なものを、大きな権威（ἐξουσία）によって切り離す。そして、経験された奴隷としての力を遥かに超越して、〔真の〕自由を形成するのである[124]。

21b　同じくモーセについての簡単な観想

不可知の闇にて神と交わる　アレテーのために労苦する人は、霊的なモーセとなる

1149B
簡潔に言えば、罪のくびきにつながれておらず、悪しき欲望（ἐπιθυμία）によって情念の汚れた流れに自分を窒息させず、そして諸々の快楽の泉を享受するために感覚が高ぶっていない人、さらにはまた、魂の高貴さを圧迫するような肉の思い（φρόνημα）を殺し、腐敗してゆくすべてのものの上に立って、分別ある知性（ヌース）を身体的な思いによって煩わせるような何らかエジプト的な虚偽の世を避ける人、そうした人は、自己自身を静寂（ヘーシュキア）に保ち、万物に配慮する神的予知を労苦して学ぶことによって、諸々の存在物の知的な観想を通して、賢明な摂理（οἰκονομία）を語りえざる仕方で教えられるのである。

そこから神秘的な神学を通して——それを浄い知性は、語りえざる脱自・没我（ἔκστασις）によって祈りを通して信じるのだが——、彼は不可知の闇におけるかのように、言語を絶した仕方で神と交わるのだ。そして、彼は神の指たる聖霊によって、うちにては知性に即して諸々の敬虔の教えを刻印し、外にてはモーセや〔十戒の〕石板のごとく、諸々のアレテー（善きかたち、徳）の恵(125)。あるいは聖書の語り口で言えば、「罪（ἁμαρτία）のはかない楽しみを持つよりも神の民とともに苦しむことみを刻印するを択び、キリストによる誇りはエジプトでの財よりも価値あるものと看做す」（ヘブライ一一・二五—二六）のである。

1149C すなわちそれは、はかない朽ちゆくものの富や栄光よりも、アレテー（徳）のために諸々の労苦を自ら進んで択び取ることである。そうした人は、霊的なモーセとなったのだ。彼はもはや見えるファラオと争うことなく、魂を殺すような見えざる暴君、つまり悪（κακία）の首領である悪魔や、その回りの諸々の悪しき力と霊的に戦う。その際、彼は手に杖を持って、つまり実践に即したロゴスの力を持って戦うのである。

22　法以前の聖なるものと法以後の聖なるものとはいかに似たものとなりうるか、そして自然・本性的な法と書かれた法とはいかに互いに対応しているか、についての観想

われわれは意志するなら、聖人へと霊的に変容されうる　霊において書かれた法

1149D 同様に、われわれは自ら意志するならば、すべての聖人を自らのうちに宿すことができる。各々の聖人について歴史として予型的（τυπικῶς）に記されたことによって、われわれは彼らへと霊的に変容されうるのだ(126)。すなわち神的な使徒（パウロ）は言う。「これらのことは彼らにとって予型的に生じたが、それらは、時の終わりに直面しているわれわれに警告するために記されたのである」（一コリント一〇・一一）。

ところで、法以前の古い聖人たちとともに、人は神についての知を世界の創造以来、敬虔に獲得する。人はまた、法以前に聖人であった人々に従って、万物を賢明に秩序づける〔神の〕予知から諸々のアレテー（徳）を正しく働かせる仕方を学ぶ。聖人たちは、霊において書かれた法を自然・本性的に自らのうちに書き込んでおり、すべてのことを通して、敬虔とアレテーとの範型を法・律法以後の人々に提示しているのだ。なぜなら、「われ
1152A われの父なるアブラハムやあなたたちを生んだサラを見よ」（イザヤ五一・二）とあるからである。

他方、法に従う人々とともに、人は「彼らのうちに象られた神の知へと」、諸々の掟を通して敬虔な観念によって導かれる。そして高貴な実践を通して、諸々のアレテーの適切な方式によって美しく形成され、「自然・本性的な法」は「書かれた法」と同じだと教えられる。というのは、人は諸々の象徴（σύμβολον）を通して賢明に、実践によって多様な仕方で形成されるからである。そしてまた、「書かれた法」は、それが一なるかたちで単純で諸々の象徴から解放されたものになるとき、「自然・本性的な法」と同じものとなる。そのことは、ロゴスと観想を通してアレテー（徳）と知に即して、それにふさわしい人々に生じるのだ。かくして、法における（聖書に記された）聖人たちはすべて、文字というものがある種の衣のように、自然・本性的な法を持つ霊（プネ
1152B ウマ）によって取り払われるということを霊的に示しているのである。[127]

23　法（律法）に即して聖人たる人々は、法を霊的に受容し、法によって示された恵みを予見したということ

法に即した礼拝（λατρεία）とは別の礼拝があると明らかに洞察していたすべての人々は、そうした礼拝によってあらわになるのは、「神に適合した生の完成」だと教えている。そしてそれは、自然・本性にふさわしく、

最も固有のものである。なぜなら、そのような生の完成は、その完全性のためにいかなる外的なものをも必要としないからである。同様に、「法（律法）と預言者」（旧約）による神の命令は、無知ではないすべての人々に対して明らかに制定された。とくにダビデとヒゼキアはこの点、自らに起こった出来事について他の人々に語り告げた。すなわちダビデは、自らの罪について法的に神に赦しを請い、エゼキエルは律法を超えた他の命令により、
1152C 生の増大によって神から偉大なものとされたのである。(128)

24　諸々のアレテー（徳）の姿をもってキリストに真摯に従いゆく人は、書かれた法と自然・本性的な法とを超えた者となること

思うに、諸々の法によって、つまり自然・本性的な法と書かれた法によって学んだ人々が、神に愛され、さらには神にふさわしい者となるのを妨げるものは何もない。そのことは、それらの法なしに浄い信を通して、至高の善（ἀγαθόν）へと導くロゴスに真摯に聴従する人々にあっても同様である。(129) そして、実際の行為や想念や思惟について観念（ἔννοια）として把握されるものは何も――何であれ思惟されるもの、存在するものの自然・
1152D 本性（ピュシス）と知とは、そうした諸々の把握に従属し、そのような仕方で現れるのだが――、諸々の天を通ってイエスに真摯に従う人を妨げない。また彼が、神的な光の顕現によって諸々の存在物の真の知を、人間に可能な限り何ほどか受け取ることを妨げないのである。

25　すべてにおいて神に聴従する人は自然・本性的な法（νόμος）と書かれた法とを超える、というその方式についての観想

1153A

思惟的なものと感覚的なもの　人間はそれらによって分割されつつ、それらを結合・一性へともたらしている

諸々の存在物のすべての自然・本性（ピュシス）は、思惟的なものと感覚的なものとの二つに分けられる。前者は永遠的なものと語られ、またそのように在る。「在ること」のはじめ（根拠）を永遠に捉えているからだ。後者は時間的なものであって、時間のうちで形成された。そして前者は思惟に属し、後者は感覚に属するが、それは、それぞれの自然・本性に即した固有の状態を互いに結合する解消されぬ力によるのである。実際、諸々の思惟的なものに対する思惟の関わり、感覚的なものに対する感覚の関わりは多様である。そこで、魂と感覚的身体とから成る人間は、創造の各々の分割に属する自然・本性的な関係と固有性によって、限定されかつ限定して
1153B
いる。すなわち人間は、実体・本質（οὐσία）によっては限定されており、力（可能性）（δύναμις）によっては限定するのである。

そのように、人間は二つの部分に分割されているが、それらをそれぞれに固有の部分を通して結合・一性（ἕνωσις）へともたらしている。というのも、人間は魂と身体として在るのであって、諸々の思惟的なものと感覚的なものとの両方によって限定されているが、また本来、知りかつ感覚するものとして、思惟的なものと感覚的なものとの両者を力によって限定しているからである。

神は関係そのものを超えている　神的光に達する恵みを与える

しかし神は、全存在物を超えていて、単一で限定されざるものである。すなわち神は、限定するものと限定されるものを、そしてそれなくしては何もありえぬようなものを――それはつまり、時間や世や場所などの自然・
1153C 本性のことであり、それらによって万物が囲まれているのだが――すべて超えている。神は万物にとって、全く関係づけられないもの（関係そのものを超えたもの）として在るからである。

かくして、いかにして神を愛すべきかを思慮深く弁えている人は――神はロゴス（言葉）と知とを越え、そしてあらゆる種類の関係性を端的に超えた超越的な自然・本性（ピュシス）なので――、すべての感覚的なものと思惟的なもの、すべての時間と世と場所とを、関係性を超えた仕方で通過してゆく。そしてついに彼は、感覚とロゴスと知性（ヌース）に即したすべての働きを超自然的に（ὑπερφυῶς）脱ぎ捨て、語りえず不可知な仕方で、ロゴスと知性を超えた神的光に達するのだ。

それはつまり、そうした恵みを与える神が知っているような、また神からそれを受けるに値する人々が知っているような方式とロゴスに即してである。そうした人はもはや、自然・本性的なものないし書かれたものを何も持ち運ぶことがない。なぜならば、彼が読んだり知ったりしうるすべてのものは、今や全く超越的であり、沈黙に包まれているからである。(130)

26　福音書に語られているような「盗人たちに遭遇した人」（ルカ一〇・三〇―三七）についての観想

善きサマリア人　自分自身を捨てる人は、神とともに在るにふさわしい

右に述べたことは恐らく、盗人たちに遭遇した人の治療のために、二デナリより多くの費用が宿の主人を通
1153D して与えられた人々に当てはまる。その人は、宿屋で手当てされるように命じられていたのである。すなわち、主（善きサマリア人の象徴するところ）が再び到来したとき、与えることを快く約束したのは次のことである。それはつまり完全な人々にあって、信仰によってもたらされる「諸々の存在物の全き否定」である。なぜなら主は言う。「自分の所有しているすべてのものを否定しない人は、わたしの弟子となることはできない」（ルカ一四・三三）と。

従って、自分のものをすべて捨てる人、あるいはより適切に言えば、何よりも自分自身を捨てる人は、自らを
1156A 知恵を愛する者となして、神のみとともに在るにふさわしい者となる。聖にして至福なる使徒によれば、その人は福音書に言う「神の養子たること」（υἱοθεσία）を受容したのである。実際、使徒たちは自己自身を完全に脱ぎ捨て、神なるロゴスのみに全体として寄りすがったのだ。彼らは「自然・本性の創り手」、「法に即した助力の与え手」たる方に言う。「見よ、われわれはすべてを捨ててあなたに従った」（マタイ一九・二七）と。そして法と自然・本性の代りに、真理の光の最たるものとしての主を獲得して、神の後なるすべてのものの朽ちることなき知をふさわしく把握したのである。(131)

というのも、主によって生成してくる諸々のものの知（γνῶσις）は本来、主によってあらわにされるからだ。

1156B
つまり、感覚的太陽の上昇によってすべての物体が明瞭に現れてくるように、正義の思惟的太陽たる神が知性（ヌース）において上昇するとき、神は、自らが被造物によって捉えられると知るとともに、思惟的なものと感覚的なものすべてのロゴス（言葉、根拠）があらわになることを欲しているのである。

主の変容　神性の顕現の経験

そしてこのことは、かの山での「主の変容」（μεταμόρφωσις）という事態から明らかである。つまりその際、主の衣の輝きが顔の光とともに顕現したのだ。それは、神の後なるものと神をめぐるものとの知によって、神を知らしめるものとなる。なぜならば、眼が光なくしては感覚物を捉えることができないように、知性（ヌース）は神の知から離れては霊的な観想を受容することができないからだ。すなわち、前者にあっては光が、見られうるものの把握を視覚に与え、後者にあっては神の知識（ἐπιστήμη）が、思惟的なものの知を知性に恵み与えるのである。

27　アダムの逸脱が生じた仕方についての観想

1156C
神の命令への意志的背反としての罪　現存する世における「生きている死」

始祖アダムは、確かに魂の眼を神の光に向けずに、盲目のように不知（ἀγνωσία）の闇の中で質料の屑に自ら進んで両手で触れ、自己の全体を感覚のみに傾けてそれに委ねた。そこでアダムは、最も残酷な獣の「破壊する毒」を心ならずも受け入れてしまい、感覚を享受した。すなわち、彼は自分で欲したように、神から離れ、神の代りに、そして神に即さずに――それは起こるべきことではなかったのだが――、神に属する諸々の事柄を、自分のものとして用いることはできなかったのである。

というのもアダムは、神よりも蛇のような感覚を忠告者として受け入れ、禁じられた木からの食べ物の最初
1156D の実りを受け取って――「その木において死（θάνατος）が生じる」とあらかじめ教えられていたのだが――、果にふさわしい生命を変化させてしまったからである。つまり、現存する世（καιρός）のすべてのときにあって、「生きている死」を自らに対して造ってしまったのである。[132]

なぜなら、もし死が生成の滅びであるなら、糧の注入によってつねに生成する身体は、その流れが止むと自然・本性的に死を蒙る。そのようにアダムは、花開く生命をもたらすもの（感覚的糧）につねに信を置いたために、自分とわれわれに対して死を招いてしまったのだ。しかし、もしアダムがむしろ神に聴従し、そこにあった「生命の木」（創世二・九）によって養われていたならば、〔はじめに〕与えられ、生命の分有によって保持され
1157A ていた不死性を放棄することはなかったであろう。すべての生命は固有のものであって、それにふさわしい糧によって保持されるからである。

生命のパンとしての神的ロゴス（キリスト）

ところで、かの至福の生命の糧とは、偽りなきロゴス（主自身）が自らについて福音書において言明したように、「天から降り、この世に生命を与えるパンである」（ヨハネ六・三三）。最初の人は、そうした〔神的〕ロゴスによって養われることを欲しなかったので、神的な生命を当然のように奪われて、死を他の親として受け取ったのだ。従って彼は、自分自身に非ロゴス的（非理性的）なかたちをまとい、他方、把握しえざる神的な美（κάλλος）を黒くして、すべての自然・本性を食物として死に委ねてしまった。

かくして死は、この時間的存続の全体を通して生きている。その際、死はわれわれを彼の食物とし、もはやわれわれは生きているのではなくて、滅びを通していわば死によって食べられているのである。

1157B

28　聖人たちはこの定まりなき現在の生命（ζωή）とは別の、真実で神的で純粋な生命があると教えていること

主の前で誉れある死を担うこと　死の死、滅びを滅ぼしうるもの

聖人たちはこの生命の空しさと移ろいゆく姿を賢明に把握しつつ、あらかじめ神から人間に与えられた生命とは、この生命のことではなく、他の神的で純粋な生命があるということを適切に学んだ。そうした神的な生命は、善なる神がとくにふさわしい仕方で先んじて創ったのでなければならないと、神秘的に学んだのだ。つまり彼らは死のもとにある人間に可能な限りで、その神的な生命へと霊の恵みに従って、知恵を通して魂の目を向け、また魂のうちなる神的な欲求（πόθος）を内的に受容することによって、現在の生命は廃棄されるべきだと正当に
1157C も考えたのである。もし彼らが、然るべきロゴス（論拠）に従って、現在の生命を浄らかに捉えようとするなら〔そのように言いうる。[133]〕

そして、死なしには生命を廃棄することは生じないので、彼らはその〔地上の〕生命の死とは、それを通して死が生へと入ってくるような、当の肉的な愛着の除去だと考えた。かくして死によって死を考えつつ、彼らは「主の前で誉れある死を担い、死において生きることを止める」のである。それこそは真に「死の死」であり、「滅びを滅ぼしうるもの」であり、そして「至福の生命と不滅性とへの参入をそれにふさわしい人々に提供するもの」である。

現在の生命の限度（定め）この世の異邦人であり寄留者たること

1157D
なぜなら、現在の生命の限度（定め）は正しくは死と呼ばれるべきではなくて、むしろ「死からの解放」、「滅びからの分離」、「隷属からの自由」、「困惑の停止」、「戦いの除去」、「混乱からの移行」、「闇の減退」、「労苦からの休息」、「混乱した喧噪からの沈黙」、「激昂からの静寂」、「恥の覆い」、「諸々の情念からの逃避」、「罪の消滅」、そして集約的に言えば「あらゆる悪の終わり」なのである。

聖人たちはこれらのことを、自ら進んでの死を通して達成しつつ、自らのことを「この世の異邦人であり寄留者」（ヘブライ一一・一三）と看做した。彼らはこの世と身体、そしてそれらの掻きたてる争乱と真摯に戦い、また感覚されるものに対する諸々の感覚の関わりによって生じる虚偽を窒息させつつ、魂の隷属なき尊厳を守ったのである。つまり、全く正当にも彼らは、より善きものがより悪しきものによって束縛されるよりも、より悪し 1160A きものがより善きものによって導かれることの方が、法に適った正しいことだと判断しているのだ。これこそは神的な法（νόμος）であって、ロゴス的に（理性的に）択ぶ人々に適合した生命を本来的に喜び迎えることである。そして、そうした生命は本来、天使たちの自足的で神聖な安らぎを慎ましく模倣したものなのである。

29　聖人たちは、われわれ[134]のように「自然・本性的な観想」や「文字による神秘への参入」を為したのではないこと

しかし元に戻って、すでに観想された諸々のことをできるだけ吟味しつつ、〔主の〕変容（μεταμόρφωσις）についての残された意味に注意を向けることにしよう。それは、聖人たちの「あらゆることにおける完成した姿」と「肉や質料からの純粋な離脱（ἀποδιάθεσις）」を観想するためである。

1160B 実際、彼らはわれわれのように、質料的な低い仕方で被造物や聖書を観想したのではない。すなわち彼らは、神の至福の知を獲得するために感覚や現象や形態のみによって文字やシラブルを用いるのではなくて――それらは真理の判断について誤りと逸脱をもたらす――、あらゆる質料的（物体的）な曇りから浄められ解放された知性（ヌース）のみを用いるのだ。それゆえわれわれは、諸々の感覚されたものの意味（ロゴス）を思惟的に吟味し敬虔に判断しようとするならば、神と神的な事柄とについての誤りなき知識を、真っすぐな道によって正しく見つめてゆかなければならないであろう。

30a　主の変容についてのさらなる観想

主の顔の輝きと白い衣服　見えざる神性を指し示す象徴

それゆえ、先に次のことが語られた。すなわち、極めて至福な使徒たちは、山の上で生じた「主の顔を照ら
1160C す光の輝き」を通して、すべての人々にとって全く把握しえざる「神の力と栄光」へと語られえず知られざる仕方で神秘的に導かれた。その際、彼らは、感覚に現れたかの光が、隠された見えざるものを指し示す象徴（σύμβολον）だということを学び知るのである（マタイ一七・一―八参照）。

なぜならば、そこに生じた光の光線は、彼らにとって把握されえぬものに留まり、眼の働きを凌駕しているからである。かくして神は、知性（ヌース）のすべての力と働き（ἐνέργεια）を超え、神を思惟しようとする人に対して思惟のためのいかなる痕跡をも残さない。

また〔主の〕白い衣服は、諸々の被造物のうちに、それらが生成したゆえんの諸々のロゴス（神的根拠）に応
1160D じて類比的に存する「尊厳」と、聖書の語りにおいて思惟的に見出される「神秘への参入」（μυσταγωγία）と

を、神にふさわしい仕方で同時に教えているのだ。そこにおいて、「聖書の霊的な力」と「被造物におけるそれ自体としての知恵と知（γνῶσις）」とは、神の知（ἐπίγνωσις）のためにあらわにされる。つまりそれらを通して、神自身が再び類比的（アナロギア的）な仕方で（ἀναλόγως）顕現せしめられる[135]。そして彼らは、主の傍にいたモーセとエリヤを通して（そのことは後に観想の吟味に委ねられるのだが）、諸々の神秘の原型として示された多くの知覚に即して、多くの知的な方式を真の神学によって学び取ったのである。

1161A

モーセとエリヤについての観想

モーセは知恵の原型、エリヤは哀れみの原型

（i）最初に彼ら使徒たちは、モーセとエリヤを通して、法的で預言者的なロゴスが神なるロゴス（キリスト）とともにつねに現存していなければならないということについて、最も敬虔な知見を獲得した。というのも、彼らは神から神に即して存在しかつ発語し、また神の回りに存立せしめられているからである。

（ii）次に彼らは、モーセとエリヤを通して、神のうちに存する知恵と憐れみ（善性）（χρηστότης）を教えられた。つまり、ロゴスが諸々の為すべきことを命じ、為すべきでないことを禁じるのは、知恵による。そして、知恵の原型（τύπος）はモーセなのだ。なぜならわれわれは、法を制定する恵み（χάρις）が知恵に属すると信
1161B
じるからである。他方、ロゴスが神的生命から滑り落ちた人々を招き、それに立ち帰るようにさせるのは、「神の」憐れみ（善性）による。そうした憐れみの原型はエリヤである。ロゴスは彼を通して、完全な預言者的賜物を明らかにしている。なぜなら、誤ちを犯した人々が人間愛（φιλανθρωπία）によって回心するのは、神的な憐れみ（善性）に固有のしるしであるからだ。そして、それを宣べ伝えている人々が預言者だとわれわれは知っ

ている。

（iii） 知と教育について。知（γνῶσις）は、人間における「善（美）（καλόν）と悪との理解の源泉」である。モーセの言うには、「なぜならわたしは、あなたの顔の前に生命と死とを置いた」（申命三〇・一九）とあるからだ。そこにあって、一方は択ぶべきものであり、他方は避けるべきものである。それは、無知のゆえにより悪しきものをより善きものと偽ることのないためである。つまりモーセは、真理の象徴を自らのうちに象りながら、人の為すべきことを宣言しているのである。

しかし、イスラエルの民のように、〔神に〕背反することを無思慮に為し、混合されるべきでないものを分別なく混合している人々にとっては、教育（παιδεία）が必要である。偉大なエリヤはそうした教育者であって、
1161C 無思慮を叱責したのだ。そしてエリヤはロゴス（キリスト）のように、悪に全く身を委ねている人々の不注意と頑なさを、理解と知覚（分別）へと導くのであった。

（iv） 実践と観想。実践は悪を滅ぼす。そして、全く悪に引っ張られた状態にある人々を、諸々の徳（アレテー）を証示することを通して世から切り離すのだ。それはいわば、モーセがイスラエルの民をエジプトから導き出し、霊の神的な法によって彼らを説得して教え導いたようにである。

他方、観想はいわば質料と形相から彼らを引き出す。それはいわば、エリヤが火の馬に乗り、知によってイスラエルの民を神へと導くようにである。[136] そしてエリヤは、法的な逸脱のために肉による重荷を負っていない人々を神に結合する。あるいは、諸々の正しい行為に何らか燃え立っている人々を、真の諸徳の混合した「霊の貧しさの恵み」によって、同じく神に結合するのである。

1161D （v） 彼らはまた、ロゴス（キリスト）から婚姻と祝祭と神秘を学ぶ。すなわち、モーセを通しては結婚に

よっても、神的栄光を愛する人たることを妨げられないことを学ぶ。またエリヤを通しては、彼がいかに結婚の交わりから全く浄い姿に留まっていたかを学ぶ。つまり、神なるロゴスは、神的に定められた法に従って理性的に結婚に関わる人々が、いかにロゴス自身に神秘的に参与せしめられるかということを告げ知らせているのだ。

(vi) 生・生命（ζωή）と死について。モーセとエリヤを通して彼らは、ロゴス（キリスト）が主（κύριος）であることを真実に確信する。

1164A
(vii) 彼らはまた、それらのことから次のことを学ぶ。すべての人は神によって生きており、学とともにあるなら何人も決して死んではいない。しかし人は、罪（ἁμαρτία）によって自己を殺し、諸々の情念への意志的な衝動によって自らを〔神なる〕ロゴスから切り離してしまうのである。

(viii) 彼らはさらに、次のことについて照らしを受けた。諸々の神秘の原型は真理なるロゴス——それは法的かつ預言者的なわざの根拠であり終極であるが——によって在り、またロゴスへともたらされるのだ。

モーセは時間の原型

(ix) あるいは、神の後なるすべてのもの、そして神によって生成せしめられたものは、つまり諸々の存在物の自然・本性と時間（χρόνος）とは、原因かつ創り手と思われる神によって、能う限り真に顕現してくる。
1164B
モーセはこれらのうち、「時間の原型」であろう。彼は単に時間を、そして時間に即した数を教えた人ではない。（なぜなら彼は、世界の生成に関する時間を最初に数えたからだ。）あるいはまた、モーセは時間的な礼拝を制定した人だというだけではなくて、神的な福音の前に教えた人々とともに身体的な休息に入らなかった人として（ヘブライ三・一六―四・一）、時間の原型なのである。つまり、そうした〔モーセの〕時間とは、来たるべき世の神的生命へと導かれる人々に、動きとして到来したり伴ったりするようなものではないからだ。確かに、その時間は、「すべての時間と永遠との普遍的な継承者として」イエスを有する。すなわち、時間の諸根拠が他の仕方で神のうちに存続するならば、土地の所有を受ける人々にとってモーセを通して砂漠のうちで与えられた法（律法）への参入が、そこにおいて神秘的に存するのである。

1164C というのも、時間は動きが止むとき永遠（αἰών）であり、永遠は動きによって測られるときには時間であるからだ。つまり定義として言えば、永遠とは「動きの奪われた時間」であり、時間とは「動きによって測られた永遠」なのだ。

エリヤは自然・本性の原型　自然・本性に背反する人は、「在ること」の欠如を招いている

他方エリヤは、自然・本性（φύσις）の原型である。が、そのことは単に、自らのうちに不壊の諸ロゴス（根拠）を守り、またそれらにおいて情念による変化から解放された「意志的な思い」を守るものとしてではなくて、自然・本性を自然・本性に反して使用する人々を、何らか自然・本性的法のように裁きにおいて教育する人としてである。なぜなら自然・本性とは、それに反して生きようと意図する限りで自然・本性を朽ちさせてしまう人々を、そのように懲らしめるものだからである。すなわちそうした人々は、自然・本性の全体的な力を自然・本性的に獲得することができないために、その健やかさを老化させて、それゆえ懲らしめを受けるのだ。つまり
1164D 彼らは、「在らぬもの」への傾き（執着）を通して「在ること」（τὸ εἶναι）の欠如を浅はかに、また無思慮に自分自身に招いているのである。[137]

感覚的なもののロゴスと思惟的なもののロゴス

（x）　同様に、思惟的かつ感覚的な被造物が創造主たるロゴスによって存立せしめられたということを、モーセとエリヤを通して語る人は誰でも、真理から逸脱していない。彼らのうちモーセは、「感覚的なもののロゴス（言葉、根拠）」が生成と腐敗に服しているとし――それは彼についての歴史記述が明らかにしているのだが――、そうしたロゴスの生成と死とを物語っている。なぜなら感覚的被造物とは、その生成の根拠が知られ、腐敗に定
1165A められた終極へと向けられているからだ。

他方エリヤは、「思惟的なもののロゴス」を提示している。そうしたロゴスについての歴史記述は、思惟的なものが生成したとしても、その生成を何ら明示してはおらず、またそれが死に至ったとしても、死による腐敗を見て定義することもない。なぜなら思惟的被造物とは、人間にあって明らかなように、生成の根拠を持たないようなものだからである。つまり、たといそれが生成し、始まり、在らぬものから「在ること」へと至らしめられるとしても、その「在ること」の終極が腐敗によって定義されたものとして捉えられることはないのだ。なぜなら思惟的なものは、そのようなものとしてそれを創ろうと欲した神から、滅びえないということを自然・本性的に受け取っているからである。

30b　〔主の〕変容についての他の簡単な観想

全き否定を通して神的なものを肯定し、語りえないということを通して超越性を高揚させる

1165B わたしが必要以上に好奇心があるなどと人に思われないように、神的な変容からは他の大きな神秘がわれわれに現れ出たと思う。それは、すでに述べたことよりもさらに輝かしいことである。なぜならわたしの思う

に、かの〔ホレブ〕山で〔主の〕変容に関して生じた、神にふさわしい劇的な出来事は、神学の二つの普遍的な方式を神秘的に指し示しているからである。

第一に、際立った単純で原因なきものが、唯一の全き否定を通して神的なものを真実に肯定し、語りえないということを通してその超越性をふさわしく高揚させている。第二に、それに続く複合的なものを、諸々の原因づけられたものからして神的なものを肯定を通して、偉大なものとして語り出すのである。

感覚を超えた象徴と、感覚によって集められた偉大なわざ

それら二つのことによって人間の知りうる限りで、神と神的なものとについて示された知は、われわれにふさ
1165C わしい象徴を通して〔神学の〕二つの方式へとわれわれを導く。すなわち、両方の存在物の二つの敬虔な把握を通して、われわれにそれらのロゴスを存立させるのだ。第一の方式は、感覚を超えたすべての象徴があることを教えている。また第二の方式は、感覚によって集められた偉大なわざがあることを教えている[138]。

そこで、われわれは感覚を超えた諸々の象徴から、ロゴス（言葉）と知性（ヌース）とを超えた真理が在るということを、信じるのみである。しかし、そうした真理が「何であるか」、「いかに在るか」、「どのようなものとして在るか」、そして「どこに、いつ在るか」といったことについては、そうした詮索の不敬虔さを避けて、あえて探究したり観念を形成したりすることは全くしないのだ。しかし感覚的な諸々のものからは、われわれに可能な限りで、思考（観念）のみによって神の知に関してさまざまに推測するのだ。そして、神によって創られた
1165D 諸々のものからわれわれが原因として神を知った限りでは、神は〔そのように推測される〕すべてであると語るのである。

30c

主が「肉を通しての自らの摂理（οἰκονομία）に従って」、自らの原型として生じたこと

そこで、すでに述べた諸々の方式によって、主の神的な変容において象徴が美しくまた賢明に保持されているかどうかを吟味することにしよう。なぜなら、主は測り知れぬ人間愛（φιλανθρωπία）を通して、不変の仕方でわれわれ人間のかたちに創られ、「自らの原型と象徴として生じること」を受容したからである(139)。
1168A そして主は、自己自身によって象徴的に自らを顕現させ、その現れ（現象）を通してすべての被造物を全く不可視で隠れた自己自身へと導くのだ。すなわち、主は自らは不可視で万物の彼方に隠れており、いかなる存在者によってもいかなる仕方によっても思惟されえず語られえないが、人間愛によって、肉を通して示された「無限なる神的なわざ」の現れを人々にもたらすのである。

30d

主の輝く顔（πρόσωπον）についての観想

さて、主の顔の光は神秘的な否定神学によれば、使徒たちにおける人間的至福を超えている。つまり、至福で聖なる神性（θεότης）は実体・本質（ウーシア）としては、言表不可能性、不可知性そしてあらゆる無限性など
1168B を限りなく超えている。それゆえ神性は、その後なる諸々のものに全く何の痕跡をも残さず、同一のものがいかにして、どれほど単一でかつ三でもあるかということについて、いかなる存在者にも何の観念をも開示しないのだ。なぜならば、創られないもの（神性）が、被造物によって自然・本性的に含まれることはなく、また無限なるものが限定されたものによって把握されることもないからである。

30e　主の輝く衣服についての観想

しかし他方、〔神学の〕肯定的方式は、働き（エネルゲイア）、予知そして裁きという三つに分けられる。エネルゲイアに関する方式は、被造物の美と大きさから出発して、神が万物の創り手であることの解明に入ってゆく。それは主の輝く衣服を通して明らかにされる。ロゴス（キリスト）はそうした輝く衣服を、被造物の現れにおいて捉えつつ証示しているのである。

30f　モーセについての他の観想

1168C 予知に即した方式は、モーセを通して意味づけられる。すなわちそれは、悪（κακία）に結びつけられた人々をいかに予知が人間愛によって誤りから引き出すかを、また人間たちの間で、質料的で滅びる物体的なものが神的・非質料的・非物体的なものへと突破してゆく諸方式を賢明に明らかにしている。そしてさらには、いかにそれらを諸々の神的法に植えつけるかということを示しているのである。

30g　エリヤについての他の観想

1168D 他方、裁きの方式はエリヤを通して示唆されている。すなわち裁きは、ロゴス（言葉）とわざによってふさわしい仕方で人を罰する。そしてアレテー（徳）と悪徳との基本的な質料と性質に従って、各々の人に裁きを適合的に割り当てる。というのも、聖書の現存する方式ですでに観想されたすべてのことによって、モーセとエリヤは神的な事柄を象徴的に、能う限り最上の仕方で記している。つまり彼らは、それぞれのときに歴史的に生じたことを、観想の方式に適合させて物語っているのである。

30h 主の変容にあって主と対話したモーセとエリヤについての観想

1169A 彼らが主と対話し、エルサレムにおいて達成しようとしていた脱出（ἔξοδος）を語っていることからして、彼らは次のことを等しく教えられた。すなわち彼らは、法（律法）と預言者たちを通してあらかじめ告げられていた「諸々の神秘の成就」を教えられていただけではなく、およそ神の語られざる意志の限度、そして神的な摂理（οἰκονομία）の限度は、一般にいかなる存在物によっても把握されえないことを学んだのである。この点、神の偉大な予知と裁きとの限度にしても同様である。が、そうした予知と裁きによって、万物はあらかじめ知られた終極（目的）へと秩序ある仕方で導かれるのだ。

このことについては何人も、その「何で在るのか（本質）」ということを、同様に知りえなかった。しかし、魂を諸々のアレテー（善きかたち、徳）によって浄め、魂の思惟的傾きの全体を神的なものへと全面的に向けた聖人たちだけが、ことの帰するところを真に知ったのだ。[140] すなわち、既述のごとく彼らは、諸々の見えるものの普遍的な自然・本性そのものの終極を——それは見えるものの諸々の方式を通して現れ出てくるのだが——、つ
1169B まり現存する調和の終極（目的）を、一つの明瞭な叫びとして聞き取っているのである。

31 世界が必然的に終極を有することについての自然・本性的な観想

普遍的なものと部分的（個別的）なもの、それらの生成と滅び

現存の世界を為しうる限りで知的に眺め、そのうちで多様な仕方で互いに調和している諸物体の「思惟によっ

て統べているロゴス（根拠）」を賢明に引き出す人々は、「感覚されたもの」、「把握されたもの（ἀντιληπτικά）」、
そして「普遍的なもの」を発見する。が、その際、すべてのものがすべてのものによって包摂され、かつ各々の
性質の特性が変化によって転換するのだ。なぜならば、諸々の感覚的なものは、自然・本性的に感覚されたもの
に含まれ、また感覚されたものは把握されたものとして、感覚によって感覚的力に含まれているからである。
1169C 　そして他方、普遍的なものは諸々の部分的なものへの変化によって滅び、また部分的なものは、還元によって
普遍的なものに転回せしめられて滅ぶのだ。そこで、諸々の他のものの生成（γένεσις）を通して、普遍的なも
のの滅びが生じる。すなわち、普遍的なものの互いの結合は（σύνοδος）――それが部分的なものの生成をもた
らすのだが――、変化による互いの滅びである。また、結合の解体による「部分的なものの普遍的なものへの還
元」は――それは滅びへと導くものである――、普遍的なものの存続と生成なのである。
　かくしてわれわれは、そのことが感覚的世界の状態（存立）だと学ぶ。つまり、感覚的世界のうちなる諸物体
の――それらによって、それらにおいてその世界は存立しているが――互いの滅亡と変化とを学ぶのだ。従って、
1169D 存立している諸物体の普遍的な固有性が自然・本性的な不安定性と可変性とを通してさまざまに担われ変化して
いるので、〔感覚的〕世界にとってつながりとして必然的に生じている完成〔した交わり〕があることは不可能
なのだ。また、「同一に、つねに在るのではないもの」が、永遠なるものとしてロゴス的に理解されるなどとい
うことはなく、かえってそれは無数の仕方で分散し変化していると、正しく推論するのである。(141)

32　将来の世について、そして神と人間との間の深淵、またラザロと父祖アブラハムとの間の深淵とは何かということについての簡単な観想

神と人間との深淵とは、身体と世とに対する愛着や傾き

1172A そこで、諸々の見えるものを超えてゆく人々は、万物の将来の限界を推し測った。そこにはもはや存在物の何も生じず、生ぜしめられることもなく、また諸々の生ぜしめられたり動かされたりしたものの領域や動きを限定するような、語りえざる堅固さの動きは全体として何もないのだ。その限界に知性（ヌース）によって達しようと欲した人々は、朽ちるべき肉体をなおもまといつつ、神と人間との間の深淵を意識的に超えてゆき、肉と世とに対する関わりから自ら進んで解き放たれたのである。

というのは、神と人間との間の畏るべき深淵とは、まさしく身体と世とに対する愛着や傾きであるからだ。ラザロはそれらの欠如（放棄）を喜んで受け容れて——それらは明らかに病いと貧しさであるが、病いは世に対す
1172B る異なりを、貧しさは身体に対する異なりを形成する——、「アブラハムの懐」で休息するにふさわしい者とされたのである（ルカ一六・二二）。

しかし他方、富者は身体と世とにしがみついて、赦しの外に捨てられる。彼は終わりなく懲らしめられる以外には、肉による生から何ら益するものを得ない。なぜなら富者は、この現存する生（ζωή）をもはや有していないからである。その生とは、人がそれを欲することによって、かえって分散せしめられるような生であり、自然・本性として無抑制な生なのだ。富者はまた、来たるべき生に与ることもできない。つまり、それを欲することなく、それに向かって全く動かされることのない姿に留まったのである。なぜなら、来たるべき生とは、心か

らそれを愛し、それへの欲求（πόθος）ゆえにすべての苦しみを熱心に喜びをもって耐え忍ぶような人々にのみ生起するからである。(142)

アブラハムの懐とは受肉した神

ところで、アブラハムの懐と聞いてわれわれは、アブラハムの種族から肉においてわれわれに顕現した神（受
1172C 肉した神）のことを思う。つまりそうした神は、恵みにふさわしいすべての人々に各々のアレテー（徳）の質と量に類比的（アナロギア的）に、まさにすべてのものを与える。なぜなら神は、一性（ἑνότης）の自然・本性的に分割されぬ存在たることによって、分有する人々によって決して自らが分割されることなく、さまざまな牧者に自己自身を分かち与えるからである。そして神は、語りえざる一性に従って逆説的に与る人々に、彼らの異なった価値によって別々に現れるのだ（それはロゴスの知るところである）。

そうした神には、何人も肉の柔らかさを喜んでいては至ることができない。そのとき人は、受肉した神の至福の栄光よりもこの世の虚偽をより多く喜んでいるからである。また、世によってより悪しきものにされ、世を知的に悪しく喜ぶ人は、この世に打ち勝った方（ヨハネ一六・三三）とともに立つことはできない。なぜならば、
1172D この生において人間的なものを評価し、富や身体的健康やその他の価値あるとされるもので自分を飾り、それだけが幸福だと判断する人々を、神的な正義（δικαιοσύνη）は価値ある者とは判断しなかったからだ。他方、魂の諸々の善きもの以外に何ものをも価値あるとは看做さず、諸々の神的で永遠なる善きものに与る人々こそ、幸福な者とされる。そうした人々は、諸々の質料（物質）的なものについてよく注意し、それらには何ら顧慮することがないのである。

33　諸々のアレテー（善きかたち、徳）についての観想

アレテーのみが人間を幸福な者とする

諸々のアレテー（徳）のみが、他のさまざまなものにもかかわらず人間を幸福な者（μακάριος）とする。す
1173A なわち、とりわけ神的な事柄について思慮深いある人が言うように、一般的にアレテーのみがそれ自体として
〔人を幸福にするのだ〕。なぜなら、諸々の存在物のあるものは、広さとして、また他のものは幅のある重なりとして、限定された仕方で思惟されるからだ。が、重なりから広さと幅という二つの測りを取り去ると、重なりのみが残る。そしてあなたが、身体的かつ外的な諸々の善きものをいわば広がりとしての幸福から取り去り、諸々のアレテーのみを残すならば、何ら欠けることなく幸福が存続する。というのも、アレテー（徳）はそれ自体として自足的であって、それを持つ人を幸福にもたらすからである。[143]

従って、悪しき人はすべて、諸々のアレテーを欠いているので、たとい地上のいわゆる善きものをすべて所有していたとしても、憐れむべきものである。しかし善き人はすべて、地上のさまざまな善きものをすべて失ったとしても、アレテーの輝きを有しているので幸福なのだ。それゆえにこそラザロは、アブラハムの懐で安らぎ
1173B （ἀνάπαυσις）を得て喜ぶのである。

34　聖人たちが被造物から神を学び取ったその自然・本性的観想

そこで聖人たちは被造物を、そしてその秩序と比率と有用さを——各々のものは全体からそれを与えられているのだが——把握し、すべての完全なものが創造の根拠たるロゴスによって創られていること、そして生成した

ものが現に有している以外の他の仕方で立派に〔美しく〕あることはありえず、また他の仕方で善く在らんために附加も除去も必要ないことを見て取る。そのとき彼らは、諸々の創られたものからして、創造主の存在することを教えられるのである。

1176C かくして彼らは、生成したものの存続、秩序そして位置を、また万物の各々がその固有のかたち〔形相〕に即して、混合することなく、またあらゆる混乱から解放されて保持されている当の存在様式を学ぶ。つまり、諸々の星が同一の仕方で回り、決して外れることのない軌道や、同じ場所から同じ場所に回っている方式に即した年の周回、そこでの夜と昼との等しい比率、部分における交互の増大と減少などを――多過ぎることも少な過ぎることもなく、増大ないし減少の、より大もより小もないことを――思惟するとき、彼らは存在物のうちに予知〔摂理〕の〔働きの〕存することを知り、それが万物の神であり創造主〔を指し示すもの〕だと知るのである。[144]

1176D

35　世界が、そして神の後なるすべてのものが根拠と目的とを有することについての自然・本性的観想

神による被造物の美しさと大いさを見る人のうちで一体誰が、神が諸々の存在物の根拠（ἀρχή）かつ原因（αἰτία）として、また造り手として万物を生成せしめたと、直ちに知らないであろうか。そうした人はすべてのものを下に打ち捨てて、思惟（διάνοια）によって神のみに立ち帰る。なぜなら彼は、その全体的な移行を思惟によっては達成しえず、また諸々の〔神的な〕わざを介して知ったものを欲しつつも、それを無媒介に把握することはできないからだ。そして彼は、世界〔宇宙〕が始まり〔根拠〕なきものだとする誤りをたやすく取り除く。つまり、すべて動かされたものは確かに動き始めたのでなければならないと、真に推論するのである。

1177A

ところで、すべての動き（κίνησις）は原因なきものではないので、根拠のないものではない。なぜならば、動くものは〔自らの存立の〕根拠を有し、呼びかつ引きつけるものは、それに向かって動かされるところの当の原因と目的とを有する。しかし、もし動かされるもののすべての動きを動かす根拠があり、また動かされるものが、それへともたらされる当の原因たる目的（目的因）があるなら（原因なしには何ものも動かされないからだ）、存在物のいかなるものも、もしはじめに動かすものがなければ、動かされないものとなろう。（はじめに動かすものは、根拠なきものなので、全く動かされないものだからである。）そして、存在物はすべて動かされるものなので、決して根拠なきものではない。[145]

かくして、あらゆる存在物は動かされており、知そのもの（αὐτογνῶσις）でも知識そのもの（αὐτοεπιστήμη）でもない。唯一の例外は、「動かされないもの」であり、また思惟的なものやロゴス（言語）

1177B

的なもののすべてを知的かつ知識的に超えた〔究極の〕原因（神）である。そこで、諸々の存在物の知や知識は、それらの実体・本質（οὐσία）なのではなくて、それらにおいて観想された習性（ἕξις）なのだ。ここに習性とは、知性（ヌース）とロゴスに即した正しい判断から得られたものである。そうした習性を、わたしは諸々の存在物を存続させている力（δύναμις）と呼ぶ。

36　実体、性質そして量――それらは根拠なきものではありえないが――の「集約と拡張」についての観想

実体の「在ること」は、下方にも上方にも限定される　無限性のロゴスを受容しえない

しかし、端的に語られる実体・本質（ウーシア）は、生成と消滅においてある諸々のものの「生成と消滅とに

即して」動かされるだけではない。すべての存在物の実体はまた、拡張（διαστολή）と集約（συστολή）とに
1177C 即したロゴスと方式とによって動かされたし、現に動かされているのである。

なぜなら実体は、最も一般的な類（γένος）から、諸々のより一般的な類を通して諸形相（εἶδος）へと動かされるからである。そうした形相を通してまたそれらへと、実体が自然・本性的に分割されるのだ。そして実体は、ついには最も形相的な諸形相にまで至るが、それらによって実体自身の拡張が限界づけられる。すなわち、実体の「在ること」（τὸ εἶναι）は下方へと限定される。が、再び、最も一般的な諸形相から、より一般的な諸形相を通して、ついには最も一般的な類へと遡ってゆく。それによって実体自身の集約が進められ、その「在ること」は上方へと限定されるのである。

かくして実体は、こうした二つの仕方によって上方にも下方にも限定され、根拠と目的を有するものとしてあらわに示されるのだ。ただし、諸々の〔有限な〕存在物の実体（ウーシア）は、無限性（ἀπειρία）のロゴスを全体として受容しえないのである。(146)

量と質とのそれぞれの拡張と集約

量（ποσότης）についても同様である。つまり単に、増大と減少に即して見られるすべての仕方で、生成と
1177D 消滅において動かされるだけではない。かえって、およそ量というものは、弛みと拡張とに即したロゴスによって動かされ、また部分的なさまざまな異なりによって拡張に従って形相づけられ、限定を受ける。ただそれは無限に進行することはなくて、その種類に応じた形相が再び呼び戻され、集められるのだ。が、その際、本性的な形相が消失することはないのである。

1180A

性質（ποιότης）もまた同様である。性質は生成と消滅においてあり、互いに動かされるだけではない。かえって、すべてのもののすべての性質は、自らの異なりの変化と分散とによって動かされ、拡張と集約とを受容する。なぜならば、「ロゴス（言葉）ないしエネルゲイア（働き）によって本性的に分散させられたり集められたりするもの」が、全く動かされないものとして在るなどということは、思慮ある人なら決して言いえないからだ。

従って、もし動かされたものであるなら、それは根拠（始まり）なきものではない。そして、根拠なきものではないなら、それが生成したものであることは明らかである。実際、動かされたものとは、動きを始めたものであると誰しも知っているように、生成したものは「在ること」への生成を始めたのだと知られる。そしてそうした生成は、「在ること」と「動かされること」とを、「生成せず動かされない唯一のもの」（神）から受け取ることによって生じるのだ。すなわち、「在ること」の生成に即して在り始めたものは、根拠（始まり）なきものでは決してありえないのである。

1180B

37　神以外のすべてのものは明らかに場所（τόπος）のうちにあり、それゆえ必然的に時間（χρόνος）のうちにあり、そして場所のうちにあるものは時間に従って「在ること」を始めた、ということの証明

存在物の「在ること」は、限定の最初のかたちである

次のように言われなければならない。諸々の存在物の「在ること」そのものは、何らか（限定された仕方で）在るのであって、端的にではない。つまり、それらの「在ること」は限定の最初のかたち（形相）なのだ。このことは、諸々の存在物が実体（ウーシア）と知とに即して始まったことを証明するための、有力で大きな契機で

ある。誰しも知らぬ者もないことであるが、いかなる存在物も、「神的で一なるもの」、「在ることそのものをまさに超えたもの」（たる神）以外は、「どこかに在る」ものとしてすでに〔神的ロゴスによって〕思惟されている。そしてまた、「いつか在る」ということも全体として必然的に思惟されているのだ。(147)

「どこに」と「いつ」という限定

というのも、「どこに」ということは、「いつ」が欠如している際には思惟されえないからである。（それらは
1180C 一方なくして他方はないので、同時的にあるのだ。）また、「いつ」ということは本来、「どこに」とともに思惟される以上、「どこに」が欠如していると決して限定されない。つまり、「どこに」のもとにあるすべてのものは、場所における存在物として示されるのである。なぜならば、万物の全体そのもの（αὐτὸ τὸ πᾶν）は、万物を超えてはいないからだ。（万物そのものを、自らが万物で在ることを超えて語り出すことは、何らか非ロゴス的であり不可能なのである。）しかし万物そのものは、万物を包摂するような「すべての原因たることの無限の力」に即して、それ自身によって、それ自身において定め（輪郭）を有している。つまり、限度・限界（πέρας）そのものは自らの外にあることになる。

それゆえ、万物の場所とは、ある人々が場所を定義して言っているように、次のようなものである。すなわち場所とは、万物を取り囲んでいるものであって、そのことは、万物の外なる位置であれ、包摂されるものがそのうちに包摂されている当の包摂するものの限度・限界である〔と言いうるのである。〕

そしてさらに、「いつ」ということによって、すべての存在物がときのうちにあることが証示される。なぜならば、神の後に「在ること」を得るものはすべて、端的にではなく、ある〔限定された〕仕方で「在ること」を

1180D 有するに過ぎないからである。つまりそれらは、根拠（始まり）なきものではないのだ。そこで、およそ何かが「いかに在るか」のロゴス（意味）を何らかの仕方で受け入れるとき、それらは「在る」とすれば、もはや「在った」のではない。

「神的なものが在る」とは、無限定的にそして絶対的に語られる　神的なものは「在ること」そのものをも超えている

かくして、「神的なもの（θεῖον）が在る」と言うとき、われわれはそれが「いかに在るか」を語っているのではないのだ。それゆえわれわれは神的なものについては、それが「在る」とか「在った」と、端的に無限定的にそして絶対的に（関係性なしに）語るのである。なぜならば、神的なものはいかなるロゴス（言葉）や思惟によっても把握されえないからだ。つまりわれわれは、神的なものに関しては何も述語づけることなく、ただ「それが在る、存在する」と語るのみである。実際、「在ること」（τὸ εἶναι）は神的なもの（神）から生じるが、「在ることそのもの」ではない。[148] そして神的なものは、「在ることそのもの」をも超え、「いかに在るか」を、そして「端的に語られ思惟されるもの」を超えているのである。

しかし、諸々の存在物は端的にではなく、ある仕方で「在ること」を有している。それゆえ、それらにあって
1181A 自然・本性的な諸々のロゴスの位置と限定は、「どこに在るか」によって、また「いつ在るか」によって、それらの根拠（始まり）から定めを受けているのである。

38 もし何かが多なる量に即して「在ること」を有するならば、それは無限なるものではありえないということについての論証

諸々の存在物は、無限なるものではなく、根拠なきものでもない

そして改めて言えば、多くの存在物すべての実体・本質（ウーシア）は、無限なるものではありえない。つまり、多くの存在物の限度・限界は、多における量を有するが、量は「在ること」の、また「いかに在るか」のロゴス（意味）を限定している。そして万物の実体（ウーシア）は、無限定ではないのだ。また他方、各々のもののヒュポスタシス（個的現実）は、限定なしにはありえず、互いに数と実体によってロゴス（言葉、意味）に即して限定されているのである。

1181B

そしてもし、いかなる存在物も限定〔されること〕から解放されていないとすれば、すべての存在物は明らかに、「いつ在り」、「どこに在る」ということを自らのうちに類比的（アナロギア的）に受け取ったのだ。それらのことなしには、およそ何も現に存在しえず、また実体・本質（ウーシア）、量、性質、関係、能動（形成）、受動（パトス）、動き、習性などいかなるもの（カテゴリー）も、現に存立しえない。それらのもの（属性）によってこそ、人々は万物を取り囲む（把握する）のだ。

従って、存在物のいかなるものも、根拠（始まり）なきものではなく――何か他のものが〔神的ロゴスにおいて〕先んじて思惟されているからだ――、また無限定なものでもない――何か他のものがともに思惟されうるからだ――。そこで、存在物の自然・本性（ピュシス）からの帰結として示されるように、それらのいずれも根拠なきもの、無限定なものではないとすれば、存在物の何かが存在しなかったときが確かに在ったのだ。そして、

1181C そのとき存在物がなかったのなら、それは確かに〔あるとき〕生成したのだ。さもなければ、それは現に存在しなかったであろう。なぜならそれは、変動と変化なしには、「在ること」や「生じること」を受容することもないからである。

存在物は分有によって完全性を有している

そして、もし存在物が在ったし、また生成したとすれば、かつてなかったものへと生成という仕方で変動したであろう。あるいは、かつて欠いていた美（善）を附加によって受容して、変化せしめられたのである。実際、変動し変化するもの、あるいは形相（美）を欠いたものは、それ自身で完成したもの（完全なもの）（αὐτοτελής）では在りえない。また、それ自身で完成していないものは、それに完全性をもたらす他のものを全く欠いている。そして、それが完成したときも、自然・本性によってではなく分有（μέθεξις）によって完全性を有しているがゆえに、それ自身で完成したものではないのである。

ところで、完全性のために他のものを必要とするものは、「在ることそのもの」になるためには、いっそう大きなものを必要とするであろう。この点、人々の言うように、実体・本質（ウーシア）が形相よりもより善いものとして存在したとすれば、存在物は自らに実体を受け取るか、あるいは端的に有しうるものであろう——彼ら
1181D はそう言いたいのであろうが——。しかしその際には、より劣ったものが——それは形相のことだとわたしは言う——、いかにして端的に実体（ウーシア）を有しているとか、自らに受容しているなどと闇雲に主張しえようか。

「在ること」と形相は、無限なる神によって諸々の存在物に与えられた

そして、個別の存在物がより悪しきものを自らに許容するか、あるいは端的に有するために、始まり（根拠）なきものを――それを実体と呼ぼうが質料と呼ぼうが――、神の後なる「神による諸々のもの」にあえて帰属させる人々は（われわれはそれに与しないのだが）、次のことを捉えなかった。すなわち、「より善きもの」つまり「在ることそのもの」が端的にか、あるいはそれ自身によって、「より劣ったもの（より悪しきもの）」を持つことは、いかにしても不可能であることを。しかし、もし質料が「より劣ったもの」を、自らによってあるいは端的
1184A
に決して持ちえないとすれば、それはなおさら「在ることそのもの」を、端的にあるいは何らか自らによって持ちえないであろう。

従って、すでに示されたように、「より劣ったもの」、つまり形相（εἶδος）を持ちえないものは、「より善きもの」つまり「在ることそのもの」をも持つことはできないであろう。とすれば、「在ること」と形相とは――それらが現に在る限り――、全く神によって諸々の存在物に与えられたのだ。そこで、すべての実体・本質も質料も形相も神によって存在するとすれば、思慮ある思考を欠いていない人は誰でも、質料が始まりなきもの、あるいは生まれざるものだなどと主張することはなかった。神が諸々の存在物の製作者であり創造主であると知っているからである。(149)

1184B
39 すべて動かされるもの、あるいは実体的な異なりのあるものとして世々に観想されるものは、無限ではありえないこと、そして二は始まりではなく、始まりなきものでもないこと、さらには単一なるものは、それのみがまさに始まり（根拠）であり始まりなきものであることについての証明

神と質料　一性と二性（多数性）

そして再び、ある人々が言うように質料が〔絶対的に〕在ったとすれば、それは明らかに生成しなかった。生成しなかったとすれば、動かされなかった。動かされなかったとすれば、在り始めなかった。在り始めなかったとすれば、全く始まりなきものである。始まりなきものであれば、無限なるものである。無限なるものであれば、全く不動のものである。（実際、限定されないものは動かされる余地がないので、無限なるものは確かに不動なのだ。）もしこのようであるなら、確かに二つの無限なるもの、つまり始まりなきものと不動のもの、神と質料とがあることになる。が、それはありえないことである。なぜなら、二（二性）とは無限なるものでも始まりなきも
1184C
のでも不動なものでもありえず、また何らか普遍的なものの始まり（根拠）でもありえないからだ。そこで二は、一性（ἕνωσις）と分割（διαίρεσις）とに即して限定されていることになる。

無限なるものは関係性そのものを超えている　二（二性）は動かされ限定されている

一方で、一性に即して限定されているというのは、二が単一なるものの複合として存立しており、部分としての単一なるものによって含まれ、また部分としてのそれらにおいて分割されているからである。（無限なるものは

決して、分割されうるものでも分割されたものでもありえず、あるいは複合されうるものでも複合されたものでもありえない。この点、自然・本性によっても、あるいは配列によっても、あるいは何か他の仕方によっても右のように言えるのだ。しかしまた、無限なるものは、端的に分割そのものでも複合そのものでもありえない。なぜならそれは、単純で単一なものではなく、数えられうるものでも数えられたものでも、ともに数えられたものでもなく、ある種の関係から端的に解放されたものでもないからだ。そうしたことはすべて関係において観想されるが、無限なるものは関係づけられないものである。それは〔関係性そのものを超えており〕、関係に即しては全く捉えられないからである。）

1184D 他方、二が分割に即して限定されているというのは、それが数によって動かされるものだからである。つまり二は、数から始まり、数によって含まれている。というのも、二は自らの自然・本性によっては、「在ること」を持たず、またあらゆる関係から解放されてもいないからである。

40　二と単一について

無限なるものは、実体、可能性（力）、働き、そして上方と下方の限界など、すべてにおいて無限であるというのも、すべての二（二性）は数によって存立し、すべての単一なるものは部分として寄与するからである。かくして、二つの単一なるものは互いに制限されないものとして取り去られるのだ。このことを熟考した人は誰も、何かが永遠からともに観想されるものとして、あるいは実体的な異なりが見られるものとして無限なるものであるとは、決して考えないであろう。彼らは、そのように考える人には無限についてのロゴス（言葉、意味）が欠落しているということを知っている。

なぜならば、無限なるもの（ἄπειρον）は、あらゆるロゴスと方式において、すなわち実体・本質（ウーシア）、

可能性（力）、働き（エネルゲイア）、そして二つの限界——上方と下方のことだが——、つまり根拠（始まり）と
1185A 目的など、すべてにおいて無限であるからだ。つまり無限なるものは、実体に即して捉えられないもの、可能性に即して思惟されないもの、働きに即して限定されないもの、上方からは根拠（始まり）なきもの、下方からは終極（目的）なきものであって、端的に言えばより真実なもの、すべてにおいて無限定なものである。なぜならそれは、数え上げることのいかなる方式によっても、全く思惟されえないからである。

そこでわれわれはこう言う。無限なるものにあっては、ロゴスと方式とが実体的な何らかの異なりを持たず、それゆえ、無限性からはすべてのロゴス（言葉、意味）が取り去られる。そして、もし無限なるものが、永遠に実体的異なりを有しえないとすれば、それは決して二（二性）を受け容れないであろう。ただし、それ自体として単一な諸々のものは、互いに離れて共存しているが、区別なしには他のもの（他性）ではありえないのだ。そこで、このことからすれば、それらから無限というロゴス（意味）は当然ながら取り去られるのである。

1185B すでに示されたように、もし無限なるものが二（多性）を受容しないとすれば、明らかにそれは始まり（根拠）なきもの（ἄναρχον）ではない（つまり根拠そのものである）。なぜなら単一なるもの（μονάς）があらゆる二の始まりだからだ。また、動かされるものは、諸々の単一なるものによって一性に即して動かされる。つまり、「在ること」を異なりに即して自らのうちに受け取っているのだ。そして、動かされないものでなければ、何か他のものの始まり（根拠）ではない。なぜなら、動かされるものは始まり（根拠）ではなくて、始まりによって、つまり［最初に］動かすもの（いわば不動の動者）によって動かされるのである。

ところで、本来は単一なるもののみが動かされないものである。それは数ではなく、数えられるものでも数えられたものでもない。（つまり単一なるものは、部分でも全体でも関係でもないのだ。）そして単一なるもののみが本

来的に、始まりなきものである。なぜなら、それに先んずるものは何もないのであって、単一なるものは何か別のものに動かされて「在ること」を受容するのではないからである。

神性は無限性そのものであり、信・信仰という定めとして保持される

さらにまた、単一なるものは本来的に無限である。それは、ともに存在するものないしともに数えられるもの
1185C を持たないからだ。それゆえ、単一なるものは本来的に始まり（根拠）である。なぜならそれは、あらゆる数と
数えられたものと数えられうるものとの原因だからである。それは、あらゆる関係と部分と全体とを超えているのだ。そしてそのことは、本来的に、真実に、第一に、単一に、そして端的にである。が、いかなる仕方においてでもないのであって、単一なるものは第一のもの、唯一のものとしてあるのである。

ただ、このように言うとき、われわれは至福の神性それ自身を、そのあるがままに指し示しているのではない。すなわち神性は、すべてのロゴス（言葉、根拠）と方式に即して知性（ヌース）とロゴスと名称をもってしても、無限に遠いものであり、全く接近しえない。しかしわれわれは、われわれにとって可能で近づきうるものとして、神性への信・信仰（πίστις）という定め（限度）（ὅρος）を自らにおいて保持するのである。というのも、神的なロゴスは神的で至福な実体（ウーシア）のことを――それは単一なるものの名であるが――、あらわに現前するものとしてではなく、「すべての量と性質と関係との彼方なるもの」の完全な単純性を指し示すもの
1185D として語っているからである。そしてそのことは、神性が諸々の部分から成る何らかの全体ではなく、ある全体からの何らかの部分でもないことを、われわれが知るためであった。

神性は万物の彼方にある

かくして神性は、すべての分割と複合と部分と全体とを超えている。というのも、神性は量ではなく、また、「在ること」と「いかに在るか」とを思惟の限定によって語ることはできないからである。神性はさらに、性質ならぬものであり、あらゆる種類の結合や固有性から自由で解放されたもの、関係づけられないものなのだ。それゆえ神性は、自らの前にも後にも傍にも何も持たない。つまり神性は万物の彼方にあり、存在物のいかなるものによっても、いかなるロゴス（言葉）や方式によっても位置づけられないのである。偉大で神的なディオニュ
1188A シオスは、まさにこのことを思惟して次のように言っている。

「それゆえ、万物を超えた神性は、単一にして三一性だと称えられる。ただそれは、われわれからも他のものからも区別されており、〔現に〕単一でも三一性でもない。かえって神性は、その超越的な一性と神的生まれとを真に称えるために、われわれは、あらゆる名称を超えたもの、また諸々の存在物の超実体的なものを、三一性と一性との神的な名称で名づけるのである。[150]」

神性は、神性の働き（エネルゲイア）を受容し宿した「信・信仰というかたち」として何らか知られる

従って、真理によって敬虔に生きることを欲した人は、二ないし多数性が何らか始まりなきものであるとか、あるいは一般に何かあるものの始まり（根拠）であるなどとは、決して言えないであろう。なぜなら、あらゆる無限性の彼方なる神の「在ること」が、ロゴス（言葉）と知性によるすべての観想的な力と知識とを通してあらわにされるからである。そして神は、いかなる存在物にとっても全く知られず、ただ信・信仰（πίστις）を通して（信というかたちで）何らか知られるに過ぎない。[151] そして、その被造物からして「神が在る」と示されるが、

1188B 「いつ神が在るか」が分かるのではない。神はあらゆる世と時間との製作者であり創造主なのだ。しかしそれらが、永遠（アイオーン）から何らかの仕方で神とともに思惟されるということはない。というのは、永遠から互いに共存するいかなるものも、他のものを創る力があるわけではないからである。

万物は、永遠に存在する神から生成し、神のうちに保持され、さらには神へと還帰してゆく

右のようなことは全く妥当ではなく、受け容れられない。そして知性（ヌース）ある人々にとって、「在ること」を分有するものが他のものを創造する力があると主張するのは、笑うべきことである。しかし、万物は永遠に存在する神によって、「在らぬもの」から完全に全体として生成したのであって、部分的にかつ不完全にでは
1188C ない。すなわち、無限に知的で、無限に力ある原因から賢明にも発出し、そうした神のうちに万物は保持されている。そして万物は、全能なる深みのうちに保護され支えられており、さらには神へと還帰してゆくであろう。それはあたかも、偉大なディオニュシオス・アレオパギテースがある箇所で言っているように、各々のものが自らに固有の限界（終極）に向かうかのようにである。

41　万物に対して神の自然・本性的な予知（摂理）（πρόνοια）があることを示す観想

存在物における神的働きの経験から、神の予知のあることが確信される

1188D 諸々の存在物から「神が在る」と学ばれるのだが、さらには存在物に対して神の予知（摂理）の在ることが確信されよう。その際、神は正しくまたロゴス的（理性的）であること、そして諸々の存在物の守護者、配慮者以外ではなく、さらにはそれらの唯一の創造主であると判断されるのである。

1189A というのも、以下のようなものはすべて、万物が創造主たる神の予知によって保持されていることを明らかに証示しているからである。すなわち、諸々の存在物の「存続」、「秩序」、「位置」、「動き」、中間のものによる「両極の結合」——そこにあって中間のものは決して対立して互いに抵触することがないのだが——、「全体に対する部分の調和」、「部分に対する全体の、全体による一性」、各々の固有の異なりに即した「部分そのものの互いに混合なき区別」、全体における変動なき同一性に即した「万物に対する万物の混合と区別」——各々のものに限定して言うのではないが——、そして「万物と各々のものの、形相に即したつねに守られるつながり」——そこにあって自然・本性に固有のロゴス（意味、根拠）は、互いの混合と混同とによって決して滅びないが——などである。

予知とは、万物に対する神の配慮、神の意志である

1189B なぜならば、神が善（ἀγαθόν）であって、しかも全く恵み深くないなどということはありえず、また恵み深くて全く予知なきものだということもありえないからである。それゆえ神は、諸々の存在物を神にふさわしい仕方で賢明に注意し、その結果それらは、「在ること」と配慮とを恵み与えられるのだ。ここに予知（摂理）とは、神的な師父たちによれば、万物に対して神から生じる配慮にほかならない。予知とはまた、神の意志（意図）（βούλησις）であって、それを通してすべての存在物はふさわしい方向（秩序）を受け取るのである。

ところで、もし予知が神の意志であるならば——わたしは師父たちの言葉を用いているのだが——、生成したものはすべて、正しいロゴス（意味、根拠）に即して必然的に生じ、それよりもより善い秩序は求められえないであろう。それゆえ、真理を自らの導き手として択ぶ人は、予知（摂理）が諸々の存在物の、あるいはそれらを

形成した力の創り手であると語ることへと、あらゆる仕方で導かれよう。そして動物にしても、もしわれわれがロゴス的に近づくならば、彼らのうちにわれわれの思惟的なものの反映（像）を見出すことになろう。つまりそれは、ロゴスを超えたものを多分に価値ある仕方で模倣しているのである。

というのも、それらから生じるものの類に即して自然・本性的に配慮されているものを見るとき、われわれは、
1189C 神がすべての存在物に対して独特の予知（摂理）を働かせていることを、敬虔な親密さのあるロゴス（言葉）によって、敬虔にかつ大胆に定義することになる。ただ神は、何かあるものには予知を働かせず、他のものには働かせるといった仕方においてではなく――それは外的に愛智（哲学）を為す人々の捉え方だが――、善性の一にして区別なき意志によって、万物に対して同時に、つまり普遍的なものにも個別的なものにも予知を働かせているのである。

普遍的なものと部分的なものとの関係と、それらに対する神の予知

この点、われわれは次のことを知っている。万物の部分が予知とふさわしい保護とを欠いているために滅びるなら、普遍的なものもまた一緒に滅んでしまう。（普遍的なものは諸々の部分から成っているからだ。）このことについてのロゴス的な証明は、真理への然るべき応答を通して正しく導かれるであろう。すなわち、もし普遍的な
1189D ものが諸々の部分から成っていて、それら部分が、「在りかつ存在していることの根拠たるロゴス」を受容せずに滅んでしまうならば、普遍的なものも存立しないことは誰にとっても明らかである。

確かに、部分は全体においてあり、また全体は部分において在りかつ存立する。いかなるロゴス（論理）もこのことに敵対しはしない。しかし、次のようなことを除いてである。つまり、自ら進んではなく真理によっ

ていわば縛られ、予知（摂理）の力に背いてしまい、自分が熱心に為していることを拡張するために言挙げする人々もいる。彼らは言う。普遍的なもののみが予知によって司られており、部分的（個別的）なものは予知から隠されていると。しかし彼らは、自分が避けようとしている真理へと必然的に連れ戻されよう。なぜならば、も
1192A し諸々の普遍的なものが予知に値するのは永続性のゆえだと彼らが言うのなら、彼らはさらに、普遍的なものの存続と基体（ὑπόστασις）とがそのうちに存する当の部分的なものがいっそう予知に値する、と認めざるを得なくなるからだ。

これらのことは、互いに自然・本性的に解消されえない関係を通してともに成り立っており、両者いずれも存続（永続性）を保持している。すなわち、一方の守護に他方が関わりがないということはなく、また、一方の永続的な守護を放棄すれば他方の守護も結果しないのだ。ただし、万物に対する神の予知がないとする三つの方式が存する。つまり、神は予知の方式を知らないとか、それを意志しないとか、あるいはその力がないなどと言われるのである。

神は善性と知恵と力との無限性によって、万物を守っている

しかし、共通の思惟（観念）からして、神は善であり、善を超えており（超善）（ὑπεράγαθος）、万物にとって善きもの（美しいもの）をつねに意志している。神はまた知恵者であり、超知恵者であり、むしろすべての知
1192B 恵（ソフィア）の泉であって、ふさわしいこと（有益なこと）を完全に知っている。さらに神は力ある方であり、むしろ無限に力ある方であって、自らにおいて知られていること、意志されていること、そしてふさわしいことを、神に適合した仕方で完全に働かせている。すなわち神は、善にして、知恵ある、力ある方であって、あら

ゆる見えるものと見えざるもの、普遍的なものと個別的なもの、そして小さなものと大きなものなど、あらゆる種類の実体・本質（ウーシア）として「在ること」を有しているすべてのものを貫いているのだ。かくして神は、善性と知恵と力との無限性（ἀπειρία）を決して失うことがなく、各々のものの「在ること」のロゴス（意味、根拠）に即して万物を守っている。つまり、それらに対しても、解消されない調和と存続に即して万物を守っているのである。

1192C　では、万物に対する「神の予知が在る」ことについて、自然・本性がそれ自身として明らかに教えていると、なぜわれわれは把握しえないのか。というのも、自然・本性それ自身は、予知についての知がわれわれのうちに自然・本性的に植え込まれているという小さな証拠すら与えないからだ。そのことはとくに、自然・本性が予期せぬ仕方でわれわれを神へと促すかのように、諸々の突然の出来事において祈りを通して救いを探究するよう準備するときに〔言えることである〕。なぜなら、何かが探究される前に、あたかも〔神的な〕予知自身が諸々の想念なしにわれわれを予知へと引っ張るかのように、われわれは必然性に捉われてそれと知らずに、択ぶ余地もなく神に呼びかけるからである。その際、予知は、われわれのうちなる思惟的な力にすばやく打ち勝って、何よりも力強い神的な助けを提供するのである。

自由な意志・択びと神の予知との関わり

しかし自然・本性（ピュシス）は、われわれが〔自由な〕選び（意志）なしに自然・本性ならぬものへと向か
1192D うようには、われわれを導かなかった。自然・本性的に生じるものは何であれ、たとい万人に明らかではなくとも、真理の証明に対して不壊の力を持っている。そこで、もし部分的なもの（個別的なもの）についての予知の

ロゴス（意味、根拠）が、われわれにとって把握されないものだとしても――「神の裁きは測りがたく、その道は探ねがたい」（ローマ一一・三三）とあるように――、わたしの思うに、それゆえ予知がないなどと言ってしまうのは、決して正しくない[152]。

個々の人間の互いに対する異なりと多様さとが、そして各人の自分に対する変化が、大きくまた把握されえ
1193A ないとしても――つまり、それぞれの生、習性、意志、択び、欲望、また知識、必要、行為の遂行、魂におけるほとんど無数の想念、各々の日と時間に生じてくるすべてのことにおいて（この人間という生命体は、時宜に応じて変化しうるもの、鋭いものであり、必要に応じて変化するからだ）――、次のことは全く必然的である。つまり、個々のあらゆるものを限度に即して先んじて知り把握する予知は、異なりを有しており、多様で複合的なものとして現れる。そして、多くのものの把握しがたさのうちに伸展し、諸々の事物であれ思惟されたものであれ、各々にふさわしい仕方で、魂と身体との最も小さな動きに至るまで調和をもたらせているのである。

生成するものは善く生成すると信じるべき

従って、もし部分の異なりが把握されえないならば、それらを調和にもたらす予知（摂理）の無限のロゴス（意味）も、同様に把握されえない。しかし、部分への予知のロゴスがわれわれにとって無限で知られないから
1193B といって、われわれは諸々の存在物に対する全知の配慮を否定するような無知を表明してはならない。かえってわれわれは、〔神的な〕予知のすべてのわざを端的に、詮索することなく、神にふさわしい仕方で適切に称え、受容し、そして生成するものが善く生成すると信じるべきである。たといそのロゴス（意味、根拠）が、われわれには把握されえないとしても。ここにわたしは、われわれのもとにあるロゴス（言葉、理性）によってわれわ

れによって悪しく生成してくるものをではなくて、予知のすべてのわざのことを言っているのだ。前者は予知に即したロゴスとは全く別のものだからである。

それゆえ、聖人たちの「ロゴスと観想とに即した力と恵みについて」、その偉大な教えによって能う限り指し示された方式は、カテゴリー的なものではなく推測的なものなのである。（われわれの知性は、真理そのものから
1193C は遥かに遠くにあるからだ。）しかし、ロゴスによって語られたことを捉えようとし、あたかも〔真理の、あるいは予知の働きの〕足跡を追うかのようにして、わたしは推測（示唆）という仕方でこうしたことを語るのである。

42　右のような質料的な二に関して、聖人たちの言う異なり、および三一性のうちに思惟される一性（ἑνότης）についての観想

三一性のうちに思惟される一性

質料を超えて形相（εἶδος）が生成するのは、三一性のうちに思惟される一性を通して、〔形相が〕質料的な二（多数性）を超えて、あるいは肉と質料を超えて生じるということによる。また諸々の身体（物体）は、形相と質料から成るのだ。聖人たちはこのように語っているとわたしは思う。

そこで、肉と質料に捉われない人々は神とともに在り、最も純粋な光と一体化されるにふさわしいという。そ
1193D れはつまり、肉への魂の関わり（執着）を打ち捨てる人々のことである。そしてそれは、質料に対する肉を通して、あるいは一般的に言えば、感覚に対するすべての感覚的実体を通して、それらの自然・本性的な固有性を打ち捨てて、神的欲求のみを純粋に獲得する——それはわたしが言ったように、三一性のうちに思惟される一性によってであるが——、人々なのである。(153)

というのも彼らは、魂が神と質料との間にあり、両者と魂自身を結合させる二つの力を有していることを知っているからである。そうした力として、まず知性（ヌース）は魂を神に結びつけ、さらに感覚は魂を質料に結びつけるのだ。彼らが自らのそうした関係的な働き（エネルゲイア）を通して、感覚されたものとともに感覚を全く振い落とすとき、彼らの魂は、知性のみによって語りえざる仕方で神に似たものとなる。そして魂は、原型
1196A 〔たる神〕の似像として、知性とロゴスと霊（プネウマ）に即して、不知なる仕方で神に全体として結合されるのだ。かくして彼らは、〔神の〕類似性（ὁμοίωσις）に似た姿を能う限り見つめつつ、三一性のうちに思惟される一性を神秘的に学んだのである。

質料的な二としての気概と欲望

ところで、師は恐らく、〔魂の〕気概（θύμος）と欲望（ἐπιθυμία）を質料的な二と呼んだ。なぜなら、それらは魂の「質料に傾く欲望的部分の力」であって、もしはじめから知性（ヌース）に従属するよう知的に強いなければ、ロゴスに逆らい、知性を多へと分散させうるものだからである。

しかるに、もし人がそうした〔気概と欲望という〕力に打ち勝ち、ロゴスの力に対してしもべのごとくそれらに軛をかけて、然るべきふさわしい仕方で担うよう従わせるならば、あるいはそれらを全く捨て去って、ロゴ
1196B スと観想を通して、愛による揺るぎない知的な魅力に寄り縋り、欲求として最も雄々しい力の、唯一で単純な分割されえない力に引っ張られるならば、その人はまさに幸福である。（神にあっては、欲求の永遠的動きの同一性によって、把握されぬ仕方で堅固さが愛智として存しているのだ。）

アレテー（善きかたち、徳）による善の模倣

すなわちそうした人は、聖なる三位一体に対する真実で幸福な結合に達しているだけでなく、聖なる三位一体において思惟される一性（ἑνότης）に達しているのだ。そのとき彼は、実体・本質（ウーシア）として単純で分割されえないものに対し、能う限り単純で、分割されえず、単一形相のものとなる。そして彼は、諸々のアレテー（善きかたち、徳）の習性によって可能な限りで、同一なる善性（ἀγαθότης）を模倣するのだ。また、自
1196C らに結合・一体化された神の恵みによって、自然・本性的に分割された諸々の力の固有性を後にするのである(154)。

43　魂の受動的部分、およびその一般的な異なりと区分についての考察

魂の受動的部分　ロゴスに従うものと従わないもの

魂の受動的部分は、ロゴス（言葉、理性）に従うものとそうでないものとに分けられるという。ロゴスに従わないものは、栄養的部分（自然的部分とも言われる）と自然・本性的部分（生命的部分とも言われる）との二つに分けられる。それらのいずれも、ロゴスによって導かれるのではない。つまり、元来ロゴスによって導かれるのではないので、ロゴスに従っていないものと呼ばれるのだ。なぜなら、成長すること、健康であること、〔単に〕生きることなどは、われわれの〔ロゴス的な〕力には依存していないからである。他方、ロゴスに従うものは、欲望的力（ἐπιθυμητικόν）と気概的力（θυμικόν）との二つに分けられる。それらがロゴスに従うと言われるのは、熱心に努める人々において、それらは本来、ロゴスによって導かれロゴスに服しているからである。

欲望的力とその諸相

1196D ところで、欲望的力はさらに、快楽（ἡδονή）と苦しみ（悲しみ）（λύπη）とに分けられる。つまり、欲望が達成されるときは快楽を生み、達成されないときは苦しみを生む。さらに、欲望が他の仕方で分けられるとき、全部で四つのかたち（形相）を形成するという。欲望、快楽、恐れ、苦しみの四つである。

そして、諸々の存在するものは善きものか悪しきものかであるが、それらは現に在るものないし来るべきものである。また、予期される善きものは欲望と呼ばれ、現にある善きものは快楽と呼ばれるのだ。同様に、予期さ
1197A れる悪しきものは恐れ（φόβος）と呼ばれ、現にある悪しきものは苦しみと呼ばれる。すなわち、諸々の善きもの（美しいもの）については、真に在るものであるか単に思惟されるだけのものであるかが考えられよう。それはつまり快楽と欲望である。同様にまた、悪しきものについては、苦しみか恐れが考えられよう。

しかし、苦しみはまた四つのものに分けられる。つまり困惑（ἄχος）、意気消沈（ἄχθος）、妬み（φθόνος）、憐れみ（ἔλεος）である。ここに困惑とは、ロゴス的力の根底にまで達するので、それが生じる人々に言い表しえないほどの苦しみをもたらすという。意気消沈とは、欲しない出来事に直面して思い悩みを負わせるような苦しみである。妬みとは、他の人々の〔享受している〕善きものによる苦しみである。そして憐れみとは、他の人々の〔蒙っている〕悪しきものによる苦しみである。ただ、すべての苦しみは、それ自身の自然・本性としては悪しきものだとされるのである。

そして、熱心な人が他の人々の悪に苦しむとしても、それは憐れんでのことであり、目的を持ってあらかじめ意図しているのではなく、状況に即して応答しているのだ。しかし観想的な人は、他の人々の悪に対して不受動（ἀπαθής）に留まる。彼は自らを神に結びつけ、自分にとって現存する諸々の事柄から離脱しているのである。[155]

1197B 彼らはまた、恐れを六つに分ける。つまり驚き、不面目、恥、狼狽、恐怖、心配である。それによれば、驚きとは、何か近づきつつある働きへの恐れである。不面目とは、予期された不名誉への恐れである。恥とは、何か不名誉なことを為したことへの恐れである。狼狽とは、何か大きな想像による恐れである。恐怖とは、感覚を欠いた大きな物語による恐れである。そして心配とは、落下つまり失敗への恐れである。というのも、われわれは恐れるとき、失敗することを心配しているからだ。ある人々はそれを臆病と呼んでいる。

気概的力とその諸相

彼らはまた、気概（θύμος）とは欲求によって心をめぐる血を苦しめる熱だと言っている。彼らは気概をさらに、怒り（ὀργή）（痛みと復讐と呼ばれる）、立腹、そして恨みという三つに分けている。その際、怒りとは、始
1197C まりと終わりとを持つ働きに対する気概、あるいは働いた気概だという。痛みとは、他の苦しむ人々によって保たれた怒りである。しかし復讐とは、苦しんでいる人の苦しめた人への罰である。立腹とは、復讐への気概である。（立腹するとは、記憶に保持されることによってそう言われる。）そして恨みとは、罰への時期を追求する気概である。そのような状態にあるので、恨みと言われるのだ。

しかし彼らは、これらの各々を他の多くのものに分けている。もし誰かが正確な説明によってそれらを記述しようとするなら、多くのロゴス（論）を集め、多くの時間を割く必要があろう。その結果、そのあまりの分量のために読者が耐えられないことになろう。それゆえ、まず「気概と欲望とそれらの分割」という生来の諸力の質
1197D 料的な二を支配しうるようにすることが、真に大きな、また驚くべきことである。そのためには、多くの注意と熱心さを必要とし、何ものにも先んじて神的な助けを必要とするのだ。そして、ロゴス（言葉、理性）によって

それらを導くことができ、その備えのある人は幸福である。そうした人はさらには、倫理的哲学（愛智）を通して、目の前の想念の働きを浄めるに至るであろう。

1200A

44　聖書によれば、知者は自然・本性の法に知恵のロゴスを結合すべきではないこと、そしてアルファという字母がアブラムの名に附加されたのはなぜなのかということについての観想

神化の恵み　アブラハムは信仰によって神に近づく人々の父である

そこでアブラハムは、それら（質料的な二、つまり魂の情念的な力）を、ハガルやイスマエルを超えるかのように超えて、それらを完全に退けた。そしてイサクとともに、神的なものについての視を可能にするような〔自らの魂の〕ロゴス的な力をすでに脱ぎ捨てたのだ。すなわちアブラハムは、知（γνῶσις）に関してもたらされる神的な声によって、次のことを学んだ。もしロゴス的力が肉の奴隷的な種子にへばりついているなら、知性（ヌース）に即して「霊における自由な知が神的に生成すること」はありえない。が、それは、至福の約束によって生じうる。そしてその約束とは、主を愛する人々に希望として備えつけられた「神化（θέωσις）の恵み」である。[156]

1200B

アブラハムはそうした恵みを、予型的かつ先取的な仕方ですでに保持していた。彼は単一なるもの（μόνας）についてのロゴス（言葉、知）に信・信仰（πίστις）を通して神秘的に結びつけられた。そして、そのロゴスによって彼は一なる形相を得るのであり、あるいは全体として神のみに向かって驚くべき仕方で引きつけられて、多から一なるものとなるのだ。[157] その際アブラハムは、分散したものの知の何らかの他の型（痕跡）を携えゆくこと

はない。そのことは思うに、アルファの文字を〔アブラムという元の〕名に附加した方（神）の力を示している。それゆえアブラハムは、信仰によって神に近づく人々の父と呼ばれた（創世一七・五参照）。そうした人々は、神の後なるすべてのものから自らを引き離す。すなわち彼らは、霊（プネウマ）において父祖と同じ信仰の型（かたち）（τύπος）を保持し、父祖の子として父祖との類似性を担いうるのである。

45　モーセが靴を脱ぐよう命じられたことについての観想

1200C 知的な道行きのはじめ、偉大なモーセは、燃える柴のなかで神秘的に顕現した光を見ようとして近づいた。そのとき彼は、神的な声によって次のように教えられた。「あなたの足から靴を脱ぐがよい。あなたの立っているのは聖なる地だからである」（出エジプト三・五）と。思うにモーセは、すべての身体的なものへの傾き（執着）から魂を解放すべきことを、驚くべき仕方で学んだのだ。すなわちモーセは、世を超えたものの思惟に向かって観想による知的な歩みを進め、靴を脱ぐことによってかつての肉的な状態における生から、自らを完全に解放しようとしたのである。

46　犠牲の諸部分についての観想(158)

気概と欲望は神的な火によって溶かされなければならない

同様にまた、最も神的なモーセは次のことを明らかにしている。すなわち、諸々の聖なる犠牲の掟において、
1200D 脂肪と耳たぶと肝臓の突出部は切り捨てよとモーセは命じているが（レビ七・三〇）、それらはわれわれのうちなる情念の一般的な力のことであろう。それらは気概と欲望であって、まさに質料的な二なのだ。

しかし、それらとそれらの働きとは切り捨てられ、神の神秘的な力たる「神的な火」によって溶かされなければならない。なぜなら、欲望的部分は腎臓によって、欲望の働き（具現）つまり快楽は脂と血、あるいは脂肪に
1201A よって、気概は耳たぶによって、そして気概の働きは肝臓の突出部によって——そのうちに苦く最もからい胆汁が見出されるのだが——、それぞれ示されているからである。

47　癩病の法的な区別についての簡単な観想

これは思うに、癩病について述べられた箇所で、象徴的な謎を通して賢明に示唆されていることである。すなわち癩病は、白、緑、黄、そして灰色という四種の色に区別されている。それらによって気概的力と欲望的力とが、各々の形相に分割されたものとして示されているのだ。そこにあって欲望的力は、白と緑によって明らかに
1201B 快楽と苦しみに分けられ、気概的力は、黄と灰色によって怒りと恨み、そして偽善という隠れた悪に分割される。これらはさまざまな情念の基本的な種類であり、気概的力と欲望的力すべての最も根源的な生成物なのだ。そして、それらに病んでいる魂は、それらによって汚されている限り、神的な交わりに値するものには数えられないのである。

48　ピネハスと彼によって亡ぼされた人々とについての観想

驚くべきピネハス（祭司アロンの孫）は、彼の熱情によって次のことを示唆していると思う。すなわち、彼がミディアンの女性をイスラエル人とともに槍で突き刺したとき（民数二五・七以下）、そのことによって、質料は形相とともに、欲望は気概とともに、そして他の快楽は情念的な想念とともに、大祭司たるロゴスの力によって

魂から完全に追い出されるべきだということが神秘的に示されている。なぜなら、形相は質料に〔在ることの〕
1201C 方式を提供し、気概は欲望に同じく提供するからだ。つまり、それ自体としては動かされないものに、それに近づくことによって動きを与える。同様に、想念（λογισμός）は快楽にかたちを与えるのだが、それは、固有の意味では形相なく形態なきものに形相を与えることによる。

ここに、それぞれの名の力が、このことを明らかにしている。というのも、ミディアンの女性は「わたしをくすぐる」の意のカスビと名づけられ、イスラエル人は「わたしの歌」、つまり「わたしを持ち上げるもの」の意のザンブリと名づけられているからである。実際、魂のロゴス的〔理性的〕な力が神的な熟考と注意から逸れて、肉の質料的なくすぐりによって持ち上げられるときには、罪のかまどに落ちてしまう。それゆえ、互いに悪しく
1201D もつれたものを亡ぼし、到来する神的な怒りを免れるためには、情けある大祭司たるロゴスがまさに必要なのである。

49 「聖なるものを犬に与えてはならない」（マタイ七・六）、そして「使徒は〔旅のために〕杖も袋も靴も持ってはならない」（ルカ九・三）とされていることについての観想

主のこうした言葉は、わたしの思うに、恐らく次のことを意味している。「聖なるものを犬に与えてはならず、
1204A また真珠を豚に投げてはならない」とあるが、聖なるものとは、神的な栄光の反映のような「われわれのうちの思惟的なもの」を呼んでいる。そこでわれわれが、諸々の気概的な動きによって吠えられて悪しく混乱させられないように、主はそう戒めたのだ。また主は、神的な輝く思惟を真珠と呼んでいる。それはむろん、高貴な飾りとなる。従ってそれは、汚されずに守られて、質料的欲望の不浄な情念から解放されなければならないと命じら

れたのである。

さらに、宣教に派遣された聖なる弟子たちに対して、いかによく準備し質素に支度すべきかが、他の箇所で次のように言われている。「旅に出るときは、鞄も杖も靴も持つな」と。すなわち、知のより高い歩みに出発し
1204B ようとする人は、あらゆる質料的な重さから解放され、欲望的力と気概的力との情念に捉われた状態から浄められなければならないのだ。鞄や杖といった言葉が、それぞれ欲望的力と気概的力を意味している。そしてとくに、彼は偽善の悪しきわざを脱ぎ捨てなければならない。偽善のわざはいわば、生の足跡を靴のように蔽い、魂の情念的な力を中庸の装いで隠しているからだ。そのようにパリサイ人たちは、敬虔の形で無思慮に装っているが、実際には敬虔さを持っていない。そして彼らは、〔自らの真相を〕隠していると思っていても、ロゴス（理性、根拠）によって打ち負かされて、実の姿を暴かれてしまうのである。

50　癲癇の病ある人についての観想

質料的な生とは、気概的かつ欲望的な力

1204C この質料的な二から——それは気概的かつ欲望的な力のことだとわたしは言うのだが——、主は再び癲病者を解放した。あるいはむしろ、主は、気概の火と欲望の水によって彼を亡ぼそうとしている悪霊の、狂気の怒りを攻撃し打ち勝った。（諸々の質料的なものに服従している人々にあって生成消滅への関わりは、月の満ち欠けと何ら異ならないからである。[159]）なぜなら、魂を捉えて、欲望の水と気概の火という情念に駆り立てる悪霊は、知性（ヌース）を閉じ込め混乱させることをやめない。神のロゴスが到来して、質料的な悪しき霊を——それによって古い地上的な人間が特徴づけられるのだが——追放し、悪しき暴君に支配された人を解き放つまでは。そのとき神の

1204D ロゴスは、自然・本性的な節制を人に恵み与えるが、そのことによっては、神によって創られた新しい人間が指し示されているのである。

善性と愛によって神は動かされて、存在物に「在ること」を与え、「善く在ること」を恵み与える

かくして、神的な誤りなきロゴスを真摯に受け取った聖人たちはすべて、魂の歩みを世のいかなる喜びによっても支えられることはなく、この世を通り過ぎていった。そして彼らは、神についての諸ロゴスを――それは神の善性（ἀγαθότης）と愛（ἀγάπη）のことだが――、人間にとって接近しうる頂点として真実に凝視していたのである。そこで彼らは次のことを教えられている。すなわち、それらによって神は動かされて、諸々の存在
1205A 物に「在ること」を与え、「善く在ること」（τὸ εὖ εἶναι）を恵み与えるのだ。（唯一不動なる神について、意志ではなく動き（κίνησις）を語ることが許されるとすれば、神は万物を動かし、「在ること」へと引きつけ保持する。(160) しかし神自身〔の実体・本質〕は決して動かされないのだ。）

アレテーは、神的な隠れた善の現れ　アレテーの最上のものたる謙遜

それら（善性と愛）によって賢明に自らを型どる人々は、神的な偉大さの隠れた見えざる善（美）の現れとして（その美をよく模倣しつつ）、諸々のアレテー（善きかたち、徳）による固有のかたちを担っている。それゆえ彼らは、善きもの、神を愛し人間を愛する者、そして同苦・共感と憐れみある者となり、あらゆる種類の存在に対して愛の姿勢を有しているのだ。そうした愛によって彼らは、あらゆるアレテー（徳）のうちで最上のものたる謙遜（ταπείνωσις）を、自らの生の全体を通してしっかりと保持している。

ここに謙遜とは、諸々の善きものの確固たる守り手であり、対立物を滅ぼすものであって、煩わしい誘惑に
1205B よって欺かれることが全くない。謙遜はまた、われわれのうちなる〔神的な〕ロゴス（言葉、根拠）に進んで従い、意に添わないものに抗しつつ、さまざまな攻撃を自制（ἐγκράτεια）によって弱め、〔誘惑の〕接近を忍耐（ὑπομονή）によって振り払うのである。(161)

そのように彼らは、栄光と不名誉という両方の側から攻撃されながら、揺らぐことなく踏み留まり、いずれの側へも動かされることがない。また、意志的な弛みのゆえに侮辱によって傷つくことなく、貧しさへの過度の傾きによって栄光を許容することもない。つまり彼らは、怒り、妬み、党派心、偽善、策略、見せかけの欺きで人を誘う偽装のずるい情愛など――それはすべての情念のうちで最も破壊的なものだが――、そうした何かが自分を支配することを許さなかった。そして、「この世にあって輝かしく見えるものへの欲望」、「諸情念の他の多くの悪しきもの」、「諸々の敵によってもたらされた脅し」、さらには「死の何らかの方式」などのいかなるものも、決して彼らを支配しなかったのである。

幸福な者は神と結合・一体化せしめられたことを喜ぶ

1205C 従って、彼らはまさに神と人間によって幸福な者と看做された。なぜならば、神の偉大な賜物の「恵みによって顕現した語りえざる栄光のあらわな似像」を、自ら〔の身において〕証示しているからである。かくして彼らは、「諸々のアレテー（善きかたち）の親密なロゴス（根拠）と結合・一体化せしめられたこと」を、あるいはむしろ「神と結合・一体化せしめられたこと」を喜ぶのだ。そのことのために彼らは日々死んで、終わりまで耐え忍ぶ。そうした〔神との〕結合・一体化のうちに、すべての善きものの諸ロゴス（言葉、根拠）は枯れない泉に

よってのごとく、万物を包摂する一にして単純で独特のものとして先在する。そして彼らは、与えられた諸力を善く、そして自然・本性に従って用いるすべての人々を、その目的（神との結合・一体化）のために神へと引き寄せているのである。

一一　ヨブの試練

1205D 幸福なヨブについて次のように言われたことについての、神学者〔ナジアンゾスのグレゴリオス〕の『アタナシオスを称えて』の中の言葉から。

「それに続いて、小さな人々が小さいがゆえに〔神から〕配慮された。」（ヨブ八・七）

神から自分に発せられた言明によって、わたしの思うに、ヨブは試練との戦いの後に与えられた小さな具体的なものを見て、次のように告げた。「それはいかなる仕方でも諸々の永遠的なものとは比較されない。」しかし、小さいがゆえに〔神から〕配慮されたと彼は言う。ただし、知的な思惟として明らかに小さい人々は、予定と裁きについてのロゴス（言葉）にたやすく躓き、敬虔そのものが揺ぐのだが。

1208A 思うに、これらのことについて主は福音書でこう言っている。「この小さな人々のうちの一人でも躓かせる人は〔むしろ大きな碾臼を首にかけられて、海に投げ入れられる方がよい〕[162]」（マルコ九・四二）。そこで逆に、弱い人々、貧しい人々、そして他の仕方で労苦している人々を正しい人と看做す人々は罰を免れており、ましてや、万人から正しい人と評されてなお多大の災難を蒙ったヨブにおいてはなおさらであるが、次のことを経験するで

ウラジミールの聖母
モスクワ，トレチャコフ美術館，12世紀

あろう。つまり彼らは、輝かしさと名声とを最初の姿の倍も現に報いとして受け取る。それゆえ、これらのことについて次のように言われるのだ。「小さな人々が小さいがゆえに配慮された」と。

一二　ロゴス・キリストは、罪を犯す人々を鞭打つ(163)

同じく〔ナジアンゾスのグレゴリオスの〕『アタナシオスを称えて』の中の次の言葉から。

「彼（アタナシオス）は、神殿を冒瀆する人々、またキリストを商するような人々から神殿を浄める（マタイ
1208B 二一・一二）。ただし、鞭で打つことによってではなく、説得するロゴス（言葉）によってこのことを為すのである。」

ロゴスなるキリストは、生きた魂の神殿においてわれわれの良心を打つ

ある人々の想像しているところでは、この著名な師（グレゴリオス）は右のことについて、われわれの主なる神が至福なアタナシオスよりも厳しくないと語っているという。しかし、決してそうではない。そして、鞭を用いる人ではなくロゴスを用いる人として、聖なるアタナシオスがなぞらえられているのである。というのも、先のような〔誤った〕把握からは、次の二つのいずれかが帰結してくるからだ。すなわち、われわれの主なる神は癒しの柔らかな方法を知らないか、あるいは、聖なるアタナシオスは霊的な配慮の方式を知らず、時宜にかなわぬものとして人間愛を放棄したなどということになろう。

1208C しかし、われわれの用いた知的ロゴスは、魂の生きた神殿におけるかのようにわれわれのうちで動いており、

過誤を犯す人々に対して然るべき悔改めをもたらすのだ。そうした悔改めという仕方で、神にしてロゴスなるキリストは、罪を犯すわれわれを鞭を用いてつねに打つ。つまり、諸々の迷った思惟とわざとによってゆがめられたわれわれの良心（συνείδησις）を打つのである。しかし聖なるアタナシオスは、彼自身もまた肉の弱さをまといつつも、誤りに陥った人々を更正へと優しく導いた。それゆえわたしの思うに、この神的な思慮ある師は、先の〔聖書の〕言葉を象徴的に用いているのである。

一三　耳と舌との欲求と、それらに抗する魂の姿

エウノミオス派の人々に対するナジアンゾスのグレゴリオスの『神学講話』第一講話から。
「ある人々は耳（聞くこと）と舌（話すこと）とをむやみに欲している。」

1208D

魂の益のための、ロゴスと救いの労苦、および忍耐と勇気

諸々の言葉についてその正確な意味を知ろうと努め、世間の名声など得ようとしない人々は、各々の事柄に対してそれにふさわしい語句を帰すべきだと言っている。そうした語句はいかなる仕方で語られても、他の意味合いの純粋な固有性を保持しており、善く（美しく）発語されている。しかし、「聞くことと話すこととをむやみに欲する人々」は、諸々のより新しいことを学んだり語ったりすることを欲し、新奇なことをつねに喜んでいるのだ。そして明確に言えば、彼らは師父たちが打ち立てた語り口を変化させ、新奇で異国的なものを喜んでいる。また、諸々の慣習的なことや古い知見、つねに同一のことなどを、古臭く、使い古された、もはや価値のな

1209A いものとしてさげすんで、むしろより新しいことを歓迎すべきものとして受け入れている。たといそれらが虚偽であって、魂のうちで何の益（ὠφέλεια）ももたらさなくても〔そうしている〕。

ところで、魂の益については、あらゆる敬虔なロゴス（言葉）と救いの〔力ある〕労苦とが、指し示し、記述し、そして追求している。そのうち、一方は無知に抗し、他方は快楽に抗して備えられている。

前者は、魂の麻痺した部分を無知から切り取るのだが、知を通して真理（ἀλήθεια）を有しかつそのことによって、学を喜ぶ人々を神に結合するであろう。そして見られるものと思惟されるものとを超えて、知性（ヌース）を上方にもたらし、神的な美（善）の語りえざる愛（ἔρως）によって惹きつけられ、もはや耐えられぬほど欲求に釘づけされ、むしろそのようでないことがありえないのである。

1209B しかし他方は、快楽に即した状態に諸々の釘を打つ。（そうした釘によって、神をめぐる魂の欲求は原初的な不聴従によって、質料と滅びゆくものとに侵入してゆく。）そして、悪の状態に陥っている人々を解放し、アレテー（善きかたち、徳）を真に耕し、さらには魂を妨げると思われるすべてのものに対して、善（美）への揺るがぬ親近性を形成するのだ。[164] その際、快楽を退けるために自制（ἐγκράτεια）が教えられている。ここに快楽とは、われわれのうちなる不条理によって意志の頑なさに媚び、それを柔らげるのであり、また来たるべきものよりも現に在るものを、思惟されるものよりも見られるものを択ぶよう説得するのである。

1209C そこではまた、恐れと脅しから逃れるために忍耐（ὑπομονή）とそれに伴う勇気（ἀνδρεία）とが、われわれ〔の意志的働き〕による快楽とわれわれによらぬ苦しみのすべてに対して、外的な不壊の習性として指し示されている。ここに恐れと脅しとは、われわれによらず人間的力に勝っていると思われるような重さを有し、諸々の恐れの侵入によって思慮あるロゴス的力を支配するものである。

耳と舌を欲する人々への罰

こうして師（グレゴリオス）は、かの説教に関わる人々のことを、「耳（聞くこと）と舌（話すこと）とをむやみに欲する人々」と呼んだ。なぜなら、あらゆる言葉は舌によって発せられて運ばれ、耳によって聞かれて学ばれるからである。そこで「耳と舌とをむやみに欲する」と言われた人々は罰を受けるべきだとして、ある人々は他の事柄についての脅しないし誤用という非難に耳を傾けたり、そのように呼ぼうとしたりしている。彼らは、言
1209D 葉と人についての諸々の由々しい言がおよそ無思慮に発せられていると批判し、それらを疑い妬んでいる人が何かを語る前に、霊によって戦っている。そして、いわば魂を促し、耳をそばだたせ、舌を手紙ないし語りへと駆り立てるのだ。が、それは、喜びを享受するためではなく、それらを誤用し、無駄なおしゃべりの材料とするためである。

そのようなとき、真理に敵対する人々は飛び上がって出てゆき、何かが言われる前に、この聖なる人によって
1212A 整えられた。すなわち、騎兵や馬術競技者のように、彼らは戦いの開始のラッパが鳴る前に耳をそばだて、足を踏み鳴らし、武器を集め、競技に自らを駆り立てようとし、またしばしば馬に当てる鞭を手に身構える。もとよりいかなる馬も、御者たちの然るべきときを待たないからといって、自然・本性的な非ロゴスのゆえに非難されはしない。つまり、ラッパの音と鞭打たれることが合図となるのだ。

しかし先述のような人々には、自分の悪の評判を知らせうるような煙は存在しない。彼らは虚偽のわざとそれへの熱心な思いとを持ち、また真理に反する企みを持っている。そうした人々は当然、「耳と舌とをむやみに欲している」と言われる。それゆえ、まるで最も苦くあらい液汁が身体の底に潜んでいて、それがしばしばかき集
1212B められることによって現出し湧き出してくるように、隠された状態は、美しく語られたものを脅かす人々が突然

現れて、とりわけ魂における悪しきわざを言いふらすように駆り立てるのだ。その状態は、発出によって無力にされると思われた限りで、それだけ〔魂の〕根底に保持されていた。なぜなら、激しく働く人々の状態は、諸々のわざを通して現れるものであって、〔魂の〕根底から離れるわけではないからだ。(165) かえって、外なるものすべては、狂気によって食い尽くされ、魂のうちなる場を置き去りにすることは決してないのである。

一四　ロゴス（言葉）と事柄とにおける秩序

ナジアンゾスのグレゴリオスのエラノミオス派の人々に対する『神学講話』第一講話の、次のような言葉から。

「花は冬には全く実りがなく、男性的装いは女性にとって、女性的装いは男性にとって、あるいは悲しみにとって幾何学は実りがない。」

1212C

喜びと悲しみとの原因

すべてのロゴス（言葉）と事柄とにおけるよき秩序を――それに従って個々のものと万物との尊厳についての純粋なロゴスが現れてくるのだが――、師（グレゴリオス）はさまざまに異なったものの数え方によって提示して、右のように言う。すなわち、性急なもの、不規則なもの、そして秩序なきものも、さまざまな異なりを通して秩序あるものとなっていることをあなたが捉えるために、師はとくに神についての論として言うのではなく、異なりあるすべてのものは互いに混合し融合していることを、あえて混合した仕方で教えたのである。

すなわち、「冬に見られる花」、「女性の装いの男性」、「男性の装いの女性」、そして「悲しみの幾何学」などを

1212D
語ることは、自然・本性を持たず、それゆえ秩序なきものである。〔それらのうちのあるものは、時を変えてしまって固有の存立を逸脱し、あるものは、自然・本性を交互に偽って男性と女性とに現れると、自然・本性による秩序を逸脱してしまう。またあるものは、喜びと悲しみのようにともには存立しえず、あえて一つにしようとすると、全く混乱し滅んでしまう。〕

とすれば、それにも遥かに増して、神についてのロゴスは、決して偶然に生じるのではなく、あるときと場所において然るべき仕方で生起するのでもなくて、〔限定された〕かたちも適合もないものなのだ。〔かたちや適合が神について語られるのは、全くふさわしくない。〕従って、すべてのものは混合なき仕方で〔神において〕あらかじめ捉えられているので、「悲しみの幾何学」などというのはふさわしくないと師が語る限りで、知性（ヌース）を持つ人はそれだけいっそう、〔神について語るのに〕ふさわしいときを択ぶべきだとわたしは思う。

1213A
他の事柄も思うに、同様の仕方であなたたちを困らせたであろう。つまり、〔軍を〕指揮してある地域を征服した人々は、国の法によってそれを支配しようとしたとき――それは最大の喜びでありわざであるが――、幾何学によってそれを分割する。それは、現に在るもののみを追求する人々にとっては善きものであり、征服する人々は多くの富を獲得することになる。そして彼らにとっては、何らかの悲しみが伴うことはありえないのである。

1213B
あるいは、これらについて経験ある人々は、幾何学には必然的な推論が固有に伴っていると語っている。それゆえ、ある人が〔それぞれのものに〕固有なものを見ずに悲しいことを思いめぐらし、非ロゴス（理性）的に悲しんでいる自分を示すよう誘われると、彼はもちろん愚直な者と看做されよう。あるいは、悲しんでいる人自身にとって何か不調和なものが推測されると思われるとき、わざ（行い）と事柄とにおいて降りかかった災難を悲しまないために、彼は言葉（思い）の上での悲しみによって悲しもうとしているのだ。その際、悲しみそのものによってか、その自然・本性によってか、全く反対のものを悲しんでいるのである。

というのも、悲しみつつロゴス的に思いめぐらす人からは悲しみが追い出されるように、悲しみはそうした思いめぐらしへと移行するときには、悲しみたることを止めるからである。つまり、解放される希望を持っている当のもの（対象）を放棄するとき、この地上的なもののすべてが表面的なものと思われるのだ(166)。そして同様の仕方で、恐らく人は、喜びと悲しみとは互いに同じこととして生じえないと知っているなら、観想されたものがロゴス（言葉）の外に在る（理に合わぬ）とは言わないであろう。喜びと悲しみのそれぞれの原因（αἰτία）は、明らかに同じ根拠（ἀρχή）から発するものではないのである。

悲しみのうちに音楽があり忠告がある

1213C ところで、これらのことの真実の証人は、聖にして神的なディオニュシオス・アレオパギテースであるが、彼は『天上位階論』の論述において、次のように描写している。

「幾何学的かつ造形的な幕屋、そして基礎を据え建設し完成する幕屋、さらには何であれ上方へ導き転回させる幕屋は、下方の諸々のものを予知するものである。」

これらは喜ばしい道を示しており、それに対して悲しみは全く反対で、それゆえ不調和なものである。しかし、他の箇所を取り上げるなら、わたしの思うに、解釈者に提示されたシラ・ヨシュアの言葉が時宜を得ている。それはつまり、「悲しみのうちに音楽があり、時候はずれの忠告がある」（集会書二二・六）というものである。それゆえ、音楽はすべての教育を包摂するので(167)——それらを熱心に探究した人々は、それらの一つを幾何学と言う

——、師（グレゴリオス）は右に述べられた言葉の解釈に同意して、悲しみに最も不調和なものとして幾何学を
1213D 語ったのだ。

しかし、もし人が「諸々の他の教育をさし措いて、そもそもなぜ悲しみに不調和なものとして幾何学だけを取り上げるのか」と言うなら、われわれは次のように答える。幾何学が右に述べられたすべてのものに互いに関わっていると看做したのだと。そして、そうした一つのものを通して、諸々の他のものもまた互いにつながった仕方で捉えられるのだ。わたしとしては、このように言うことでよしとしよう。ただ、もし誰かが、より善い語り口を見出すなら、その人からわたしの知らぬ諸々のことの知を得て、感謝したいと思う。

一五　万物の根拠たる神

1216A 偉大な神学者（ナジアンゾスのグレゴリオス）の次の言葉から。

「神は万物を創り出しかつ存続させる原因であると、師の眼差しと自然・本性的な法とは教えている。一方は、諸々の見られるもの、そして美しく据えられ前進するものに、つまり、いわば動かされ持ち運ばれるものに不動なる仕方で目を注ぐ。他方は、見られるものと秩序づけられているものを通して、それらの根拠を推し測るのである。」（『神学講話』第二講話）

自然・本性的な法の指し示すところ　神の「何なのか」は知られず、ただ「在ること」を学び知るのみ

諸々の見られるもの（感覚的事物）の——それらは美と自然・本性とを有しているが——大きさに、ロゴス（言

葉、理性）とともに感覚的に接近する人は、自然・本性を導くロゴスを離れては生成するもの（被造物）が働くなどということを認めず、知性（ヌース）の単純さからロゴスそのものを解き放つ（切り離す）ことがない。つまり知性によってこそ、一方では本来、感覚の形相や形態がロゴス的な力を介してあらゆる種類のロゴスへともたらされる。また他方、ロゴスの力の異なりある多様性はやはり知性によって、諸存在物におけるあらゆる種類のロゴスの「一なる形相で単純で異なりなき思惟（νόησις）」をもたらすのだ。そうした思惟によって、分割なく量ならぬ純一な知（γνῶσις）が成立したのである。

1216B

かくしてかの人（見られるものの大きさに接近する人）は、諸々の見られるものを通してそれらのうちのよき秩序の創り手、守護者、そして根拠たる存在を、人間に可能な限りで真に象り（形成し）、神を認め知ったのだ。しかしその際、「神の実体・本質（ウーシア）やヒュポスタシス（個的現実）が何なのか」を知るのではなく（そのようなことは不可能であり、試みることもできない）、ただ「神の在ること」を学び知るに過ぎないのである。

右のことは、感覚的なすべての事柄、つまり場所の形態、形、型そして想像などの過程すべてを後にしており、
1216C
さらに附け加えて言えば、諸々の存在物のロゴス（言葉、意味）上の異なりの全く外にある。そして、〔そのことを知る〕自己自身は、神と神の後なるすべてのものとの間に置かれるのである。一方で神は、超越的で全体的に触れられぬものに留まり、神自身を捉えるような思惟（νόησις）を何も持たない。他方は残されたものであり、知性による知のゆたかさによって超えられていて、より下の観念（ἔννοια）によって見られる。そして同時に、それらを超えて「何かが在る」と、堅固にかつ真に思惟されるのである。

師はこのことを、〔万物の〕原因を見つめつつ、その自らの視（眼差し）と自然・本性的な法とによって指し示していると思われる。が、ある人々が考えているように、眼差しと自然・本性的法とがそのことを〔対象的

に〕捉えているのではないのである。
1216D なぜなら、両者にあって自らの保持する働き（エネルゲイア）は、思惟による互いの定め（判断）を受容しうるからだ。すなわち一方では、諸々の見られるものに非ロゴス的に触れることによって単にそこに固定され、さらに超えて上昇することができない。他方、結合されているロゴスによってそれらの彼方を追い求め、知性（ヌース）によって善く（美しく）かつ賢明に上昇してゆくのだ。そして知性にもとづいて自然・本性的な法は、視（眼差し）を通して、とりわけ「神の在ること」についての観念と信とを導き入れた。

それゆえ、師は端的に視と呼んだのであって、感覚されたものへの感覚の突進をそう呼んだのではない。（なぜなら、何かから他の何かを端的に推論することは、感覚に固有のわざではないからだ。）しかし自然・本性的な法とは、知性（ヌース）とロゴスによって感覚を通して生じた自然・本性的働き（エネルゲイア）のことと捉えられる。
1217A そしてそうした働きによってこそ、より悪しきものからより善きものへの上昇の道が、ふさわしい吟味・探究によって生じてくるのである。(168)

万物は動かされ、静止（目的）へと定位されている

ところで、諸々の見られるものは師によれば、それらが生成した当の根拠たるロゴスによって、不動な仕方で動かされ運ばれゆくと言われる。が、その際それらは、自然・本性と力と働き（エネルゲイア）に即して秩序と存続を不動な仕方で有している。そして、自然・本性的な固有性（特質）から何らかの仕方で外れることはなく、〔自然・本性としては〕他のものへと変化したり混合したりすることもない。

しかし、流れと変動という点で、量の増大や減少、質の変化、そして本来的に言えば、それら相互の継続とし

て、ロゴスによって再び動かされるのだ。つまりその際、先に捉えられた諸々のものは、それに続くものへとつねに道を譲るのである。

そこで、端的にまとめて言えば、すべての存在物は、それによって現に存立し存在する当のロゴスに即して、
1217B 静止した全く不動のものとして在る。が、他方、それら自身について観想されるもののロゴスによって——それに従って万物の摂理（οἰκονομία）が賢明に存立し遂行されたのだが——、明らかに万物は動かされかつ静止するのだ。しかし、促しと動きとが同じだということではない。

というのも、動きとはむしろ生成と消滅とに属するものだと言われるからだ。つまり、諸々の存在物について観想されたものには、より大、より小ということが認められるのだ。（このことは、生成せしめられたすべてのものについて本来的に語られえないとしても。）他方、促しとは、円として動かされる実体の休みなき回転だと言われるのである。

わたしは、すべてが自然・本性的に働くと大胆に語る人々にとって、動かないものがあるのか、あるいはすべて働かされているということなのかは知らない。ただし、すべては働きを蒙っていると本来的に言うべきであろうが。なぜなら、諸々の存在物のいかなるものも「原因なきもの」ではないので、完全に「自らによって働くもの」（αὐτενέργητον）ではないからだ。実際、「原因なきもの」ではないものは、全く原因によって動か
1217C される。が、原因によって自然・本性的に動かされるものは、明らかに働きを受けたものである。そして動き（κίνησις）は、原因によって、原因へと形成されるのだ。いかなるあり方であれ、動かされているものは決して原因なき仕方で動かされはしないからである。

「生成、動き、静止」という階梯　万物は神から生成せしめられ、神によって動かされ、神において静止する

ところで、あらゆる自然・本性的動きの根拠（始まり）（ἀρχή）は、諸々の動かされるものの生成（γένεσις）である。しかし、〔万物を〕生成せしめるものとして、神こそは、諸々の動かされるものの生成の根拠なのである。しかるに、生成せしめられたものの自然・本性的生成の目的（終極）は、静止（στάσις）である。が、終極にもたらされたものの当の移行の後に静止を作り出すのは、無限なるもの・無限性（ἀπειρία）である。つまり、自然・本性的に動かされたもののすべての動きは、「在らぬもの」を通して無限なるものにおいて休止するのだ。とすれば、「どこから」、「いかにして」、また「何に向かって」動かされるかということについて、〔神以外の〕他のものはない。というのも、すべての動きを限定する力そのものを限定している「無限なる神」を、万物は原因として、また目的（終極）として有するからである。[169]

1217D かくして神は、諸々の存在物のすべての生成と動きとの根拠であり目的である。すなわち存在物は、「神から」生成せしめられ、「神によって」動かされ、「神において」静止を与えられるのだ。

そこで、生成が存在物のすべての自然・本性的動きに先んじて思惟され、動きは自然・本性としてすべての静止に先んじて思惟される。それゆえ、もし生成が自然・本性として動きの先に思惟され、静止が動きの後に思惟されるのであれば、明らかに生成と静止とは、同時に存立することはありえない。そして、両者を互いに自然・本性的に分けるものとして、動きがあるのだ。なぜなら、ここに静止とは、動かされるものの生成の自然・本性的動きではなく、静止へと向かう可能性（力）ないし働きの——あるいは他のように呼びたければ何であれ、それの——目的（終極）だからである。

思惟する魂は、思惟を超えた結合・一体化へと開かれている

1220A ところで、生成せしめられたもの（被造物）は働き（エネルゲイア）によって生じた。が、すべての働きは、目的を欠いたものにならないために、何らかの目的（終極）に向けられている。自然・本性的働きの目的を持たないものは、完全なものではないからだ。そして、自然・本性的働きの目的とは、生成せしめられたものが〔改めて〕原因へと向かう、その動きの静止なのである。

そこでわれわれが、すべての存在物における動きの方式を一なるものから把握するために、魂は思惟的かつロゴス的実体として、思惟し推論する。すなわち魂は、可能性（力）として知性（ヌース）を、動きとして思惟（νόησις）を、そして働き（現実）として思惟されたもの（νόημα）を有しているのだ。なぜなら、思惟するものと思惟されるものとの限界（限定）は、それら両極の互いに対する関係を包括しうるものだからである。つまり、思惟する魂は思惟した後には、かの思惟されたものを思惟することを止める。というのも、思惟されたもの
1220B はそのとき本来は、それを再び思惟することへと魂の力を呼び起こさないからだ。そして、それぞれに思惟されたものは、思惟されるものが現に思惟されたとき、何らかの思惟の静止を受容しているのである。

それゆえ、諸々の思惟されるものがすべて思惟されて、それら思惟されたものが感覚されるものと思惟されるものすべてに思惟によって達したときには、魂は休む。その際、すべて思惟されるものと同様、すべての思惟と関係には、現に関係づけられ思惟されることに向かって何か思惟すべきものが全く残っていないのだ。自然・本性的に思惟されるべき諸々のものは、すでに思惟されているからである。

そうした思惟の後に魂・人間は、知性（ヌース）とロゴスと知とを超えて、いかなる接近によっても思惟されず、知られず、言い表されぬ仕方で、神に結合・一体化されゆくであろう。そこにあっては、全く思惟すること

なく、もはや神を推論することもないのである。
そこには確かに、魂が何らかの関係を通して神についての思惟を持ちうるような、何か思惟されるものはもは
や存在しない。しかし、端的には（関係性なき仕方としては）、「思惟を超えた結合・一体化」と「語りえず解釈
1220C しえぬロゴス」とを魂は持ちうるであろう。もとより、そうしたロゴスを神のみが〔端的に〕知っているのだが、
神は「そのロゴスに関する」語りえざる恵みそのものをふさわしい人々に賜物として与えるのだ。そして、将来
そのような恵みを受け取る人々は、万物がすべての変動と変化から解放されるとき、存在物の何らかの動きの完
全な限界（限度）として、神をめぐる無限性を見出すのである。そして無限性においては、すべての動かされた
ものは静止を受容する。が、ここに無限性とは神をめぐるものであって神ではない。神は比較しえぬ仕方で、無
限性をも超えているからである。

「魂の先在説」の批判

さて思うに、魂の先在を教理として立てる人々は、一般に諸々のロゴス的なものの不動の一性を宣言し、混合
なきものをギリシア的な仕方で混合させ、同時にまた生成においてロゴス的なものの静止が存立するとしており、
1220D まさに重大な非難に値する。なぜなら真のロゴス（言葉、論理）によって、生成は静止に先んじて思惟されるの
ではなく――静止は自然・本性的にそれ自体として不動なのだが――、また不動なる静止が生成の後に思惟され
ることも、生成とともに思惟されることもないからである。

すなわち静止とは、生成するものの生成とともに思惟されるような「生成の力（可能性）」ではなく、生成するものの生成における「力としての働き（エネルゲイア）の目的（終極）」なのである。そして端的にまとめて言

えば、静止は「何かに対して」関係的にあるもので、生成に対してではなく、動きに対して語られるのだ。つまり、静止は動きとは反対の異なり（対比）を受容するのであって、異なりを受容しないものたる生成に対しては関わりを持たないのである。

それゆえわたしは、静止という言葉を聞くとき、「動きの停止」のみを考える。しかし、生成と静止とが同時
1221A に存立しないとすれば、そのようなことをあえて主張する人は、不動の一なるものが生成において諸々のロゴス的なものよりも先に在ると捉えており、明らかに真理のロゴスに反しているのだ。

そこで人が、「静止は先んじて思惟される動きを持たないのに、いかにして神に静止が帰属するのか」と問うなら、わたしはまずこう答えよう。創造主と被造物とは同一ではない。〔同一であるなら〕それらの自然・本性的な異なりはいかなる仕方でも見られないであろうから、一方に帰属するものが他方にも同様に観想されなければならない。そして本来的に言えば、神は全く動かされず静止してもいない。（というのも、自然・本性的に限定されて、「在ること」の始まり（根拠）を有する諸々のものにおいてこそ、動きと静止は固有のことだからである。）とすれば、神は自然・本性的にあらゆる動きと静止とを超えているので、神についてわれわれを通して思惟され語ら
1221B れるようなものを、神は何か創ったり蒙ったりせず、またわれわれに即した仕方によってはいかなるロゴス（言葉、意味）によっても把握されえないのだ。

それゆえ、諸々の存在物のいかなるものも自然・本性として絶対的に働いているのではないと言うべきである。（でなければ、逸脱した表現となろう。）それは、神の後なる何ものかが原因なきものだなどと無思慮に判断しないためである。かえって、そこにおいて働かされることを〔現に〕働きうるものは、自然・本性的に働くことを働かされている（蒙っている）のである。[170]

一六　「子が父に似ていない（非相似）」とするアレイオス派に対する批判

ナジアンゾスのグレゴリオスの言葉から。

「しかし、もし〔神が〕非物体的なものだとしても、それは〔神の〕実体・本質（ウーシア）を指し示すものではない。このことは、生まれざるもの、始まり（根拠）なきもの、変化しないもの、滅びないもの、そ1221C
して神についてないし神をめぐって語られる限りの他の表現についても同様である。」（『神学講話』第二講話）

父は生まれざるもの、始まりなきもの　それは「神の何であるか」を指し示すものではない

子が父に似ていないこと（非相似）を悪しき仕方で導入する人々（アレイオス派）に対して――思うに彼らは、父の実体（ウーシア）が「生まれざるもの」であると看做すことによってロゴス（言葉）を形成し、また諸々の似ているものから自分たちがしかるべきことを知っていると主張するのだが――、師は次のように言っている。すなわち彼らは、真理から敬虔へと歩んで、父のみが生成を持たず、明らかに「生まれざる者」だと、我々とともに従順に告白している。だがその際、もし神の実態が「生まれざる者」だと全く強いられたのなら、それはまた、神が必然的に「非物体的なもの」、「始まりなきもの」、「不死なるもの」、「変化しないもの」、「滅びないもの」、そして欠如的な除去を通して卓越性（ὑπεροχή）によって神が語られる限りのものだ、と語る方へと進み
1221D 出て、当然そのように強いられるであろう。

かくして彼らは、神の多くの実体・本質（ウーシア）を――一つのではなく――むしろより本来的でより真な

ることとして語ることになり、ギリシア的多神論を病んでいると論駁されよう。つまり彼らは、意図することなく不敬虔なことを言って恥じ入り、狂気によって道を踏み外しているのである。

神の実体・本質（ウーシア）を語り出すことはできない

なぜなら、欠如的なものないし否定的なものとして何らか観想された諸々のものは、観想される当のものと同一ではないからだ。すなわち、意味表示された諸々のものの「何で在るかということ」なら、全くかのものの存 1224A 在ともなろう。しかし、「何でないかということ」は、かのものそのものを指し示してはいないのだ[171]。してみれば、それについて語られる当のものの限定は、適合しないもの、不可能なものたることが示されるだけであろう。というのも、諸々の限定は、諸々の存在しないもの・事態からではなく、存在するものから導き出されるからだ。それらの限定は諸々のもののまとまった把握を抽出したものであって、そうした把握がそれらの名称となるのである。

従って、神についてないし神をめぐって語られることはすべて、決して神の実体・本質（ウーシア）ではありえない。なぜならば、神にのみ適合し、関係性を欠いているような言明（措定）は、何かについての働きから全く離れており（超越的であり）、かのものそのもの（神）を、それがそもそも「何で在るか」ということに関して、あらわに示すことはできないからである。

一七　存在物の実体・本質、自然・本性、形相、形態、結合、力（可能性）、働き、蒙りなどの意味射程

1224B ナジアンゾスのグレゴリオスの次の言葉から。

「身体（物体）（σῶμα）が生成したことに対して、またそれを巡って、あれこれと〔附帯的なことを〕提示したり明らかにしたりするだけでは十分ではない。かえって、もし思惟されることを完全にかつ明らかにしようとするならば、それらの根底にあることを語るべきである。なぜなら、人間であれ牛であれ馬であれ、身体（物体）においてあるものは、滅びうるからである。」（『神学講話』第二講話）

神については欠如的・否定的な表現で語られるべき

聖なる人（グレゴリオス）は異端者たちを見て、次の一つのことを認めた。彼らは自ら無思慮にも、超実体的な自然・本性（ピュシス）を破壊した。そして、自らの知の把握にあっては切り捨てられたものを、技術的な方法によって支配しようとした。つまり、思うに彼らは、「打ち勝ちがたい力」、「あらゆる被造物に等しく現前する無限の力」を〔対象的に〕捉えようとしたのだ。(172)

1224C そこで聖なる人は、講話の全体を通して、神については欠如的かつ否定的な表現で語ることを優先させた。その際、神については何も措定せず肯定もしないのだ。それは、神について肯定的な表現をする人々が、あたかも恥じ知らずの犬がとがった歯でかむかのように、真理のロゴス（言葉）に狂ったように歯向かうことのないため

である。つまり彼らは、自分に与えられた種類の「言葉の措定」を為しつつ、その方法（手段）を押し進めて誤
りに陥り、限定（知）への熱心さを標榜するのである。
　従って、身体・物体も非質料的物体も、全く非物体的なものも、万物のうちなるものも、そのあるもののうち
なるものも、万物を超えたものも、そして端的に言えば、いかなるものにおけるいかなる方式も、つまり真実な
こととして、諸々の見られるもの、把握されるもの、語られるもの、思惟されるもの、あるいは何らかの仕方で
知られうるものなどのいかなる方式も、神についてのあらゆる肯定的把握から「神の何で在るか」（本質）とい
1224D う実体（ウーシア）を捉える（織り成す）ものとしては、「神の在ること」の内実をあらわにしえないのだ。
　そこで師は、彼らを敬虔へとより強く促し、神から比較しえぬほど劣っていて遠いものについての探究から、
神についての普遍的なものを彼らがあえて思惟したり語ったりしないようにしている。[173] つまり、正当なこと（捉
え方）のあることを示そうとして、表記の言葉を語っているのである。そしてそれは、すでに欠如と否定に即し
て表明されたことが彼らにとって確固たるものになるためであった。その結果、彼らはそこから次のことを想起
する。すなわち、被造物の最低のものについての正確な把握は、われわれのロゴス的働きの力を超えており、他
方では、より大なるものについての性急さの非ロゴス的衝動を制限しうるのだ。諸々の小さなものにおける自
然・本性の弱さを学んでのことである。

　構成要素の基底にあるもの（根源的な結合力）が問われるべき
1225A というのも、もしわれわれが人間、馬、牛などについて、何らかの構成要素を探究するとしても、その完全な
把握のためには、要素としての物体（身体）を語るだけでは十分ではないからである。生成したもののみであれ、

滅びるものとしての人間であれ牛や馬であれ、その点では同様である。つまり、生成したり消滅したり形成されたりする諸々のものにおいて、基底にあるもの（基体）（ὑποκείμενον）を考慮に入れなければならないのである。

ところで、もし基体が何らか物体であり、要素でもあるなら、そして生成し消滅するものであって、人間や牛や馬であるなら、そこからの必然的な帰結として、物体は決して生成ないし消滅（そのもの）ではないであろう。というのも、もし基体が物体であるとしても、全く必然的に構成要素が人間や牛や馬であるわけではない。また、もし基体が構成要素であるなら、それは全く必然的に物体でもあるが、物体であるからといって、必然的に構成要素でもあるわけではない。

1225B さらには、もし基体が物体ないし生成するものないし消滅するものであるとしても、それが必然的に人間であるわけではない。なぜなら、物体や生成するものや消滅するものがすべて、全く必然的に人間であるのではないからだ。すなわち、人間であるなら、必然的に物体であり、生成し消滅するものであるが、物体や生成し消滅するものであれば、それが必然的に人間であるわけではない。人間であるからといって、必然的に構成要素や牛や馬だということにはならないからだ。そのことは、何らか物体（身体）のうちなるもの、生成し消滅するものすべてにしても、同様である。実際、部分的（個別的）なものは普遍的なもの（καθόλου）について［本来は］述語づけられず、諸々の形相は類について、また包摂されるものは包摂するものについて述語づけられない。従っ
1225C て、普遍的なものが部分的なものと対立するのではなく、諸々の類（γένη）が形相と、あるいは共通なものが個別的なものと対立するのではないのだ。端的に言えば、包摂するものが包摂されるものと対立するということはないのである。

かくして、牛や馬やその他の種類のものに関することは、右のようなロゴス（説明方式）によって捉えられるべきである。それゆえ、それらについて観想されるものの多くを——それらは物体や生成消滅するもの、そしておよそ基体をめぐることであるが——語ることは、諸々の事態を完全に知るためには十分ではない。かえって、もし思惟されたものを完全に、また余すところなく現前させようと欲するならば、それらの基底にあるもの（基体）がそもそも「何で在るのか」が、それらの現に存立してきた基盤として明らかにされなければならないのだ。[174]なぜなら、われわれが人間や牛や馬のことを言う際、それらは「物体（身体）のうちなるもの」（ἐνσώματα）であって、物体そのものはむしろ「在らぬもの」である。そして、生成と消滅そのものは「在るもの」ではなく、生成するものと消滅するものが「在る」のだ。そこで、物体（身体）、生成、消滅などは明らかに「生きているもの」について言うのであって、物体、生成、消滅が「生きているもの」なのではない。

神的な実体の、あらゆる知を超えた真実

1225D 従って、もし諸々の存在物の何も、全体として「在ることそのもの」ではなくて——それ自体として思惟されかつ語られるものの集まりが、われわれにとって在りかつ語られるのだが——、かえってそれらとは異なった何か、つまりそれらを巡るものがある。つまり一方は、それらを結合する力あるものであり、他方は、それらによって決して結合されえないものである。（というのも、以下のもののうちでそれらによるものは何もないからだ。つまりそれら自身も、それらに属するものも、それらのうちにあるものも、諸々の何かにとっても、それらの何かにとっても、それらを巡って在りかつ語られるものは、何もないのである。）

とすれば、すべての魂は、神をめぐる諸々のものについてのあらゆるロゴス（言葉）に厚顔にも飛びついて、

空しく不敬虔に振る舞うことを止めるがよい。そして、諸々の小さきものにおいて固有の弱さを学び、神的な実体（ウーシア）の、語りえず思惟を超えた、あらゆる知の彼方なる真実（存在性）（ὀντότης）のみを、沈黙に
1228A よって拝するべきである。

なぜなら、聖なる人が教えているように、「小さなことであれ、創造の正確な把握それ自身」は、われわれの知によって真のロゴス（言葉）に即したものとして捉えられないからだ。そこでわたしも、ロゴスによって何か小さなことにかかずりあいつつ、すべてを超えた知恵（ソフィア）の到達しえぬことに驚きの眼を見張るのである。[175] 実際、一体誰が、大いに知恵ある人々の論理的な道を信じて、諸々の在りえぬ証明にあえて突進し、諸存在物の大いさを言葉によって知り、語り、そして現前させることができようか。

存在物の存立にはじめから関わっているロゴス（根源的結合力）

ところで、存在物の各々の存立にはじめから関わっている諸々のロゴス（言葉、根拠）が、何らか存しよう。
1228B それらの存在物は本来、そうしたロゴスに即して存在し、形相づけられ、形態を持たされ、複合され、力を有し、働き、そして蒙るのだ。ただ、ここにわたしは、量、性質、状態、場所、時間、位置、動き、習性などにおける異なり（差異）と固有性のことを言っているのではない。それらについては、われわれの大きなロゴス的力が、知性（ヌース）、思惟、観念、思考、命題、内的言葉のうちに発せられ響くもの、つまり声や叫びを等しく押し広げさらに結合させる。が、その際、量と質において列挙されるような、知識と技術とに即した異なりと固有性とは別である。

では、諸々の存在物のロゴスを知る人は誰であろうか。つまり、すでに言及したように、それらが在り、異な

りを有し、自然・本性として動かぬ静止を持ち、また互いに決して変化しない動きを――つまり動きのうちな
1228C る静止、静止のうちなる逆説的な動きを――持つことになる当のロゴス（根拠）を誰が知るであろうか。そして、
諸々の互いに反対するものを、一なる調和（世界）の存立へともたらす結合とは何なのか。また、秩序づけられ
た混合なき動きと摂理との方式とは、いかなるものなのか。さらには、われわれにおいては諸々の対立する物体
（身体）が混合しているが、それらを結合によって総合しているものは何なのか。

それは〔根源的結合力として〕、自然・本性的に異なったものを親密な交わりへともたらし、媒介（中間の
もの）を通して両極の厳しさを和らげる。そして、互いに損なうことなく〔それら全体を〕秩序づけて、結
合されたものの堅固さを形成するのだ。それゆえそこにあって、両極は何らか混合しつつ、互いの交流
（περιχώρησις）が存するのである[176]。

では、それらの各々はいかに在り、何で在り、どこに向かい、あるいは向かわされるのか。そして何に達し
1228D （生成し）、何に向かい、あるいは向かわされるのか。既述のように、それらはあらかじめ諸々のロゴス（根拠）
によって存立しているだけでなく、同じくそうしたロゴスによって自らに対しても互いに対しても、思惟と働き
（エネルゲイア）とに即して無限の方式によって分割され、結合・一体化されるのである。

ものの実体、自然・本性、形相、形態、結合、力、働き、蒙りなどのロゴス（意味）

では改めて、各々のもの（存在物）の「実体・本質（ウーシア）」、「自然・本性（ピュシス）」、「形相（エイドス）」、
「形態」、「結合（複合）」、「力（可能性）」、「働き（能動）」、「蒙り（受動）」等々のロゴス（意味、根拠）は何なのか、
そしてさらに、両極において、それぞれの限度（定め）に即して、媒介（中間のもの）を通して互いに伴ってく

るものを働かせている「普遍的ロゴス」は何なのか。まさにその普遍的ロゴスの働きによって、「知性（ヌース）」と思惟を介して「思惟されたもの」とは――両方の側から思惟されたものについて、分割されたものを一にする状態が存するのだが――、それぞれ互いに結合され把握されることになろう。かくして、神の後なる諸々のもの
1229A の全体は、決して限定（限度）から解放されてはいないことが示されるのである。

それと同様に、すべての感覚的なもの、感覚されたもの、そして感覚しうる力は、感覚を介して両極の広がりを共通にしるしづけている。つまり〔両極の〕一方は、感覚によって捉えられた「感覚されたもの」であり、他方は、感覚しうる器官のそばで、感覚によって感覚されたものの基体に伴っているもの〔感覚しうる力〕である。その際、感覚器官にはそれぞれの状態に即した力の限度が附与されていた。そして、そうした感覚しうる力によって、両極のものは本来、中間（媒介）の状態を通して互いに結合されるのである。

神的な力の現存　「それが在ると信じること」と「その何で在るかを知ること」とは、大いに異なる

1229B さて、それらの、あるいはそれらの一部についての諸々のロゴス（根拠）を探究しようとするとき、われわれはそのロゴス〔の解明〕について、全く無力と沈黙に留まる。なぜなら、そのために知性（ヌース）を正確に傾注してゆくべきものとして、神的な力以外には何も持っていないからだ。それは思うに、知性を敬虔さへと訓練する聖人によって語られることである。「まことに、創造の正確な把握は小さなことではない。」しかし、「さらにそれら（被造物）に先んじて、それらを超えた、原因としての自然・本性は、捉えられず、把握されえぬものである。」つまり、「創造」と「それら被造物を超えたもの」とが拠って立つ共通の自然・本性（ピュシス）としては、「捉えられず把握されえぬもの」が立てられなければならない。

しかしそのことは、「それが在る」〔と対象的に知る〕ということではなくて、〔神的な力の働きに対して〕応答してゆくというかたちでの先取（προκατάληψις）だと、附け加えるべきである。(177) そこでロゴス（言葉、論理）が抵触してこないために、次のように言われる。つまり、もしわれわれの礼拝（聖霊のわざ）が全く把握されえ
1229C ないものなら、キリスト教の宣教は空しく、信仰もまた空しく、誰にとっても確固たるものではなくなるであろう。かの〔聖なる〕人は、脅かしてくるロゴス（言葉）ないし人間のことを考えて、このように語っている。

だが彼は、そこでのロゴスの関わる自然・本性（ピュシス）が、それの存立している限り、把握されえないものだとは言わなかった。かえって、ロゴス（言葉、論）が確かなものであるために、「〔事態が〕何で在るのか」を附け加えているのだ。というのも、「《何かが在る》と信じること」と「それが《何で在るか》を知ること」とは、大いに異なるからである。つまり、何かについて、「それが在ると信じること」と「その実体・本質（ウーシア）の正確な把握を知ること」との間には、大きな違い（異なり）が存するのである。

それゆえ彼は言う。神的実体は把握されえないと語られるとしても、われわれはよく熟考して、そうしたロゴス（言明）を悪しき仕方で曲解してはならない。すなわち、神的実体がわれわれにとって把握されえないということを固定的に捉えて、そこから神を否定することに結びつけてはならないのだ。(178) そしてその後で、こうも言わ
1229D れる。もしロゴス的な（論理的な）接近を全体的に信じるなら、あなたは神的なものをいかなるものと捉えるだろうかと。（つまり、言葉によって回りを巡り、当の探究されるものを何らかの知によって閉じ込めることができると思うのならば。）

すべてのものは神的なもの（無限なもの）を指し示す

では、神的なものとは、物体（身体）なのか。そして物体なら、それはいかにして無限なもの、無限定なもの、形なきもの、触れえぬもの、見えざるものでありえようか。かくして、明らかなことが思惟されるならば、神的なものは、それが何らか限界（限度）を持たない限りで、まさに無限なものとして在るのである。なぜならば、
1232A 物体は本来、点、線、表面、固さという四つの限界で区別され、さらには長さ、広さ、深さ（高さ）という三つの異なりによって区別されているからだ。それらはまた次のように、六つの限界によって区別されており、各々は明らかに二つに制限されている。つまり、長さは上と下によって、広さは右と左によって、そして深さ（高さ）は先と後という限界によって制限されるのである。

そして再び、諸々の共通の観念が無限なる神を――つまり限定された説明では捉ええぬものを――指し示すとき、その基底にあるもの（基体）は、何か諸々のものによって存立していた。が、無限なるものは、場所的な位置ではなく、時間における始まりでも終極でもなく、さらには形態あるものでもない。たとえば円形でも、四角いものでも、直立したものでも、下に傾いたものでもない。そして、感覚に落ちてこないものとして、触れえぬもの、見られぬものなのだ。（それらは、物体に固有なものだからである。）総じて、諸々の滅びゆくものから類推
1232B して、神的なものが物体であると捉えることは、そして、物体として再び集められるようなものに必然的に分割されるなどとすることは、まさに不条理である。

なぜならば、神的なものとは、全く量ではないので、全く分割されえぬものだからである。全く性質なきものなので、全く量ではないものである。全く単純なものなので、全く性質なきものである。全く分割されえぬものなので、全く単純なものである。全く無限なものなので、全く分割されえぬものである。全く動かぬもの（不動

なもの）なので、全く無限なものである。（動かされる場所を持たぬものは、全く動かされないからである。）

神的なものとはさらに、全く始まり（根拠）なきものなので、全く不動なものである。（なぜならそれは、自らの前に何かより大なるものを持たず、自らとともに同等のものを持たず、そして自らの後に自らと比肩しうるもの、自らを受容しうるものを持たないからである。）そして神的なものとは、全く生まれざるものなので、全く始まりなきものである。全く一で単純なものなので、全く生まれざるものである。全く関係なきものなので、全く一であり
1232C 単独なものである。かくして神的なものは、全く語りえざるもの、知られざるものであり、それ自身へと美しく（善く）神にふさわしく動かされたものの、すべての知の限界（限度）であり、決して知られえない唯一の知（γνῶσις）を真に有しているのである。

一八　神的なものは「在りかつ存立する」が、「何で在るか」は知られえない

ナジアンゾスのグレゴリオスの次のような言葉から。

「もし《在らぬもの》（τὸ μὴ ὄν）がどこにも在らぬものなら、それは恐らく、《在るもの》（ὄν）では決してない。しかし、もしそれ〔神的なものが〕どこかに在るのなら、それが在る限りで、すべてのうちに在るか、あるいはすべてを超えて在る。」（『神学講話』第二講話）

エウノミオス派への批判

これを聞く人は多分、いかなる理由でそのように言えるのかと尋ねるだろう。それに対して師は、「恐らく」

という語を附加することによって両義的な転換を示した。というのも、ふつうの論理的命題としては、「どこにも在らぬもの」とは〔そもそも〕在らぬ〔ものだ〕と正当に言われることが、万人にとって明らかであるからである。

1232D
そこで、そのことに関して、われわれは自らの思惟の貧しさからではあるが、次のように答えよう。エウノミオスと彼の弟子たちは、「神が自らを知っているように、自分も神を知っている」などと言いふらしている。そこで師は、彼らの大きな狂気を押さえようとして、彼ら自身の言葉が結局は不合理な臆見に帰することを示した。つまり、「神が自らを知っているように自分は神を知っている」と言うとき、そこに知られたものの完全な把握のためには、必然的に彼らは、「知られているものがどこに在るか」ということを附け加える必要がある。しかし、「神はそれ自体として諸々の存在物から全く異なってはおらず、場所によって限定されている」などと言うことよりも、不条理なことがあろうか。

1233A
さらに、〔神は〕「どこに在る」とは言わないか、あるいはロゴス（言葉）そのものの命題として「全体として在らぬ」と言うとき、それ以上に不敬虔なことがあろうか。（実際、「どこにも全く在ることを持たぬもの」は、一体いかに在りえようか。）あるいは、ロゴスのつながりは、それらが必然的に「全く在り、かつ決して在らぬ」と語ることを強いてくる。それゆえ、「神的なものは在りかつ存立するが」、しかし、それが「何で在りかつ存立するか」は、知らないのである。なぜなら、「神的なものがどこに在るか」が彼らに知られえないなら、神的なものそのものが「実体・本質（ウーシア）として何で在るか」は、いっそう知られざるものであろう。

従って、敬虔に探究しようとする人々は、知られないものは「どこかに在る」のではないと、全く必然的に表明すべきである。思うに、このことから、師はエウノミオス派の人々の主張の難点を考察して、「恐らく」と

1233B いう語を加え、彼らの言が両義的だということを見定めた。それゆえわれわれには、「どこにも在らぬもの」が「全く在らぬ」ということにはならない、と思惟する余地が与えられたのだ。

神は「どこかに在る」のではなく、端的に「つねに在る」

実際われわれは、「神は在る、存在する」と語る。しかし、「神はどこかに在る」のではない。なぜなら神はその存立に関して、決して場所のうちに実体的に限定されはしないからである。そしてわれわれは、「神は完全に在る」と語る。なぜなら神は、自らが在ることのために、諸々の存在物のいかなるものをも全く必要としないからである。つまり神は、それらなしに「在りえた」し、「在る」し、「つねに在りうるであろう。」が、むしろ神は、〔端的に〕「つねに（永遠に）在る」のである。

というのは、諸々の存在物の在る（生成する）以前に現存するものは、自らの位置（存立）としていかなる存在物をも持たないからである。それゆえ、もしわれわれが「在ること」を、諸々のわざ（行為）のうちに個的な現実として（ヒュポスタシス的に）存立するものとして全く持たないならば、そして消滅する事態を——より真実に言えば、全く在らぬものを——対象的に限定されたものとして持たないならば、「万人にとって語りえず知
1233C られえず把握しえず、つねに（永遠に）同一に存する力」について、一体何を語り出すことができようか。[179]

一九　昼のような想像と夜の偽りなき視像

ナジアンゾスのグレゴリオスの言葉から。

「昼のある種の想像（φαντασία）があったし、夜の偽りなき視像（ὄψις）があった。あるいは支配する力（知性）の型（τύπωσις）が、来るべきものを現に在るかのように示すものとしてあった。」（『神学講話』第二講話）

「実践的な哲学」、「神的観想」、そして「神秘への参入」

人間の自然・本性が、自らを汚すのがつねであるものから最も浄められるとき、この至福なる父は、「実践的な哲学（愛智）」（πρακτικὴ φιλοσοφία）と、聖霊による「神的観想の遂行」と、知に即した真の「神秘への参入」（μυσταγωγία）とを通して、知性（ヌース）を全体として形成する。その際、彼は聖なる預言者たちと等しい受苦を蒙り、それらによって予言の形相をわれわれに語り告げたのである。

そこでもし、全体として為すべきことを偉大にかつ神的に語っているものによって、またそうではないすべてのものの力を超えているものによって——師自身はそうした人であったが——われわれは有益なことを、断言に
1233D よってではなく推測しつつ実行してゆくべきである。

昼のような想像　空想の像

それゆえわたしは、鈍い視力で推測的に言えば、「昼のような想像」とは、聖人たちにとって顔なき（無名の）仕方で、感覚を通してであるかのように霊的に現れた言葉と事態との、視像であり音だ、と解釈されると思う。
1236A なぜならその際、諸々の神的なものについての驚くべきことが、想像の象り（形成）に向かって現前してゆくと言うべきではないからだ。かえって、逆説的かつ超自然・本性的に、そして顔が現れるのでも感覚的な声が空気

中に響くのでもなく、想像（の像）を形成しているのだ。かくして、神的なものに参入せしめられた人は、そうした像を真に聞きかつ見るのである[180]。

ところで、すべての想像は、現存するものか過ぎ去ったものかに属する。未だ生じないものの想像（像形成）は、決してないからだ。そして状態とは、それ自身によって両極を媒介しているもののことである。ここに両極とは、想像力と像の現れとを言う。それらから想像を介して、両極の状態をともに、空想の像（φάντασμα）が生じるのだ。そしてそうした空想像は、働き（能動）（ἐνέργεια）と蒙り（受動）（πάθος）との限界（限度）である。つまりそれは、想像力の働きと空想力の蒙りという両者の限界（限度）なのだ。その際、想像を媒介として両者の状態が存し、両極が互いに触れ合っているのである。

働くこと（能動）と蒙ること（受動）

1236B さて、何らかの仕方で他のものに参与しているものはすべて、〔能動的に〕「働いている」（ἐνεργεῖν）と言われ、他のものによって何らか生起させられたものはすべて、「蒙っている」（πάσχειν）と言われる。それゆえ、一方は自らが捉えるものを自然・本性的に働かせ、他方は〔自らにおいて〕捉えられたものを自然・本性的に蒙っている。そこでは、蒙り（受動）と働き（能動）との限界（限度）を、中間のものを介して互いに結合として有しているのだ。それゆえ、諸々の神的なものについて造られた像は、現存しているものをもたらすと看做すべきではないと思う。それは未だ、ヒュポスタシス（個的現実）に即した固有の現存を、現実的にもたらすものではなく、また、自然・本性に即したつながりを十分に持たないので、神的なものとは信じられないのである。

なぜなら、実際には語る人も聞く人もいないときにも、われわれはしばしば夢の中で像を形成し、見たり聞い

たりする。聖人たちはそれにも増して、覚めていても次のことを蒙る。すなわち、覚めている彼らのうちで、神
1236C
が逆説的な恵みを働かせているのだ。それは、われわれが自然・本性的な法によって夢の中で蒙っているものである。

夜の偽りなき視像（神的な事柄の視像）

しかし他方、「夜の偽りなき視像」とあるのは、次のことを言っていると思う。すなわちそれは、ヨセフ（創世四一・三六）やダニエル（ダニエル二・一九）の場合のように、「将来の出来事についての正確な把握（予知）」である。あるいは、大きな浄めによる最上の不受動心によって生じ、聖人たちの肉の目に現出するような、「神的な事柄のある種の視像」なのである。(181) そして「支配する力の型」とは、思惟の純粋で分離なき適用によって——似像におけるものとして唯一の仕方で——聖人たちに現れてくるような、「将来の出来事の型」だとわたしは思う。

わたしはこれらのことを、あえて推測して語った。実際に経験してのことではないが、関わりのあることにつ
1236D
いて促しを受けて述べたのである。しかし、そうした恵みを受けた人々がいれば、わたしの急いで述べたことを非難するのではなく、むしろ従順に受けとっていただきたい。わたしの提示した言葉が、扱っている事柄の意味（目的）を明らかにする力を持っていないとしても。

二〇　パウロの言う第三天、そして「前進、上昇、摂取」という階梯

ナジアンゾスのグレゴリオスの言葉から。

「もしパウロが第三天にまで引き上げられたならば（二コリント一二・二）、そこへの前進（πρόοδος）、上昇（ἀνάβασις）、そして摂取（神秘への参入）（ἀνάληψις）が存した。」（『神学講話』第二講話）

前進、上昇、摂取

1237A 諸々の神的なロゴス（言葉）に賢明に注意する人々は、右のように名づけられたそれぞれのことを把握して、「前進」とは実体（ウーシア）に属し、「上昇」は状態（σχέσις）に属し、そして摂取（神秘への参入）」は恵みないし破滅（放棄）に属すると言っている[182]。

「実体」に属するのは、たとえば「人間」と言うときである。状態に属するのは、たとえば「善き人」、「知恵ある人」、また反対に「悪しき人」、「思慮なき人」、「浄くない人」などと言うときである。なぜなら「状態」は、何かに対して（関係的に）反対のものから区別されている各々をまさに表しているからだ。そしてそれらから、自由な択び・意志にもとづく内的な習性（ἕξις）が名づけられるのである。

恵みとは、自然・本性の受容力による神化（神的生命への与り）

そして「恵み」に属するのは、人間がすべてにおいて神に聴従するものとなって、諸々のロゴス（語り）に

よって神と名づけられるときである。たとえば、「あなたたちは神々である」（ヨハネ一〇・三四）とある。が、それは、自然・本性（ピュシス）あるいは状態に即して神であり神と名づけられるというのではなく、存立（θέσις）と恵み（χάρις）とに即して神となり神と名づけられるのだ。神化の恵みは全く状態（関係）なきものであって、自らの自然・本性のうちに何らか受容しうる力を有してはいない。（力はまだ恵みではない。）かえっ
1237B て恵みとは、自然・本性的力に即した「働き（エネルゲイア）」の発現なのである。[183]

そしてそのように生起したことは、もしそれが自然・本性の受容力による神化（θέωσις）であったとすれば、単に逆説的なものではないであろう。神化とは、まさに自然・本性のわざ（実り）（ἔργον）であって、神の「一方的な」賜物ではないからだ。（そうした人は、「自然・本性によって神であり神と名づけられうる」のである。）

自然・本性の力とは、働きに向かう絶えざる動き

しかるに、諸々の存在物の自然・本性に即した力とは、まさに働き（エネルゲイア）に向かう「自然・本性の絶えざる動き」にほかならない。それゆえ、もし神化が自然・本性の諸々の限度（限定）によって捉えられたな
1237C ら、神化とは神化される人自身が何らか自らを超えてゆくことだということを、わたしは理解できない。そこで、「在らぬもの」を自らの状態として据えた人々、そして〔在らぬものを〕すべてにおいてさまざまな仕方で持ち運ぶ人々のことを、反対に破滅、黄泉そして破滅の子などと呼ぶのである。

前進、上昇、摂取という三つの階梯の意味

そこでわたしの思うに、この聖にして偉大な師は、右に述べたことを知性（ヌース）によって捉え、聖なる使

徒（パウロ）が〔第三天に〕引き上げられたことを、それぞれ〔の段階〕に割り当てられたふさわしい声（言葉）によって指し示している。

それゆえ、師が「前進」と言っているのは、自然・本性的な必然性の外に聖なる使徒が定めた、習性としての「アレテー（徳）の不受動心（アパテイア）」であると考えられよう。そうした不受動心にあって人はもはや、自然・本性に関して自由・意志の〔閉ざされた〕状態を持とうとはしなかった。不受動心とは、感覚による自然・本性的働きの外に生じるもの、そしてむしろ、それを霊的な習性へと向け変えてゆくものなのである。

次に「上昇」とは、すべて感覚されたものの放棄（ἀπόλειψις）である。そこにはもはや、感覚に即して働く
1237D もの、働かされるものはなく、それらを巡って自然・本性に即して霊において生じる「知的観想の超出」が存す
るのである。

さらに「摂取」（神秘への参入）とは、それらのこと（前進と上昇）の後にパウロに生じた「神のうちなる宿りと住居」のことである。師（グレゴリオス）はそれを、適切にも「摂取」と呼んだ。つまり、能動というよりもむしろ受動としての、使徒における摂取〔神的働きに摂取された姿〕を示しているのである。なぜなら摂取とは、摂取されるものの蒙り（受動）であり、摂取する人の働き（能動）だからである。

かくして使徒は、人間的な自然・本性と徳（アレテー）と知とを超えて、自然・本性的かつ関係的な諸々の名
1240A （名称）の主人となった。しかしむしろ彼は、神的な名を無限に欲しており、その呼びかけに恵みによって与っ
たのだ。それゆえパウロは、自然・本性的かつ状態的な他のすべての名の代りに、摂取という仕方で神となりかつそう呼ばれるのである。

さてそこで、改めて次のように言えよう。「前進」とは、アレテー（善きかたち、徳）による「自然・本性（ピュシス）の全き否定」である。次に「上昇」とは、自然・本性がそれらのうちに存する当の諸々のものの超出である。わたしはそれを、諸々の存在物のヒュポスタシス（個的現実）が、そのうちに存する当の場所と時間だと言う。そして「摂取」とは、「それから」、「それを通して」、「そのうちなる」（限界に向かうかのように）「恵みによる諸々の存在物の統合（ἀποκατάστασις）」である。[184]

言い換えれば、「前進」とは、師たる使徒が実践的哲学（愛智）によって、弟子たちをアレテー（徳）へと導く
1240B ことである。というのも、師は、然るべきことの働き・現存（エネルゲイア）のためには、すべてにおいて先を歩まなければならないからである。次に「上昇」とは、自然・本性的観想を通して存在物における諸々のロゴスを知的に把握すること（περίληψις）である。そして「摂取」とは、真実で神学的な知恵による敬虔な語りえざる神秘参入（μύησις）である。

第三天の意味するところ

ところで、くだんの第三天とは、右のような実践的哲学と自然・本性的観想と神学的神秘参入との、包括的な限界としての最高の諸ロゴス（言葉、根拠）であり、あるいはそれらの限度であると思う。なぜなら第三天とは、「アレテー」と「自然・本性」と「それら両者による神学」との把握を何らか測るもの（尺度）だからだ。そうした測り・尺度は、各々の存在物において類比的に（アナロギア的に）神によってふさわしいものとされている。至福な使徒はかかる限度（定め）と限界へと、すでに述べたことの諸々のロゴス（言葉、根拠）を能う限り超え出ていったのである。

1240C もし天が、自然・本性的にそのうちに含まれているものの記述であり、感覚によるすべてのものの限界であるなら、それは明らかに、導きのロゴスに即してアレテー（徳）ないし知をめぐる諸々のロゴスをすべて包み込み定めている停止であろう。すなわち、見られているものの限度として、また限定されているものの限界として、象徴的に天と名づけられているのだ。

あるいはまた、聖書は第三天のことを、われわれを超えた聖なる天使たちの整然とした第三の秩序と言っている。聖なるパウロは、恐らくそこに達した。その際パウロは、自らによる諸々の知の否定（ἀπόφασις）によって天使たちの肯定については沈黙し、他方、超出という仕方で諸々の固有のものを欠如させることによって、天使たちの習性（ἕξις）を模倣するのである。

肯定の道と否定・超出の道

なぜなら、諸々のロゴス的なもののすべての自然・本性、は自らの秩序と力とに即して、自らを超えた実体と
1240D 秩序との知的な習性と、〔それらについての〕肯定的な命題とを、除去による否定のわざによって欠如的な仕方で教えられて、模倣するのである。そして、諸々の超越的なものの「知に即した肯定」は、下位にあるものの否定である。また再び、下位にあるものの「知に即した否定」は、超越的なものの肯定なのだ。そしてついには、超出（卓越性）〔という道〕によって、万物の最上の自然・本性と秩序とを否定的な仕方で前進させるのである。

かくしてすべての秩序と力との後に、神をめぐっての「知に即した中間なき否定」は――それはいかなる存在物によっても全く肯定的に語られないものだが――、右のような事態を導くものとなる。そこでは、何か他のものについてのいかなる限度（定め）も、否定を包括するような限界も存しないのである。

ところで、諸々の思惟されるものとは、感覚されるものの「自然・本性に即した否定」である。同様にまた、上なる世界を完成する諸々の実体と力とにおいて、諸々の第一のものの「神をめぐる知に即した卓越した姿」は、
1241A
それらの後なる劣るものによっては否定されてしまうのだ。この点、われわれが思惟しえないものは、われわれを超えた聖なる天使たちによって思惟されるが、同様に、そうした聖なる天使たちによって思惟されないものは、さらに彼らを超えた聖なる天使たちによって思惟される。そして同様に、ロゴス（言葉、論）はそれに続いて、力から力へと上昇して高められ、すべての秩序と力とを通り越して、語られず思惟されず全く知られざるものにおいて止まるのである。

離脱の境位

それゆえ、もしディオニュシオス・アレオパギテースに従って、諸々の神的なものについての真の否定があり、他方、〔それらについての〕肯定は、語りえざるものの隠されたかたちに適合しないとすれば（『神秘神学』第一章）、神的な使徒パウロはまさに、すべての思惟を自ら否定し、諸々の存在物のあらゆる状態（関係）を超えた者となったのだ。その際、パウロは記述のごとく、もはや感覚を働かせてはいないので、恐らく身体のうちにはなかった。しかしまた、身体の外にあるのでもなかった。というのも、自らに生じた離脱（引き出されたこと）
1241B
という〔出会いの〕とき（καιρός）には、思惟が働いていなかったからである。[185]

そうした離脱にあってパウロは、世を超えた神秘参入に即したある種の語り（言葉）（ῥῆμα）を、語りえず知られえぬ仕方で受容し、沈黙のうちにそれらを尊び、言表しえざるものを完全に守った。それらは、知性によって思惟することも、口で言い表すことも、耳で聞き取ることもできないからである。

受胎告知
聖山アトス，14世紀

実践的哲学、自然・本性的観想、神学的神秘参入という三つの階梯

だが経験した人々の言うように、くだんの「前進」(προόδος)においては、「正しい信・信仰」と「神への浄い畏れ」とが、アレテー(善きかたち、徳)の全き実践を為す。また「上昇」(ἀνάβασις)においては、「確固たる希望」と「汚れなき良心」とが、破壊されぬ自然・本性的観想を為す。さらに「摂取」(神秘への参入)(ἀνάληψις)においては、完全な愛と知性(ヌース)が、自由にかつ卓越した仕方で、諸々の存在者に全く動じないものとなって、神化をもたらすのである。

1241C

そこで〔言い換えれば〕、実践的哲学のわざ(実り)は、知性(ヌース)をすべての情念的な想像から浄められたものにすることであるという。また自然・本性的観想は――それらに即して〔存在物が〕原因を有している〔ことが知られる〕のだが――、存在物のうちなるすべての真の知を自ら保持するものとならなければならない。そしてさらに、神学的神秘参入(μυσταγωγία)の恵みによって、能う限り習性に即して神と似たもの、等しいものに形成されるであろう。そのとき、神の後なるものの全体はもはや、卓越性のために〔それに向けて〕思惟されるものでは決してないのである。

1241D

二一 愛によるアレテー(徳)の統合、および神的ロゴスの顕現

ナジアンゾスのグレゴリオスの言葉から。

「ロゴス(キリスト)の先駆けにして、真理の大きな声であるヨハネは、下位のより劣った世界はロゴスを受容しえないと宣言した。」(『神学講話』第二講話)

洗礼者ヨハネはキリストの先駆け、雷の子たること

この聖なる、そして真理の偉大な師に対して——彼は神から与えられた知恵の大きさを見た人であるが——、よい機会なので、わたしは次のことを語る。すなわち、預言者と王たちの中で最も著名なダビデは、すべてにおいて神の偉大さの無限なることに驚き、神的な力に満たされて言う。「あなたの知によってわたしは驚かされ、えも言われぬほど力づけられた」（詩編一三三・六）と。すなわち、〔およそ人間には〕把握しえぬ力をただ驚きのみによって最も捉えたのであって、近づきえぬものをめぐる「魂の多様に動く歩み」を他の仕方で語ることは、まさにできないのであった。

1244A そして、既述のごとくわたしもまた、師の知恵に驚くことによって聖なる結合（聖化）に与りゆくことで十分
である。それゆえ、神的声が聖人たちに神秘的な仕方で諸々の名称を与えたのが、歴史（記述）としてではなく、
いかにまたいかなるロゴス（言葉）によってであるのかについては、多くを詮索しないでおこう。実際、師は他
の人々に向かって、先駆けとしてのヨハネをただ雷の子と呼んでいる（マルコ三・一七）のである。

さて、聴従（εὐπείθεια）の報いは大きなものである。掟は実際、われわれがとりわけ導き手に従うべきこと
を命じている。そして、聖書を時間をかけて知り探究し、神的な法に日夜注意を払うべきだという。神的な法は、
1244B 善き生を送ることのうちに捉えられているからである。そこでわたしは、あなたたちの熱心な要請の祈りに促さ
れて、ためらいや背反の危険を恐れつつも、右のような事柄について推測的に語ることにしよう。

わたしの思うに、「キリストの先駆け」（洗礼者ヨハネ）を「雷の子」（福音記者ヨハネ）のことと捉えたとき、この神的な師（ナジアンゾスのグレゴリオス）は、歴史に反することを語っている。が、観想による以外の他の仕方では、両者が等しくされる（同一視される）ということはありえない。なぜなら、歴史に即しては互いに対立

すると思われるものが、〔なおも観想によっては〕等しいものとされるからである。[186] すなわち、万物において単純な（端的な）真理は、諸々の声によっても物体（身体）によっても物質化されることなく、自然・本性に即して非物体的に顕現するのだ。

それゆえ、偉大な洗礼者ヨハネは、真に期待された人として「先駆け」と呼ばれた。さらに彼は、ロゴスをあらわに告げる人として「ロゴスに対する声」と呼ばれ、また、「自然・本性的な、実体的な、非技術的な、消え
1244C
ることなき永遠の光」に対する「技術的な、非実体的な、一時的な光」として、「太陽に対する灯」と呼ばれるのである。ちなみに、悔改め（μετάνοια）というものは、それが為される前には「自然・本性的に存する正義」を、悔改めの後に「摂理的に顕現した正義」として告げ知らせると思う。

使徒ヨハネはキリストの先駆け

右のことからして、この神的な師（グレゴリオス）は、偉大な使徒ヨハネを歴史記述に反して「先駆け」と語っていると思う。それはすなわち、偉大な福音記者ヨハネが自らによる福音書の中で、それを通してあらわに指し示された存在（ロゴス・キリスト）の「先駆け」であることを意図してのことであった。より神秘的でより大なるロゴス（キリスト）は、文字によって型どられず、肉的な舌の声によって語られえないのだ。というのも、先
1244D
駆けによって高められた人々にあって、知のために備えられた諸々の要素があるのであって、それらは、身体的思慮の浅さとそれによって生じた知とを、諸々の動かされたものが終わりに達した後に霊的に取り払うからである。それが聖なる福音書の記述である。

ところで法・律法（νόμος）というものは、「肉における（受肉した）ロゴスたるキリスト」を、法に現出した

知に従って教えられる人々の要素であり、またロゴスの最初の現存に従って福音によって導かれる人々の要素であった。同様にまた、聖なる福音も、キリストにおける霊的なロゴスをそれ（福音）を通して教えられる人々の要素であり、また来たるべき世にロゴスの第二の現存に即して結合される人々の要素である。なぜなら、各々に
1245A とって知の類比（アナロギア）に従ってこの人、あの人となるロゴス自身は、肉と霊であるからだ。そしてすべてのロゴス（言葉）は、諸々の声と文字によって存立しているのである。

世界の四つの要素とアレテー（徳）との対応　火と思慮、空気と勇気、水と節制、そして地と正義

そこで、わたしはあえて言う。知性（ヌース）に刻印されえたすべての思惟は、自らを超えたものを指し示している要素から分離しない。それゆえ福音は、感覚と消滅とのもとにある人々に受け取られるものとしては、四という数となる。なぜなら、この世界の諸々の要素は四つであり、またアレテー（徳）も四つであるからだ。つまり、それらのアレテーから、思惟に即した霊的な世界（秩序）が成り立ってくるのである。

そこで真理のロゴス（言葉、根拠）は、われわれのうちなる思惟的世界と、われわれが現に在る〔感覚的〕世界とを包摂し、それらを一性に即して互いに混合なき仕方で結合している。(187) そして真理のロゴスは再び、それら〔の世界〕を構成している諸々の要素が類似しているために、分割なき仕方でそれらを互いに区別しているのである。

1245B なぜなら、言い伝えられているように、「エーテル」あるいは感覚的世界における「火」のような要素は、思惟の世界における「思慮」（φρόνησις）だからである。つまり思慮は、存在物のそれぞれにおける諸々の霊的なロゴスに固有な、照らし出し証示する力のある習性なのだ。こうした思慮は、万物において諸ロゴスによる原因

をあらわにし、神的なものをめぐる「魂の欲求」を引きつけ導くのである。

また感覚的世界における「空気」（ἀήρ）は、思惟的世界における「勇気」（ἀνδρεία）である。つまり勇気とは、生得的な生命を霊に従って保持し傾向づける習性であり、さらには、神的なものをめぐって魂がつねに動くことをもたらす習性である。

また、感覚的世界における「水」（ὕδωρ）とは、思惟の世界における「節制」（σωφροσύνη）である。つま
1245C り節制とは、霊における生命的豊かさを形成しうる習性であり、神的なものをめぐる欲求に従って愛の魅力をつねに生み出しうる習性である。

そしてさらに、感覚的世界における「地」（γῆς）とは、思惟的世界における「正義」（δικαιοσύνη）である。つまり正義とは、諸々の存在物におけるすべてのロゴス（言葉、根拠）に固有な、形相に即して生み出しうる習性であり、また霊においてそれぞれに等しく生命的配分をもたらしうる習性である。正義はさらに、美への固有の確たる歩みの、揺ぎなき基礎なのである。

四福音書とアレテーとの対応　マタイと正義、マルコと節制、ルカと勇気、そしてヨハネと思慮

それゆえ「マタイによる福音（書）」は、「地」と「正義」とのロゴス（言葉、根拠）を保持している。それは、より自然・本性的なロゴスを形成している。そして「マルコによる福音」は、「水」と「節制」とのロゴスを保持している。それは洗礼者ヨハネと彼による「悔改めの宣教」から始まっているが、そうした悔改めによって節制が保たれるのだ。また「ルカによる福音」は、「空気」と「勇気」とのロゴスを保持している。それは多
1245D くの歴史（記述）によって、より豊かなものを近みにもたらしている。そしてさらに、「ヨハネによる福音」は、

「エーテル」と「思慮」とのロゴスを保持している。それはすべてに勝って最上のものであり、神についての単純な信・信仰と知（観念）とを導き出している。

マタイと信、マルコと実践的哲学、ルカと自然・本性的哲学、ヨハネと神学的哲学

しかしまた、それらの聖なる福音の四組については、他の仕方でも象徴的に語られている。すなわち、「信・信仰」、「実践的哲学（愛智）」、「自然・本性的哲学」、そして「神学的哲学」の四つである。

まず「マタイによる福音」は、信のしるし・象徴である。それは、贈物を携えて〔神の子を〕礼拝する不信なる〔東方の〕博士たちを導くのだ（マタイ二・一一）。次に「マルコによる福音」は、実践的哲学の象徴である。つまりそれは、悔改めから——それによってすべての行為（実践）が徳あるものとなるのだが——教えを始めている。また「ルカによる福音」は、自然・本性的哲学の象徴である。それはロゴスのより広い語り口を有し、さまざまな方式で教えの歴史を調和させて語っている。そしてさらに、「ヨハネによる福音」は、神学的哲学の象徴である。つまり、「それから」（根拠）、「それへと」（目的）、神学的哲学（愛智）が神にふさわしい仕方で始まり、
1248A かつ終ることができたのである。

五つの感覚と魂の諸力との対応

さてそこで、改めて言えば、感覚的世界は五つの感覚を自然・本性的に構成している。そうした世界は諸々の感覚に落ちて、自らの把握へと導くのだ。同様に、思惟的世界は諸々のアレテー（善きかたち、徳）を構成している。そうした世界は魂の諸々の力に落ちて、それらを霊（プネウマ）に向かって構成する。そして、霊のみを

1248B めぐって魂の諸力が動かされるように単一形相的に働き、霊の把握に促されることになる。

その際、身体の諸感覚は、それらに適合したより神的なロゴス（言葉）に即して、魂の諸力の構成物であり、徐々にそれらを働き（現実）へと形成してゆくという。が、それは、存在物における諸々のロゴスを把握することによる。それらのロゴスを通して、ある種の文字を通して、神なるロゴスが真理への眼差しによって読み取られるのだ。それゆえ、諸々の感覚は魂の諸力の範型的似像と呼ばれた。つまり、それぞれの感覚はその感覚器官ないし感覚物とともに、魂のそれぞれの力に類比的に何らか神秘的ロゴスによって自然・本性的にふさわしい仕方で帰属せしめられているのである。

視覚と知性、聴覚とロゴス、嗅覚と気概、味覚と欲望、触覚と生命

そこで、次のように言われる。すなわち、視覚は思惟的力ないし知性（ヌース）に属し、聴覚はロゴス（言葉）に属し、嗅覚は気概的力に属し、味覚は欲望的力に属し、そして触覚は生命的力に属している。

1248C また端的に、より明らかに言うなら、視覚ないし目は知性（ヌース）の似像であり、聴覚ないし耳はロゴスの似像であり、嗅覚ないし鼻は気概の似像であり、そして触覚は生命の似像である。

それらの諸感覚によって魂は、万物を知恵ある仕方で想像する神の法に即して自然・本性的に自らの諸力に関わり、感覚されたものへと多様な仕方で移りゆく。そこで魂は、もし存在物のあらゆるロゴスを集約しつつ、固有の諸力によって諸々の感覚を善く用いるならば、見られたもののすべてを知恵ある仕方で自らの方へと移し入れることができよう[188]。

神は自らの意志にもとづいて、思惟のうちに霊的な世界を創った

その際、神は見えるもののうちで沈黙によって告知されつつも、隠されている。しかし、神は自らの意志にも
とづいて、思惟のうちに最も美しく霊的な世界（宇宙）を創ったのだ。すなわち、思惟的にかつ霊に従って諸々
1248D のアレテー（善きかたち、徳）に満ちた世界を成就するために、神は構成要素として四つの普遍的アレテーを互
いに結合する。つまり神は、諸々の感覚に対して魂の諸々の働き（エネルゲイア）を結合することによって、そ
れぞれのアレテーを現に存立させるのである。

愛による諸々のアレテー（徳）の統合

かくして「思慮」は、思惟的かつロゴス的力が視覚や聴覚と交流し、それらによって感覚されるものについて、
知的で知識的な働きを為すこととして存立する。
また「勇気」は、気概的力が嗅覚ないし触覚と交流し——霊は気概的力をいわば自らの場とするのだが——、
それらに対応して感覚されるものについての、働きの全き等しさとして存立する。
1249A 「節制」は、欲望的力が味覚と交流し、そこに感覚されるものについてその力が適度に用いられることとして
存立する。
そして「正義」は、触覚を通して、またほとんどすべての感覚されるものをめぐる生命力を通して、それらの
働きがあらゆる人々に等しく、また秩序と調和ある仕方で配分されることとして存立する。
ところで、これら四つの普遍的アレテー（徳）から、さらには結合によってより普遍的アレテーを形成すべき
ことが示されよう。それは、「知恵」（σοφία）と「柔和」（πραότης）だと思う。すなわち、「知恵」とは諸々

1249B の知られるもの（知）の限度・目的であり、「柔和」とは為されるもの（実践）の限度・目的である。

実際、思慮と正義とから知恵が形成されるのであって、その意味での知恵は、「思慮に即した知（γνῶσις）」と「正義に即した知識（ἐπιστήμη）」とを結合する原因なのだ。それゆえ、知恵は諸々の知られるものの限度だということになる。他方、勇気と節制とから柔和が形成されるのであって、それは、気概（θυμός）と欲望（ἐπιθυμία）とが「自然・本性に反するもの（罪）」へと動かされぬことにほかならない。ある人々はその「動かされぬこと」を「不受動心」（ἀπάθεια）と呼んだ。それゆえ柔和は、諸々の実践の限度・目的なのである。

そして最後に、それら（知恵と柔和）は、すべてに勝って最も普遍的なアレテー（善きかたち、徳）たる「愛」（ἀγάπη）に極まる。すなわち愛は、諸々の「根拠づけられ（始まりがあり）、動かされ、〔終極に〕静止するもの」を、「自らによって」脱自的に超出し（ἐκστατική）、「自らを通して」前進させ（προσαγωγική）、「自らへと」一にもたらし（一体化させ）（ἑνοποιητική）、さらには万物においてすぐれて神化させうる（θεοποιητική）のである。[189]

1249C

神（神性、善性）の顕現

従って、同様に魂は、自らが在り生成する根拠たる神的ロゴスによって、知恵ある仕方で動かされかつ働くとき、感覚物のうちなる諸々のロゴスを霊的に自らに適合させて、諸々の感覚を通して有益に感覚物を捉える。また、魂は諸々の感覚そのものを、ロゴスの卓越性によってロゴス化されたものとして捉える。つまり魂は、乗り物のように自らの諸々の力を適用して、それらを諸々のアレテー（徳）に結合し、さらにはアレテーを通して、それらのうちなるより神的な諸々のロゴス（言葉、根拠）に魂自身を結合するのだ。

他方、諸々のアレテー（徳）のより神的なロゴスは、自らのうちに不分明に隠された霊的な知性（ヌース）に、魂を結合する。だがそうした霊的な知性は、諸々のアレテーのうちなるいっそう神的なロゴスに帰属しており、その保持する魂の「現存するものへの自然・本性的かつ自由・意志的な状態（関係）」のすべてを促し、その端的な全体を全体としての神に委ねるのである。

しかし、神は全体として魂を捉え、魂に本来結合している身体とともに、類比的にそれらを神自身に似たものにさせるであろう。かくして、魂全体を通して神の全体が、何ら限定されぬ仕方で顕現しうることになる。（ただ、もとより神は、諸々の存在物の何かに、何らかの自然・本性に即してそれ自体として現出するなどということは決してない。）

1249D
このことは恐らく、かの至福で偉大な師（ナジアンゾスのグレゴリオス）が兄弟カイサリオスを称えて、復活について次のように語った通りである。

「少し後に、すなわち復活の後に、彼は親族を伴って（これは明らかに魂のことだが）、自分に与えられ信じられた地について哲学した。それら（魂と地）を結合しまた解体する神は、その生じる方式を知っている。それゆえ魂は天の栄光を相続するのである。魂は自然・本性的なものを通して諸々の苦しみを受けるが、同様にまた、喜びにも与るのだ。つまり魂は、自らのうちに身体全体を摂取し、そこにおいて霊と知性（ヌース）と神とが一つになっている。その際、死すべきものや流れゆくものは、生・生命（ζωή）によって飲み込まれているのである。」（『偉大なバシレイオスへの追悼』第二一章）

1252A

「神についての不知」と「復活の恵み」

なぜなら、肉（σάρξ）は罪を通して腐敗に飲み込まれ、魂は諸々の働き（エネルゲイア）によって肉に知られ、そして神の知（ἐπίγνωσις）は、全き不知という仕方で魂に知られる。が、神の在ること〔の本質〕は、決して知られえない。しかし他方、まさに復活（ἀνάστασις）の時（カイロス）には、受肉した神の恵みを通してであるが、聖霊において美しく生起した転換に従って、肉は霊において魂に飲み込まれ、また魂は、真の生命たる神によって飲み込まれるのである。

そこにおいて魂は、全体としてすべてに先んじて現れる神を有し、端的に言えば、諸々の現存するもの――それらをめぐって今われわれは在り、かつ移りゆくのだが――と調和した仕方で神を有するのだ。かくして、復活の「神にふさわしい恵み」は、来たるべきすべての日々を示すであろう。その結果、かつては罪を通して死が強きものとして〔人間を〕飲み込んだように、今度は恵みを通して、死は弱きものとして飲み込まれるであろう。(190)

1252B

それゆえ既述のごとく、もし魂が自らの諸々の力を善く用いるならば、そしてつまり、神の意図に従って感覚的世界を、そのうちなる諸々の霊的ロゴスを通して善く用いるならば、魂は知恵ある仕方で良心とともに神へと進んでゆくことになろう。

しかし、魂がそれらのものを悪しく用いるならば、然るべきロゴス（言葉、根拠）に背いて現存の世界にしがみつき、価値なきものへの情念に明らかに落ち込んでしまうであろう。そのとき魂は、世々における無限の裁き（審判）によって、神からの畏るべき分離（異なり）の状態を受け取り、将来の神的栄光からまさに逸脱せしめられよう。そのようなことを蒙っても、それが正当ではないなどとは言えない。そこに現実に生じた非存在の状態を、魂は懲らしめ（罰）として持つのであり、それを無視することは決してできないのである。だが〔それは措くとして」、当面のロゴス（論）に立ち帰ることにしよう。

先駆者としての福音記者ヨハネ

1252C さて、福音記者（ヨハネ）は言う。「イエスの為したことは他にも数多くあり、その一つ一つを記すならば、世界もその書かれた書物を収めきれないであろう」（ヨハネ二一・二五）と。これによってヨハネは、われわれに次のことを開示した。すなわち記されたことは、「より完全で把握されえない〔無限の〕ロゴス」のある準備である。それゆえ、ある人がこの意味で聖なる福音記者ヨハネを「先駆者」と呼んだとしても、真理から逸脱しないであろう。ヨハネはより完全なロゴス（キリスト）を受け容れるために、先駆けとなったその福音書において思惟をとりまとめたからである。

そこで師（グレゴリオス）は、諸々の霊的なものをとどろかせる人を「真理の大きな声」と呼んだ。〔雷のように〕とどろく声は聞く人々に恐れを抱かせる。が、それが要素のようなロゴス（言葉）である限りで、まだ明瞭
1252D なものではないのだ。なぜなら、すべての神的ロゴスはこの世の人間にとって「それ自体としては記されえず、
霊（プネウマ）において知性（ヌース）に即して開示され、後に顕現するより完全なロゴス」の先駆けだからである。そうした〔先駆けたる〕神的ロゴスは、自らのうちに開示された真理を有するが、あらわな真理そのものを覆いなき仕方で示しているのではない。それゆえ思うに、知性（ヌース）は神的な書の全体を敬虔に平らにしており、ふつうの歴史とは反対と思われることを含んでいても、それは困難で等しくないものではないことが証示されるであろう。

聖人たちはロゴスの神秘の先駆け

1253A 実際、古来の聖人たちはすべて、真のロゴスに即して「それ自体として開示され、あらかじめ形成された神秘（μυστήριον）」の先駆けであった。つまり彼らは、ロゴス（キリスト）が蒙り行為し語ったことを通して、それらの原型をあらかじめ宣べ伝えているのである。それゆえにまた、彼らによる諸々の書は互いに完全に（非難されえぬ仕方で）把握される。そして、それらすべてがすべての人々のものであり、かつ各々が各々のものであって、書物の慣習によって名づけられているのである。

主は知恵ある仕方で、明らかにこれを洗礼者ヨハネやエリヤのこととして語っている。すなわち、師父たちが述べているように、「アレテー（徳）の等しい習性」、「すべてにおける知性に即した浄さ」、そして「生（交わり）の正しさ」を通してであれ、「自他における恵みの力の等しさ」を通してであれ、他の隠されたロゴス（言
1253B 葉、理由）によってであれ、神として語る主自身は知っていたであろうし、主によってそれらの神秘を教えられた人々もそうである。

法・律法と預言者

そして、主は再びモーセを法・律法と呼び、預言者たちを彼らの預言の書〔の名〕で呼んだ。それらのうちには、地獄（ゲヘナ）で苦しむ人に現れた父祖アブラハムも含まれていた。つまり、次のように言われている。「しかしアブラハムは言う。あなたの兄弟たちにはモーセと預言者たちがいる。彼らに耳を傾けるがよい」（ルカ一六・一九）と。このように神的な書の記述には、モーセと預言者たちの名が並記されている。

だが、これに驚いてはならない。なぜなら、もし彼らを通して一人のことが語られているのであれば、すべて

の人々が一人であるかのように語られていると考えられよう。そして、すべての人々として各々の人が、またすべての人々としてすべての人々が、敬虔に捉えられるであろう。すべて彼らは、旧約に即した神秘に仕え、さらには〔新約の〕福音に即した恵みの宣教を信じているのである。

法・律法は来たるべき善きものの影　福音は来たるべき善きものの類似性

1253C それゆえ、新約とその礼拝との全体において、偉大な洗礼者ヨハネが〔ある先駆者であったと〕敬虔に捉えられる。それと同様に、新約とその礼拝との全体において、偉大な福音記者ヨハネは、来たるべき世にあって語りえざる諸々の善の、「神秘的に隠されているもの」の先駆者であった。すなわち、真の福音記者たるヨハネは、来たるべき神的ロゴスを明らかに語り告げる声、先駆者であり、あらわにされる真理の似像（εἰκών）なのである。

というのも、われわれにあって救い（σωτηρία）の神秘全体は、影と似像と真理とによって知恵ある仕方で形成される（宿り来たる）からである。神的使徒（パウロ）の言うように、「法・律法は、来たるべき諸々の善きものの影を有するばかりで、それらの現実そのものの似像を有しているのではない」（ヘブライ一〇・一）。そこで、
1253D ロゴスは法のもとにある人々を彼らに固有な仕方で導き、諸々の真実なるものの現れをおぼろげに似像を通して、福音の受容へと教えゆくのだ。実に福音は、来たるべき諸々の善きものの類似性（ὁμοιότης）をすでに明らかに保持しており、諸々の真理の似像を有しているのである。

主（キリスト）は、主自身の先駆け

ロゴスはまた、人が真実なるものの原型の受容によって生気を与えられ、キリストの似像を生きる者となるよ

うに、希望を通して準備している。そして主自身はこのことを、類似によってよりもむしろ恵みによって――この表現がある人々にとって通俗的と思われないなら――、現に保持しているのだ。そこで主は、神を担う師（ナジアンゾスのグレゴリオス）によって主自身の先駆者と呼ばれる。というのも主は、旧約と新約に即して自らを受
1256A 容する人々に対して、類比的に自らをあらわにしているからである。つまり主は、諸々の謎と声と型を通して自らが自らの先駆けとなり、それらを通して、それらを離れた真理へと彼らを導いているのである。

真理の霊（プネウマ）の到来　主は地上的な姿よりもより高いものとして「つねに在る」

このことを指し示して、主自身が次のように言っている。「わたしはあなたたちに語るべき多くのことを有しているが、あなたたちは今はまだ、それに耐えることができない」（ヨハネ一六・一二）と。すなわち主は彼らに対して、すでに捉えられたものよりもより高い教えを指し示し、他方、自らについて将来成るべき姿よりも地上に近い姿を、神的な霊を通して指し示すのだ。

そこで主は、ふさわしくも次のように附言した。「かのもの、すなわち真理の霊が来たるとき、あなたたちを導いて真理をことごとく悟らせるであろう」（同一六・一三）。あるいは他の箇所では、こう言う。「見よ、世の終わりまでつねにあなたたちとともに《わたしは在る》（Ἐγώ εἰμι）」（マタイ二八・二〇）。もとより、主はその後、
1256B 全く彼らとともにいないのではなく、地上的なものとして知られていた姿よりも明らかにより高いものとして「〔つねに〕在る」のだ[191]。それゆえ、そうした主〔の姿〕は将来、彼らの力によって知られるべきものとしてある。

なぜなら主は、それ自身としてつねに同一であり、変動・変化を受け容れず、より大にもより小にもならない。そして主は超越的な善性（ἀγαθότης）によって、万物にとって万物となる。つまり、諸々の低い（謙遜な）も

のには低いものとなり、高いものには高いものとなり、また神によって神化する人々にあっては、自然・本性として神となる。かくして、現存する世のすべてのものは、人間についての予知のかたち（形相）であり、何ほどか大きな神秘なのだ。すなわちそれらは、来たるべき諸々のものをあらかじめ準備し型どっているのである。

主の第二の現存

それゆえ、主の「受容されたロゴスそれ自身」は、将来使徒たちに与えられるべき、より神秘的なロゴスと比
1256C 較される。あるいは、それに先んじる「主の第二の現存」（再臨）に比較されるのだ。実に主は自らの先駆けであって、受容する人々の力に応じて、自らをおぼろげに証示している。しかし主は、沈黙のうちに黙示として有している神秘を、今はあらわに示すことはない。それは被造物にとっては、全く把握されえぬものだからである。すでに述べたように、諸々の文字と音に落ちるすべては――それ自身によって思惟されるものが霊的なものであるとしても――、文字と発音に落ちてくるものたる限りで、明らかなロゴスを指し示す音声のロゴスとして発語される。それゆえこの神的な師は、神なるキリストによって弟子たちに語られたすべてのことを、語られざる知性（ヌース）ないし解釈者ヨハネに受け取られたこととして語り告げているのだ。そして、神的ロゴスを受容することにおける恵みを、美しくまた知恵ある仕方で先駆者と名づけているのである。

二二　ロゴスと神的エネルゲイアとの顕現

ナジアンゾスのグレゴリオスの言葉から。

1256D
「神についてのロゴス（言葉、論）は、より完全であればあるほど、それだけむずかしく、また多くの抵抗があり、その解釈にいっそう多くの労苦のわざを必要とする。」（『偉大なバシレイオスへの追悼』第二一章）

ロゴスの顕現における一と多

もし諸々の生成したものが多ければ、それらが多である限りで、生成したものにはむろん異なりが存する。そして、多くの異なりがあるなら、実体的に存立している諸々のものには、それぞれに異なったロゴスがあると考えられよう。それらによって、それらを通して、諸々のものが異なっているのである。なぜなら、互いに異なっているものは、それらが生成した根拠たる諸ロゴスが異なっていなければ、そもそも異なりを有するものではないからである。

1257A
それゆえ、もし諸感覚が感覚されたものを自然・本性的に把握し、必然的に多くのものを受容するならば、基底にある感覚と感覚に落ちてくるものとの諸々の異なりが把握されよう。同様に知性（ヌース）は、諸存在物のうちなるすべてのロゴスを自然・本性的に把握する。そして、それら無限のロゴスによって観想しつつ、神の働き（エネルゲイア）の多くのものを形成する。

また真実なことを言うなら、知性は把握される諸々の神的働きの無限の異なりを形成するのだ。その際、「まさに在るもの」の真に知的な探究のためには、弱き力と困難な方式とを然るべき方法で用いている。しかし、真に神は、諸々の存在物のいかなるものでもなく、しかもまさに万物でありかつ万物を超えている。従って、そうした神が、各々の存在物の各々のロゴスにおいて、同時にまた、万物が存立するゆえんのすべてのロゴスにおいていかに働いているかは、思惟しえないのである。

神的エネルゲイアの現存　われわれは神が「在ること」を、そして「何でないか」を学び知る

1257B そこで、もしすべての神的な働き（エネルゲイア）が真のロゴスによって、各々の存在物における固有のロゴスに即して、分割されぬ仕方で神全体を指し示しているとすれば、一体誰が次のことを正確に思惟し語ることができようか。

すなわち神は、万物において共通に全体として存し、しかも各々の存在物において固有な仕方で、分割されず部分になることもなく存しよう。そして神は、諸々の存在物の無限の異なりのうちに――それらの異なりによって存在物が現に在るのだが――、決して多様な仕方で拡散せしめられず、それぞれを固有なものとする「一なるものの存立に即して」集約されることもない。それゆえ神は、万物の一なる全一性に即して諸存在物の異なりを縮約してしまうこともないからである。

かくして師（グレゴリオス）は、神性をめぐるロゴスには多くの把握があると語った。が、それらからわれわれは、「神が在る、存在する」ということだけを学び知る[192]。そして、より困難な解釈を示されるのだが、それら 1257C によってわれわれは、「神が何でないか」を学び知るのである。すなわちそれは、神的なものを思惟の空しい像によって捉えたなどと無益で有害な仕方で思っている人々が、そのわざを止めるためである。なぜなら、彼らのそうした思惟によっては、諸々の存在物の究極のロゴス（言葉、根拠）は――それに即して存在物が在り、かつ存立しているのだが――、決して真実に捉えられることがないからである。

二三　三一性の成立の構造

〔ナジアンゾスのグレゴリオスの〕〔『神学講話』における〕「子（キリスト）についての講話」から。

「それゆえ、単一なるもの（μόνας）は、根拠（はじめ）から二へと動かされ、三一性となる。」（『神学講話』第三講話）

自然・本性として「動かされること」の意味と構造

自然・本性（ピュシス）に従って動かされるすべてのものは、全く原因（αἰτία）によって「動かされる」。そして原因によって動かされるものは、全く原因によって「在る」。が、原因によって在りかつ動かされるすべてのものは、「在ること」（τὸ εἶναι）の根拠（はじめ）（ἀρχή）を有する。つまり、「それによって」在り、「それ
1257D
から」在ることへと導かれるような、当の原因を有するのだ。また他方、「それによって」原因が動かされ、「それへと」導かれるような、当の「動かされること」の目的（終極）を有しているのである。

ところで、原因によって在りかつ動かされるものは、全く「生成したもの」である。そこで、もしそれが動かされる当の原因が、動かされることの目的であるならば、それ（原因）はさらに、全く「それによって生成しかつ在るところの」〔究極の〕原因によってであろう。従って、何であれ自然・本性に即して在りかつ動かされるものの唯一の原因が、根拠かつ目的としてあるのだ。まさにそれ（根拠＝目的なるもの）によってこそ、およそ「在るもの」、「動かされるもの」が、在りかつ動かされるのである。なぜなら、そこにおいて能動的で現存す

1260A る力は、諸々の生成するものを「根拠として」神にふさわしく創り産出しており、また「目的として」予知的に（摂理的に）引きつけかつ促しているからである。

しかるに、もし動かされ生成するすべてのものが、原因によって在り、動かされ、生成するのであれば、原因によらず在るものはすべて、明らかに創られたものでも動かされたものでもない。「在ること」の原因を全く持たないものは、動かされもしないからである。かくして、全く原因なきもの、動かされぬものであれば、それは神的なものであり、「在ること」の原因を決して持たぬものとして、すべての存在物の原因なのである[193]。

神的なものも、諸々の存在物を予知的に動かすことによって「動かされる」

では、恐らく他の人も問うであろうが、この驚くべき師（グレゴリオス）は諸々の産出せしめられたものと同じく、なぜ神的なものを「動かされるもの」と語るのであろうか。それに対してわれわれは、何よりも次のこと
1260B が知られるべきだと答える。すなわち、各々の技術知（テクネー）を保持するロゴス（言葉、根拠）は、それ自身としては全く動かされぬものに留まる。が、技術知による諸々のものの形相は、各々のものに即して範型を用いて型どられる。その際、「動かされること」によって現出してくるというよりは、むしろ技術知による各々のものを「動かす」ことによって「動かされる」と言われるのだ。

あるいは、光が見えるものへと視覚を動かすとき、あらゆる視覚をまさに動かしうるものとして、「動かされる」と言われる。（ないし動かされるものと言われる。）それと同様に、神的なものは、実体・本質（ウーシア）と自然・本性としては、全く動かされぬものであって、それゆえ無限で、関係づけられず、見えざるものである。しかし神的なものは、何らか知りうるロゴスとして存している限り、諸々の存在物の実体・本質によって「動か

される」と言われる。すなわち、存在物が本来それに即して動かされる当の各々のロゴスを、予知的に動かすことによって、「動かされる」と言われる。神的なものはまた、諸々の存在物の原因に即して述語づけられたすべてのものを、不受動な仕方で受容するような原因として、「動かされる」と言われるのだ。

神的なものと愛は動かされかつ動かす　単一なるものは二へと動かされ、三一性となる

さて、神的で偉大で聖なるディオニュシオス・アレオパギテースは、このことを探究して捉え、次のように問
1260C うている。「神学者たちは神的なものを、欲求（愛）（ἔρως）、愛（ἀγάπη）、欲求されるもの、そして愛されるものなどと呼んでいるが、それらによってそもそも何を指し示そうとしているのか」と。ディオニュシオスは次のように言って、ロゴス（言葉、論）を見定めている。「一方によっては動かされ、他方によっては動かす。」そして、より明らかに言えば、神的なものと愛は、一方では欲求として「動かされる」。しかし他方、欲求されるもの、愛されるもの（神的なもの）は、欲求と愛とを受容するすべてのものを自らのもとへと「動かす」のである。

そしてディオニュシオスは、再び明らかにこう言う。神的なものと愛とは一方では、欲求と愛という内的な状態をもたらすものとしては、欲求と愛を受容する人々によって「動かされる」。そして他方、神的なものは、それ自身へと動かされる人々の欲望・欲求（ἔφεσις）を、自然・本性的に引きつけるものとしては「動かす」のである。[194]

神的なものはまた、渇くことに渇き、欲求されることを欲求し、愛されることを愛するものとして、「動き」、かつ「動かされる」。まさにこの意味で、神的な〔ナジアンゾスの〕グレゴリオスは、「単一なるものは、根拠

1260D （はじめ）から二へと動かされ、三一性となる」と言うのである。なぜなら、天使であれ人間であれ、それ（三一性）を受容する知性（ヌース）において――つまり、それによって、それにおいて、それについて諸々の知見を形成する知性において――、動かされるからである。

「ロゴスと知恵と聖なる力」の善は、ヒュポスタシスのうちなるもの（エンヒュポスタトン）である

そしてより明らかに言えば、グレゴリオスは、はじめの発動における「単一なるもの」についてのロゴスそれ自身を、分割なき仕方で教えている。最初の原因に分離が持ち込まれることのないためである。しかし彼は、そのことの神的で語りえざるゆたかさそのものを受容するよう促している。

つまり、ロゴスと知恵（ソフィア）との、あるいは聖なる力の善が不毛なものだと決して考えるべきではないと、神秘的で隠された仕方で語っている。それらは同一実体（ホモウーシオス）であり、かつヒュポスタシス（個的現実）のうちなるもの（エンヒュポスタトン）なのだ。すなわち、両者の結合としての神的なものは、附帯的なものとして捉えられてはならず、またつねに附帯的なものとして存立していると信じられてはならないのである。

父から始まり、子へと進み、聖霊が父と子とによって受容され、完全な単一において三位一体を導く

1261A というのも、照らしがなければ、神性に接近することは不可能だからである。しかし聖書によれば、神性に関する「より完全なロゴスの部分的な明証」を通して神性が動かされると、改めて言われる。すなわち「ここにおいて」、父から始まり、子へと進むと告白し、さらには聖霊が父と子とによって受容され、完全な単一において完全な三位一体を導くということを学び知るのだ。そして、三つのヒュポスタシスにおいて、一なる実体・本質

（ウーシア）と神性と力と働き（エネルゲイア）とがあることを、ともに拝するのである。

二四　意志と生成

1261B ナジアンゾスのグレゴリオスの言葉から

「また思うに、意志するものと意志（θέλησις）、生成するものと生成、そして語るものと言葉とは、もしわれわれが酔っていなければ、異なっている。つまり、それらの一方は動かされるもの、他方は動きである。それゆえ、意志されたものは意志ではなく、生成せしめられたものは生成ではなく（前者はすぐに伴うものではないからだ。）、また、聞かれたものは声ではなく、意志するもの、生成するもの、語るものに属する。しかるに、神に属するものは万物を超えており、その生成（γέννησις）は恐らく、生成せしめるもの（神）の意志なのである。」（『神学講話』第三講話）

子が父の意志によるとするアレイオス派に対する批判

人々を動揺させるアレイオス派は、「独り子が父とともに在るのではなく、父の意志によるもの（生み出され
1261C たもの）だ」というような冒瀆を語る。そうした攻撃に対して、賢明な師は、彼らの企みのすべてが容易に打ち崩されることを示して、右のように言っている。

ところである人は、魂の諸々の力が恐らく魂の実体（ウーシア）を完成すると言う。しかし、もし魂の諸力は存立する実体のうちで働いているとわれわれが言うとしても、それらの力は意志する人の同意なしには、完成す

る働き（エネルゲイア）として全く動かされえないであろう。そして確かに、魂の諸力が固有のものを自然・本性的な動きによって働かせようと意志する状態にあるとしても、〔動因となる〕衝動なしには――そのように言えるとして――、およそ固有の動きを発動させることはできないだろう。なぜなら、行為（わざ）というものは、
1261D 力（能力）を現に発動させる衝動（促し）がなければ、力に全く伴って生じるのではないからだ。それはつまり、現実の働きに即した目的を力（能力）に結合するような衝動である。力はそれ自身では実体なきものなのである。

しかるにアレイオス派の人々は、空しく意志を提示した。それは、それを持ち意志する人を離れては、何も為し遂げることのできない意志である。そしてこれは〔その限りでは〕、師の言うところでもある。すなわち明らかに、内在している当の基体たる人々に結びついているものを離れては、意志されたものは意志に全く従うわけではなく、その他のことも同様である。それゆえ、もしあなたたちが、われわれにおける諸力の範型から神的なものを評価するならば、媒介となる関係に即して互いに結びついたものがあることを、まさに自分の諸々の状態からして受け容れるがよい。ここにわたしは、意志するものと意志されたもの、生成せしめるものと生成せしめ
1264A られたもののことを言っている。そしてつまりは、意志と生成とは関係に即して互いに結合しているのだ。

なぜなら、見るものと見られるものなしには視覚はなく、思惟するものと思惟されるものなしには思惟(νόησις)もないからだ。それと同様に、生成せしめるものと生成せしめられるものなしには生成はなく、意志するものと意志されるものなしには意志もない。すでに示されたように、意志するものが共存しなければ、意志されたものが意志に伴ってくることはないからである。

父からの子の生成は、意志によって意志を超えてある　父と子とは一なる実体と自然・本性とを有している

しかし、もしこのことが関係に即して同時的なものであり、両者の関係が動かぬものであるなら、生成によって、われわれに即して生成した子（イエス・キリスト）は、生み出す父、つねに在る父と同時に在ったのだ。その際、子と生み出す父との間には、何らかの仕方での「時間の経過」は認められず、子は「〔父の〕意志の子」
1264B ではなくて、「生み出す父の子」なのである。そして師の言うには、このことはわれわれの側から語るならば、万物を超えて神に属することであり、生み出す意志は神にあっては恐らく生成である。[195] しかしこれは、「恐らく」と附加することによって、父からの子の生成・誕生が、「意志によって」、「意志を超えて」だという両義的な意味である。

なぜなら、子は意志によって父から切り離されず、父の意志は何らかの仕方で子に先んじて思惟されるものでもない。父は子に先んじて在ったのではないからだ。それはたとえば、知性（ヌース）が知性によるロゴス（言葉）に先んじるのではなく、光が輝き（照らし）に先んじるのではないのと同様である。すなわち、「父」と「父から始まりなく生まれた子」とは、「在ること」を同時に有し、一なる、単純で分割しえぬ意志を有している。かくして父と子とは、一なる実体・本質（ウーシア）と自然・本性（ピュシス）とを有しているのである。

二五　自然・本性と原因について

1264C 同じくナジアンゾスのグレゴリオスの言葉から。

「《父が自然・本性によって〔子よりも〕より大だ》というような命題を主張することは、わたしには禁じら

れている。そしてさらに、《父は自然・本性によってより大ではない》とか、そもそも《父ではない》などという命題も同様である。つまり、《より大とは、必ずしも全くより大ではない》、あるいは《父は全くは父ではない》などという命題も〔同じく禁じられている〕。」（『神学講話』第三講話）

アレイオス派の原因論に対する批判

師は賢明にも、父が子よりも原因によって、〔その限りで〕より大だと見定めた。それはつまり、父から子が存在するのであって、子から父が存在するのではないからである。しかしアレイオス派の人々は、原因というものを自然・本性によるもの（問題）と捉えていたので、「原因は自然・本性によって（として）より大なるものだ」と、悪しき仕方で結論づけてしまったのだ。

彼らのそうした推論から導出されたことは、まず以下のように然るべき仕方で打ち崩される。そこでこう言われている。「わたしは彼らが自分自身を誤って導いているのか、あるいは論が向けられている人々をなのか知らない」と。なぜなら、誰かについて語られることは、その人にとって前提されているものについて語られる限り、端的にではなく、明らかに誰かについて、誰かのことが語られているからである。そして原因としての原因について語られている限り、それは自然・本性について語られているものではないのだ。

1264D

実際、ある知者について、あるいは知者としての王について、あるいはそれらのもとにある人間としての王について語られること、そして知者としての知者について、また王としての王について語られることは、同じ意味（ロゴス）ではない。それゆえそれらを、基体としてあるもの（人間）の「実体・本質（ウーシア）の限定」によって共通に捉えるなら、誤ってしまう。すなわちそれらは〔関係においてある事柄ゆえ〕「実体のロゴス」に共通

するものとして決して普遍的な仕方で捉えられない。つまりそれらは、実体のさまざまな異なりとそれに即した
1265A 限定とを完成するものとしては捉えられないのである。

そこで師は、アレイオス派の命題に対してより賢明な推論を附加して、彼らから転回するのだ。それは以下のようにである。師はまず、同じ命題が次のように意味づけられるのを禁じている。すなわち、「父は自然・本性によって〔子よりも〕より大である。ただ父は、自然・本性によって必ずしも全くより大ではないので、必ずしも全く大ではなく、あるいは父は必ずしも全く父ではない」と。これに対して、論点をより明確にするために、いっそう包括的に捉えることにしよう。それはいわば形式としては、対立する諸々のものの考察から始めて、〔師なる〕父の教えに終わるのである。

さて、アレイオス派ないしエウノミオス派の人々の命題は、次の通りである。「もし父が自然・本性によって
1265B 子の原因であり、父が子より大であるのなら、同時にまた、父は自然・本性によって子よりも大である。」しかし、われわれの聖なる師グレゴリオスの解釈は次のように、対立する人々を矛盾に導くことによって転回させるのだ。すなわち、「もし父が自然・本性によって子よりも大であり、他方、自然・本性によるものは、父よりも必ずしも全くより大でないとすれば、より大なるものは父よりも必ずしも全くより大ではなく、あるいは父は必ずしも全く父ではないことになろう。」

とすれば、真理を拒む人々は、自分たちに特有な推論の術策によって混乱している。彼らは敬虔から空しくも追放されて、空しい者となっているのだ。もとより彼らの言明から結論づけられることは、諸々の命題を形成している。だが、それらの結論を定めている命題は、自らが知者だと思っている人々が、実は多くの無知のために、

それらへと落下してゆく当のものなのである。

二六　父と子とは同一実体（ホモウーシオス）であること

1265C 同じくナジアンゾスのグレゴリオスの言葉から。
「もしそう思われるのなら、〔父の名は〕働き（エネルゲイア）の名としよう。あなたたちはそのように捉えるであろうが。しかるに、〔父と子とが〕同一実体（ὁμοούσιος）とは、同じ一つのことを働かせているものであろう。でなければ、それについての働き（エネルゲイア）の把握が、矛盾してくることになる。」（『神学講話』第三講話）

父という言葉は、実体の名ではなく関係の名

真理に抗する剣のような鋭い舌を有している人々は、口を開いて、「父〔という言葉〕は実体・本質の名・名称か、それとも働き（エネルゲイア）の名か」と問い尋ねた。もしわれわれが「父は実体の名だ」と言うなら、そこから彼らは「子と父とは異なる実体だ」と結論づけるだろう。同じ実体が二つの異なる名・名称を受け入れることは、本来ないからだ。（つまり、父が実体の名なら、そのとき子は同じ実体の名ではないのである。）
しかし、〔父が〕エネルゲイア（働き）の名ならば、それは明らかに、子を父によって創られたもの——父のエネルゲイアを受けたもの——と告白する人々であろう。師（グレゴリオス）は、彼らのそうした呼称に反対し
1265D て、率直に論じた後に、父とは「実体（ウーシア）の名」でも「エネルゲイアの名」でもなく、「関係（σχέσις）

の名」だと語っている。つまり、父は子に対して、あるいは子は父に対して「いかに」（という名）を有し、相互に関わり合っているのだ。先にこう言われていた。「もしそう思われるのなら、働き（エネルゲイア）の名としよう」。そして、次のように附け加えられていた。「同一実体（ホモウーシオス）とは、同じ一つのことを働かせているものであろう」と。

二つの働き（エネルゲイア）　父と子において実体的に存立させる働きと、外なるもの（被造物）への働き

では、同一実体はいかに働いているのか。人が大いに好奇心があり、また有益なことを何ら知らないなら、恐らくそのように問い求めるだろう。このことは次のような仕方で解明されよう。

1268A 一般に、諸々の存在物には二つの働き（エネルゲイア）があるという。第一に、存在物から自然・本性的に同一の類、同一の実体、そしてそれらにおけるすべてのものを発出させる働きである。師はそうした論に適切に応じ、彼らが少しでも冒瀆に陥るのを制して、次のように言う。「あなたたちのように、くだんの意図するところに即して、《父はエネルゲイアの名だ》としよう。」しかし、それに続いて、「父は同一のもの、つまり同一実体（ホモウーシオス）を働かせているであろう」とある。すなわち父は、実体的に存立させ生かしめている働き（エネルゲイア）を働かせているのである。そこで、真理を神的に担う師父たちは〔古来〕、「神の独り子たるロゴス」、「父の子」が、生けるロゴスであり力であり知恵であると語っているのである。

第二に、外なるものへのわざとして、他の働き（エネルゲイア）が在るという。そうしたわざによって、諸々の外なる異なる実体の働きをめぐって自らに固有の実体とは違う他なるものを、それに先んじてある質料から造

1268B り出す。そしてその働き（エネルゲイア）は、諸々のわざによって知的に混合されるという。こうした事柄につ

いて神的な師は、次のように言う。この働きについての把握、とくに父と子についての働きの把握は、「諸々の被造的な存在物にとっては不条理であろう。」敬虔な知性（ヌース）にしても、父と子とから先のような第一の働きを受けるのではない。なぜなら、独り子の語りえず把握しえざる存立（ὕπαρξις）は、父から、父とともに、父においてあるのであって、〔被造的なものにおけるような〕第二の働き（エネルゲイア）を全く超えているからである[196]。

二七　「神」、「父」という言葉について

1268C ナジアンゾスのグレゴリオスの「子についての講話」から。

「神は〈見られるものの神〉であって、〈ロゴスの神〉とは語られないであろう。というのも、いかにして神は、〈まさに神なるものの神〉であろうか。同様に、父は見られるものの父ではなく、ロゴス（キリスト）の父である。そしてそこに、二重のことが存した。一方は、本来的に（固有に）両者（父と神）に対する仕方であり、他方は本来的ではない仕方である。しかし、われわれにあっては対立的なものとしてある。なぜなら神は、本来は〈われわれの神〉であり、〈われわれの父〉ではないからである。」（『神学講話』第四講話）

一なるヒュポスタシス・キリスト

一方では、父と神という両者について本来的に（固有に）語られるべきことがある。すなわちキリストにおいて、〔神性と人性との結合した〕一つのヒュポスタシスを通して、両者について本来的に語られうる。神は本来、

1268D 「キリストの父」だからである。そして子は、「神のロゴス」であり、「聖なる三位一体」の一つとして存しており、受肉（σάρκωσις）の後には、再び本来的に神なるキリスト自身である。というのも子は、肉を通して真に人間であり、人間の一人と呼ばれるからだ。実際、諸々の部分はそれらから成る全体について述語づけられる。そして全体は、その構成要素たる諸部分に属しているものを受容しているのである。

しかし他方、神と父という両者については、本来的に〔固有に〕同じ仕方で捉えられるべきではない。そしてキリストにおいては、神と父ということは本来的に捉えられないのだ。キリストが「それらによって、またそれらにおいて存立している」ところの当の〔神性と人性という〕自然・本性（ピュシス）には、自然・本性的な異なりがあるからである。実際、全体として結合によって存立しているものは、自らの諸部分とは異なるいかなるものにも、本来は述語づけられない。「しかし、われわれにあっては対立的なものとしてある」という。すなわち〔ここで問題となっているのは〕、われわれにおけるのとは反対に、ということである。

父、神という語の本来的な意味

1269A というのも、諸々の自然・本性の異なりを観想して、思惟的にそれらを区別するとき、わたしは両者、つまり父と神について本来的に措定しうるのではないからだ。父は本来的には「ロゴスの神」ではなく、また神は本来的には〔固有には〕「肉（人間）の父」ではないのである。そこで、「対立的に」とは、反対の仕方でなくて逆にということであり、「本来的」と「本来的にではなく」ということに関わる。

すなわち、一性と一なるヒュポスタシス〔個的現実〕とについて、〔神性と人性という〕自然・本性の異なりと、またそれらの思惟的な区別とを捉える。そこで一方では、一なるキリストとしてのヒュポスタシスにおいて、

「一なる神と父」を固有の意味で語るのである。ここにヒュポスタシス（キリスト）は、与えられた原因に即して神を受容しているのだ。しかし他方、それはわれわれにおけるように、諸々の自然・本性の「実体・本質に即した異なり」を本来の意味では受容していないのである。こうした神は、「ロゴスの肉の神」であるのと同様、
1269B 本来的にわれわれの神なのである。が、父は本来的にはそうではない。

そこで、全体が諸部分によって、また固有の諸部分が全体によって互いに語り出され、それは基底に存するもののたやすく賢明な把握となろう。そして、このように語られたことがより明確になるためには、キリストがヒュポスタシスとして観想されるとき、両者つまり神と父について固有の意味が提示されるべきである。しかし他方、キリストが「それらにおいて、またそれらから成るところのもの」（神性と人性）の混合なき存立を通して、キリストの二つの自然・本性が観想されるときには、「対立的に」と言われる。が、それは、われわれにおけるように本来的にではないのである。

神性と人性との結合による一なるヒュポスタシス・キリスト

明らかに師は、次のように附け加えることによって右のことを知恵ある仕方で語っている。「諸々の名称の結合は、異端者たちにあっては誤謬を作り出す。いたずらな混合によって、それらの名称が交錯するからである。
1269C しかし、二つの自然・本性（神性と人性）が思惟によって区別されるときには、名づけられたものはしるしとして区別されるのだ。すなわち、キリストを一なるヒュポスタシス（個的現実）として観想している限り、諸名称の交互の結合は分割なきものである。というのもその際は、キリストの一つのヒュポスタシスを成り立たせている二つの（神性と人性という）自然・本性（ピュシス）を、自然・本性によって名づけられたものを全体として把

握しつつ、ただ思惟によって区別しているからである(197)。

あるいはさらに、キリストは二つの自然・本性を有するので、その両方が、つまり神性と人性との両者がキリストに述語づけられる。一方は本来的であって、それらの名称が二つの自然・本性に適合して、互いに発語されるときである。他方は本来的にではなく、各々の自然・本性に即した所有が――「二つの自然・本性から、またそれらによって現に在り、他に対しても在る当のもの」の各々であるが――一なるヒュポスタシスを通して互いに帰属せしめられるときである。

1269D それがどのようであるかを知らないとき、あるいはより正確に言えば、独り子たる神なるロゴスをかつても今も異端者たちが冒瀆するままにして、彼らを拒否しないとき、ある人々は、諸々の人間的なもののゆえにキリストを被造物へと引きずり降ろしている。また他の人々は、キリストがそれらから成り立っている二つの自然・本性（神性と人性）を否定することによって、摂理（οἰκονομία）というものをゆがめてしまっているのである。

神性と人性との結合による一なるキリスト

しかし他の知者は、神的なものについてわたしから問われて、次のように言った。同じ関係のカテゴリーに属するものとして――父であれ、神であれ、両者であれ――「二つの自然・本性について、これは本来的であり、あれは本来的でない」と。つまり、対立する二つの自然・本性（神性と人性）によって結合された「一なるキリスト」について、「本来的に」とか「非本来的に」とか語られるのだ。

もし神が二つの自然・本性の思惟に即して「キリストの父」と語られるなら、それは被造物においては「本来的に」語られるが、神なるロゴスにおいては「非本来的に」語られる。同様にまた、対立する二つの自然・本性

1272A
から「ロゴスの父」と「本来的に」語られ、われわれに即したわれわれによる言表としては、「被造物の父」と語られる。なぜなら〔神は〕、「本来的に」われわれの父だからだ。わたしは知恵ある人のそうした考察を受容し、それが美しいものだと見て取ってここに言及したのである。

二八　神のうちなる諸々の自然・本性のロゴス（意味・根拠）

1272B
さらに、ナジアンゾスのグレゴリオスの言葉から。
「彼を、すなわちキリストを、生命、裁き、諸民族の遺産、すべての肉の力（権威）、栄光、そして語られている限りのものとして捉えること。師はこれらに加えて言う。〈それらはキリストの人間性に属する〉と。そして、次のように附け加えている。〈もしあなたがそれらのことを神に帰属させるとしても、何ら不条理ではないであろう。なぜなら、何らか獲得されたものとしてそれらのことを神に帰する（附与する）のではなく、はじめから神において存立しているものとして〔見出し〕附与しているからだ。つまり、それらは、神において、恵みによってではなく、〔元来の〕自然・本性のロゴス（言葉、根拠）によって存立しているのである。〉」（『神学講話』第四講話）

自然・本性が有する限りのものを神に帰すること

このことについて、わたしはしばしば困難を覚えてきた。すなわち師の言うように、「自然・本性によって在ること」を神が保持しているとされるのはいかにしてか、またいかなるロゴスによってなのか。これに関して、わたしは自分では確証を得ることができず、ついに長老たる知者（ソフロニオス）に尋ねるのがよいと判断した。彼はそのことについてのロゴス（言葉、根拠）を知的に捉えて、こう言う。「もし諸々の存在物の自然・本性を明らかにする人がいれば、その人は次のように語るであろう」と。

1272C すなわち、われわれは神に、「全能」、「知恵」、「善」、そして「正義」を帰す。同様に被造物には、「しもべ」、「従者」、「限界づけられていること」、「非存在から存在物へ存立したこと」、そして「これから結果してくる諸々のもの」を帰す。つまり、各々のものの自然・本性が共通の思惟（知）において、それぞれに固有のものを要求するのだ。それゆえ、次のように言われる。われわれは神に帰属しないものを神に帰すのではなく、自然・本性（ピュシス）が有する限りのものを「神に帰するのである。」

この「神に帰する」とは、神に帰属するものを通して、そうではないものから区別して〔神の〕自然・本性をある仕方で限定することを意味する。そこで同様に、右のように語る師を敬虔に受け容れるがよい。「われわれがそれらのことを神に帰する」と言うのは、神に帰属している自然・本性が諸々のよく吟味されているもの（被造的事物）の属性（事態）を包摂している（捉えている）からである。(198)

二九　神において「悪」や「存在しないこと」はありえない

1272D ナジアンゾスのグレゴリオスの言葉から。

「神は悪であるとか、神は存在しないとかいうことは不可能だと、われわれは語る。」（『神学講話』第四講話）

このように言う知者に問うたときに、彼は、「存在しない」という語が附加されているのは、「神は悪である」などという帰結とならないためだと言った。しかし、「神は悪であるとか、あるいは悪ではないとかいうことは不可能だ」と語るなら、〔二つの命題に〕「悪」が共通に置かれ、「〔神は〕悪である」ということになろう。二重の否定は肯定をもたらすからだ。つまり、「不可能〔ということ〕」とは否定であり、「悪ではない」ということに結合したときには、〔二重否定として〕「悪であること」をもたらすというわけである。

しかし、そのようなこと〔推論〕はあってはならない。各々のものは固有の根拠からつながりを有しているが、
1273A それは、語りの肢体〔部分〕が次のようにそれぞれ同等のものになるためである。というのも、「神が悪であるのは不可能だ」とわれわれは語るが、他の思惟から始まって、「〔神が〕存在しない〔ことは不可能だ〕」と附加されるのは、「存立を欠いていること」として「存在しない」という語が用いられているからである。

三〇　神の子という呼称

ナジアンゾスのグレゴリオスの言葉から。

「あなたは〔神の〕子という呼称を持っている。それゆえ、高みにあるものすべてを通して神的に歩み、そして、身体的なものを通して共苦・同感しつつ（συμπαθῶς）歩むがよい。しかしむしろ、全体として神的に歩むがよい。それは、神がわれわれ〔人間〕を通して上から降下したこと〔受肉〕によって、あなたが下から上に上昇して神となるためである。」（『神学講話』第四講話）

恵みによって神となる人の神的な歩み

1273B 高い観想により諸々の神的名称の知に即して知性（ヌース）を照らす人、各人の根源的かつ霊的なロゴス（言葉、根拠）へと知性を高め変容させる人、アレテー（善きかたち、徳）のための労苦によって肉の思いを霊（プネウマ）に従わせる人、そして死に至るまで〔神に〕従順なものとなる人（フィリピ二・八）――、そうした人は諸々の神的な呼称を通して科なき仕方で、霊と肉に即して真実に歩む。まさに彼は、神への神的な道を前進してゆくのだ。

その際、一方では神秘的な観想に従って、より高い名称を通して「より高く」なり、他方では実践的な哲学（愛智）に即して、諸々の身体的なものを通して共苦・同感しつつ、上方の静止（安らぎ）に向かって急ぐ。が、むしろ、その人は、観想的な者でありながら、他方では、実践的かつロゴス的な恵みに与っており、全体としては神的に歩んでいるのである。

1273C しかし、彼はそうした恵みを、肉に対する意志的（グノーメー的）な変化として、肉の諸々の自然・本性的動きの全き除去（割礼）を通して賢明に捉えた。それは、彼自身が恵みによって神となるということを指し示している。すなわち彼は、質料を超え、肉に即した実践を通して、また知性（ヌース）に即した観想を通して形相の上に――それらの形相から諸存在物の存立が生じたのだが――、自らを確立させたのだ。そして全体として言うなら、アレテー（徳）と知との習性に従って、彼は全く質料なく形相なき者となる。それはつまり、神なるロゴス（キリスト）が――自然・本性としては本来、質料なく形相なき存在であるが――、われわれのために、われわれに即して、真にわれわれから、質料と形相とのうちに誕生したことによるのである。[199]

そこで改めて、「むしろ全体として神的に」という表現は、次のことを意味しよう。すなわちそれは、善く為

1273D す人間に能う限り生起したアレテー（徳）と知とを通して、神と隣人とへの共苦（συμπάθεια）から、他の人々への負い目ゆえに不受動心（ἀπάθεια）を受け取り、あらゆる汚れから解放された者として、自ら進んで魂を伸展させてゆくことである。

三一　「新しいアダム」たるキリストと、上なる世界の完成

ナジアンゾスのグレゴリオスの『降誕祭の講話』から。

「自然・本性の諸々の法が破られる。そして、上なる世界が完成されなければならない。キリストは、われわれが抵抗しないようにそう命じている。」（同書第二章）

自然・本性の法の破壊と、上なる世界の完成　乙女マリアにおける子の誕生

自然・本性（ピュシス）の諸々の法が真理に即して破壊され、上なる世界の完成（成就）がもたらされた。そ
1276A れらの法が破られなければ、上なる世界が完成されないままに留まることは明らかである。しかし、自然・本性の法を破壊するようなものが何かあろうか。

ところで思うに、種による孕みと腐敗による生成・誕生とは、いずれも「神の真の受肉」や「人間のうちなる完全な宿り」を十全に特徴づけるものではなかった。だが、〔聖母マリアにおける〕種の孕みと腐敗の生成とは、真に浄く汚れなきものであって、それゆえに、子を産んだ後にも母は乙女であり、出産によってもむしろ不受動心（情念からの解放）に留まったのだ。それは逆説的なことであり、自然・本性のすべての法とロゴス（言葉）と

を超え出たことである。そして神は、子の誕生を通して、むしろ乙女の絆を母に結びつけ、自然・本性から肉において誕生することを価値あるものとしたのである。

1276B それはまさに驚くべき、信じがたい出来事であり、幼児と先駆者との誕生であるが、そこでは母の閉じられた生殖の錠が開けられることはなかった。つまり、自然・本性を創った方は、自らを通して自然・本性を新たにし、自然・本性の最初の法を打ち破らなければならなかった。というのも、そうした最初の法によって罪は、〔意志の〕背反を通して〔人間が〕非ロゴス的な動物と同じく、「互いの固有な関わり」を持つよう定めたからである。かくして神は、最初の神的な創造の法を新たなものにした。すなわち、人間が弱さとしての怠惰によって滅んだように、神は力ある方として、人間愛によって人間を更新するであろう。

アダムにおける「神への背反（罪）」と、罪なき「新しいアダム」たるキリスト

それゆえ、もし罪によって植えつけられた「自然・本性の諸々の法」がキリストにおいて滅ぼされ、また諸々
1276C の情念の「すべてを奴隷化するような現出」が遠ざけられたならば、師の言うように、上なる世界が完全に完成されよう。古い人、単純な人間であるアダムは罪によって、霊（プネウマ）のうちなる「自然・本性の最初の法」を背反（不従順）によって破壊し、肉において生まれた人々の下位の世界を腐敗で満たした。[200] そして、自らの背反が始まりとなって、後の人々はそれを模倣して、誰も拒むことがない。

とすれば、罪なき「新しいアダム」、神なるキリストはそれにも増して、罪によって自然・本性的に非ロゴス的なものに結びつけられた諸々の法を破壊するであろう。すなわちロゴス・キリストは、自らが〔神への〕聴従の始めとなって――人はそうした聴従を模倣してゆくのだが――、ロゴスに即し霊によって不滅のうちに生まれ

た人々によって、上なる世界を正しく完成させるであろう。
そして、神の命令のたとい小さなものと感じられるものでも、実は大きなものであると知る人は、誰しも信を
1276D 否定してはならない。それゆえ、右のように上なる世界は、キリストに即して霊のうちに生まれた人々によって満たされ、また、肉に適合した法は下位の誕生の限度（目的）を受容しており、かくしてすべては上なる世界へと秩序づけられるのである(201)。

同じ事柄についての他の解釈

福音書における三つの喩え話の解釈　「羊」、「銀貨」、「息子」としての人間

師のロゴス（言葉）は、これらのことについて他の解釈をも受け容れるものと思われる。そこで、神が諸々の福音においてロゴス（言葉）を導いていることに照らして、われわれに可能な限りでそれを語ることにしよう。
1277A すべてのものの唯一の原因は、神なるイエスである。そのイエスはさまざまな喩え話において、隠れた仕方でわたしに教えているのだ。それらはたとえば、「見失った百匹の神的な羊」（ルカ一五・四）、「なくした十枚の神的な銀貨」（同、一五・八）、そして「愚かにも父に背いた放蕩息子、および協調を失った神的な二人の兄弟」（同、一五・一一以下）といった物語である。

その際イエスは、わたしの思うに、人間を一つの象徴として「羊」と呼んだ。羊は導かれ、整えられて、羊毛と肉と乳という三つの必要なものをもたらす。が、同様に人間もまた、まずは「自然・本性的観想」のロゴス（言葉）と方式によって、成長させられかつ成長してゆく。次に「倫理的（実践的）哲学」の方式によって、装わ

れかつ装う。そしてついには、「真の視（ἔποψις）の神秘」によって、〔神との〕類似という生成・誕生に即して豊かにさせられかつ豊かになるのである。

イエスはまた、人間を「銀貨」と呼んだ。すなわち、銀貨としての人間は、〔人々を〕照らし、司り、〔神の〕
1277B 似像（エイコーン）のロゴス（言葉）によって神的な原型をしるしづけている。そして、神的な美を能う限り受容するのである。

イエスはさらに、人間を「息子」と呼んだ。というのも息子とは、父の諸々の善きものの相続人であり、恵みの賜物に即して父に等しい栄光に与っているからである。予知する神は牧者として、人間を迷った羊のように探し求め、見出し、そして肩にかけて群の囲いへと導いた。すなわち、ロゴス（キリスト）は知恵として、諸々の情念によって汚された〔神の〕似像や失われた原初的な美を、いわば自らの神性（θεότης）の光によって自らの肉の灯を照らすかのように見出したのだ。そして、その発見を大きな喜びの機会とし、そうした発見によって
1277C 神的な百匹の羊のうちの欠乏を改めて満たしたのである。

そして他方、罪によって死に、神についての無知のゆえに滅んだ息子が立ち帰ったとき、善なる父は彼を迎え入れた。そして、かつての価値ある特質を再び十全に附与し、すべてのものよりもまことに大なるもの、神秘的なもの、つまり肥えた子牛を〔宴に〕供したのだ。その子牛とは驚くべき捧げもの（犠牲）であった。（思うに至高のものとは、神的な語りえぬ予知・摂理に即した把握されず知られえぬ方式の「最も隠され、最も知られえぬロゴス」であり、諸存在物における「その神的な分有」である。）父は、子の立ち帰りを語りえぬ喜びの最たるものとし、二人の息子たちをともに大いなる仕方で完成させたのだ。そして、それに先立って、十枚の銀貨と百匹の羊の喩えがそれぞれ語られていたのである。

善き羊飼い、救い主なる主、そして憐れみある善き父

ところでこの機会に――今しがた語らなかったと看做されることについてであるが――、各々の数に関するロ
1277D ゴス（意味）を然るべき解釈によって、神秘的に神の与えたもう限りで見ておこう。

善き羊飼いは、〔見失われた羊としての〕人間を肩にかけ、群のもとに導いてゆく。また救い主なる主は、受肉によって父なる神の知恵であり力である存在であって、まさに人間を、司るしるしたる銀貨として比喩的に見出した。そしてさらに、憐れみある善き父は、立ち帰った（回心した）息子を受け入れ、天の諸力に数えて秩序づけた。つまり、諸々の天における各々の数の欠乏を救われた人間によって満たしたのだ。してみれば明らかに、神なるキリストは自らにおいて、神にふさわしい仕方で万物の救いのわざを為しつつ、上なる世界を完成させたのである。

同じ事柄についての他の観想

自然・本性の法と、根拠たる神的ロゴス

1280A そこで、もしお望みなら、くだんの問題を他の仕方で観想してみよう。諸々の存在物の自然・本性（ピュシス）を正確に吟味する人々は、各々の自然・本性の法（νόμος）とは「ものがそれに即して在りかつ生成する当のロゴス」の、確固として変化しない礎であると言っている。思うに、そのように自然・本性の法の限度がよく定められ、万物が〔根拠たる〕ロゴスを分有しつつ成立しているのだ。もしこれが真実ならば、明らかに自然・本性の法は、必然的に自然・本性の不壊のロゴスを守っている。同様に自然・本性の場所（τόπος）を、位置に即し

て動かぬものとして全体として保っているのである。

しかし、諸々の存在物のヒュポスタシス（個的現実）を法とロゴスと自然・本性によって、各々の形相に即して知恵ある仕方で限定している存在は、自然・本性と知性（ヌース）とロゴスと場所と動きとをすべて超えてい
1280B る。それゆえそうした存在（神）は、自然・本性のもとにあるものにおいて自然・本性に即した仕方で働くのではなくて、自然・本性のもとにある諸々のものの「自然・本性に即したもの」すべてを、自然・本性を超えてふさわしく自らに関わらせつつ、為しかつ蒙るのだ。その際、諸々の蒙るもの（受動）と為すもの（能動）との両者において、なおも不変なること（不変性）を自然・本性に即して、何らかの混合もなく逆説的な仕方で守っているのである。

神はわれわれの方へと動かされ、全体としての人間を摂取してわれわれを神化させた

それゆえ、神（ロゴス・キリスト）はわれわれの方へと下方に動かされ、真にわれわれに即した顕現によって完全な人間として生起した。が、決して自己自身から離れて動かされたのではなく、場所的な限定という試練を経験したのでもない。そしてわれわれを、次のような仕方で完全に神化させた。

すなわち神は、われわれの自然・本性のいかなるものをも変化に即して取り去らず、自らの全体を欠くことな
1280C く譲り渡し、語りえず破壊されぬ一性に即して全体としての人間を摂取した(202)。そして、いかなる他の完全性をも減少させなかったのだ。それゆえまことにキリストは、全体として神であり、全体として人間であって、真に両者に即した完全性によって、両者に即して変動せず変化せぬものを自らにおいて証示している。かくして、神は自然・本性に即した諸々のもののうちで、自然・本性を超えて自然・本性を用いつつ、自然・本性の諸々の法を

解放するのである。

「上なる世界が完成されなければならない」という言葉についての他の観想

キリストは人間の自然・本性の初穂　自然・本性の法を自然・本性を超えて完成させる

キリストは人間として、父なる神に対して「われわれの自然・本性の初穂」であり、いわば「〔人類という〕魂全体の種」である。しかし他方、キリストはロゴスとしては父における堅固さを決して超え出ておらず、人間性の意味に即して神なる父に対してある。とすればわれわれは、キリスト自身が人間という類の初穂たる限り、
1280D キリストが父への願い（祈り）に即して在るということを決して疑ってはならない。なぜなら、キリストは罪のみを除いて、われわれのために、われわれに即して、変化することなく下方に人間として誕生・生成したからだ。その際、自然・本性の諸々の法を自然・本性を超えて解放した。その結果われわれは、キリストを通して上方に昇り、恵みの神秘によってキリストに即して、自然・本性を全く変化させることなく神々となるのである。

そして、このように上なる世界は知者の教えに従って再び完成され、身体における諸々の肢体の頭（キリスト）へとふさわしく集約される（コロサイ一・一八参照）。すなわち、霊（プネウマ）は明らかに、その建設のわざによっ
1281A て各々の肢体にふさわしい位置を、それぞれのアレテー（徳）に即した接近に応じて調和ある仕方で与える。そして霊は、「万物を完成し万物において完成されるもの」（キリスト）の身体を――それは万物を完成し、万物から完成されるのだが――まさに完成するのである。

キリストの死との類似によって、キリストの復活にも与る

それゆえ既述のごとく、キリストによって生まれた人々に霊的な再生に即してであれ、諸々の天での神秘的な数の、キリストにおいてキリストに即して生じた完成に即してであれ――つまりわたしは、ロゴス的（思惟的）羊たちの神的な百や、諸々の思惟的銀貨の神秘的な十や、かの息子たちの栄えある二のことを言っているのだが――、あるいは身体の肢体の、固有の類に対する、また群の固有の初穂に対する集約に即してであれ、上なる世
1281B 界は全く師の言うように完成されよう。つまり一方では、すでにキリストにおいて完成されており、他方では、キリストに従う人々において後に再び完成されるだろう[203]。実に、〔キリストと〕ともに生まれる人々が誕生するとき、彼らはキリストの死との類似によって、彼ら自身の諸々の受難を通してキリストの復活（ἀνάστασις）にも現に与る者となるであろう（エフェソ二・六、コロサイ二・一二参照）。

三二　十字架についてのさまざまな観想

ナジアンゾスのグレゴリオスの次の言葉から。

「幼児がわれわれに誕生し、子が与えられる。その根拠は彼の肩の上にあり、彼は十字架につけられる（高く挙げられる）。」（『降誕祭の講話』第二章）

十字架の象徴的意味

偉大な預言者イザヤが「ロゴスの受肉」について語る言葉を、この偉大な師（グレゴリオス）は、ロゴス（講

1281C 話）を通してロゴスに即してはじめのロゴスに結びつけ、「その根拠は彼の肩の上にある」と神秘的に語っている。そして、師は「彼は十字架につけられる」と言って、通常のように何らかのはじめが定めとしてなければならないことを全体として明らかにしたのだ。しかし十字架とは、それについて捉えようとする際、多くの観想を許容するものである。それゆえ師は、いかなる思惟によって十字架を探究するのがふさわしいのかを示すために、先の「はじめ（根拠）」について語ったのである。

というのも、十字架は次のことに即して観想されるからである。すなわち、「形態（σχῆμα）に即して」、「結合（複合）（σύνθεσις）に即して」、「諸部分の固有性に即して」、そして「働き（エネルゲイア）に即して」であり、また他の多くの思惟（観念）に即してである。それらは、諸々の神的なものを愛しゆく人々にとって見られることである。

1281D まず「形態に即して」とは、十字架が各々〔の部分〕における上方と下方の全体を、それらの限度によって把握するような力として観想されるとき、そこに指し示されてくるものである。

「結合に即して」とは、実体・本質（ウーシア）、予知（摂理）、裁きないしそれらの現れを十字架があらわにするときである。ここにわたしは、すべてのものを司る力の「知恵と知とアレテー（徳）」のことを言うのだ。つまり実体と知恵は、垂直の線によって形成しうる力であり、他方、予知と知は、斜めの線によって保持しうる力であり、つまりそれは、形成されたものと保持されたものとを固有のはじめ（根拠）へと全体として結びつける力なのだ。

1284A 「諸部分の固有性に即して」とは、十字架が一方では、垂直の線によって「つねに同一であるもの」を示し、また堅固さと不動性によって「固有の孤高性の決して失われぬ礎」たる神を示しているときである。十字架は他方、斜めの線によっては、すべてにかかっている（貫く）「神の全体的な創造」をあらわにしている。つまり創造は、神なしには他の根拠も基礎も持ちえないのである。

そして「働き（エネルゲイア）に即して」とは、十字架というものが、それにかけられた人々の不活動と死とを〔逆説的に〕示すときである。思うに、師は何らかの方式に則して、今や観想の預言的力のあるロゴスを捉えたのである。

十字架はキリストの根拠のしるし・象徴　肩とは実践の、十字架とは不受動心のしるし

ところで、各々の根拠を指し示すある種のしるしがある。（なぜなら、われわれに即した諸々の範型によってわれわれを超えた事態の真理を示すのがよいからだ。）それらのしるしによって把握する人々は、次のことをすべての
1284B
人々に明らかにする者となる。たとえば、ある人は王から長官に任じられて、書記と呼ばれる人々を司り、他の人々は剣によって軍の司令官やその他のしるし（名声）を得た。そして彼らは王からそれを受け取り、自分の手で持ち運ぶ。他方、家のしもべたちにそれを提供すべくやってくるのだ。

われわれの主イエス・キリストもまた、こうした仕方で人間性の思惟に即して、固有の根拠（長）のしるし・象徴を受容し、自らの十字架を肩にかついで登場した。キリストはまず自らがそれを担い、次に他の人々に与えるのだ。これらによって明らかに示されているのは、次のことである。最初に根拠を手に有する人が、そうした根拠によって歩む人々を導いて、それに従いゆく人々の前をゆかなければならない。（そのようにして、人は〔導き手の〕諸々の訓戒をよく受け容れることができよう。）そしてそのとき、キリストは、自らに委ねられた人々が同じことを実行するよう命じるのである。

1284C そこで、われわれの主イエス・キリストがその肩にかけて持ち運んだ十字架が、キリストの根拠（権能）をしるしづけているとすれば、それらを通して何が神秘的に示されており、そしていかにそれらが秩序立てられ担われているのかということを知るべきである。この点、諸々の象徴を知る人々は、肩とは「実践（πρᾶξις）のしるし」であり、十字架とは死をもたらすものとして「不受動心（ἀπάθεια）のしるし」だと言っている。それゆえ、われわれの主なる神は、これらの謎の指し示すものを（つまり、完全な実践と不受動心のことだとわたしは言うのだが）遂行し、主に従う人々が虚栄によって実践を消滅させてしまわないように、主自らがそれを成就させてゆく姿を示したのだ。そして彼らに向かって、「この象徴はわたしの命じるところ（根拠）（ἀρχή）だ」と、透徹した仕方で叫んだのである。

キリスト的かたちの形成　自然・本性的観想と神学的な神秘参入

1284D また、次のように語られる。あなたたちのうちでこの命令（根拠）に従おうと欲する人は、「自分自身を否定し、自らの十字架を負ってわたしに従え」（マタイ一六・二四）」と。それは「諸々の情念を死なせる実践」と「善性」と「不滅なる美」にほかならない。それらを通して示されているのは、すべての人々が同様にかの命令（根拠）を担ってゆくよう努めるべきだということである。実際、神的な師が「彼は十字架につけられる」という表現を用いるとき、次のことがあらわに提示されていると思われる。

人間のロゴス的（言語的・知性的）自然・本性が実践とそれに結びついた不受動心によって高められることに
1285A よって、キリスト自身が明らかに「つけられる（高く挙げられる）」と言われるのだ。それはまさに、諸々の人間における「キリスト的かたちの形成」である。すなわち人間は、階梯と秩序とに即して高められ、不受動心

（アパテイア）の実践を通して「自然・本性の知的な観想」へと動かされ、そこからさらに「神学的な神秘参入（μυσταγωγία）」へと動かされるのである。[204]

このことはとりわけ、聖にして偉大なディオニュシオス・アレオパギテースが、次のように語って明らかにしているところだと思われる。

「神的な根拠は聖なる善き秩序に属するので——そうした根拠に即して聖なる知性（ヌース）は自らを知る者となるのだが——、自然・本性の固有の視（把握）へと向かう人は、自らがかつて根拠において在るような者として見られ、まず光への動きから聖なる賜物を把握する。そこで、平静な目で諸々の固有のものをよく吟味する人は、無知の暗い場所から離れさせられよう。ただ、神の全き照らしと分有（関与）とは完成しておらず、自らがそこから直ちにそうしたことを欲求するのではない。しかし、はじめの状態を通してさらに先なるものへと少しずつ向かい、秩序において最高の神的根拠へと完成され、その交わりへと聖なる仕方で導かれるであろう。」（『教会位階論』第二章）

1285B

かくしてこの偉大な神的師によれば、ひとり至高の存在は、霊において十字架に即して引き上げられるわれわれを通して、十字架につけられる。[205] その際われわれは、実践とそれに伴う不受動心とを通して知へと導かれ、非質料的な知性（ヌース）において、諸々の神的なものについての神秘的な観想と参入へと——わたしはそれにあえて分有ということを付け加えるのだが——高められるのである。

三三 「ロゴスの受肉」の意味

1285C ナジアンゾスのグレゴリオスの「ロゴスは厚くされる」(『降誕祭の講話』第二章)という言葉から。

ロゴスは語られざる仕方で自らを隠しており、類比的に指し示される

ロゴス(神の知、キリスト)は神的な師によって、次のような意味で「厚くされる」と言われていると思う。ロゴスはまず、単純で非物体的なものであり、天におけるすべての神的な力を養う。しかるにロゴスは、自らの「肉のうちなる現存」(受肉)を通して、われわれからわれわれを通して、われわれに即して——罪は除いてであるが——厚くされる。そしてロゴスは、われわれに適合した仕方で諸々の声と範例によって、諸々の語りえざるものとすべてのロゴスとについての「教えを超越する力」をあらわにする。(実際、諸々の比喩を通してすべてが語られ、比喩なしには何も解明されなかったと言われる。聞いている人々が原初的に語られたことに従ってゆけず、
1285D 語られたことの意味へと彼らを導こうとするときには、彼らに親しみのある言葉が用いられるのだ。)

あるいはロゴスは、存在物の諸々のロゴスによって、われわれに対しては語られざる仕方で自らを隠しており、見られるものの各々を通して、何らかの文字によってであるかのように類比的に(ἀναλόγως)指し示されている。その際、全体が全体において同時に完成しており、また各々のものに即して統合されかつ減少しないものとしてあり、分割されずつねに同一であるものが諸々の異なったもののうちにある。そしてまた、単純で結合(複合)なきものが諸々の結合したもののうちに、根拠(はじめ)なきものが根拠のもとにある諸々のもののうちに、

見えざるものが諸々の見えるもののうちに、そして触れえぬものが諸々の触れられるもののうちにあるのである。

ロゴスは身体化によって、われわれを自らの一性へと引っ張る

あるいはロゴスは、思惟を厚くする人々がわれわれにおいて身体化され、さらに諸々の文字と象徴と声とを通
1288A して型どられることを示した。それは、ロゴス（キリスト）に従いゆくわれわれをこれらすべてによって、厚みに即してロゴス自身へと導くためである。その際われわれは、霊によって一なるものとされ、ロゴスについての単純で絶対的な思惟へと導かれる。そして、ロゴス自身がわれわれを通して自らを降下（受肉）のロゴスによって限定する限りで、それだけロゴスを通してわれわれを自らの一性（ἕνωσις）へと引っ張るのである。[206]

三四　神についての知と不知

ナジアンゾスのグレゴリオスの次の言葉から。
「それ自体として在るものからではなく、それをめぐる諸々のものから。つまり、他のものからある像が集約されて、真理に何らか似たものが一なるものへと〔向かう〕。」（『神の顕現についての講話』第七章）

神の「何なのか」は知られず、ただその「何でないか」が否定的表現を通して指し示される

1288B 実体・本質（ウーシア）に即して在る諸々のものからは、つまり実体そのものからは、神が「何で在るのか」は決して知られない。というのも、「神の何なのか」についての思惟（観念）は、あらゆる被造物にとって、つ

まり見えるものと見えざるものにとって等しく、全く御しがたいもの、近づきえぬものだからだ。かえって、〔神の〕実体をめぐっている諸々のものから、ただ「神の在ること」のみが美しくかつ敬虔に観想されるのであり、いわば神は見ようとする人に自己自身を委ねているのである。

実際、〔神の〕実体をめぐるすべて〔の思惟と像〕は、神の「何なのか」ということをではなく、「何でないか」ということを指し示している。それはたとえば、生まれざるもの、根拠（はじめ）なきもの、無限なるもの、非物体的なもの、そして実体をめぐってのこうした〔否定的な〕もの、つまり「何でないか」ということであって、〔神の〕「何なのか」を証示しているのではない。しかし、予知と裁きとの諸々のロゴス（言葉）は――それらに即して万物が知恵ある仕方で司られ、また、それらによって神をめぐる「自然・本性の調和ある観想」が
1288C ると言われるのだが――、自然・本性の創造主を、「ただひとり在るもの」として類比的に（アナロギア的に）証示しているのである。

神をめぐって肯定的なものと否定的なもの

それゆえ、諸々の肯定的なものとは反対に諸々の否定的なものが措定され、神をめぐって互いに交替に親近的な仕方で結びつけられて、互いによって把握される。すなわち、「何で在らぬ」という諸々の否定的な表現は、神的なものが「何でないか」を指し示している。ただその際、「何で在るか」をめぐって神的なものが「それでは在らぬ」ということが、諸々の肯定的な表現に結合（一体化）されているのだ。

しかし他方、諸々の肯定的な表現は、ただ〔神の〕「在ること」のみを示すのであって、「何なのか」ということを示すのではない。つまり、〔神の〕「何でないか」をめぐって「それの在ること」が、諸々の否定的表現に結

合している。[207] 一方は、対立によって反対ということを互いに示している。が、他方は、神をめぐって二つの極を語る際、互いに関わっている方式によって、ある種の親近性（固有性）を示しているのである。

三五　善性の注ぎ、その受容と分有

1288D ナジアンゾスのグレゴリオスの言葉から。

「善性（ἀγαθότης）には、その観想によって動かされるということだけがふさわしいのではなく、善きもの（恩恵）がより多く世に満ちるために、善が降り注がれ（拡張し）、広げられるべきであった。」（『降誕祭の講話』第九章）

神は善性の注ぎによって、自らを万物に類比的に与える

わたしが右の表現についてしばしば問い尋ねたとき、偉大で知恵ある長老は右のように語った。すなわち、神的なグレゴリオスはそれらの言葉によって、神自身は自らにおいてまさに一なる存在であり、神には自然・本性的な異なりが全く思惟されないことを示したのだ。つまり神は自らにおいて、思惟されぬ根拠なきもの、無限なるもの、そして把握されぬ単純性を有するのみである。

1289A その単純性からして善性の無限の注ぎによって、諸々の存在物が非存在から発出して存立するように神は意志する。その際、神は自らを万物に類比的に（アナロギア的に）与え、各々のものには在ることと存続することへの力を汚れなく与えようとするのである。

そこで、聖にして神的なディオニュシオス・アレオパギテースは次のように言っている。

「神にあっては、すべてのものが除去されることによって、一なるもの（一者）が称えられなければならない。神は、諸々の思惟されたもののすべての秩序と見られるものの美しい姿とを、善性によって「在ること」へと引き出し、知恵の語りえざる何らかのロゴス（言葉、根拠）に即して被造物の各々に類比的に、何ら減少させることなく内在させる。しかしその全体は、いかなるロゴスと方式によっても、つまり、一方で善き恵みの注ぎによっても、他方で中間的な何か〔神に〕似たものを造りうることによっても、決して再び捉えられないのである。」（『神名論』第二章）

1289B このことは恐らく、愚かなわたしの見方では、善が注がれて前進すること、そして受容しうる力に応じて、一なる神が諸々の善きものの分有（交わり）によって類比的に（アナロギア的に）多数化されることであろう。(208)

三六　ヒュポスタシスに即した結合・一体化

ナジアンゾスのグレゴリオスの言葉から。

「神は第二の交わり（κοινωνία）を、はじめのものよりも遥かに驚くべきものとして分かち与える。」（『降誕祭の講話』第一三章）

創造と、ヒュポスタシス・キリストによる再創造

思うにはじめのことは、どれほど大きなことであったとしても、〔後に生じる第二のことに比べれば〕さほど

驚くべきことではなかった。すなわち、人間の自然・本性（ピュシス）は最初の浄いかたちに即して存在し、まことに神の手によって価値あるものとされた。そして神はそうした人間的自然・本性を、霊の息吹きによって自らとの交わりへと導き、神的美に似たものへと似像を分け与らせるのである。というのも、人間の自然・本性は諸々の情念を抱え込むことによって、神から離れ、汚れを蒙ってしまったからである。

1289C そこで神は、そうした自然・本性のうちに来て交わり、より悪しきものと関わることを受容した。そして、諸々の〔有限な〕事柄と何ら混合してしまうことなく、逆説的な結合・一性（ἕνωσις）によって、まさに驚くべきこと（奇蹟）を生起させたのである。

なぜなら、先には（はじめの姿では）いかなる仕方でも、つまり実体・本質（ウーシア）の意味でもヒュポスタシス（個的現実）の意味でも――それらにおいてあらゆる存在物が普遍的に観想されるのだが――、自然・本性（ピュシス）が神に対する一（一であること）（ἕν）を保持してはいなかった。しかし今は、自然・本性はヒュポスタシスに即した不滅の結合・一体化を通して、神に対する一を獲得したのである。[209] そしてそのとき、人間の自然・本性は、実体（ウーシア）に即して不変な仕方で、神的自然・本性に対して固有の異なった意味（ロゴス）を守っている。その意味では、結合・一性を通してヒュポスタシスに即した一と異なりとを有しているのだ。

その結果、一方で「在ること（τὸ εἶναι）のロゴス（言葉、根拠）」によっては――それに即して自然・本性が生成しかつ在るのだが――、自然・本性はいかなる方式でも本来的に〔無時間的なものとして〕現象しないものに留まる。しかし他方、「いかに在るか（πῶς εἶναι）のロゴス」によっては、何か他のものへの〔生成の〕動きが現に存立していることを神的に捉えるのだが、その傾き・促し〔の根拠〕を完全に知ることも把握することもできないであろう。

1289D かくして、〔神的な〕ロゴス（キリスト）は、「人間の自然・本性との交わり」という逆説を、はじめの交わりよりも大いなるものとした。つまり、ロゴスは人間的自然・本性を、ヒュポスタシスに即して実体的に自らと結合・一体化させているのである。

三七　神的ロゴスの観想の諸方式

ナジアンゾスのグレゴリオスの次の言葉から。

「今やわたしに孕みと踊りを示すがよい。そして、もしそれが、ヨハネが胎から出たようにでないなら、ダビデが契約の箱を定めたかのように。」（『降誕祭の講話』第一七章）

洗礼者ヨハネとダビデとの象徴的意味

1292A 偉大な〔洗礼者〕ヨハネは、単に「悔改め」と「実践哲学的な不受動心」と、「知的観想」との似像（εἰκών）であるだけではない。それらのうち、悔改めは、宣教と洗礼を示し、実践哲学的な不受動心は、世から全く離れて孤独であることを示し、そして知的な観想は、レビ人、祭司、そして神のロゴスの先駆けを示している。が、ヨハネはさらに、それらにおける「習性に即した不動性」の象徴（σύμβολον）であった。ヨハネは〔母の〕胎にあったときから死に至るまで、右のような事柄における魂の緊張を保持したのである。

しかしダビデは、「告白」と「実践」と「観想」との似像である。彼はユダヤ人の種族に属し、かつては羊飼い、後には王であり、また他の民族を打ち破った者であったが、それらのことの「習性による確固たる象徴」ではない。なぜなら、ダビデは知を得た後、何らか人間的なもの（情念）を蒙ったことによって、アレテー（徳）と知との習性を不動なものとして守らなかったからである。それゆえ、恐らくダビデは、偉大なヨハネのように
1292B ロゴスの胎から喜び踊るとは記されなかったのだ。かえってダビデは、他民族を完全に破って契約の箱を取り戻した後に、つまり諸々の情念の退化と知の再生との後に、はじめて喜び踊ると記されたのである(210)。

従ってヨハネは、アレテー（徳）と知とによって、悔改めを通して霊において誕生するすべての人々の範型であり、最後まで前進し、それらにおける不動の習性を守る人々の範型（τύπος）なのだ。しかしダビデは、知の後に頽落したすべての人々の範型であり、また悔改めの後に魂のアレテー（徳）と知によって、神的な恵みの喜びを見出すような人々の範型なのである。

神的なロゴスに耳を傾ける人々

まとめて言えば、偉大な師はロゴスの力を広がりにおいて、知的な仕方で霊に結合させた。つまり、諸々の神
1292C 的なロゴスに各々の習性によって耳を傾ける人々を、ヨハネやダビデといった偉大な人々になぞらえたのだ。思うに、各人に示された方式で彼らの一人に倣って敬虔に生きている人々は、明らかに次のように叫んでいる。すなわち、悔改めによって孕まれた「アレテー（徳）と知との神的ロゴス」を受容したすべての人々は、あるいは偉大なヨハネに即して始めから終わりまで、前進によって自らの魂の「習性としての神的な飛躍」を守った人々は、悪のかたちと無知とに決して導かれない。あるいは至福なダビデに即して、たといもし神的な道にあって、
1292D あなたたちの欲しないことが何か生じたとしても、悔改めを通して労苦を愛しつつ、忍耐の持続と神的ロゴスの修業とによって、アレテー（徳）と知とを育むよう熱心に努めるがよい。

祭司エリヤの受苦　孕みと踊り

そして、諸々の情念のためにあなたたちにたやすくは与えられぬ「神的な箱」――わたしはそれをアレテーと知との箱と言うのだが――を放棄せずに、祭司エリヤの受苦（πάθος）を担いゆくがよい。それは、実践の肩を砕いてしまって、神殿の翼をめぐって背後に落ち、セロムにて死んでしまわぬためである（列王上四・一七）。

思うに、この至福の父は『新たな主日についての説教』の中で、明瞭に次のように教えている。

1293A 「新しい歌を主に向かって歌うように、われわれは命じられた。バビロンで罪によって悪しき混合に引き込まれた人々は、許されてエルサレムに帰還する。バビロンでは異郷にあり、神的な歌を歌うことはできないが、エルサレムでは新しい歌と生を始めることができよう。そして善（美）のうちに留まって前進し、ある人々はすでにして正しく為し、ある人々は更新の力ある霊（プネウマ）によって正しくされるのである。」

師はこのことを、わたしの愚かさを考慮してあえて次のように語っていると思う。「今やわたしに孕みと踊りを示すがよい。そして、もしそれが〔洗礼者〕ヨハネが胎から出たようにでないなら、ダビデが契約の箱を定めたかのように」と。つまりダビデは観想の尊さと類（γένος）に即した仕方で、そこに語られたことの観想〔的意味〕を捉えたのである。

聖書の観想における普遍的な十の方式　それらは五つに集約され、三つの方式で捉えられる

1293B 実際、これらのことの神秘を的確に注意し、諸々の霊的なロゴス（言葉）を愛し凝視する人々は、聖書的観想の普遍的ロゴス（根拠）を――それは一なるものなのだが――、十箇に押し広げて観想しているという。すなわ

ち、「場所」、「時間」、「類」、「顔（プロソーポン）」、「尊厳」、あるいは「探究」、「実践的、自然・本性的、神学的哲学（愛智）」、「現存するものと来たるべきもの」、「型」、そして「真理」（という十箇のもの）である。

しかし、それらは改めて五つに集約されて、三つの方式で捉えられる。そして再び、全く数えられぬロゴスにより、三は二によって、また二は一によって完全に包まれるのだ。

すなわち、「時間」、「場所」、「類」、「顔」、「尊厳」に即した五つのものがあるが、それらは「実践的、自然・本性的、神学的（哲学）」という三つのものに集約される。そしてこれら三つのものは、「現存するものと来るべきもの（現在と未来）」という二つのものを指し示している。そしてそれらは、いわば完成した単純な万物を包摂する語られざるロゴスを指し示しているのである。が、まさにそうしたロゴスから発出して、聖書の観想という
1293C 方式での普遍的な十が生じたのだ。そしてこの十は、根拠としての一なるものへと包摂的に高められ、再び単一へと集約されるのである。

時間、場所、類、顔、尊厳という五つのものに即した観想

さてそこで、聖書のロゴス（言葉）は、まずは「時間に即して」観想される。すなわち、「あるとき（ということ）」、「在った」、「在る」、「在るだろう」、「その前に」、「現存している」、「その後に」、「それへと」、「はじめ（根拠）から」、「過ぎ去った」、「来たるべき」、「年々」、「瞬間、出会い（カイロス）」、「月」、「週」、「日」、「夜」、そしてそれらの部分や端的に時間を示す限りのもの（表現）である。

次に「場所に即して」捉えられるものである。すなわち、「天」、「地」、「空」、「海」、「住居」、「境界」、「領域」、「島」、「都市」、「神殿」、「田舎」、「農地」、「山」、「谷」、「道」、「河」、「砂漠」、「洞穴」、「庭」、「ぶどう畑」、そし

て端的に場所を特徴づける限りのものである。

1293D さらには、「類に即して」捉えられるものである。それは普遍的には、天使たちないし諸々の天における思惟的実体の秩序に属する限りのものである。そして「太陽」、「月」、「星」、「火」、また空気や地や海のうちにある限りのもの、あるいは「動物」、「生命あるもの」、「植物」、また地から芽生き、人間の諸技術に委ねられているものである。そこでまた、他のものが再び固有の仕方で示されるが、それは、「人間」、「国」、「民族」、「種族」、「祖先」、そして数によってあるいは数なしで名づけられる限りのものである。

またさらに、「顔に即して」捉えられるものである。それは、「この天使」、あるいは「このはじめのもの」ないし「セラフィム」、あるいは諸々の天においてそれぞれに思惟的実体の名で呼ばれる限りのものである。あるいは「アブラハム」、「イサク」、「ヤコブ」、そして聖書において称讃されたり非難されたりする他の人々が、それぞれの名で呼ばれている。

1296A そして最後に、「尊厳に即して」捉えられるものである。それはすなわち、「王国」、「王」、「羊飼い」、「羊」、「司祭」、「聖所」、「農夫」、「将軍」、「技術者」、そして端的に、何か他の人間的類として分けられる限りのものである。

実体、力（可能性）、働き（エネルゲイア）による異なり

ところで、右のような五つの方式によってロゴス（言葉、神的知）が指し示しているすべてのものは、「実体・本質（ウーシア）」、「力（可能性）」、「働き、活動（エネルゲイア）」によって、つまりその三つをめぐる最初の諸々の異なりを伴って存立している。そして、それらは全く、動き、動かされ、観想し、観想され、語り、語られ、

教え、教えられ、還帰と背反とを受け容れるのだ。

つまり、全体として端的に言えば、為すことないし蒙ること（能動ないし受動）は、実践的、自然・本性的、神学的な哲学（愛智）を、しばしば互いに複合的な仕方でわれわれに導入している。その際、名づけられた各々のものは、明らかに多様な仕方で自らについての観想的な思惟によって、称讃か非難かを受け取り、また諸々の
1296B 為すこと、為さぬこと、自然・本性的なこと、そうでないこと、思惟されること、思惟されぬことといった、さまざまなロゴス（言葉、意味）をあらわにしているのである。

なぜなら、既述のごとく、各々のロゴスの方式は、さまざまなことについての観想の吟味を知的に為す人にあって、可能性に応じて二様であるからだ。その結果、諸々の為すことと自然・本性的なことと思惟的ロゴスとの存立から、また為さぬことと非自然・本性的なことと非思惟的な想像でしかないものとの除去から、実践的、自然・本性的、神学的な哲学（愛智）、すなわちいわば神への愛が、敬虔な人々にあって遂行されるであろう。

影と真理、型と原型とを有するもの

しかるに、それらは再び、影と真理、型（τύπος）と原型とを有するものとして、現存するものと来たるべ
1296C きもの（現在と未来）とに分割される。そこで、この世において超自然・本性的に、またより高い仕方で、アレテー（徳）と知（γνῶσις）と知恵との最高の尺度を担う人々は、諸々の神的なものの知識（ἐπιστήμη）をもたらすことができよう。そのことは、諸々の原型に対する型と似像において可能なのだ。なぜなら型とは、今われわれによって在ると認められる真理のことであって、より大なるロゴスの影であり似像だからである。それゆえ、現存するものに即して来たるべきものに向かって、全体的に全体を形成するロゴス（言葉、根拠）は、型と真理

とにおいてあると思惟される。

そうしたロゴスは、それに先んずるものが何ら観想されないので、現存するものと来たるべきものとを超えているものとして、また型と真理とを超えているものとして、〔現に〕在りかつ現れるのだ。しかし、偽なるものは真理に対立している。他方、万物がそれへと集約されるところの当のロゴス（キリスト）は、まさに真理を超
1296D えているが、それはまた人間でありかつ神でもあって、真にすべての人性と神性とを超えて在るのである。[211]

五つの方式は、実践的、自然・本性的、神学的な哲学という三者へと集約される

かくして、先述の五つの方式は、一方ではそれらについての多様な観想によって、実践的、自然・本性的、神学的な哲学（愛智）という三者へと集約される。だが他方、それらは再び、現存するものと来たるべきもの（現在と未来）、あるいは型と真理へと集約される。そしてさらに、現存するものと来たるべきものとは、根源的なものないし「根拠（はじめ）におけるロゴス」へと集約される。そこにあって、形成の力あるロゴスは、それにふさわしくなる人々を蒙り（受け容れ）、かつ見ているのだ。

ロゴスは、すでに述べたことからして、労苦を愛しつつ自らへの歩みを為す人々を見ている。そして、形成された人々を通して、十箇のものは、単一なるものとなっている。そうした単一なるものは、あらゆる情念的、自
1297A 然・本性的、思惟的な動きを人々から振り落とし、彼らに自然・本性に即した神的単純さという特徴を全き習性として恵みによって形作ったのである。

予知のロゴス　改めて洗礼者ヨハネとダビデ

だが、次のことを知るべきである。すなわち予知（πρόνοια）のロゴス（言葉、意味）は自然・本性的哲学に、それぞれに適合した方式に即して種を播くのだが、諸々の存在物と生成物との観想によって、〔二つのロゴスが〕それらにおいてあらわにされるのだ。思うに神的な師は、既述のごとくこれらのことを思惟して、それらの観想の類と尊厳とに即した方式から、聖人と名づけられる人々をふさわしく呼んだ。

すなわち、聖なる〔洗礼者〕ヨハネは、悔改めの宣教者として実践の似像（しるし）であり、また隠修者として不受動心（アパテイア）の似像である。が、レビ人で祭司としては知的観想の似像であり、胎からロゴスを踊らせる人としては、不動性と「アレテー（徳）と知に即した習性」との象徴なのだ。他方、聖なるダビデは、ユ
1297B
ダヤ人で羊飼いとして告白による実践的哲学を象っており、イスラエルの王として観想的な神秘参入へと導かれるのである。

それゆえ、聖なる〔洗礼者〕ヨハネの「類」は、彼を生んだ国と種族であり、「尊厳」ある宣教と祭司制であり、彼の過ごした砂漠は「場所（トポス）」である。しかし聖なるダビデは、同様に「類」として民族であり種族である。また、任務ないし「尊厳」として牧者であり王である。それらの各々は、ダビデについて語られた諸々の方式の、彼にふさわしいロゴスに即して類比的に観想され、彼を通して明らかにされた神秘を何ら躓きなく指し示しているのである。

三八　ロゴスとともなる苦難と、ロゴスに即した神的な生

1297C

ナジアンゾスのグレゴリオスの言葉から。

「もし主がエジプトへと逃げるならば（マタイ二・一三―一四）、あなたも進んでその逃避に与るがよい。すなわち、迫害を受けたキリストとともに逃げるのは善きことである。しかし主がエジプトに留まるならば、そこで善く（美しく）拝される者として主をエジプトから呼ぶがよい。」（『降誕祭の講話』第一八章）

主のエジプトへの逃避

エジプトに逃れた主のことを知るためには、思うに、主が誰から迫害されているかを当然知らなければならない。つまり主は、単純にエジプトに逃れるだけではなくて、当時ヨルダンの地を支配していたヘロデから逃れるのである。ここにヘロデとは、伝統的に「情念」、「皮」そして「自然・本性」を意味すると解釈されている。他方エジプトとは、観想的な方式での知見に即して、しばしば「現在の世」、「肉」、「罪」、「無知」、そして「災難、苦難」などと捉えられている。そこで主のエジプトへの逃避は、今やそうした解釈によって受けとめられることができよう。

1297D

それゆえ、キリストとともに、すなわちわれわれのうちに働く神的ロゴスとともにエジプトに逃れることは、善い（美しい）ことである。キリストは幼いわれわれのために、幼児のとき迫害されるのだ。つまり、諸々の情念に満ちた肉の動きを通して、塵のような〔罪の〕思いがわれわれのうちで力を振い支配しているのだが、キリ

1300A ストは〔いわば〕それによって迫害される。そして実践的な苦難に至り、ついにはわれわれの幼い神的ロゴスの魂を担っている者たちが不受動になるということによって、死が指し示されている。彼らは、われわれの「ロゴスに即した神的な生」を、そしてキリストのかたちを帯びた状態ないし習性を殺し、狂気によって滅ぼそうとしているのである。

しかし、神的なロゴス（キリスト）は、われわれの「自由・意志（プロアイレシス）に即した」ためらいなき熱心さを通して、光の雲を通してであるかのように、エジプトたるわれわれのもとに、つまり肉のもとに到来する。そこでロゴスは、肉による諸々の動きと情念を、何らかより悪しきことを為す偶像のように投げ倒し、その座から追放して魂から全く退ける。そしてさらには、そうした像の消失した後、ロゴス自身への礼拝を然るべき仕方でもたらすのである。

エジプトから再びキリストを呼ぶ　そして実践と観想を通してロゴスたるキリストを知る

かくして、われわれは一方では、迫害されたキリストとともに善き仕方で逃げ、自ら進んでの苦難を通してそ
1300B の善き報いとして不受動心を獲得する。われわれは他方、エジプトから再びキリストを呼ぶ。その際、われわれのうちで裁きの力ある神的ロゴスは、諸々の情念の消滅と全き死との後に、存在していないものの諸々の企みをわれわれが無思慮に受け取ることを許さず、また肉的なロゴスが、われわれとわれわれに関わる他の人々とのうちで生じてくることを許さないのだ。

しかしわれわれは、苦難における実践的哲学の型によって、アレテー（徳）を通して善くかつ真実に教育され、それらの観想によって、諸々の型と特徴との知へと上昇してゆく。すなわち、丁度エジプトからユダヤへと善き

仕方で昇り、肉によってロゴスたるキリストを知るように、われわれは実践的なものを通して栄光に、つまり父
1300C からの独り子たるキリストの知に移りゆくのである。

このように人は、迫害されたキリストとともに善くかつ敬虔に〔エジプトへと〕逃れ、また再びキリストを呼ぶ。つまり実践から観想と知へと移りゆき、ロゴス（キリスト）とともに、ロゴスに即して、ロゴスのためにすべてのことを為すのだ。

しかし、エジプトがアレテー（徳）のための災難と捉えられるなどということは、単なる逆説と思ってはならない。かえって、旧約において歴史的に記されたことによって、いかにエジプト人がイスラエル人にれんが造りの苦役を課したか、そしてモーセによるエジプト脱出を通して、エジプト人自身が懲らしめを受けて滅んだかということを、正確に考察すべきである。なぜならすでに述べたように、エジプトは闇として苦難（災難）を意味
1300D すると解されるからだ。そして、然るべきロゴスによって解釈される際には、モーセの観想によって称讃されることと非難されることとは、多くの人々の知見として受け取られるのである(212)。

アレテー（徳）の神的な美と知の照らしとによって、外なる人間は滅ぶ

さて、魂が肉を受け容れ情念によって太ってしまうとき、魂自身は苦しみを負い、諸々のアレテー（徳）の習性を暗くして、知の照らしから遠ざけられる。それと同様に、魂がアレテーの神的な美と知の照らしとによって守られかつ照らされるときには、外なる人間は滅びてしまう。しかし、肉〔への執着〕が人間に住み着くとき、そのうちに隠されたロゴスの自然・本性的な力が失われ、むしろ、へそにおいて力を持つ蛇が――あたかも諸々の善きものを滅ぼす見えざるファラオのように――這い回ることになる。そして蛇は、肉の思いが実践的な悪に

1301A
即して部分的に追い出されることによって、全く死んで交替する。が、〔それでもなお〕ファラオの歩みは然るべき仕方で放棄されることがないのである[213]。

キリストによって開放された人々は、すでにして復活している

それゆえ、ここに結果として、キリストによって解放された人々は、一般的（類的）な復活に先立って次のように叫ぶ。それは、自由・意志（プロアイレシス）によって意志された「彼らにすでにして生起した復活」であるが、それにもとづいて、「おお死よ、汝の刺はどこにあるか。汝の勝利はどこにあるか」（一コリント一五・五五）と叫ぶのである。ここに死とは、肉の快楽であり、無知によって魂に附着してきた虚偽である。かつて忌むべき悪魔は、それらを通して、キリストに先立って人間的自然・本性を支配した。すなわち、快楽の刺によって人間の自然・本性を容赦なく引き裂き、また争いを好んで、それを虚偽の剣によって破壊へともたらしたのである[214]。

1301B

三九　神の存在についての非ロゴス的な誤り

ナジアンゾスのグレゴリオスの『聖なる光について』の言葉から。
「知性（ヌース）を有する人々が、もし技術のわざとより悪しきもののかたちとを偶像にしてしまい、不敬虔にも神の栄光から落下することを全く余儀なくされるならば、自らのそうしたわざが恐れられたり尊ばれたりすること以外に、何か他のことを祈願することはないであろう。」（『聖なる光について』第六章）

こうした一文が読まれたとき、あなたたちは、聞いていた人々のうちのある人々が師に問いただしたと語る。つまり、知性を有している人々が福音的に生きることを欲しながら、右のようなことで恐れられたり尊ばれたりすることを祈願するなどということは正しくないというわけである。彼らに対してわたしとしては、とくに何も言うことはない。しかし、ある長老から「知者の諸々の神的なもの」と「多くのことについての父祖たちの教え」を与えられて、わたしは次のように言おう。

1301C 聖にして至福な、われわれの父にして師なる〔ナジアンゾスの〕グレゴリオスは（そこに居合わせた人々に語ったように）、ギリシア人たちがかつてそうした非ロゴス的な誤りに陥り、主として神の存在についての思惟を嘆いているのを見たが、それらのことを共苦（共感）の法によってやり過ごした。そのために、彼らにあって恐れられ尊ばれているものの不条理さと安っぽさから、あるいはむしろ、より本来的に言えば恥じらいのなさから、さまざまな論駁の言葉が彼らに生まれる。そして、恐れられていることはそれらによってたやすく打ち破られ、彼らに正しさへの道が生じるのだ。それゆえ、こうした事柄の何かが不名誉によって取り去られることはない。なぜなら、くだんの虚偽はすべての人々にとって明らかで、たやすく見出されるので、見えざる悪を尊いと思われるものによって蔽ってしまうことはないからである。

四〇　同一実体で同一の力ある「三つのヒュポスタシス」

1301D ナジアンゾスのグレゴリオスの言葉から。

「浄めのあるところに照らしがあり、それは欲求の満足である。諸々の最大のものを、あるいは〔一つの〕最大のものを欲求する人々にとって、あるいは大なるものを超えて欲求する人々にとって。」（『聖なる光について』第八章）

魂の浄めと知の照らし　神的なものへの魂の上昇

神的な神秘を経験した人々は、次のように語っている。諸々のアレテー（善きかたち、徳）を通して魂の浄めのあるところには、諸存在物の敬虔な考察の後に「知の照らし」が現れる。そうした照らしは、神的なものの把
1304A 握へと魂を上昇させて、欲求されるべき最後のもの、すなわち神に、魂の欲求を釘づけする。つまり神は、「諸々の最大のものにおいて」、また「〔一つの〕最大のものにおいて」、さらには「大なるものを超えて」など、すべて〔の限定〕を超えて本来的に現存し、またそのようなものとして知られるのである。

ところで、「諸々の最大のものにおいて」とは、同一実体で同一の力ある「三つのヒュポスタシス（個的現実）においてということである。それらは、各々について正確で変化せぬ固有性によって——つまり生まれざることと生成と発出とによってだと、わたしは言うのだが——、混合なきものなのだ。他方、「最大のものにおいて」とは、神性（θεότης）が実体・本質（ウーシア）に即して一であり同一であり単一であることによる。また、「大なるものを超えて」とは、神的なものが何らかの量や大きさや拡がりなどによって把握されず、いかなる限定によっても捉えられないことによる。

なぜならば、およそ大きさとは限定されているものであるが、神的なもののみは全く限定されぬものだからである。それゆえ、偉大なダビデは言う。「主は偉大で、はなはだ称えられるべきであり」（詩編四七・一一）、「そ

の偉大さには限りがない」（同、一四四・三）と。すなわち神（神的なもの）は、いかなる領域によっても限定さ1304B れぬものとして無限（ἄπειρον）なのだ。それは時間と自然・本性とのいかなる思惟（観念）をも、自らに先んずるものとして持たない。

もとより何らかの思惟に即してこそ、ロゴス的に論じられた諸々のものの技術的な方法が、それらを熱心に追求する人々によって考案される。そこで、そうした方法を通して、またそれに即して、真理の発見について拒まれる人々が〔不当にも〕示されてくるのだ。つまり、それらの方法による推論によって獲得されなかったものは全く存在しないと、彼らは〔誤って〕信じ込んでいるのである。

三つのヒュポスタシスにおける一なる神性

しかし、師は他の箇所で用いられたロゴス（論）から、既述のことを明らかにしている。すなわち師は、創られぬ神的な実体について、また被造的な自然・本性の「在ること」の根拠について神学的に探究し、「エジプト1304C からの帰還」をめぐる論において、こう言う。

「かのものは神と呼ばれ、三つの最大のものに、つまり、原因と創造者と完成者において存立している。ここにわたしは、父と子と聖霊のことを言っているのだ。」（『洗礼についての講話』第四一章）

そして師は改めて、洗礼についての論の中で、三つの聖なるヒュポスタシス（個的現実）における「一にして聖なる神性」について捉え、次のように語っている。

「そうした神性は全く同等で、全く同一である。天の一なる美と偉大さとして、また三つの無限なるものの無限の結合・一体化として。」（『聖なる光について』第一三章）

かくして、師自身が自らを解釈する者となっている。それはつまり、自らの諸々の神的なロゴスに対して、従属的に関わっているのではない人々にとってである。

四一　存在物の五つの異なりと、それらの統合・一体化

1304D ナジアンゾスのグレゴリオスの言葉から。

「諸々の自然・本性（ピュシス）は新たにされ、神が人間となる（人間として生成する）。」（『聖なる光について』第一三章）

生成したもの（存在物）の五つの異なり

古来の聖人たちは、「〔神の〕ロゴスに立ち会い、その役者となった人々から」（ルカ一・二）多くの神的な神秘を受け取った。そして直ちに、彼らより前の人々に与えられていた伝統に即して、諸々の存在物の知に参入せしめられたのだ。そこで彼らは、生成したすべてのもののヒュポスタシス（個的現実）が、以下のような五つの異なり（分離）（διαίρεσις）によって捉えられると言うのである。

その最初の異なりとは、「創られた自然・本性」を「創られぬ自然・本性」から区別するゆえんのものである。
1305A 創られた（被造の）自然・本性は、生成（γένεσις）によって「在ること」を受け取っているからだ。つまり彼らによれば、神は善性によってすべての存在物の輝かしい秩序を創ったが、それが何であり、いかなるものであるかは、直ちに明らかにはならないのであり、この点、被造物を神から分ける異なりが無知（ἄγνοια）と呼ば

れている。なぜならば、それら（神と被造物）を自然・本性的に互いに分けているものは、決して一つの実体・本質（ウーシア）における一性（ἕνωσις）を受容するのではないからだ。つまりそれらは、一にして同一なるロゴス（言葉、意味）を有しえず、それゆえそのロゴスは語られざるものと看做されているのである。

第二の異なりとは、創造によって神から「在ること」を受け取ったすべての自然・本性（存在物）が、「思惟されるものと感覚されるもの」とに分けられるゆえんのものである。

第三の異なりとは、感覚的な自然・本性が「天と地」に分けられるゆえんのものである。

第四の異なりとは、地が「楽園（パラダイス）と人の住む世」とに分けられるゆえんのものである。

1305B

そして第五の異なりとは、人間が「男性と女性」とに分けられるゆえんのものである。

人間は自然・本性的な紐帯として、全体を集約し統べる

その際、人間はすべてのものに対してあたかも全体を何らか集約し統べる働きを為し、またすべての異なりに即して、それらの両極を自然・本性的に媒介するのだ。つまり人間は、自ら〔の働き〕を通して諸々の存在物に入り込み、それらの生成に善き仕方で関わりゆく。というのも人間は、すべての異なり・分離の両極におのずと関係しているので、それらの媒介（中間）としてあり、固有の部分の「両極に対する固有性」に即して、すべてのものを結合・一性（ἕνωσις）にもたらす力を明らかに自然・本性的に有しているからである。

そうした力によってこそ、それら分割されたものを原因に即して完成する道（方式）が可能となり、神的な目的の偉大な神秘がそれ自身としてあらわに顕現してくる。そしてその力は、諸々の実体（ウーシア）におけるそれぞれの極のそれぞれに調和ある仕方で関わって、より近いものからより遠いものへ、またより悪しきものから

より善きものへと順々に上方へと前進させ、ついには神において結合・一性を成就させてゆくのだ。
このために人間は、諸々の被造物の最後に生ぜしめられ、自然・本性的な何らかの紐帯（σύνδεσμος）として、
1305C 固有の諸部分を通して普遍的な極を媒介する。そして、大きな隔たりによって互いに自然・本性的に分かれているものを、自らにおいて一に導いてゆくのである。[215]

人間は五つの異なりをそれぞれ結合・一性にもたらす

そこで人間は、神との万物の結合・一性をもたらすために、第一に〔男性と女性という〕自らに固有な異なりから始め、続いて、つながりと秩序として中間的なものを通して神へと前進し、さらには、万物を結合・一性にもたらすような「より高い上昇の限度（目的）」を捉えるのだ。そこにおいては、〔男性と女性という〕異なりはもはやない。すなわち、人間の生成（創造）について、神的定めの先んずるロゴス（言葉）では附加されていなかった「男性と女性という固有性」は（創世一・二六）、神的アレテー（徳）による不受動な（情念から解放された）状態にあっては、自然・本性から振い落とされることになる。

1305D かくして神的な計画（意図）に従って、男性と女性という呼称で分割されないものとして、端的に人間が示され生成する。（それは〔神的〕ロゴスに即して、先んずる仕方で生じていたのだ。）それは、根拠たるロゴスに即した全き知（γνῶσις）によって、今や男女の異なりによって分割されないのである。[216]

人間は第二に、聖人にふさわしい固有の歩みによって、「楽園と人の住む世」とを結合・一体化させて一つの地を造った。それは、その諸部分の異なりによって分割されたものではない。諸部分〔の分裂〕をもたらすようなものを何ら蒙っておらず、むしろそれらは一緒に集約されているのである。

人間は第三に、「天と地」とを結合・一体化させる。つまり人間に可能な限りで、アレテー（善きかたち、徳）に即したあらゆる方式で天使的な「生の同一性」に与ることを通して、それ自体として一つの、全く分割されぬ 1308A 感覚的被造物を造った。そしてそれは、いかなる隔たりによっても分割されていない。なぜならその際、人間は霊（πνεῦμα）によって軽やかなものとなり、物体的な重さによって地へと結びつけられてはいないからだ。そこにあって知性（ヌース）は、神へと純粋に導かれ、その完全な不可視性のゆえに天への上昇において何ら妨げられない。知性はまた、自分の前にある障害を自然・本性的に超えることによって、通常の道にあるかのように、神への上昇を賢明に次々と為すのである。[217]

さらに人間は第四に、「思惟されるものと感覚されるもの」とを互いに結合・一体化する。すなわち、知において天使たちと同等の仕方で、被造物全体を一つの被造物として形成するであろう。その際、存在物における諸々のロゴス（言葉、根拠）の知的な知識（ἐπιστήμη）が、欠けることなく天使と等しくなって、人間は知と不 1308B 知に関して分割されることがない。そうした知識に即して、真実の知恵の無限なる流れが不壊なる仕方で、可能な限りで注がれるのだ。そして、知られえず解釈されえぬ「神についての観念（知）」を、それにふさわしい人々に直接に提示するのである。

そしてついに、人間は第五に、これらのことすべてを超えて、「被造的自然・本性を非被造的自然・本性に」愛（ἀγάπη）によって結合・一体化させ（おお、われわれに対する神の人間愛の何と驚くべきことか）、その一にして同一なるかたちを恵みの習性に即して示してきた。そのとき人間は、全体が全体において全体的に神と交流し、実体（ウーシア）に即した同一性は除いてであるが、全体として何らか神なるものになるのだ。

そして人間は、神への上昇のいわば褒美として神を全体として自らに受け取り、最も一なる神自身を獲得する。

1308C すなわち神は、神へと動かされる諸々のものの動きの目的として、また神へともたらされるものの確たる不動の静止としてあるのだ。そうした存在として神は、すべての限度と規範と法との、またロゴスと知性（ヌース）と自然・本性（ピュシス）との、限定なき限定・限界であり、無限の存在なのである。(218)

自然・本性への、そして神への背反としての罪

しかし、人間は創られたものとして、自らの固有の根拠（ἀρχή）――それをわたしは神と呼ぶ――としての不動なものをめぐって、自然・本性的に動かされず、神の下にある諸々のものをめぐって無知ゆえに動かされてしまった。人間はそれらを支配すべく神から定められているのだが、自ら進んで（意志的に）自然・本性に背反して、それらによって動かされたのだ。つまり生成（創造）に際して、人間は本来、「分割された諸々のものを結合・一性へともたらしうる自然・本性的な力」を与えられていたが、かえって、その力を自然・本性に背反して用いて、結合されたものの分離を招来させてしまった。そして、そのことによって憐れにも、「在らぬもの」へとさ迷うような危険をあえて犯してしまったのである。

神の受肉と万物の再統合

それゆえに、諸々の自然・本性は新たにされることになる。しかし、それは自然・本性を超えた逆説的な仕方
1308D においてであって、言うなれば、「自然・本性としては全く動かぬもの」が「自然・本性として動かされるもの」（人間）の方へと、不動な仕方で自然・本性を超えて動かされる。こうして神は、失われた人間を救うために人間となるのである。

その際、神は、「万物の普遍的な自然・本性の諸断片」と「諸部分にあらかじめ存する普遍的なロゴス（言葉、根拠）」とを、自ら（受肉存在）を通して自然・本性に適った仕方で結合・一体化させた。そうした諸々のロゴスによって、分割されたものの一性が自然・本性的に生起する。そのようにしてキリストは、神と父との偉大な意志をあらわに示して成就させることになる。すなわち、すべてのものは「子において創られた」（コロサイ一・一六）のだが、キリストは「天にあるものと地にあるもの」のすべてを、自らのうちに再統合するのである（エフェソ一・一〇）。

実にキリストは、われわれにおける異なり（分離）から始め、万物の普遍的な結合・一性を自らのうちに担って、完全な人間となる。つまり、われわれから、われわれを通して、われわれに即して、罪を除いてはわれわれのすべてを欠くことなく有し、しかも結婚の自然・本性的な順序（方式）を何ら必要としなかったのだ。同時に
1309A また、キリストは恐らく次のことを示していると思う。もしはじめの人間が掟を守り、自らの諸々の力の乱用によって自分を獣にまで陥れなかったならば、人間の繁栄のために他の方式が神によって予知されていたであろう。

キリストは自然・本性の五つの異なりと分離とを結合・一体化させる

さてそこで、第一にキリスト（受肉した神）は、「男性と女性」における自然・本性の異なりと分離とを取り去った。すでに述べたように、人間は生成するために元来それらを必要としなかったが、実際にはそれらなくしては恐らくありえない。とはいえ、そうした異なりがずっと存続することは、必然的ではないのだ。この点、神
1309B 的なパウロは、「キリスト・イエスには男性も女性もない」（ガラテア三・二八）と語っている。

第二にキリストは、人間に適合した固有の生活様式を通して「われわれの住む世」を聖化し、死後の「楽

園（パラダイス）への道をまさに開いた。それは、「今日あなたはわたしとともに楽園にいるであろう」（ルカ
二三・四三）と、イエスが盗人に偽りなく告げている通りである。それゆえ、キリストにあっては「われわれの
住む世と楽園」との異なりはもはや存在しないのだが、そのことをキリストは、死者からの復活の後に弟子たち
に対して明らかにするのだ。すなわち、地は一つであり、それ自身において分割されておらず、異なりによる分
離から解放されたものとして自らの存立する根拠を守っているのである。

第三にキリストは、天に昇ることによって明らかに「天と地」とを結合・一体化させた。われわれと同じ自
1309C 然・本性で同一実体なる地上的身体をもって、天に入ったからである。そして感覚された自然・本性が、それ自
体として最も普遍的なロゴスと一つになっていることを示した。すなわちキリストは、天と地とを分けている分
離の特徴を自らのうちで蔽い隠したのである。

第四にキリストは、これらに続き、魂と身体とをもって、つまり完全にわれわれの自然・本性をもって、天の
神的かつ思惟的なすべての秩序を通して、「感覚的なものと思惟的なもの」とを結合・一体化させた。そのとき
すべての被造物は、最も根源的で普遍的なロゴス（キリスト）に、つまりそれ自身として全く不分割で確固たる
ロゴスに集約されることになる。

第五にキリストは、最後に至り、右のようなことすべてに加えて、人間性の知（思惟）に即して神自身に達す
1309D る。既述のごとく、われわれのために、明らかに父なる神の面前に人間として現れるのだ。しかしロゴスとして
は、いかなる仕方でも決して父から切り離されえない。すなわちキリストは、自らが神としてあらかじめ定めた
すべてのものを、人間として、変わることなき聴従に即した「わざと真理とによって」成就したのである。こう
してキリストは、父なる神のすべての意志をわれわれのために完成した。（だがわれわれは、そのためにはじめか

ら与えられていた力を誤用することによって、それを無益なものにしてしまっていたのだ。[219]

キリストは自らのうちに万物を統合する

ところで〔改めて言えば〕、キリスト（受肉した神）は、男性と女性という異なりを除去することによって、最初にわれわれをキリスト自身に結合・一体化させた。そして男性と女性との代りに――とりわけそれらによって
1312A 分離の方式が観想されるのだが――、固有にかつ真実に人間たるものを示した。すなわちキリストは、自らにおいて全体として変容した〔人間的〕かたちを示し、自らの全く健全で不壊の似像を担っている。それはいかなる仕方でも、滅びのしるしに何ら触れられることがないのだ。

キリストはさらに、われわれとともに、われわれを通して――われわれは固有の諸部分の極として媒介者（中間的なもの）なのだが――すべての被造物を包摂する。そして自らの回りに、「楽園と人の住む世」、「天と地」、そして「感覚的なものと思惟的なもの」を、不壊なる仕方で互いに結合させるのである。キリストはわれわれのように、身体と感覚と魂と知性（ヌース）を有しているからだ。そうした部分によってキリストは、すでに言及した仕方で、各々に普遍的に親近性のある極を自らに固有のものとする。かくしてキリストは、自らのうちに万物を神的に統合したのである。

一なるロゴス・キリストによる万物の生成

その際、すべての被造物をあたかももう一人の人間であるかのように、一つの存在として示す。つまりそれは、
1312B 諸部分の互いの集合によってそれ自身において完成され、またその存立の全体によって自らへと向かっている。

そしてそうした姿は、事物が非存在から生成するゆえんの、一なる、単純な、区別なき、異なりなき知（思惟）によるのだが、まさにその知に即してすべての被造物は、一にして同一の、全く分割なきロゴス（キリスト）を指し示している。実際およそ被造物は、「在ること」を得る以前には、そもそも「存在しなかった」のである。

なぜならば、万物は真のロゴス（根拠）において、全体ではなくとも互いに何か共通するものを有しているからだ。つまり、神の後なる存在物は、生成を通して神から「在ること」を得ている。実際、諸々の存在物の普遍的なものも大いに尊重され、超越的であるものも、全く関係を超えたもの（神）に対する一般的な関係から、全体として自然・本性的に解放されてはいない。また、存在物にあって最も尊重されないものも、自然・本性的に
1312C 尊重されない諸々のものに対する一般的な関係から全体的に放置され与り知らぬ、などということはないのである。

というのも、万物は固有の異なりによって互いに区別されるが、普遍的で共通の同一性によって一般的に（類的に）結合・一体化され、自然・本性の何らか一般的なロゴスによって一にして同一なるものへと定位されているからだ。そこで、実体（ウーシア）に即して互いに結合されている諸々の類は、一と同一と分割されざることとを有している。確かに、普遍的で包摂的で一般的なものが、部分的で包まれていて固有な諸々のものによって分割されるということは、全くないのである。

それゆえ、分割されたものを自然・本性的に集約しないものは、もはや一般的（類的）なものではありえず、
1312D 分割されたもの、そして固有の単一的一性から分かたれたものを自らにおいて集約するものこそが、一般的な（類的な）ものたりうる。すなわち、すべて一般的なものは固有のロゴスに即して、そのもののもとにある全体的なものにおいて、一なる仕方で、分割されぬものとして全体として現前している。他方、各々のものは全体と

して、一般的に（類的に、類のうちにあるものとして）観想されるのである。

形相の一と多

同様にまた、諸々の「形相」（エイドス）は、異なりにおける多様性から解き放たれたものを、類に即して互いに対する同一性として受容している。しかるに「個体」（分割されぬもの）は、形相に即して互いに同じものを受容しており、〔その点では〕互いに全く一にして同一のものとして存立している。つまり個体は、自然・本性を同じうするものとしては区別されず、すべての異なりから解放されているのである。だが、「附帯的なもの」は、基体に即して互いに比較されたものであって、基体において全く分散されずに一なるものを共有している。

1313A そしてこれらのことの偽りなき証人は、真の神学者、偉大で聖なるディオニュシオス・アレオパギテースである。ディオニュシオスはその『神名論』における「完全と一について」の章で、次のように論じている。

「多数性は一なるものの分有なしにはありえない。そして、諸部分における多は全体においては一であり、諸々の附帯性における多は基体においては一である。また、数ないし可能性（力）における多は、形相においては一であり、諸々の形相における多は根拠（はじめ）においては一である。かくして、一なるものを何らか分有していないものは、諸々の存在物のうちには何もないのだ。」（『神名論』第一三章）

神的な知恵であるイエス・キリスト

このことを端的にまとめて言えば、分割された個別的なものの諸々のロゴス（言葉、根拠）は、普遍的かつ類的なロゴスによっていわば包摂されている。また、最も類的かつ普遍的な諸々のロゴスは、〔神的〕知恵（ソフィア）によって保持され、個別的なものの諸々のロゴスは、類的（一般的）なもののロゴスによって多様な仕方で一つのかたちにもたらされて、思慮によって包摂されている。つまり、それらは思慮によってまず単純化されて
1313B
いる。そして、かく単純化されたものは、基体における諸々の事態の象徴的な多様性を解放しており、知恵によって一なるものにされるのだ。そこにあっては、より類的なものによって同一性への親近性を受容しているからである。

しかるに、父なる神の知恵であり思慮であるのは、主イエス・キリストである。キリストは、諸々の存在物の普遍的なものを知恵の力によって統合し、それらを構成し成就する個別的なものを結合力ある思慮によって包摂しているのだ。すなわちキリストは、自然・本性によって万物の創造者、予知者であり、分割されたものを自らを通して一へと導く。そしてキリストは、存在物における戦いを廃棄し、神的な使徒の言うように、「天にあるものも地にあるものも万物を」（コロサイ一・二〇）、平和的な友愛と分裂なき調和へと結びつけるのである。

1313C

同じ問題についての他の観想

自然・本性は新たにされる　キリストの人間としての（罪なき）誕生　信・信仰のロゴスによる確信

諸々の自然・本性（ピュシス）は、再び新たにされる。このことに関して、一方で〔キリストの〕神的自然・本性は、限りなき善性と人間愛とを通して、われわれの意志に即した自主的な肉的誕生を、自然・本性を超えて受け容れた。

他方、〔キリストの〕人間的自然・本性は逆説的に、自然・本性に反した不思議な定めにより種なしに受肉し

た神によって、ロゴス的に魂を吹き込まれた肉を受け取った。それは、罪を除いてわれわれと同じ、区別しえぬ肉であった。そしてさらに逆説的なことに、〔キリストの〕誕生によって母となった方（マリア）にあって、処女性の法は全体として失われなかったのである。

そこには、まさに新しさが存する。つまり、はじめ（根拠）なく、父なる神から語りえぬ仕方で生じたロゴス（キリスト）が、肉に即して時間的に誕生したことだけではなく、われわれの自然・本性が種なしに肉を与え、乙女が腐敗なく子を生んだことが、新しいのだ。

1313D これらのことはいずれも、真の新しさを有している。なぜなら、生成（誕生）の根拠としての語りえず知られざるロゴスが、そのことによって全く開示され、指し示されているからである。一方では、自然・本性と知とを超えた方式によって、他方では、信・信仰のロゴス（言葉、意味）によってである。つまり信のロゴスによって、自然・本性と知とを超えたすべてのことが、自ずと確信されたのである。

1316A かくして、くだんの難問は、能う限り解決されたと思われる。ただわたしは、それが他のようにも捉えられうるかどうか知らない。それゆえ、右に語られたことは、あなたの愛智（＝哲学）によって是認されるか、あるいはあなたによって、より善いものがいっそう賢明に探究され語られるかである。後者であれば、それは地上的ないかなるものにも関わらぬより高い知の実りを、わたしに与えることになるであろう。

四二　三つの誕生

ナジアンゾスのグレゴリオスの『洗礼についての講話』の中の言葉から。

憐れみの聖母
コンスタンティノポリス（現イスタンブール），コーラ美術館，14世紀

1316B 「ロゴス（キリスト）は、われわれに三つの誕生・生成（γέννησις）を知らしめた。すなわち身体による誕生、洗礼による誕生、そして復活（ἀνάστασις）による誕生という三つである。」さらにこれらに加えて、師は三つの誕生を解釈して次のように言っている。「わがキリストは明らかに、これらの誕生をすべて自らのこととして尊んでいる。第一の〔身体による〕誕生は、最初のかつ生命ある〔霊の〕吹き込みによるものである。第二の誕生は、キリスト自身が洗礼を受けた限りで、受肉（σαρκώσις）と洗礼によるものである。そして第三の誕生は、自らが始めとなった復活によるものである。つまりキリストは、多くの兄弟たちの初穂（最初の生まれ）となり（一コリント一五・二〇）、そのように死者からの初穂となることを価値あるものとしたのである。」（『洗礼についての講話』第二章）

身体、洗礼、そして復活という三つの誕生・生成、そしてさらに第四の誕生を導入

こうした言葉によって神的な師は、既述のことの過剰な繰り返しをしているように見える。というのも、「身体」、「洗礼」、そして「復活」という三つのものによる誕生を語りつつ、それを忘れたかのように、いわば過剰
1316C な語りとも思われることとして、「最初のかつ生命ある〔霊の〕吹き込みによる」第四の誕生を導入しているからである。

ただ、その表現が為されたとき、それは三つの誕生の後に第四のものが附加されるかのようには語られていない。では師は、いかに真理に即してそのことを語ったのであろうか。アレテー（徳）によって師の近みにくるような人なら、神的なものについての師の知から賢明にも遠ざかることなく、右のことを知るであろう。が、わたしが弱い思惟の欠陥によって知る限りで、第四の誕生が加えられているのは過剰だと思われない。むしろそれは、

1316D
身体による誕生を完成するものであり、そこでの諸々の神的ロゴスと方式とを解釈するものであろう。すなわち、はじめのアダムの生成（創造）のゆえに人間が生まれることはふさわしく、またアダムの罪（逸脱）のために生まれることがふさわしくないのではないとすれば、生成（創造）を通して一方では、落ちたアダムへの頽落が、他方では、断罪されたアダムへの意志的な（自ら進んでの）無化（κένωσις）が示されたのである。

新しいアダムとしてのキリスト

キリストはまず、生成にあっては、生命力ある〔霊の〕吹き込みによって、かの（はじめの）アダムと同じ姿へと自然・本性的にもたらされる。その〔霊の〕吹き込みによって、〔神の〕似像に即したものを人間として受け取り、自由と罪なきことと汚れなきこととをそのままに保持した。しかしキリストは、受肉に即した誕生にあっては、人間のために腐敗の類似をしもべの姿を通して自ら進んでまとう。そして、罪を除いてであるが、われわれと同じく意志に即した自然・本性的情念に服し、あたかも罪なき者が罪を負うかのように、そのことを甘受したのである。

1317A
かくしてキリストは、そうした二つの部分に分けられつつも、それらによって結合され、完全に「新しいアダム」となった。二つの部分によって結合されているからといって、自らのうちで最初のアダムを何ら減少させることはない。なぜなら、アダムの罪（逸脱）に先立って、ロゴスは生成の法によって降下し、〔霊の〕吹き込みによって罪なきかたちを捉え、不滅性を保持していたからだ。しかし、アダムの罪の後には、意志的な無化（受肉）によって、誕生と裁きとに結びつくような情念を自然・本性的に担いつつも、罪の力を受け取ることがなかった。そして、「罪なき生成」とともに「情念的な誕生」を保持して、「新しいアダム」となるのである。(220)

救いと更新との力あるものの形成　生成の不滅性と、情念の聖化

その際、ロゴス（キリスト、新しいアダム）は、それら二つのこと（罪なき生成と情念的な誕生）をそれ自体として完全に、諸部分として交互に織り成し、それぞれの極の不十分さにできるだけ配慮した。つまり、第一の尊い
1317B ものから、第二の尊からざる、しかし救いと更新との力あるものを形成し、他方、第二のものから第一の存立と形成との力あるものを据えるのだ。思うに、第一の尊い生成は不滅性という極を、いわば罪なきことの根拠として現存させる。他方、第二の尊からざる（情念的な）誕生は、すべての情念と腐敗との原因として罪を犯しうる姿である。

救い主は一方では、受肉（σάρκωσις）に際して情念や腐敗によるものを自らのうちに何も受容せず、「救いの力ある誕生・生成」をしつらえた。誕生における情念に対して、逆説的な仕方で生成の不滅性を新たなものにしたのである。他方、自らは罪なきことによって誕生の情念的なものを聖化しつつ、「生成を形成しうる力」を再び存立させたのだ。その結果、一方では、神的ロゴスによって自然・本性を強めるような生成を完全に回復させ、他方、罪によって落下した「誕生の自然・本性」を完全に解放した。その〔新たな〕自然・本性は、地上の他の動物と同じく種の過剰な方式によって制御されることはないのである。

1317C
第四の誕生

さて救い主は、受肉と誕生とによって、生成と形成と霊の吹き込みとを唯一の知に即して自然・本性的に結合した。そこであなたは、偉大な師によって第四の誕生を見出すであろう。その誕生は、与えられた方式に即して、知のみによって自らに受容した区別を完成するのだ。わたしはそうした第四の誕生を、〔新たに〕導入された誕

1317D 生の、自然・本性的に予知されていた生成と呼ぶ。それに固有なものとは、最初に植え込まれた生命あるものなのである。

「ロゴスはわれわれに三つの誕生を知らしめた」という言葉についての観想

受肉による自然・本性の更新と神化

簡潔に言えば、もしあなたが師の言葉の正確さを知ろうと欲するなら、「人間の生成（創造）にあって予知しているロゴスとは何か」、「つねに単一なるもののうちで終わりなく留まっているのは何か」、そして「罪による自らの誕生の、教育的な摂理（οἰκονομία）に従った方式は何か」を探究するがよい。完全な人は、「教育者の更正」と「自らの生成のロゴス（根拠）への完全な上昇」とを有している。それゆえ彼は、いかに神が人間となって、右の両者に即して完全に誕生したかということを学び知るであろう。

1320A 神は摂理（オイコノミア）に従って自らの誕生の方式を賢明に上昇させて、生成のロゴスを真に有した。そして、そのときあなたは、知（良心）の師にまさに驚く。つまり、いかにして師が自然・本性的に結合したものを思惟に即して集約し、われわれにおける最も神的な神秘のロゴスを全体として明らかにしたかということに驚くのだ。確かに、ロゴス（キリスト）は、知（思惟）に即した「生命力の注ぎと受肉」によって、身体からの誕生を与え、〔自らの〕誕生の方式の「生成（創造）（γένεσις）のロゴスに対する」異なりを示した。すなわち神は、それらのことを捉えて、われわれのために自然・本性を更新した。あるいはより真実に言えば、それを新たにし、われわれを通しての「ロゴス自身の知的に魂化された聖なる肉」によって、不滅の原初的美に導いた。そして恵

1320B み深くも、自然・本性に神化（θέωσις）をもたらしたのである(221)。

その際、受肉した神自身において、身体と結合・一体化した魂の方式（状態）が神化から脱落してしまうなどということは、全くありえない。それは、全体として結合・一性に即して、混合なき仕方で交流しているのだ。そして、ロゴス自身が〔肉との〕結合を通してあらわになった限りで、それだけ自らの顕現の隠されていることを捉えており、また、固有の自然・本性的な隠れを超え出ていると看做されるのである。

ロゴス・キリストは神であり、人間でありつつ、一なる存在であること

これは何と逆説的なことか。ロゴス・キリストは自然・本性として神でありながら、自然・本性として人間となることをふさわしいこととし、自然・本性の諸々の自然・本性的限定を他のものを通して全く変化させなかった。かえって、全体として神でありつつ、全体として人間となって存立したのだ。つまり、「神で在ること」のゆえに「人間となること」を妨げられず、「人間となること」のゆえに「神で在ること」が減少することもなく、両者を通して一なる存在が保たれている。

1320C すなわちロゴス・キリストは、自然・本性的に真に神でありかつ人間であり、実体・本質に即した諸部分の自然・本性的異なりによって、決して分割されないのだ。そして、ヒュポスタシス（個的現実）の個別性によって全く混合されることはなく、下位の自然・本性へと動かされたものでも、かつてなかったものへと変化したのでもないのである。

言い換えれば、ロゴス・キリストは肉のかたちや形態によって摂理を装うのではなく、また基体に即して語られる他のものを基体なしに受け取って、それを完成したのでもなくて、事柄と真理とによって人間的自然・本性

をまさに摂取し、ヒュポスタシスに即して自らに結合・一体化したのだ。それはつまり、「融合せず、変化せず、分割せず、分離せず」、自らの実体・本質に即したロゴスと限定によって、破壊されぬ仕方によってである。(222)

1320D
それゆえこの偉大な師によれば、ロゴス・キリストは、真に人間となり、人間的に誕生して、身体からのわれわれの誕生を尊んだ。その結果として、われわれを誕生のくびきから解放するが、食物の法に似た仕方で種播く人々は、罪を通して断罪から生まれることになる。そうした法は、「在ること」への生成について、諸々の植物的かつ動物的生命と親近性を有しているのである。

エゼキエルは神的なものの領域に参入し、摂理の原因を学んだ　主なるロゴスは欲望の力を不知の汚れから浄め、解放する

ちなみに、偉大な人々のうちでも偉大で神的なエゼキエルは、神的なものの領域に参入し、今人間に現存している摂理の原因を学び取って、エルサレムに向って語るかのようにこう言う。

1321A
「主はエルサレムに言う。あなたの根、あなたの誕生はカナンから、あなたの父はアモリ人たちから、そしてあなたの母はヘモ人から来る。すなわち、あなたの生まれた日に、あなたのへその緒は切られず、洗う者も塩でこする者もなく、布で包む者もいなかった。そしてあなたの生まれた日に、あなたの魂は曲っているので、地の面に投げ出される。わたしはあなたのもとに来て、あなたが自分の血でもがいているのを見て言う。あなたの血からあなたの生命が生じる。野の草があなたを与えたように、あなたは栄えるがよい。」（エゼキエル一六・三以下）

それゆえ、野において生まれ、また他の動物の血によって生命を持つという裁き（定め）から、主は自然・本性を解放し、不滅の原初的な恵みへと導く。こうして主は、自然・本性を解放するためにやってきたのだ。そして、はじめに生成したものが欺かれずにそれへと動かされるべき当の美を、自然・本性に明らかに示す。また他
1321B 方、誤りを通して生まれることによって、すべての力が自然・本性に背反して動かされ、自らに欲望の力を結びつける限りで（への緒とは欲望の象徴である）、悪を為すことを滅ぼすのだ。ここに欲望の力とは、善における実りある不変の習性を、わなとして捉えて〔悪しく為す〕のである。

そこでロゴス（キリスト）は、欲望の力を水で洗う。それはつまり、恵みによって注がれた知の打撃によって、不知の汚れから浄めることだと思う。そして布で包まれ、覆いで覆う。すなわち、善きものとして生まれた自然・本性的な働きという帯を霊によって取り去り、情念の腐敗から浄められたもの、把握しえざるものとして存立させる。そして、諸々の存在物のうちなる真のロゴスの覆いによって臭いを包み込み、全く混合なきものとして完成するのである。

同じ箇所についての他の観想

魂と身体との同時的生成

師（グレゴリオス）は恐らく既述のことを通して、人間的自然・本性の生成（γένεσις）について「二重の意
1321C 味と方式の在ること」を語り出している。それは、魂（ψυχή）と身体（σῶμα）と〔のそれぞれの生成〕についてであった。つまり、身体的・物体的なものからの誕生（γέννησις）は、思惟（意味）に即して二つの生成に分けられている。

一方で、魂は神的かつ生命的な〔霊の〕注ぎによって、語りえざる仕方で存立せしめられ、他方、身体は、それから〔身体が〕在るところの当の基体としての質料から、「身体との魂の結合に即して」魂と同時に生じるのである。なぜなら、両者にあって、生成の同じロゴス（言葉、意味）と方式が変化せずに在るのではないからだ。魂と身体とは、実体・本質（ウーシア）に即して互いに同一のものではない。つまり、それらの「在ること」は互いに同一ではなく、それらの互いに対する「生成のロゴスと方式」は、明らかに変化する。しかし、魂の生
1321D 成には、正しいロゴスと方式が——それに即して魂が生成しかつ在り、また魂と結合した身体が変化せずに存続するのだが——あると思われる(223)。

諸々の身体よりも諸々の魂がより先に、ないしより後に存立すると語る人々に対する簡潔な観想

魂と身体との「関係のロゴス」と、ヒュポスタシスの二様の意味

すでに述べたように、もし魂と身体という両者の存立について、生成のときが同じであって、いずれかが他のものより先に存したり後に存したりするのではなく、しかも両者の結合による形相が全体として解消されないと
1324A すれば、次のような帰結が生じることになろう。すなわちその際には、関係のロゴス（意味）はまさに、「自らの〔現実の〕生成としては」、一方がより古いヒュポスタシスを有するが、「自然・本性（ピュシス）としては」、他との全く関係的でない一性（ἕνωσις）を有している。

またそれゆえ、他のものとの結合に即して——腐敗もなく、それでなかったものへの変化もないので——、決

して他のものを完成しないヒュポスタシスを自然・本性的に有しているのだ。なぜなら、それ自体として個々に先在するものは本来、何か他の形相のヒュポスタシス（個的現実）へと導き入れられることはないからである。

しかるに、先在するものがもし、他の形相の完成のために他との結合を受容するとすれば、そのことを「自然・本性に従って為すか」、あるいは「自然・本性に反して為すか」のいずれかである。

そこで、もしそのことを自然・本性に従って為すなら、他の形相の完成のために他との結合を止めることは決してないと看做されよう。自然・本性自身が強制によって後退することはありえないからだ。このロゴス（意味）
1324B では、魂は身体なしには決して考えられず、身体も魂なしには考えられない。そして知者が奇妙な説に逸脱して、〔魂と身体との〕結合を空しいものとしてしまうなら、熱心に逃げ込もうとしたその捉え方によって、困惑を余儀なくされるのである。

だが他方、自然・本性に反して、他の形相の完成のために他のものとの結合を受容するのだとすれば、それは、自然・本性に即した限定を逸脱し、本来はなかったものになり、またそれに落ち込むのであって、全く滅んでしまうことになる。それよりも愚かなことが何かありえようか。だが、当面の主題に戻ることにしよう。

魂の生成　神の意志によって霊的注ぎを通して生じる

1324C さて、師が明らかに語っているごとく、魂の生成は、諸々の身体的なもののように基体としてある質料から生じるのではなく、神の意志によって、生命力ある霊的注ぎを通して生じる。それは、語りえず知られえぬ仕方によるのであって、創造主のみの知るところである。[224]

そこにあって魂は、身体との同時的な結合に従って「在ること」を捉え、一人の人間の成立（完成）へと導かれる。しかし、身体は明らかに、基体としてある質料から——つまり他の身体・物体から——魂との結合に従って同時に生じる。すなわちそのことは、〔人間という〕一なる形相の「在ること」へと〔魂との結合〕を受容することによるのであって、魂の生成と同時なのだ。

1324D この点、師は他の箇所で明確にこう言っている。「吹き込みの二様の力に即して、完全に息と聖霊とが吹き込まれる」と。それゆえ、くだんの結合に際しての「生命力ある吹き込み」と、「魂の思惟的実体における聖霊」とは、知（思惟）によって区別される。他方、師父たちの言うように、「受肉」と「身体の自然・本性的な息（風）」もまた区別されるのである。

「在ることのロゴス」と「生成することの方式」とは異なる

かくして、始祖アダムの生成（創造）は、神秘的な仕方で生ぜしめられた。魂については、「在ることのロゴス（言葉、根拠）」と〔現に〕「生成することの方式」とは、他なるものとして異なる。そしてそのことは身体についても同様である。神的な書（聖書）は、偉大な仕方でわれわれを神秘へと参入させたのだ。つまり、魂と身体とが、生成の同一の方式に即して互いに自然・本性的に生じる、などと捉えてはならない。そうした把握は、各々の自然・本性を混同し、「実体・本質（ウーシア）のロゴス」と「生成の方式」と〔の異なり〕を知らないために生じてしまうのである。

1325A しかし、もしアダムにおいて〔霊的な〕吹き込みの二様の力が、在ることの生成に即して並行して生じたとすれば、神とわれわれの救い主イエス・キリストとの、人間性に応じた二重の吹き込みについて——それは魂と身体とのことだが——、誰が何を言えるだろうか。イエス・キリストは、最初の人間アダムと似たような〔魂と身体との〕結合を能う限り保持している。

ロゴス・キリストにおける人間の新しい創造

なぜなら、師自身の言うごとく、神は明らかに、何らか先在していた新たな質料から身体を形成し、神自身によってそれに生命を附与した。ロゴス（キリスト）はまさにそれを、思惟的魂、神の似像と知り、人間を創造したのである。また同じ方式で、あたかも汚れていない地からのように、汚れなき乙女（マリア）から身体を取って、自らによって生命を附与した。ロゴスはそれを思惟的魂、神の似像と知り、かくして自らの人間的なものを創造したのだ。あるいはロゴス（キリスト）は全能なるものとして、思惟的かつロゴス的に魂化された肉を摂取することによって、自らは変化することなく、われわれを通して自ら進んで、人間を創造したのである。

1325B

「在ること」、「善く在ること」、そして「つねに在ること」への生成

思うに、師はまことに言う。右のことによってわれわれの主なる神は、われわれに即した三つの誕生を、つまり「在ること」、「善くあること」、そして「つねに（永遠に）在ること」へのわれわれの生成という、三つの普遍的な方式を誉れあるものとしたのである。(225)

第一は、「諸々の身体（物体）からの誕生」である。それは、魂と身体という諸部分の「互いに同時的な結合」に即して、一つの共在が二つに分けられたものとしてある。つまり、各々の生成の方式を通して、われわれは〔人間として〕「在ること」を獲得するのだ。第二は、「洗礼による誕生」であって、それに即してわれわれは、「善く在ること」をゆたかに受容する。そして第三は、「復活による誕生」であって、それに即してわれわれ

1325C は、「つねに在ること」へと恵みによって変容せしめられる。

そこで、美しく語られていることを乱用する人々のために、師の諸々の言葉によってそれを正確に考察しなければならない。すなわち、身体（物体）からの誕生を、与えられた原因によって思惟のみによって分別しつつ、同時に、全体として時の予知されていない同時的な孕みによって、主が生命力ある霊として生まれたと把握されよう。あるいは、主の人間的なものに即して吹き込まれたものを——それは汚れなき乙女からの「身体とともなる」思惟的魂のことであって、孕みの後のことではないが——、師は定義しているのである。

魂が身体より先に先在すると語る人々に対して

魂の先在説に対する批判　悪のロゴス（意味）

1325D すでに述べたように、ある人々は諸々の魂が身体より先に先在すると語り、ある人々は身体が魂より先に先在すると語る。しかしわれわれは、師父たちに従っていわば中間の王道を行き、魂ないし身体の先在でも後在でもなく、むしろ「ともなる（同時的）存立」（συνύπαρξις）を語る。両者の各々における〔自然・本性的〕傾向に注意し、聖書の言うように左にも右にも全く傾かず、それよりも恐れるべきものがないほどに大いに恐れるべきものを、恐れつつ語るのである。

1328A そこでわれわれは、「諸々の魂が身体より先に先在して、非物体的なものより先に生じた悪のゆえに身体が魂の助けとして見出される」などと、決して言わないようにしよう。また、諸々の見られるものの際立った大いさの原因として、まさに悪のみがあるなどと捉えてはならない。（確かに神は、見られるものの大いさによって沈黙のうちに証しされ、何らか知られるのだが。）

そのように捉えられた悪は、意図に反して必然的に神に帰せられてしまう。だが、悪を実体として創造するなどということを、神は是認しなかった。神は悪のロゴス（意味）を、恐らくはじめから世々に先立って、諸々の他のものとともに隠されたものとして捉えていたのである。なぜなら、意図に反して生じた諸々のものの実体的ロゴス（根拠）を神が有しているなどと言うことは、賢明な思惟によるものとは思われないからだ。神は偉大で
1328B 不受動で真実であって、存在物の先在するロゴスに反して、またとくに神の意図（意志）に背反して生じるようなものを、普遍的に何も持たない。そのことは、とにかくよく弁えておくべきであろう。

神の意志と予知

なぜなら、すべての存在物ないし生成物は、いかなるものであれ実体・本質（ウーシア）として、神においてあらかじめ措定され、思惟され、予知されているからだ。しかし他方、存在物の各々は、然るべきふさわしいとき（カイロス）に従って、現に存在し存立してくるのである。

そこで、われわれが神を何らか形成者と見るとき、神において意志のはじまりがあったとか、思惟と知とのはじまりがあったなどと考えてはならない。そのような考えは捨て去るがよい。というのも、もし神が世々に先
1328C 立ってはじめから思惟し知り意志したのではなく、今思惟し意志し知るとすれば、あるいは、反省してよりふさわしいことを語り、美（善）として完成したとすれば、それは、まことにはなはだ不条理なことである。それゆえ、「そのものの諸ロゴスを予知的に有していないようなものを、神が被造物と知っている」などと言わないようにしよう。

かえって万物は、「神の意志（βούλησις）によって、その無限の力に従って予知的につねに包摂されている」とわれわれは信じる。そして神によって、いかなる仕方であれ、あらかじめ思惟されぬものはなく、また実体・本質に即して「在ること」を把握しないものもないのだ。そこでわたしは、次のように捉える人々が神を敬虔に思慮していると看做すべきではないと思う。つまり彼らによれば、「神は予知に従って無限の力で、諸々のもののロゴスによって自らのうちに包摂したものが、現に在ることへともたらされることを通して、それぞれ個々に学び知る」というわけである。しかしかえって、諸々の世と時代とは、個々のものの「あらかじめ定められた然るべき時（カイロス）に即して」、知恵ある仕方で創られ、かつ「在ること」へともたらされるということが、われわれには明らかなのである。[226]

1328D 万物は、神によってあらかじめ知られたとき（カイロス）に従って、現に「在ること」の生成を受け取る

ちなみに神的使徒（パウロ）はレビについてこう言う。「在ること」へともたらされる前に、「レビはまだこの父の腰の中にいた」（ヘブライ七・一〇）と。父祖アブラハムのうちに可能性において留まる人は、成就したとき（カイロス）に従って、働き（エネルゲイア）による孕みを通して、「在ること」への生成を受け取る。そして万物が、つながりと秩序によって、神の語りえざる知恵に従って「在ること」への生成を受容し、あらかじめ知られたとき（カイロス）に即して〔現に在ることへと〕もたらされたと、われわれは思惟し信じるのである。

1329A それゆえ、実体に即して現に存在するもの、存在するであろうもの、生成するもの、生成するであろうもの、そして現象するもの、現象するであろうものなど、すべてのものの諸ロゴスは、「神のうちに在るものとして確かに先在している。」それらのロゴスに従ってつねに、「すべてのものは在り、生成し、存続する」のだ。そして

それらは、自らの定めに従って自然・本性的な動きを通して生まれ、むしろ「在ること」へともたらされる。そのことは、自由・意志（プロアイレシス）のいかに、そしてどれほどといった動きと促しに即して生じる。

アレテー（徳）を通して、「善く在ること」の意味

その際、アレテー（徳）を通して「善く在ること」は、ものが在る根拠たるロゴスへの前進（還帰）として生じてくるであろう。しかし、「悪しく在ること」は悪を通して、根拠たるロゴスに背反する動きを捉える。

そしてこれらのことを簡潔に言えば、次のような人の、自然・本性による分有的力の習性あるいは欠如に即して生じる。つまり、自然・本性に即して全く関与することのない人、またふさわしいものやふさわしくないもの
1329B すべてに全体として恵みに即して、無限の善性を通して自らを全体として委ねる人、そして「つねに在ること」の存続を、各人が自ら存立させるために形成する人である。

「在ること」、「善く在ること」、そして「つねに在ること」の類比的な分有

そうした人々にとって、固有な仕方で「在ること」、「善く在ること」、そして「つねに在ること」の類比的（アナロギア的）な分有ないし分有なきことは、分有（関与）しえぬ人々の罰の、そして分有しうる人々の喜びの伸展と増大である。なぜなら、存在物のうちで、そのロゴスが神において全く先在しないものは、何ら存在しないからだ。

実際、実体の諸ロゴスが神のうちに先在しているようなものの生成は、全く神的意図（定め）によって生じる。そして、神的意図によって生成するところの、当のものの実体的存立は、存在から非存在へと移りゆくことのな

いものとして存続する。そのように実体としての存立は、生成〔創造〕の後に存在から非存在へと移りゆくことがない。だが、そうしたものの諸々のロゴス〔言葉〕は、「在ること」の根拠として知恵（σοφία）のみを有しており、確かで堅固である。それら諸ロゴスは、知恵を通して存立し、また知恵によって「在ること」の力を確
1329C
かに持ちえているのである。

すなわち、〔諸々の存在物の〕諸ロゴスは、神において確たるものとして存し、また万物を創造した神の「それらをめぐる意図」は、揺ぎなきものである。なぜなら、神の意図〔定め〕は、さまざまな時間的限定によっては全く捉えられず、諸々の基体とともに変化して変動による変化を受け入れることもないからである。つまり、それらの〔存在物の〕存立は明らかに、いずれの方向にも消滅しないのだ。

神の意図に従って存在物は存在する

神は意図〔定め〕に即して意志しつつ、人間的な身体を創造した。それらは神によって、非存在へと全く変化
1329D
することなく存在する。つまり、神は意図に即して、ロゴスと知恵とともに意志されたものが現に在るように、つねに意志しているのだ。そして、諸々の身体的なものの非存在への全き消滅はないであろうし、あるいは〔神の〕意図に即してはそのように創らなかった。でなければ、神は意志することなく支配され、それらの諸ロゴスを有しているとは見られないものの形成へと強制的に導かれることになる。だが、もし神が意図に反して支配され、自ら意志することなく身体的・物体的なものを創造することになったのなら、ロゴスと知恵はそれらの生成〔創造〕に何ら関わらなかったことになろう。神的な意図に反して生成したものは、ロゴスと知恵とを全く欠いており、それらに敵対するものとなってしまうからである。

悪はロゴスと知恵を欠いている

1332A しかし、ロゴスと知恵とを全く欠いているのは、悪のみである。「悪が在る」とは、実は「存立（実体）なきこと」(ἀνυπάρξίς) として特徴づけられるのだ。それゆえ、悪の創り手として神を考えるなどということは、われわれには決してあってはならない。あからさまにそのようなことを言って、あえて危険なことを信じるべきではないのである。

実際、誰が神を支配しえようか。もし神が支配されるのであれば、自ら意志しなかったことを神が意図に反して為すなどと言うことになろう。そして、支配されるものがどうして神であろうか。支配されているなら、自らの意図に反して必然的に、諸々の事物の破壊が生じるということになるからである。

互いに対立する二つの根拠が先在しているという教説は誤っている

そのような意見をもてあそぶ人々には、あえてそう言わせておくがよい。神がそうしたことを為したと言う
1332B なら、意図に反して何かを為すことを神に導入することになり、神をはなはだ冒瀆することになろう。あるいは、神がそう為したとは言わないなら、マニ教のごとく、それらを為すことの他の根拠を導入していると看做されよう。が、互いに対立する二つの根拠（原理）が先在しているという教説は、全く奇妙なものである。(227) しかし憐れみ深い神の恵みによって、不明瞭な深い闇がかえって彼らを蔽うことになり、完全な忘却へと追放したのだ。つまり彼らは、われわれの聖なる師父たちによって伝えられた真理の輝きを持つことがないのである。

キリストの受肉の神秘　万物の再形成と変容

ところで、論述を適度の長さにして、語りうる多くのことを省くことにしよう。ただわたしは、われわれの真
の神、キリストの神秘がなぜ彼らをして自分の教説を放棄するようにさせないのかと驚く。まさにキリストの神
1332C 秘は、あらゆる神的な神秘よりも神秘的なものであり、万物においてすべての思惟に即して存在しあるいは生成
するような、すべての完全性の限度を超え、またすべての限定と限度を超えているであろう。とすれば、この神
秘が神なるロゴスの「受肉」と完全な「人間のうちなる宿り」とともにあり、そのように存続していることを、
われわれから摂取された、われわれと同一実体たる〔キリストの〕身体が教えている。

そうした身体は、ヒュポスタシスに即してロゴスと結合・一体化され、それとともに諸々の天に引き上げら
れた（マルコ一六・一九）。すなわち、「キリストはすべての根拠、権威、力、支配（主権）、またこの世だけで
1332D なく来たるべき世におけるすべての名の上にある」（エフェソ一・二一）。そしてキリストは、父なる神ととも
に、無限の世に座しており、すべての天を通って、すべてのものを超えた者となる。さらには、万物の再形成
（μεταποίησις）と変容（μεταστοιχείωσις）のために、またわれわれの魂と身体との救いのために、再臨するの
だ。それは、われわれがかつて信じ、今信じ、そしてつねに信じる者であり続けるためである[228]。

この明らかで明瞭なことに対して、一体誰があえて敵対して争うであろうか。そうした〔敵対する〕人々の言
1333A うところでは、諸々の身体（物体）は、完全なものへのロゴス的なものの前進については、「在らぬもの」へと
向かう単なる通り道だと、性急に捉えられてしまうのだ。しかしわれわれは、万物の主なる神が今も、そしてつ
ねに身体とともに在り、他の人々に前進しうる力を与えると信じる。すなわち、主なる神は、受肉の力に可能
な限りで万物を固有の栄光へと導き、かつ呼びかけており、万物の救い（成就）なのだ。そして主は、すべての

人々における汚れを浄める力を有しているのである。

完全性の範型としての主キリストから、身体は排除されない

そこで、もし人が右のことを全体として思惟しようとするなら、主（キリスト）の完全性の範型から身体を排除する方向に導かれることはないであろう。もとより、自然・本性に即してひとり最も完全で、あらゆる完全性
1333B
の創り手たる方は、完全性のために他のものを何ら必要とせず、前進のために完全なるものを観想することがない。また、何らかの存在物に対して全体として似たものとして前進するために、完全なものを受容すべく他のものを待つこともない。ただし、このことから、次のような帰結を導いてはならない。「すなわち、主自身は、極みの姿への前進が身体の排除となるようなときには、身体の自然・本性を脱ぎ捨てる。そして主は、救われる人々の根拠であり救い主ではない。つまり、われわれに即した完全性の完成を同時に自らのうちで神秘的に示すのではなく、救われ導かれそしてそうあるべき人々の一人として、他の人が示される。そしてその人が、ロゴスに自然・本性的に与るすべての人々が導かれる当の完全性を、自ら担って現れる」と。

主は救いのはじめであり終極

こうした捉え方は真実ではない。なぜか。真理のロゴス（言葉）は、このように語る人々に耐えない。なぜな
1333C
ら、神的な使徒（パウロ）は、主がわれわれのために受肉した方として、われわれの救いのはじめ（根拠）であり終極（完成）だと言っているからである。すなわち主は、われわれの罪を自らのうちで滅ぼし、アレテー（善きかたち、徳）に従った道行きの範型と計画を、すべて主を信じる人々に、自ら身をもって与えているのだ。す

なわち、主は善き師、知者として、語るべきことと為すべきこととをわれわれの範例として、自らによってあらかじめ提示しているのである。

主の死と復活　身体の排除ではない

まさに主は死んで復活し、天に上げられ、身体をもって父なる神の右の座に着いた（マルコ一六・一九）。それは、われわれもまた死んで復活することを確固として希望し、あらゆる死と腐敗とから全く切りはなされた生命を生きるためである。そしてさらに、天に昇って、父なる神において、仲保者たる子（キリスト）を通した誉れ
1333D と栄光と、主とともなる至福の永遠な住居とに与らんがためである。しかしその際、いかなる仕方においても身体が排除されることはないのだ。聖書のロゴスは、身体の排除などということを決して教えてはいないのである。(229)

実際、われわれの救いのはじまりにおいてそのことが生じたとはわれわれは見なかった。もしそれが生じることが主の気に入ったのなら、主自身がはじめに自らのうちでそれを働かせ、他の人々にもそうしたであろう。そして主は、われわれを通してわれわれに即して、人間愛の姿たる自らを示し、それを全うしたであろう。それは、われわれが他の人々とともに、そのことを信じ希望するためである。

クジコスの主教ヨハネに宛てて

魂と身体とともに神と結合・一体化した人は救われる

1336A しかし、もしわれわれがこうした反論を述べる人々を受け入れるならば、次のように語る聖なる師（グレゴリオス）に従って、神と結合・一体化する人は救われるとわれわれは信じるであろう。すなわちクレイドニオスに対して、こう言われている。「神と結合・一体化する人は救われる」（『クレイドニオスに宛てて』）と。しかるにそ

の人は、神なるロゴスに魂と身体とともに結合されたのだ。そして彼は、魂と身体とともに救われるであろう。そこで再び神的な師に従って、もし神のロゴスが、〔神の〕似像を救い、肉（人間）を不死にするために受肉するなら、どうして救われることが放棄され、不死になった人間が死ぬことがあろうか。あるいはそうした人は、より本来的に言えば、神性と身体とに与っている思惟的魂を媒介として全体的に神化されており、「受肉した神なるロゴス」の現存するヒュポスタシス（個的現実）を全体として、語りえざる仕方で実体的に受容している。

1336B

ただし、ここにわたしは、形成され現出した人間の固有の身体そのものを〔独立に〕捉えるのではない。

それゆえ、もしこの教理（ドグマ）が教会の信仰の神秘によって包摂されているとすれば、われわれの聖にして至福な師父たちによってキリスト者の科なき信仰に即して廃棄されたような信条（σύμβολον）に、他の人々とともに与することのないようにしよう。つまり、神の聖なる使徒的教会の神的な教理を確立するために、それぞれのとき（カイロス）に応じて格闘した人々に即して、われわれはそれらの知恵ある人々によって語るべく委ねよう。だが、目下のところは、脇道に逸れて右のような反論を語ったことで十分だと思われる。そこで改めて、くだんの問題に立ち帰ることにしたい。

1336C

身体が魂よりも先在すると主張する人々に対して

魂は身体に生命力を与える

魂が身体よりも後に在るなどと語ることは、その気になればたやすい。しかし誰しも、そのことをロゴス（言葉）によって捉えるのは大変むずかしく、また骨の折れることであって、熱心に論証しようとしても容易ではない。

もしわれわれに即して、人間的生成の素材として捉えられるものが全く魂なきものであるなら、明らかに生命力に与らぬものが生じたことになる。何であれ魂を全く取り去られたものは、あらゆる生命的働きを欠いたものなのだ。つまり、もし魂とその生命力と働きとに全く与らなかったら、明らかに死んだものとなる。しかし、も
1336D し死んでいると捉えられるものなら、それは成長することも増大することもなく、存立することも全くありえず、分散も拡張も全くないものに留まる。身体における諸々の傷の癒しが、かえってそのことの論証となろう。

つまり、病気の子供たちが現れたとき、飲んだ薬によってあらかじめ予測しつつ、死んだような状態の身体が立ち上るのを見出すであろう。それと同様に、身体の傷によって穴が開いた人の回復のために、人々は〔薬を〕
1337A そこに投入する。なぜなら、生きている身体は明らかに、固有の習性を回復させ存立させ呼び起こす力を、自らの自然・本性として有しているからだ。しかし、死んでいる身体はそんな力を決して働かせることはできないし、同時にまた、死んでしまった身体も生命力を全く欠いており、それゆえそれを働かせることもないのである。

では、ある種の生命力が思惟に即して根源的に先在していなければ、自然・本性によって分裂し分散しているものは、いかにして存立しえようか。そうした生命力は、分裂したものを自らのもとに自然・本性的に結合し束ねている。そしてそこにおいて、全体を知恵ある仕方で構成する力により、「在ること」と「形相づけられるこ
1337B と」とが成立すべく定められているのだ。

してみれば、生まれた後の状態にあって身体の「在ること」が真に伴うということからして、その存立の根拠（ἀρχή）もそこに存していると、正しく語られよう。なぜなら、その根拠から切り離されるなら、身体はおのずと解消されてしまうからだ。すなわち、身体の生成（誕生）にあっては、その存立の根拠もまた現存しているこ

とが、明らかに是認されるのである。(230)

魂なしには生命的力はない

ところで、こうした議論に促されて、もしあなたたちが人間的な複合の成立に持ち込まれたものは全く死ではないと言うなら、それはある種の生命的力を何ほどか分有しているであろう。(というのも、まさに魂を離れては、自然・本性のもとにもたらされた諸々のもとにあって生命の形相は決して存在しないからである。そして論理的つながりとして、つねに動いている天上的なものの円環運動を含んでいる諸々のものにあっても、魂なしには生命の形相は全く存在しない。)それゆえ、生命の形相は、孕みによってそれを附与された人が持つべく定められている。そしてあなたたちは、ある人の魂の特質(固有性)のみをあらわに示した。ここに魂の特質は一方では、そのうちに存する実体の存立を明確に示し、他方では実体的でない諸々のものの異なりを示しているのである。

1337C

胎児の魂

そこで、もしあなたが然るべきものへと真理によって促されて、胎児も魂を持つと言うならば、「何が」、「どのようなもので」、「いかにしてか」と観想され語られたものは、当然でふさわしいものだと言うがよい。その際、胎児が栄養的で成長する力のある魂のみを持つと主張するなら、それはそのロゴス(意味)としては〔必ずしも〕人間の身体ではなく、ある植物の栄養的で成長する身体(植物的魂)であろう。ただ、人間がいかにして植物の父であるのかなどと多くのことを詮索しても、知りうるものではない。植物は自然・本性として「在ること」を人間から得ているのではないからである。

1337D しかし、胎児には感覚的な魂のみがあるとあなたたちが言うなら、馬や牛や地と空との他の生き物などの魂も孕みによって子供を持っている。が、人間はその最初の存立に即して、自然・本性的にそれらの動物の父ではない。実際すでに述べたように、人間がある植物ないし動物の父であるということほど、不条理で有害なことがあろうか。実際、諸々の存在物の原初的存立に現存するものを抜きにして、自然・本性的異なりに即して存立の固有の定義をしっかりと保持しないときは、万物を互いに混同してしまうことである。そのような場合には、いかなる存在物も、それが現に在りかつ語られるようには全く存在しないと主張することになる。

神の予知における定め

そして、より大なる悪とは、神的な知恵と力とに対するあからさまで大きな中傷だということが、明らかに
1340A 示されよう。なぜなら、もしあらゆる存在物がその生成（創造）の前に、神の予知（προγνῶσις）に即して本来のロゴス（言葉、根拠）による完全なものを有しているとすれば、明らかにまた同時に、固有のロゴスに即して〔現に〕「在ること」にあって、生成のためにその働き（エネルゲイア）そのものと分離することなく得られたものとして、完全なものを有することになろう。

だが、もし諸々の存在物が神の予知に即して完全なものを有しており、しかも〔現に〕「在ること」への移行と生成にあっては不完全なものを有しているとすれば、かの予知されたものは未だ現に在らず、他の仕方で他のものとして在るか、あるいは確かに創造主の明らかな弱さであることになってしまう。つまりその場合には、創造主は予知に即して予知されたものを、実体として本来「在る」ようには、生成における働き（エネルゲイア）に即して十全な仕方では数多く同時に顕現させることができなかったということになるであろう。

自然・本性の創造主　二つの根拠を措定してはならない

しかし、もしあなたたちがこれらの論駁を疑い、神の似像と神的なものとに従ったものが（思惟的魂をそのよ
1340B うに呼んで）正しくないと言って、極端なものへと逃げてしまい、汚れた流れと快楽とともにあるならば、孕みの四十日の後に見せかけの優しいことを言っていると認めなければならない。実際あなたたちは、自然・本性（ピュシス）の創造主を明らかに非難し、そこから生じる冒瀆の恐るべき危険を抱え込んでいるのである。

というのも、もし結婚が悪であるならば、明らかに自然・本性に即した生成（誕生）の法も悪である。だが、そうした生成の法が悪なら、その自然・本性を創造して生成の法を与えた神が、われわれにあってまさに非難されることになろう。そこで、なぜわれわれがマニ教徒やそれ以前の異端者から遠ざかるのかと言えば、彼らが
1340C 〔善と悪という〕二つの根拠（原理）を措定し、ひいては万物の上なる神を否定しているという、ただ一つの理由による。そしてあなたたちも、彼らを通してではないとしても、同じことを言っていることが見出されよう。

しかしそれゆえに、もしあなたたちが恥を警戒して、ロゴス的かつ神的魂が孕みにあって――孕みのときの四十日後でも九か月後でも出産の後でもなく――、身体とともにあると語る方に傾くなら、浄めの日々の前にロゴス的かつ思惟的魂が生まれるとあえて主張することになろう。なぜなら、生まれた者が、法によって不浄だと
1340D 定められている者であることは、神の神殿にあっては許されないからだ。

そして他方、生まれた者は浄めの日々の完了までは、ロゴス的かつ思惟的魂を有してはおらず、少し前に述べたように、諸々の存在物のうちの植物ないし非ロゴス的動物の魂を有していると、もっともな理由から考えられよう。しかし、もしこうした言葉があなたたちにとって、偉大なモーセの記しているように、「孕んだ女性は、四十日前に石で打たれると時宜に反して子供が生まれるので、裁きとして石打ちが為されてはならない」という

記述を確かなものにするならば、次のことを知らねばならない。

知恵あるモーセは、子供が生まれるとき身体にロゴス的魂が入ることを明らかにしてはおらず、石を投げられた者との完全な類似がそのとき用意されていることを示しており、それゆえ先のことを記したのである。ただ、
1341A 附け加えて言えば、こうしたロゴス（論）を認めるのをわたしは恐れた。論の流れが進むと、まさにさまざまな非難の責任がわたしに帰せられることを危惧するのだ。議論のつながりから、神がわたしを強いて語らせていると言うのは正しくないからである。

神なるロゴスの降下によって、ロゴスが肉と結合・一体化した　ロゴス的魂と身体との結合した人間的自然・本性を、自らに結合・一体化した

実際、主なる神は、罪（ἁμαρτία）は除いてであるが、われわれに即して人間となることをふさわしいこととした。だが、「孕みのときに魂も知性（ヌース）もない人間となり、四十日そのように留まったのであり、われわれの聖なる父祖たちがはっきりと叫んで、そう教えている」などと言ってはならない。むしろ、彼らを通して真理が語り、かつ語られているのだ。それとともに、孕みによる「神なるロゴスの降下」によって、ロゴス的魂を介して無時間的な仕方で、主なる神たるロゴスが肉と結合・一体化したのである。

1341B しかし神は、すでに在るロゴス的魂を、魂なき肉を介して受容したのではなく、また魂なき身体ないし知性なき非ロゴス的魂を摂取したのでもない。かえって神は、ロゴス的魂と身体との結合した完全な〔人間的〕自然・本性を、欠けることなくヒュポスタシスに即して、語りえざる仕方で自らに結合・一体化させたのである。

自然・本性が更新され、ロゴスの新たな住居となる

それゆえわたしはとくに、共存（συνυπάρξις）のロゴス（言葉、意味）をとくに重視し、各々のものから反対のものを通して在るものを、互いにかつ媒介を通してしっかりと捉える。そして自然・本性の創り手は、そうしたロゴスの受肉のそれ自体としての神秘によって、確かな言明と教えとを有しており、真に人間となるのだ。その生成（誕生）にあっては、自然・本性はロゴス自身によって強められ、現に「在ること」を完全に保持して

1341C いる。そしてそこに、自然・本性が更新され、（ロゴスを宿す）新たな住居となっているのである(231)。

そこで思うに、「種による孕み」と「腐敗による誕生」ということは、そのとき更新されたのだ。つまりそれらは、自然・本性が逸脱した後に、神的かつ霊的な成長から多数性へと落下して自らに招いたものなのだ。（その際には、ロゴス的魂と身体とから成っている〔人間的〕自然・本性は、自らが在りかつ生成する当の根拠たる「自然・本性のロゴス」を、現に「在ること」において受け容れていないのである。）

「新しくされる諸々のものが自然・本性に即して確固として留まるとき、いかにしてその更新が生じるのか」ということについて

自然・本性の更新のロゴス

1341D 一般的に言えば、すべての更新は「自然・本性のロゴス（言葉、意味）」に即してではなく、現に新しくされるものの方式に則して生じる。それゆえ一方で、新しくされたロゴスは自然・本性を消滅させるのであって、自然・本性はそれに即して自然・本性がある当のロゴスを無傷のままに有することがない。だが他方、新しくなっ

た方式は、自然・本性に即して守られた驚くべきロゴスの力を指し示している。つまり、働きを受けかつ働かせている自然・本性を、明らかにそれ自身の定めを超えて指し示しているのである。

しかも、人間的な自然・本性のロゴスとは魂と身体であり、ロゴス的魂と身体とによる自然・本性としてある。他方、〔生成の〕方式とは、自然・本性的に〔現に〕働かせかつ働きを蒙ることにおける秩序である。それはしばしば動かされたり変化せしめられるが、自然・本性を自ら変化させることは全くないのである。

1344A そのことは、他のすべての事柄においても同様である。なぜなら神は、「あらかじめ知られたものの予知」と
「万物について、万物を通して保持されている力」とによって、自らの被造物を何らか新しくすることを欲しているからである。

それゆえ、神はむろん最初から、諸々の奇蹟（驚くべきもの）としるしとの偉大さによって、また更新のロゴスによって、さまざまの逆説的なことを生じさせた。すなわち、腐敗のもとで肉のうちにあったエノクとエリヤとを、生の他のかたち（形相）へと変容させ、至福な者としたのだ。そしてそれは、自然・本性の変化に即してではなく、自然・本性的な導きと秩序との変化に即して生じたのである（列王下二・一一参照）。

水、箱船、火、木などについての奇蹟

神はまた、地上の悪しき人々を多数溺れさせるために「水」に命じた（創世六・一七）。そして「箱船」の中で、
1344B 最初に水夫ノアが野の獣とともに不滅の生を送ることを示した（同、七章以下）。さらに、アブラハムとサラという偉大なしもべたちについては、年取ってからの子供によって、子を産むための自然・本性の定まった「限定」と「時間」とを尊重している（同、一八・一七）。あるいは「火」というものを、不敬虔な人々が流れとして下方

にもたらされるために準備している（同、一九・二一）。自然・本性的なロゴスは全体として、火によって決して減少せず、しもべの召喚にあって火を燃えぬまま底に留めたのである。

神はエジプトにおいては、「水」を血の性質へと変化させた（出エジプト七・一七）。その際、水の自然・本性は全く否定されることなく、赤くなった後にも自然・本性としては水に留まった。そして、その他の奇蹟としるしとを成就させたのである。その結果、それらのことを信じる人々には、なおも存している恐れからの解放（自由）の希望が与えられ、信じない人々には、懲らしめの力を感知させる。それは、神的なものについての彼らの頑なさを排除するためであった。

1344C 神はさらに「海」を杖によって割き、水の連続を解き放つ（同、一四・一六）。そのとき、海の固有の自然・本性は変化せしめられることなく、追跡されている人々（イスラエルの民）が〔海底を〕通ってゆく際、追跡する非難すべき人々（ファラオとその軍勢）の高貴さと自由とは廃棄されたのである。[232]

そして神は、木によって水を甘くする（同、一五・二五）。耕されたのではない不思議な知られざるパンを、天から降らせる（同、一六・四）。そして突然、海の上を飛ぶ多くの鳥を出現させる（同、一六・一三）。それは、互いに自然・本性に即したつながりはなく、砂漠で苦難を蒙っている人々を慰めるための出来事であった。そして神は、隊列を離れた人々の信仰を強めるために、水がほとばしる岩を示す（同、一七・六）。敬虔な人々が水のない所を渡航できるように、河を引き戻す。さらには、太陽と星との運行を不思議にも妨げなく停止させる。つまり、円環的につねに動いている自然・本性を、不動のものに停まらせたのだ。

1344D また神は、不敬虔な支配者が無知のゆえに神に逆らい破滅に向かうとき、その力が目的に達する前に、古より約束された相続が為されるのである。そして所有の地について、また古いイスラエルが法に反して侵入した地について、現に為されたと言われているその他のことに関しても、神は新たにされた諸々のものの自然・本性を――〔単に意味上の〕「存立のロゴスに即して」ではなく、〔現に〕「働き（エネルゲイア）の方式に従って」であるが――更新したのである。

受肉の神秘

これらすべてのこととともに、またそれを通して、それのゆえに万物がある当のものとともに、神はわれわれのために、自らの受肉（人間のうちなる宿り）（ἐνανθρώπησις）の神秘をまさに成就させ、自然・本性を新たなものにした。すなわち、思惟的魂を媒介として肉を摂取し、種子なくして語りえざる仕方で孕まれ、真に腐敗なしに完全な人間として誕生したのだ。その際、思惟的魂を身体とともに、その腐敗なき孕みによって有している
1345A のである。

すべての自然・本性はその固有のロゴス（意味、根拠）によって、つねに目的（終極）を有していること

諸々の自然・本性は、「在ること」への生成の根拠を神から受け取っている

一般的に言えば、すべての自然・本性（ピュシス）は思惟的なものも感覚的なものも、あるいは単純なものも複合的なものも、「在ること」への生成の根拠を、いかなる方式であれ諸々の部分から受け取ってはおらず、ま
1345B た中間の分割されたものによって存立しているのでもない。そこで、もし複合的な自然・本性であれば、すべて

完全なものは、固有の完全な部分が集まって存立している。が、それは、それ自身としても互いに対しても、構成している諸々の部分の、時間に即した何らかの隔たり（分離）を有してはいないのだ。

しかし、もし単純なあるいは思惟的な自然・本性であれば、完全なものが自らの完全なロゴスによって本来は同時に、また集まって存立している。つまり、何らかの時間が固有の諸ロゴスの全体を、決して分離させることはないのだ。なぜなら、諸々の存在物のうちには、何か普遍的な自然・本性はかつて存在しなかったし、今も存在しないし、自らのロゴスに従って「今そうでないもの」を受け取って、存在することもないであろう。この点また、かつてなかったものが「今在る」とか、「後に在るだろう」とかいうこともない。

なぜなら、それらのことの諸々のロゴスは、「在ること、存在すること」と同時に、神から「完全なるもの」
1345C を受け取っているが、固有のロゴスに即したそれらの顕現と実体性は、存在物たる限りで「在ること」へのすべての附加も欠如も受け入れないものとして、全体として存在しているからだ。しかし、今語られたことについて、ロゴス（論）の逸脱に抗しつつ、諸々のロゴスの刷新における技術的な説得を真実に為す人々に反して、不条理な教説へとたやすく逸れてしまわないためには、以上のことで十分であろう。

師はなぜ、洗礼による誕生を受肉に結びつけたのか

自由・意志に即しての霊による誕生、さらには恵みによる神化

師はなぜ、そして何のために、洗礼による誕生を受肉に結びつけたのか。（この問いが当面の問題の探究にあって、
1345D まだ残されている。）それについてわたしが学び取ったことを、できるだけ簡潔に述べておこう。

神的なロゴス（言葉）を神秘的に、そしてより高い観想によって考察してきた人々は、そのロゴスを称えて次のように言っている。すなわち、人間ははじめに「神の似像（εἰκών）に即して」創られ（生まれ）、さらには自由・意志（プロアイレシス）に即して、霊によって明らかに誕生する。そして第三に、神的な掟を守ることを通して、〔神の〕「類似性（ὁμοίωσις）に即して」自ら誕生することを得たのだ。

それは、人間自身が自然・本性に即して「神の型・象り（πλάσμα）」となり、霊によって恵みに即しては「神の子」とも神ともなるためである。なぜならば、人間として生まれた者が、「恵みによる神化（θέωσις）によって」神の子そして神であることを得るのは、他の仕方ではありえなかったからである。つまり、人間に内在して自然・本性的に自ら動く自主的力を通して、霊によって自由・意志によってまず誕生するのでなければならなかったのである。(233)

1348A

神への背反としての罪と、その断罪

しかし最初の人間は、思惟的で長らく秘められている諸々の善よりも感覚的な喜びや現れの方を優先することによって、神化を形成する神的かつ非質料的な誕生を破壊してしまう。そこで、諸々の身体（物体）からの、自由・意志によらぬ質料的で滅びゆく誕生を持つことへと断罪される。つまり神は、諸々のより善きものよりもより悪しきものを優先する人を、然るべき仕方で裁くのだ。それは、情念的かつ奴隷的で、強いられた誕生のことである。

そのようなとき、人は、「自由で不受動な、自ら進んでの純粋な誕生」の代りに、「地上の非ロゴス的で非思惟的な、諸々の被造物に似た誕生」を受け取ることになる。そして、神とともなる神的で語りえざる導きよりも、

非思惟的な被造物とともなる、誉れなきまた質料に等しい姿を抱え込んでしまうのである。

ロゴス・キリストの受肉　罪なくして身体的に誕生し、洗礼を受ける

1348B 従って、人間の自然・本性を創ったロゴス（キリスト）は、およそ人間が自由になり（解放され）、神的な至福へと立ち帰ることを欲して、人間からして真に人間となる（ヨハネ一・一四参照）。そして、罪なくして、人間を通して身体的に誕生し、洗礼を受ける（マタイ三・一六）。すなわち、「実体に即して神であり、自然・本性に即して神の子である方（ロゴス・キリスト）」が、われわれのために自ら進んで、〔神の〕養子への霊的な誕生に入ってゆくのだ。そしてそれは、身体による誕生を廃棄するためであった。

かくしてロゴス（キリスト）は、われわれのためにわれわれを創り、霊とともにひとり、父と同一の神、同一の栄光たる子であって、われわれに即してわれわれから、真に人間となり、罪なくして身体的に誕生する。そして、自然・本性として神なる方が、洗礼によって霊的な養子となるような誕生をわれわれのために受容するのだ。
1348C 思うに、それゆえにこそ師は、くだんの「洗礼による誕生」を受肉に結びつけたのである。そしてそこにあっては、身体からの誕生が廃棄され解消されることが意図されているのであった。

新しいアダム（ロゴス・キリスト）は、霊における誕生をもたらし、神の子となる力を与えた

アダムは（わたしはその名を、「神化への霊による誕生」だと言う）、身体的に誕生することを自ら進んで放棄して、腐敗へと断罪された。が、〔新しい〕アダム（ロゴス・キリスト）は、善にして人間愛なる存在として、われわれの逸脱（罪）のゆえに、自ら意志して人間となる。そしてただひとり自由で罪なき方が、われわれのために進ん

で自らを断罪し、身体から誕生することを――そのうちにはわれわれを断罪する力が存したのだが――受け容れた。そして、霊における誕生を神秘的に正しいものとしたのである。ロゴスはそのようにして、われわれのために身体的な誕生を解消させ、自らにおける意志による霊的な誕生を通して、われわれにかの結合の力を与えたのだ。それはつまり、キリストの名を信じる人々が肉と血に抗して「神の子となる力（権威）」（ヨハネ一・一二）
1348D
である。

それゆえ、わたしの断罪のために、受肉と身体的誕生とがまず主において生起し、さらに洗礼を通しての霊的誕生が続いて生じた。それは、恵みによるわたしの救いと再生（新たな呼びかけ）（ἀνάκλησις）のためであり、あるいはより明らかに言えば、再形成（ἀνάπλασις）のためであった。

「在ること」のロゴスと「善く在ること」のロゴスとの結合　復活による不死性における誕生

かくして、神はわたしのために、わたしの「在ること」のロゴス（言葉、根拠）と「善く在ること」（τὸ εὖ εἶναι）のロゴスとを結合し、わたしにおけるそれらの分離と隔たりとを一つにし、それらを通して、「つねに在ること」のロゴス――人間は「この世では」、それに即して生むことも生まれることもないのだが――へと知恵ある仕方で促すのである。そして諸々の現象を司る摂理は、偉大で共通の復活を通してもたらされることの目的
1349A
を捉え、人間を不可変な存在として不死性において誕生させる。そしてそうした摂理によって、諸々の現象しているものの自然・本性は、生成（創造）によって「在ること」を得たのであり、また摂理とともに、実体として腐敗しないことが恵みによって得られよう。[234]

しかし、もしお望みなら、これまで論じられたことの力を想起し、簡単に要約しておこう。われわれはわれわれの救い主の身体的な誕生を、自然・本性のあらかじめ知られたロゴス〔意味〕と、また今われわれにあって新たに存在しているロゴス——そこでロゴスが死に至ったのだが——とに分けた。そして、自然・本性に即した「生成のロゴス」と〔現実の〕「誕生の方式」とに分けた。さらには、魂と身体との「実体・本質に即した生成」の異なった諸方式に分け、また「種子なき孕み」と「腐敗なき誕生」とに分けたのである。しかし、もとよりあなたたちにあって、右に提示された解釈よりもより善いものが正しい判断のもとに試みられ
1349B て然るべきであろう。

四三　空しいものに寄りかかって、神的な生から離れてはならないこと

ナジアンゾスのグレゴリオスの次の言葉から。

「なぜあなたは、何ら有益でない薬を求めるのか。恐らく致命的なものが現存しているのに、批判すべき甘美さをなぜ求めるのか。」（『洗礼についての講話』第一二章）

至福な長老が言ったように、生きることを希望しつつ快楽への愛のゆえに洗礼をないがしろにする人々に対して、師は次のような言葉を告げた。「他のものからの、つまりこの生からの脱出を、なぜ考えなければならないのか。かえって、すでに現存しているものについて思惟すべきではないのか。何の益にもならぬ薬をなぜあなたは求めるのか。脱出が恐らく現に在るのに、批判すべき甘美さをなぜ求めるのか。」（同）

医者は、四日間熱を出している子供にとって四、七、九、一一そして多分一三〔という日〕が危険だという。（彼
1349C らの語るところでは、それらの日には、病人のうちに汗で湿った身体が見出され、それらの数は病んだ状態をしるしづけ
ているのだ。）しかし、病人は巡ってくる年について、誤った指示のために汗を追い出し洗礼をないがしろにして
はならないのである。

そこで師は、労苦している人に全く賢明に忠告している。汗は脱出をもたらす力があるので、この汗を信頼し、
他方、空しいものに寄りかかってはならないと。つまり汗は、現存する生の目的（終極）を告げている。それは
一方では既述のごとく、病人が汗にだまされ、現存する神的なつねに存続している生から離れてそれを忘れてし
まわないためである。そして他方、人間的な朽ちて全く滅びゆく生を見出すためである。そうした生は自然・本
1349D 性として力なきものであって、つねに腐敗と変化とを通して流れ、保持していると思う人々の手をすばやく逃れ、
あるいは空しい夢を見ているかのような生なのである。

四四　神のロゴスは人間愛に満ちている

ナジアンゾスのグレゴリオスの次の言葉から。

「もしキリストの人間愛が大きなものだとしても、キリストは盗まれて、しばしば愛するのではない。」（『洗礼についての講話』第三三章）

この言葉に立ち合う人は言う。もし神がはなはだ人間愛に満ち、人間愛の泉がなくならないのならば、取り去

1352A られても決して減少せず、盗まれても愛するのであろうかと。確かに、むしろそのようにして人間愛というものが示された。つまり、盗もうと欲する人々に――彼らはしばしばそう欲するであろうが――場を与えても減少せず、またとくに盗人が救われるのだ。

　このことについてわれわれは、神のロゴス（言葉）に感謝して言う。それは人間愛に満ちており、むしろ人間愛そのものであって、何かを盗もうとする人々はよき先見のあらわなしるしと看做される。もとより、しばしば盗もうとする人々に対して、盗みの行いを是認するわけではない。それは、今取り上げている言葉が他にも適用されて、似たような仕方で救いのたやすさが語られないためである。そして、与えられたものを失ったとき、それは、再びたやすく得られはしない。また、その賜物をたまたま得た人々が、美においても変化なき確かな習性を保持しているのでもないのだ。というのも彼らは、美（善）の所有がたやすかったために――それはたやすくさげすまれるものだが――、悪へと落下した意志（γνώμη）を有しているからである。

四五　アダムにおける「逸脱（罪）以前の姿」

1352B ナジアンゾスのグレゴリオスの次の言葉から。

「単純さと作為なき生によって裸の人、そしてあらゆる装いと問題とから離れている人、そうした人ははじめの人（アダム）にふさわしい。」（『復活祭の講話』第八章）

不知の闇と傲り

こうした言葉によって、偉大な師は次のことをひそかに開示していると思う。そうした人のみが、知恵の把握と知の賜物とを等しく知っている。彼らは思惟の眼差しから、あらゆる情念と質料的執着とによる気質を捨て去ることによって、すべてのことにおいて真の知の光線に与ることが可能になった。つまり彼らは、その光線に即して可能な限りで単純で一なるかたちのロゴスによって、多くのものから知性（ヌース）を守ることができる。
1352C
そして、存在物のすべての知的なかたちを単純な洞察によって把握したのである。

しかしわれわれにとっては、真理の把握に対して、知性の揺れ動く嵐によって不知の闇が未だ前にある[235]。それはあたかも、盲人が両手に質料のもみがらを持って、それが何か尊く価値あるものと感じるかのようである。そこでわれわれもまた、今探究していることについて、自らの弱さによってではあれ何かを語るべく努めよう。まことにわれわれは、聖書によって神がわれわれの手に授けてくれたもの以外には何も語らない。それは、善き師父たちをあなたたちに能う限り紹介するためである。

そこでわたしは、われわれのうちなる思惟的力の触れえたロゴス（言葉）によって、単純なわずかの観想をわれわれに適合したもの、父祖の祝福と呼ばれるものとして語る。つまり、われわれは決して、エソウのように
1352D
受けるべき父の祝福にゆっくり備えて、感覚物の野を不自然な仕方で感覚的に欠いてしまうのではない（創世二七・三一以下）。あるいは、再び傲りによって自分の力より大なるものを何か求め、われわれの観想の山を耕すことによって、イスラエルにあって走らされるのでもない。それらのことについて法は言っている。「ある人々は強いられて山に登ったが、山に住むアモリ人たちがやってきて、彼らを傷つけた」（申命一・四三―四四と）。

逸脱（罪）以前の不死性と善き習性

1353A それゆえ、わたしはこう思う。先祖アダムにおける逸脱（罪）以前の、人間的身体の混合による異なりを、師は、今われわれにおいて観想される力を持っているものに対してあらわに示そうとして、次のように言う。すなわち、かつて人間は、身体の混合によって互いに対立し腐敗する性質に引き出されることなく、かえって衝動や流れ（傾き）から離れて同一なる仕方で存し、それらの各々による性質の支配による連続的な変化から解放されていた。そして、そのように恵みによって不死性に与り、今自らの刺によって人間を打つ腐敗を持つことなく、自らに適合した「身体の他の力」を争いなき単純な性質によって保っているのだ。

1353B そうした身体の力に即して、最初の人間は裸であった。が、彼は、非肉体的なもの、非身体的なものとしてではなく、肉を厚くして死すべき抵抗するような「ぶ厚い混合」を持たないものとして在るのである。この偉大な教えによれば、最初の人間は、実体的に与えられた自然・本性的な善き習性を、確固として分散させることなく、また過剰な欲求に捉われることなく、端的に生きたのだ。そして、彼はうちなる不受動心（情念からの解放）によって、もはや恥ずべき姿を晒すことがなく、諸々の冷と熱とに――それらのために、とくに住居と衣類という蔽いの方式が人々によって考えられたのだが――服すこともなかったであろう。[236]

同じ言葉についての他の観想

神への愛の力によって、完全性に向かってゆく

人間について今観想されたことから、師は今の人間的存在者の把握によって、かつての人間の姿を指し示して

1353C
いる。というのも、人間は今、次のようなさまざまなものによって動かされているからだ。すなわち、諸々の情念の非ロゴス的想像をめぐって、快楽への愛によって欺きから動かされ、あるいは諸々の技術的なもののロゴス（言葉、意味）をめぐって、必要による状況によって動かされ、あるいはまた、自然・本性的なロゴスをめぐって学習による自然・本性の法によって動かされる。

しかしそれらのいかなるものも、すべてのものを超えた人間を始めから然るべき仕方で必然的に引きつけたわけではない。神は人間がそのように在るように適合させたからである。つまり、人間の下に、人間をめぐって、そして人間とともにあるものなどによって、全体として人間が分散しないように、また自らを超えた存在（神のことだが）への、愛の力全体による不屈の動きによって、一なるものの完全性に向かってゆくように定めたのだ。(237)

1353D
なぜならば、最初の人間は恵みによって不受動であって、快楽を通して情念の想像による欺きを許容することがなかったからである。つまり彼は、何ら欲求に捉われることがなく、必要によって技術的なものを取り巻いている必然性から自由であった。そして、知恵ある者であり、知を通して自然・本性をめぐる観想を超えて存立している。

最初の人間は、愛による意志的な共生に与る　単純性ゆえに裸の人と呼ばれる

従って最初の人間は、神と自分との間に介入してくる知・観念を持たず、神への動きに即して生じる「愛による意志的な共生」に与る。それゆえ彼は、自然・本性に即したすべての探究を超えている者として、「単純性ゆえに裸の人」と呼ばれている。また、諸々の技術を必要とするすべての生から浄められ、すべての蔽いと問題から離れている者として、「技術なき生によって裸の人」と呼ばれるのだ。

すなわち彼は、感覚されるものに対する諸感覚の情念的しがらみから解放されている。そして、それらのもの
1356A に正しく対処するのだが、その際、欠乏を後にし、すべてにおいて空しく在ることを自ら進んで択び、自然・本
性的にはそれらを超えた者として誕生しながら、それらの下に生まれるのである。

同じ言葉についての他の観想

アレテーの汚れなきロゴスによって裸の人たること

あるいは師の言うように、自然・本性をめぐるさまざまな観想と知から「裸の人」は、「非技術的な生」によって実践とアレテー（徳）とをめぐる多くの方式の外にある。つまり、彼は習性に即して諸々のアレテーの汚れなきロゴスを有し、「あらゆる装いと蔽いがなく」、神的なものの把握のために現象の感覚についての思惟を予知しており、それに欠くことがない。そして、神の後なる諸々のものの「一なる形相で単純でつながっているアレテーと知との防護」のみを有し、意志的な言明への「働き（エネルゲイア）をめぐる動き」のみを欲している
1356B のだ。

まことにそうした人々は、愛智のロゴスによって祖先の落下（罪）から自ら立ち上がろうとして注意し、諸々の情念の全き除去から始める。そして、諸々のロゴス（言葉、意味）についての技術の忙しさから離れ、最後に自然・本性的観想を伸展させて、非質料的な知へと参入する。それは、感覚によって型どられた形態を全く持たぬような知であり、また、ロゴスの表現によって感覚的な思惟を退かせているような知である。そのとき彼らは、神がはじめに最初の人間を創ったように、肉の法の死によって「裸」となるのである。

もとより、当面の問題を他の方式によっても、より高い仕方で観想すべきであった。が、語り始めたことの足
1356C らざる難点については、今は措くことにしよう。

四六　救い主の多くの名称

ナジアンゾスのグレゴリオスの言葉から。

「正義の太陽（マラキ四・二）、あるいはそれから発出するもの、あるいは見えるものによって限定されたもの、などとしての年。」（『復活祭の講話』第一三章）

救い主の名称は観想的上昇の多様な方式を示す

われわれの救い主の名称は数多くあり、その各々からその思惟（解釈）によって、観想的上昇の多様な方式が成立した。その際、観想されたものの把握は、主の名について自然・本性的観想により範型的に把握された多くの事柄を通して獲得されうる。が、そこからむろん、今われわれの扱おうとしている難問が生じるのだ。というのも、太陽について観想されたことについての多くの方式は、師がごく簡潔に考えを語っているため、未だあら
1356D わに示されてはいないからである。そこでわれわれは、師が暗黙のうちに語っていることを能う限り明らかに解釈してゆくことにしよう。

年、時間、そして主の年について

さて「年」とは、われわれの聖なる知恵ある師父たちによれば、太陽自身のしるし（σημεῖον）から、しるし
そのものへの回帰（統合）である。つまりそれは、時間的に五という固有性の周期としてある。なぜなら「時間」
1357A （χρόνος）は、日、七日（週）、月、瞬間・出会い（καιρός）、そして年という五つに分けられ、かつ集められる
からである。また、年は同様に、時節、日、七日、月、そして瞬間における、連続的でそれ自身に間断なく留ま
る動きに属する。そうした動きをめぐって、変化に即した諸々の分割が、時間の連続的で間断なき動きを数的に
測るのである。

そこで、もし「年」というものがわれわれにおいて、このような仕方で太陽の運行に即して生じるならば、明らかに「主の年」が、聖書に記されているように（ルカ四・一九）、象徴的な仕方でまさに受容されうる。ここに主の年とは、世々のすべての展開である。神はそのはじめから、万物を実体化することをよしとし、存在していないものに存在を与えた。つまり何らかの思惟的太陽のように、万物を持続へともたらす予知の力によって、万物に光を注ぎそれらを保持している。

そして神は、諸々の存在者にそれぞれ固有の善きものを種子として植え込んだのだが、その方式を多様なもの
1357B として、すべての世々の完成に至るまで、それらの多様な方式が成就してゆくにふさわしいものとしたのだ。す
なわち神は、雑草を交えずに固有の種から実りを集め、あらゆる表面的な皮やそれに伴うものを浄める。かくし
て、それにふさわしい人々が神化を告げられた最後の至福を刈り取り、諸々の動かされるものの動きの全体的ロ
ゴスが完成されるであろう。

正義の太陽、光よりの光という名称

それゆえ主は、「正義の太陽」と呼ばれる。つまり、世々を形成し持続させる存在として、万物の根拠（原因）かつ終極（目的）として、そして、予知に即してあらかじめ思惟されたものの五つのよき秩序を、知恵ある仕方で創り出すものとしてである。またそうした主は、永遠の光による「善性の過ぎゆくことなき放射」によって万物を満たす。そして、人々が至福の光を受容すべく自らの思惟的運河を増大させ、父なる神に自らを捧げるように、彼らを形成するのである。1357C

しかるにまた、「年」そのものは、「正義の太陽」としての主を受容しうる。つまり主は、思惟的に生じた五つの方式の動きに従って、すべての救われる人々を満たす。そして、諸々の現象についての「ロゴスに即した正確な自然・本性的観想」を通して、思惟されるものの霊的知識を集約するような人は、正義の太陽（たる主）をまさに思惟しているのである。

そのことから主は、「発出するもの」、あるいは「見えるものによって限定されないもの」などと、師によって呼ばれる。あるいは主は、「光よりの光」、まことの父から生まれた「実体的なまことの、神々からのまことの神」と呼ばれる。さらに、主は人間として、われわれに即して見られる「自然・本性のかたち」によって限定されている。それは丁度、太陽が天から発するものとして、円形の物体的現象によって限定されているのと同様である。1357D

四七　キリストの神秘の受容と観想

ナジアンゾスのグレゴリオスの言葉から。

「もし各々の家にあってとくに羊が求められるとしても、それは決して驚くべきことではない。」（『復活祭の講話』第一四章）

法はキリストの原型を完成するよう命じる　キリストの十字架の意味

人がこのように言うとしても、思うにそれは、恐らく理に適ったことであろう。キリストは一なる存在であって、法と預言者たちそして創造の偉大さを通して、霊的に聞きかつ見ることのできる人々に神秘的に宣べ伝えて
1360A いる。とすれば、いかにして法は、キリストの原型を完成し、多くの羊が父祖たちの家において捧げられるようにと命じているのであろうか。

われわれはそれに答えて、次のように言う。もしわれわれがそのロゴス（言葉）を受け容れるなら、それは魂の耳と目に思惟的に触れられる。そしてそれは、一方では、キリストの神秘の受容と観想へと魂の耳と目を開き、他方、あらゆる背反への罰とあらゆる空しさからの転回とをもたらす。そのときわれわれは、聖なる使徒の言と似ているものを当面のものに結びつけて、聖書の神秘的な意志を完全に知ることになろう。すなわち、「あなたたちのうちで、キリスト・イエスとその十字架につけられたことのほかは何も知るまいと、わたしは心に定めた」（一コリント二・二）と語られている。

キリストを信ずる人々は、多様な意味で十字架につけられている

1360B
してみれば、キリストを信じる各々の人は、「固有の力」と「キリストのもとなるアレテー（善きかたち、徳）の習性と性質」とに即して十字架につけられ、かつ自らにおいてキリストを十字架につけている。彼は明らかに、霊的にキリストによって十字架につけられているのだ。

すなわち、ある人はアレテー（徳）の方式に即して、自己自身に十字架を受け容れている。つまり一方で、人は罪の働きにおいてのみ十字架につけられ、神への恐れによって死んで釘づけされている。他方では、諸々の情念によって十字架につけられ、魂の諸力を追放している。しかし他の人は、諸々の情念の想像そのものによって諸感覚を追放してはいない。つまり、それらによって積み上げられたものを受け容れてしまっている。そして、ある人は情念をめぐる想念や思惑によって、あるいは感覚的な欺きによって〔同様の姿になっている〕。ある人はまた、自然・本性的な固有性を通して十字架につけられており、諸感覚によって感覚されたものに対する関係を追放している。しかし他の人は、自らにおいて自然・本性的に働いているものはもはや何もないかのように、
1360C
あらゆる感覚的な動きを普遍的に十字架によって消滅させている。

そしてある人は、知性（ヌース）に即した働き（エネルゲイア）そのものを全く停止させる。より大なることを言えば、不受動心（アパテイア）を通して「実践的哲学」において十字架につけられており、あたかもキリストの肉からキリストの魂へと上昇するかのように、霊における「自然・本性的観想」へと上昇する。

そしてさらに、知性（ヌース）による「存在物についての象徴的観想」を通して、自然・本性的観想に死んでいる。つまり、あたかもキリストの魂からキリストの知性へと向かうかのように、神学的知識の「一にして単純
1360D
な神秘参入（μυσταγωγία）」へと変容せしめられるのだ。すなわち、あたかもキリストの知性（ヌース）から

キリストの神性へと向かうかのように、右のところから全くの否定によって、語りえざる離脱的な無限性へと神秘的に導かれるのである。(238)

各々の人は類比的にキリストを有し、キリストとなる

こうした各々の人は、すでに述べたように、自らの力に即して、また自らにふさわしい仕方で与えられた「霊の恵み」に即して、類比的に（アナロギア的に）キリストを有する。ここにキリストは、万物に対する死を通してより高い上昇を為しているのだ。そのようにわれわれの各々は、家において固有の秩序により、アレテー（徳）に即して自らに適合した約束に羊を捧げるように、まさに神的な羊を捧げる。そして、その肉に分け与り、イエスに満たされるのである。

なぜなら、各々の人に固有な羊は、人がキリスト・イエスを捉え食しうるために、キリストとなるからだ。真
1361A
理のみつろうたる偉大なパウロに固有なものは、聖人たちの各々にとってもその「信の測り」と「霊のもたらす恵み」とに即して、固有な仕方で固有のものである。そしてキリストは、ある人にはこのように、他の人には他のようにという仕方で、全体が全体において見出され、すべてにおいてすべてとなるのである。(239)

四八　信・信仰によって「頭たるキリスト」（受肉したロゴス）に与りゆくこと

ナジアンゾスのグレゴリオスの次の言葉から。

「ロゴスの肉と糧に関するものは、知性（ヌース）の賜物と隠れた部分によって食べられ、霊的な消化へと

委ねられるであろう。」（『復活祭の講話』第一六章）

神はロゴス的存在物の各々に、神自身の知をひそかに植え込み、神への欲求と愛とを与えた

知恵（ソフィア）によってすべての自然・本性を存立させた神は、ロゴス（言語）的存在者の各々のうちに神自身の知をひそかに植え込み、卑小なわれわれ人間にも主の大きな賜物として、自然・本性に即した「神への欲求と愛」とを与えた。つまり、神は人間のうちに、ロゴス（言葉、理性）の力を自然・本性的に編み込んだのだ。

1361B
その力によってわれわれは、欲求の充足（完成）の諸方式をたやすく知り、また追究しているものから外れて逸脱しないように戦うことができる。それゆえわれわれは、「真理」と万物に秩序立って顕現してくる「知恵」と「摂理」とを探究すべく、欲求を動かされ神に与りゆくよう促される。その際われわれは、そのために欲求を有した当のものにしがみついている。[240]

学を愛してこのことを神秘的に知る人々は、自分に伴う余暇と、労苦を厭わぬ修業とを自らにおいて確立させた。彼らはさまざまな事柄についての真の把握と〔意味の〕つながりとを正確に学んだ。そこで、この世にあって敬虔に観想されたことを通して、来たるべき真理の似像を大いに形成し、〔真理への〕欲求を十分に満足させ
1361C
た後に、善く訓練されより準備された魂を獲得する。そして、この世の後で疲れることなく、来たるべき真理へと導かれるのだ。その真理は、諸々の神的思惟を通してすでに美しく描かれていたのである。

救い主イエス・キリストの導き

神にしてわれわれの救い主イエス・キリストは、単純で明らかな、また何ら困難なき真理そのものに向かって

彼らを導く。つまり、多様で謎の多い不明瞭さから解放されたものを、象徴的に彼らに示すのだ。かくして、完全な不受動心（アパテイア）を通して、実践的アレテー（徳）によって苦しみと嘆きから彼らを遠ざける。同様に、彼らは知恵を通して、観想的知によって、自らに生じたすべての不明瞭さや困難から逃れ、そこから知恵の原型
1361D を捉えるのだ。そのとき彼らは、真理によって裸となっているのである。

実際、次のように語られている。すなわち、来たるべきものについての欲求を持っているすべての人に、諸々の永遠の善きものの教えが明らかに与えられ、全く提示されるであろうと。そして、われわれの神は富んでおり、神を愛する人々に知の神的魂を分かち与えることを決して止めない。ただ、それらの高さと大きさゆえに、われわれはそれらを、この世に即して名づけることはできないのだ。そこで、偉大な使徒は究極の至福について、それがあらゆる名を超えていると真実に語っている。

1364A すなわち至福とは、この世においてだけではなく来たる世々においても、すべての賜物の後なる存続と上昇として、つまり諸々の善きものの至高のものとして示され、われわれはいわば謎かけられるのだ。実際、それはいかなる言葉によっても知性によっても語られえず知られえないのであって、この世においてわれわれに能う限りで、また来たるべき世においてあらわにされる限りで、恐らくわれわれに可能な仕方で名づけられ知られるであろう。

神のロゴスたるイエスは、イエスに従う人々をより善きものへと変容させる　固有の定めに適した神化

さて、神のロゴス（言葉、知）たるイエスは、天に昇ってすべての天の上にあり、実践と観想を通してイエスに従う人々を、より悪しきものからより善きものへと、さらにはそれらよりも高いものへと移行させ、変容させ

る。そして端的に言えば、時間は、栄光から栄光への変化に即しての「聖人たちの神的な上昇と顕現」を語るわたしを後にしてゆき、ついに各々の人は、固有の定め（秩序）に適した神化（神的生命への与り）を受容するであろう。

1364B それゆえ、偉大な師は、神をめぐる自然・本性的欲求を有しているわれわれすべてを励まし、自らの教えを通してわれわれのために犠牲の子羊という霊的糧へと呼びかけている。すなわち、われわれが〔神の〕子羊の肢体の、壊れぬ混合なき調和を、秩序に先立って有益な仕方で守るよう指し示しているのだ。

それは、われわれが神的な身体のよき調和を引き裂き分散させているとか、あるいは自らの力以上に大胆に、あるいは力に反して神の羊の肉を食しているなどと非難されないためである。かえって各々の人は、自らの力と秩序、そして自らに与えられた霊の恵みによって、各々の肢体に即して神的ロゴスの思惟（意図）に分け与らなければならないのである。

人は信・信仰によって、頭たるキリストに与らしめられる

1364C かくして人は信・信仰（πίστις）を獲得して、頭（たるキリスト）に与らしめられよう。（ここに信とは、論証しえぬ根拠から放たれた「神学の諸々のロゴス」をまさに保持している姿である。）そうした頭によってこそ、すべての身体は、自らの諸々のアレテー（力、徳）と知とが結合せしめられて、霊的により大なるものとなってゆくのだ。

その際、神的な諸々のロゴス（言葉）を知識によって霊的に受容する人、そしてそれらを通して諸々のわざによって死に至るまで神に従い聴従してゆく人は、〔キリストを頭とする身体の〕「耳」に与らしめられるであろう。[241]

また他方、創造を霊的に思惟し、すべてのロゴスを感覚と知性によって躓きなく神の栄光の一なる成就へと導く人は、「目」に与らしめられよう。そして、偉大な福音記者ヨハネに即して神学的観想で心を満たし、学びくる人々に対して泉からの流れとして、万物についての予知の包括的なロゴスと方式とを敬虔に注ぎ出す人は、「胸」
1364D に与らしめられよう。

また、掟のいかなるわざをも安易に不注意な仕方で為さず、諸々の神的法の成就のために、魂の実践的な働きを十分に備えある緊張したものとして有する人は、然るべき仕方で「手」に与らしめられよう。また、魂の純粋な躍動を有し、諸々の霊的観想で満たされ、さらには神的交わりへの不受動な欲求としての愛を、消滅せず燃え立つものとして獲得している人は、「腹」に与らしめられよう。また他方、知性（ヌース）の隠れた探究と知によって神の根底を探し求め、諸々の語りえざる神秘に満たされる人は、「腸」に与らしめられよう。

1365A ロゴス（キリスト）はまた、何かより大なることをあえて為す。つまり、質料に抗してロゴス的に存立し、魂とともに全く汚されぬものとして肉を守り、そして肉となったロゴス（キリスト）の全体を諸々のアレテー（善きかたち、徳）によって欠けることなく形成する人は、ロゴスの下位の部分に思慮深く与るがよい。そして、横たわったロゴスを魂の受動的部分によって保持し、魂の質料への動きを完全に切り捨てる人は、「腿」に与らしめられよう。

他方、病気で横たわっている人々に信・信仰によって共感し、予知的に心傾け、そしてわれわれに対する「ロゴスの降下（受肉）」を模倣する人は、「胎」に与らしめられよう。しかしまた、信とアレテーと知とによって魂
1365B の静かな揺ぎなき歩みを有し、上なる呼びかけ（召命）のほうびを目指して進み、そしてロゴスとともに無知の山々と悪の丘とを飛び越えてゆく人は、「肢体」や「足」に与るがよい。

神は各々の人に、類比的に与えられ分有される

しかし、われわれの救い主なる神のわれわれに対するすべての思惟（意図）を、一体誰が語り尽くすことができようか。（そうした〔神的〕思惟に即して神は、各々の人に類比的に〈アナロギア的に〉与えられ、分有されるものと為したのだ。）というのも、主はこれらすべての人々において、縮れ毛、鼻、唇、首、肩、指、そしてわれわれの構成にあって主が象徴的に語られる限りのものをすべて有しているからである。そこで、各々の人に対して、各々の部分を通して指し示されている霊的ロゴスを変容させる人々は、右に述べたもの（キリストという身体の諸部分）に適切にかつ有益な仕方で与ることになる。

神の子羊（キリスト）は食べられ、霊的な消化へともたらされる　変容された人々はキリストに向かって再形成される

1365C 従って、聖にして偉大な師によれば、このようにして神の子羊は食べられ、霊的な消化へともたらされる。そして神の子羊は、霊によって変容された人々を自らに向かって再形成するのだ。すなわち、神の子羊は彼らの各々を自らの肢体として、食されたもの（キリスト）の場へと霊的に、また身体的調和の定めに従って導き、変容させる。かくして、ロゴス（言葉、根拠）は人間愛という仕方で、すべての事柄において、自然・本性とロゴスとを超えた唯一の実体（ウーシア）となるのである。(242)

四九　洗礼者ヨハネの帯を模倣し、宣教を為す人

ナジアンゾスのグレゴリオスの言葉から。

「彼は地上の肢体を殺し、ヨハネの帯を模倣し、真理の孤独で先駆的で偉大な宣教を為す。」（『復活祭の講話』第一八章）

右の文中、「〔洗礼者〕ヨハネの帯」を模倣する人とは、魂の生んだ子を知によってロゴス（キリスト）の力に
1365D 結びつけ、質料と混合することなく自らを保つような人のことである。また「孤独」な人とは、諸々の情念を浄める習性を獲得している人のことである。そして「先駆的」な人とは、真実の悔改めを通してそれに伴う正義を、そして明らかなアレテー（徳）を通して、来たるべき知をあらかじめ告げている人のことである。さらにはまた、「真理の偉大な宣教」とは、〔洗礼者〕ヨハネによって語られた教えのロゴス（言葉）を自らの生によって確たるものとする人のことである。

五〇　この世から離脱したうるわしい姿

1368A ナジアンゾスのグレゴリオスの次の言葉から。

「弟子の誰が福音〔の宣教〕へと、愛智の心をもって、ふさわしい仕方で派遣されるのか。その人は靴も杖

も二枚の外衣もなく、裸足で歩かねばならない（マタイ一〇・九―一〇）。それは、美しい足が福音を語る人の平和を表すためである。」（『復活祭の講話』第一九章）

ここに「福音」とは、神の国についての崇高なロゴス（言葉）である。そして「神の国」とは、すべての質料とすべての質料的現象とを浄める状態である。それゆえ、福音のために派遣された「弟子」とは、この世からの離脱を、靴も杖も二枚の外衣もないという仕方で示している人のことである。

すなわち彼は、金銭欲や気概、ないしは何らかの権力への執着を、自分自身から切り捨てている。そして、術
1368B
なく、作為なく、単調で、あらゆる二重性から解放されたような倫理的哲学（愛智）を衣のようにまとい、魂の足跡に死性のしるしを全く表わさない。そうした死者は、大きな平和を有しており、諸情念からの敵をもはや恐れず、身体の死にひるむことのない状態を宣言している。従って、そのような人にしっかりと目をとめる人々は、生におけるアレテー（善きかたち、徳）に即した変化なき同一性からして、神をめぐる天使たちの適切なうるわしい姿を象ることができるのである。

同じ言葉についての他の観想

三つの過ぎ越し（復活）

1368C
あるいは、端的に言えば恐らく、〔洗礼者〕ヨハネの帯に倣って、過ぎ越し（復活）の子羊は、福音的に再び食べられうるであろう。すなわち主は、右に捉えられたことの異なり（それぞれの意味）と、過ぎ越しそのもの

の方式とを教え、指し示したのである。
というのも、旧約聖書は三つの過ぎ越し（復活）を語っているからだ。第一に、エジプトで遂行されたことであり（出エジプト第一二章以下）、第二に、その後の砂漠でのことであり（同、第一五章）、そして第三に、約束の地でのことである（同、二四章）。

エジプト、砂漠、約束の地の象徴的意味

それゆえ、ここに「エジプト」とは、それについて思惟されたことの一つとしては、明らかにこの世・世界（コスモス）を象徴している。また「砂漠」とは同様に、それについて観想されたことの一つとして、死後の魂の状態を象徴的に表わしている。そして「約束の地」とは、来たるべきもの（世）を予型として指し示している。なぜなら、これら三つの型と状態は、そこにおいてわれわれ人間が生まれるところのものだからである。

1368D すなわち「この世・世界」とは、そこにおいてわれわれが「在ること」を獲得して生まれるところである。また「死後の場」とは、そこにおいてさらに遥かに遠くへ行って、〔新たに〕生まれるところである。そして「来たるべき世（アイオーン）」とは、そこにおいてわれわれが諸々の魂と身体とともに包摂されるところである。

してみれば、われわれは、この世において存在している限り、罪による諸々の汚れから浄められて、〔いわば〕エジプトにおける過ぎ越しを為しているのだ。しかし、死によってこの生を終えたときには、あたかも砂漠におけるかのように、再び他の過ぎ越しを為す。つまり、その際われわれは、諸々の存在物のより明瞭なロゴス（言
1369A 葉、意味）を、象徴も謎も感覚的多様性もなしに思惟的かつ非身体（物体）的に学び取るのである。

そして再び、神的な告知による来たるべき世においてわれわれは知恵の最高のロゴスを食べて、過ぎ越しを祝

う。さらには、それとともに悔改め、恵みによって神化されるのである。そのときには、もはや他の過ぎ越しへの移行を何らか他の仕方で為すことはない。しかし、この生に在るわれわれにとっても各人の状態として、既述のような〔三つの〕場の固有性（特徴）が象られうるのだ。なぜなら、われわれの各々の生は、そこにおいて在る当の場によって特徴づけられるからである。

実践的哲学、自然・本性的観想、そして神学的な神秘参入

すなわち、第一に、もしわれわれが勇気を持って「実践的哲学」を遂行するならば、エジプトでの過ぎ越しを善く全うすることになろう。そのときわれわれは、エジプト人たちのうちに在るがエジプト人ではなく、それゆえ、肉のうちに在るが肉に即して戦ってはいないのだ。

1369B また第二に、もしわれわれが「自然・本性的観想」を霊において敬虔に遂行するならば、魂の諸々の力を神によって強められた武具として形成するであろう。それは一方では、諸々の強いものと、神の知に反して高められたあらゆる高いものとを浄めるためであり、他方、諸々の存在物における霊的なロゴスを観想するためである。そこにあって、身体が裸となり、感覚に即した欺きの想像から解放されて、神的な約束への歩みを知的に為すことになろう。とすれば、そのときわれわれは〔いわば〕砂漠のうちにあって（それは、諸々の情念のうちにということであるが）、しかもあらゆる質料的な想像から浄められた状態のうちにあるのである。

しかし第三に、もしわれわれが知性（ヌース）の語りえざる動きによって「神学的な神秘参入
1369C (μυσταγωγία)」を模倣するならば、われわれは神の知恵の広さ、長さ、深さ、そしてわれわれのうちなるそのあまりの大きさを人間に可能な限りで知り、約束の地にあることになろう。

かくして、実践的、自然・本性的、そして神学的な哲学（愛智）という三者が、三つの顔（プロソーポン）の異なりを通して師によって指し示されていると思う。そして、それらによって各人は、自らのうちに存する力に即して、類比的に（アナロギア的に）思惟的な過ぎ越し（の子羊）を食するのである。

五一　ラケル、レア、そしてヤコブの象徴的意味

ナジアンゾスのグレゴリオスの言葉から。

「もしあなたがラケルないしレアであり、父祖の偉大な魂であるならば、あなたはあなたの父のものたる偶像を、それらが何であれ盗むがよい。それはあなたがそれらを守るためではなく、排除するためである。しかし、あなたがイスラエルの知者ならば、それらを約束の地に移すがよい。」（『復活祭の講話』第二一章）

ラケルとは羊ないし牧者であり、レアは労苦を受けることないし労苦だと解釈されるという。それゆえ、ラケ
1369D ルはその名称の力からして、牧されかつ牧し、導かれかつ導く。ラケルは、神の法によって牧されかつ導かれる
羊として観想的魂である。ラケルはつまり、神の法に即して実践的な掟によって自らの動きと思惟とを、そして
アレテー（徳）の子に支配された諸々の情念を、牧しかつ導くのだ。こうしてそれらは、知へと入った後、全く
消失するのである。他方レアとは、アレテー（徳）のために労苦する実践的な魂である。そうした労苦をとりわ
け第一の神的哲学（愛智）を為す人は、結婚において自ら象徴しているのである。

1372A またイスラエルの知者とは、かの偉大なヤコブに即して言えば、この世の諸々の思惟を知の場所へと移行さ

せるような観想的知性（ヌース）である。ヤコブはラバンのものをすべて、父祖たちの地へと移したからである（創世第三十章以下）。実際、驚くべきヤコブは歴史的に、枝の皮をはぎ水の桶に入れて、縞やぶちの羊が交尾するようにした。そのように、霊における最も知恵ある知性（ヌース）は、存在物のより神的なロゴスを回りの質料から裸にして、観想に即した「知の方式」に服させる。つまり、諸々の非物体的なものの把握を形成して、自らの魂の動きを教えるのである。

1372B
従って、レアは、実践的な労苦によって父祖たちのアレテー（徳）を遂行した人々の父祖であり、他方ラケルは、自然・本性的な観想によってアレテーをロゴス的に為す人々の父祖である。そうした人々は、神の法によって従順に導かれ、かつそれに即して柔和に導くのだ。しかしヤコブは、最も祝福された人であって、「現象を全体として現れるがままにではなく、思惟されるままに観想して知り、それらの思惟の後に非質料的かつ非物体的な知へとゆたかに移行させる人々」に属するのである。

五二　キレネ人シモンとは十字架を担う人のこと

ナジアンゾスのグレゴリオスの言葉から。

「あなたがキレネ人シモンなら、十字架を担って従うがよい（マタイ二七・三二）。」（『復活祭の講話』第二四章）

1372C
シモンは従順な人であり、キレネ人は準備のできた人と解されるという。それゆえ福音への従順に備えているすべての人、そして地上における肢体の死を通して、アレテー（善きかたち、徳）のために実践的哲学に従って熱心に悪を超え出る（過ぎ越す）人は、キレネ人シモンとなった。すなわちそうした人は、自ら進んでアレテーを求め、肩に十字架を担う。そしてキリストに従って、神的な生にふさわしい「地上の生」を証示するのである。

五三　キリストとともに十字架につけられた人

ナジアンゾスのグレゴリオスの言葉から。

「もしあなたが盗人として十字架につけられたならば、賢明な（よき志のある）者として神を認め知るがよい。」（『復活祭の講話』第二四章）

1372D キリストとともに十字架につけられたすべての人は、賢明な盗人である。彼は諸々の罪のために、科ある者として苦難を蒙っている。つまり、自ら受難を受けるロゴス（キリスト）とともに受難を受け、恵みによってそれを担う。そして、予知に即した正しい裁きのロゴスを弁え知り、受難の科（原因）を告白するのだ。そしてロゴス（キリスト）は、受難の科が自らにあるかのように、しかし科なき仕方で分け持ったのである。

かくして、ロゴスは科なき者でありつつ、固有の喜びに分け与り、自ら進んで得たアレテーにおいては状況による死を賢明に裁くのだ。そのときには、予知によって開示された「ロゴスの限度」を捉えて、（キリスト）自
1373A らの国の近づき難い光が輝いている。

こうして、身体の諸々の肢体の「状況による死」は、まことの恵みによって意志にもとづくアレテー（徳）へと変容し、罪によって受難する人自身に生じてくる。ロゴス（キリスト）はそうした死によって、罪による多く

の負い目を、ロゴスの正しい介入の後に知の場へと（それは楽園のことだが）もたらすのだ（ルカ二三・四三参照）。そしてそこにおいて、われわれが閉じ込められている断罪と受難との科を知るのである。

しかるに、責ある者として罪によって受難した人は、拒まれた方の盗人である。彼は争いごとを好む意志のゆえに、人間愛として科なく受難を受けた「正義のロゴス」を弁え知ることなく、かえって、予知に従って彼に正しく定められた「裁きのロゴス」を冒瀆的にも傍に押しやってしまう。彼は、自らの意志のゆえに不名誉にも向
1373B けられた断罪のロゴスを、弁え知ることがなかった。そして、自分を満たしていた恵みを非難して、王国の外へ追放される。そのときには、王国に入るというかの約束をロゴスから受け取ることは決してないのである。

同じ言葉についての他の観想

神的な裁きと法

そして再び、現存の生の限界（目的）を諸々の科の吟味へともたらす人は、賢明な盗人である。そして、神的な裁きの「自らにおいて完成されたロゴス」を良心によって正しく知る人も、賢明な盗人である。そして彼は、罪を犯した人々の諸々の科を魂の底から許すのだ。

1373C そして、現存の生の限度に即して生まれながら、魂が身体から切り離されているために、神から択びとして知恵ある仕方で与えられた正しい法と定めを、生への愛着のために悪しく与えられているかのように非難する人は、思慮なき盗人である。

同じ言葉についての他の観想

肉の法と霊の法

そして再び、われわれの各々は魂と身体とから成っているので、構成していたいずれかに即して、アレテー
（徳）のために他の自然・本性の法をロゴス（キリスト）とともに十字架につける人は、思慮ある盗人である。す
なわち彼は、一方では肉の法を、思慮なき盗人であるかのようにアレテー（徳）の言葉によって退ける。そして
他方では、霊の法と救い主たるロゴスとを、賢明な盗人であるかのように実践的方式を通して、たとい労苦ある
1373D ものであっても受けとめ——それとともに祭りの方式に喜んで参入せしめられるのだが——、肉の思いから完全
に解放されるのである。

同じ言葉についての他の観想

キリストとともに十字架につけられるにふさわしい人をめぐって

そして再び、次のような人は「賢明な盗人」である。すなわち彼は、諸々の情念の全面的で全き死を通してキ
リストとともに十字架につけられるにふさわしい者とされ、現にキリストの右に十字架につけられる。つまり、
1376A 彼はロゴスと知とともにすべてのアレテー（徳）を追求し、すべての人間に対して自由な生を守り、ロゴスの柔
和さに外れるような厳しい動きを決して持たないのだ。

しかし、次のような人は思慮なき盗人である。すなわち彼は、〔世の〕栄光や大きな益のために、アレテー（徳）に即した生を諸々の目に見える仕方で偽って装い、あらゆるアレテーと知に抗して単に外的なへつらいの言葉のみを発する。だが、習性としてねじ曲った人は是認しえぬ意志を有しており、そのように神の道を冒瀆する人には、まさに良心のくつわをつけるべきである。

なぜなら、十字架を蒙って臆面もなく冒瀆を語る盗人は、自らの転換（回心）を通して、あからさまに非難するような言葉を発することを止めるからだ。実際、非難する人に反論しないしるしは、語られた言葉を受け入れ
1376B るという沈黙である。われわれはキリストとともに十字架につけられているとされたが、そのことの観想に従って言えば、われわれは、ともに十字架につけられたロゴス（キリスト）がわれわれをなだめ、攻撃してくる諸々の思惟を浄める良心に即して、安息の偽りなき約束を受け入れるように、熱心に求めるのだ。(243)

そこで、もし「今日」がこの世の内在する日を示しているのならば――「今日あなたは、わたしとともに楽園にあるだろう」と言われる（ルカ二三・三九）――、「明日」とは、来たるべき世の日を示している。そこにあっては、罪を犯した人々の赦しを受容する必要はもはやなく、生きてきた各々の人に適合した償いをふさわしい仕方で報いることだけを受容するのである。(244)

五四　キリストの神秘的な体・身体

1376C ナジアンゾスのグレゴリオスの次の言葉から。

「ヨセフ〔という議員〕がアリマタヤの出身なら、十字架につけられた人の身体を求めるがよい（ルカ

二三・五二)。」(『復活祭の講話』第二四章)

キリストの体の諸相

「キリストの体・身体(σῶμα)」とは、魂であり、あるいは魂の諸々の力であり、あるいは諸々の感覚である。あるいはまた、各人の身体であり、あるいは身体の個々の肢体であり、あるいは諸々の掟であり、あるいは諸々のアレテー(善きかたち、徳)であり、あるいは生成した諸々のもののロゴス(言葉、根拠)である。そしてあるいは、より真なることを端的に言うなら、固有にかつ共通に、これらすべてとそれらの各々とが、「キリストの身体」なのである。しかし悪魔は、キリストの身体を、あるいはまさに〔右に挙げた〕すべてを、逆説的な仕方で十字架につけるであろう。つまり悪魔は、それらの十字架が自然・本性に即して働くことを許さないのだ。

他方、〔議員〕「ヨセフ」はヘブライ語では「附加」と解される。またアリマタヤとは、「それを取れ」という
1376D ことである。それは、いかにしてか。人が信・信仰という附加を有して、アレテー(善きかたち、徳)の諸方式に即して成長し、諸々の質料的なものの虚偽を自分から洗い流すとき、その人は霊的なヨセフとなる。すなわち彼は、キリストの身体を運ぶことができ、さらには、信仰によって切り出された心において、恵みによって、自らの身体をキリストの身体として美しく葬り、担うことができよう。

キリストの神秘的な体を葬るということ

そうした人は、身体の諸々の肢体を正義の武器として神に捧げ、聖なるものとする。その際、魂に仕えるものたる身体の諸感覚を自らの内在的なロゴスによって、霊における自然・本性的な観想のために用いてゆくのであ

1377A る。そして他方、魂そのものを諸々のアレテーの成就のために諸々の力・権威と同等のものとし、魂と魂の諸力とを神の掟に仕えさせるのだ。すなわち、諸々の掟を魂の自然・本性的エネルゲイアとしてあらわに示し、さらには、アレテーとしての揺ぎなき確固たる習性を通して、隠されたものの把握と受容へと神的ロゴスの掟によって導く。そして彼は、この世についての諸々の霊的なロゴスによって、あたかも絹によるかのように第一のロゴス〔キリスト〕を装うのだ。その第一のロゴスとは、万物が「それによって」〔生じ〕、「それを通して」〔存立し〕、そして「それへと」〔向かう〕ところのものである。

かくして、こうした美しい秩序を守る人は、キリストの神秘的な体・身体を神秘的に葬っているのであり、それゆえかのヨセフなのである。

同じことについての他の観想

十字架のロゴスを示す人は、もう一人のヨセフとなる

1377B 十字架についての諸々のロゴスを実践と観想とによって、聞く人々に驚くべき仕方で示す人は、もう一人の〔議員〕ヨセフとなった。そうした人は、観想に即した諸々の善きものを附加することによって、霊的な知へと増大したのだ。しかし、アリマタヤは諸々のアレテー〔徳〕の真実の固有性を通して、実践により諸々の質料的なものへのすべての執着を断ち切るのである。

同じことについての他の観想

神の受肉（身体のうちなる宿り）（ἐνσωμάτωσις）についての諸々のロゴスを冒瀆する人々は、再びキリストを十字架につける。しかし他方、神のロゴスについての諸々のロゴスを、親近性をもってすべての人に敬虔に宣べ伝える人は、再び主を葬るのである。

五五　ニコデモスとユダヤ人との意味

1377C

ナジアンゾスのグレゴリオスの言葉から。

「もしあなたが夜に神を拝するニコデモスであるならば、諸々の香料によって神を葬るがよい（ヨハネ一九・三九）。」（『復活祭の講話』第二四章）

ニコデモスとは、夜に神を拝し、キリストの身体を香料によって葬る人のことである。彼はキリストの知に関しては、思惟に即して力ある人である。が、他方、掟の実践を尊ぶことに関しては、ユダヤ人たちとの戦いを恐れている人である。（ここにユダヤ人とは、諸々の情念や悪霊などの攻撃のことだと思う。）そうした人は、尻込みして肉に傾くのだ。彼にとっては、キリストについて善きことを思慮し、冒瀆的な言葉を言わぬようにすることが、身を保つために大きなことなのである。

五六　マリア、他のマリア、サロメ、そしてヨアンナの象徴的意味

ナジアンゾスのグレゴリオスの言葉から。

「あなたがあるマリアなら、他のマリアなら、サロメなら、そしてヨアンナなら、朝まだきに涙するがよい。まず石が取り除かれているのを見、そして恐らく天使たちを、さらにイエス自身を見るがよい。」（『復活祭
1377D の講話』第二四章）

最初のマリアは、ロゴス（キリスト）が七つの悪霊を追い出した女性であって、いわば実践的魂である。そうした人は福音的な諸々の掟の言葉を通して、この世（アイオーン）についての当惑を浄める。というのは、「この世」とは、時間のそれ自身における渦によって完了したような「七日目」だからである。だがロゴスは、自らを
1380A 拝する人々をその渦巻きから解放するであろう。つまりロゴスは、時間に服した諸々のものを超えたところに彼らを位置づけるのだ。

「他のマリア」は、いわばすべての観想的魂であり、真の知を通して恵みに即して、ロゴス（キリスト）への親近性を獲得する。しかし「サロメ」は、いわば平和ないし満ちあふれをもたらすものと解される。つまりそうしたすべての魂は、諸々の情念の追放を通して平和をもたらし、また諸々の実践的アレテー（徳）のゆたかさによって、肉の思いを霊の法によって服させる。それは他方、観想に即した諸々の霊的な思惟の満ちあふれを通して、諸存在物の知を能う限り賢明に把握するのである。

しかし、「ヨアンナ」は鳩と解される。それは柔和で怒りなく、多産の生き物である。つまり、柔和さを通して情念の状態を追放し、知において「霊の熱き多産」をもたらすようなすべての魂である。
1380B 彼らは夜明けに涙している。すなわち知的な涙を流し、あらゆるアレテー（徳）と知との最も根源的なロゴス（キリスト）を探しているのだ。そして墓の入り口を蔽っている石をまず見る。つまり、不分明な心によって蔽われた「ロゴスの石化」を見るのだ。次に彼らは天使たちを、すなわち、霊における「諸々の存在物の自然・本性的ロゴス」を見る。それは沈黙のうちに、万物の原因たるロゴス（キリスト）を宣べ伝えているのである。

天使たちについての他の観想

キリストの頭はその神性であり、足はその人間性である

聖なる諸々のロゴス（言葉）について。それらは、神でありかつ人間であるキリストをめぐる知見や、あるい
1380C は神学と摂理とをめぐるより明確な知見を彼女たちにもたらす。〔聖書の〕ロゴスは、それらが頭（たるキリスト）に対して一つのものと見られ、諸々の足に対して一つのものと見られると言う。なぜなら神学のロゴスは、キリストの神性のゆえに頭に対して一つであり、摂理のロゴスは、受肉のゆえに足に対して一つであるからだ。そして人が、キリストの頭はその神性であり、また足はその人間性であると言うとしても、然るべきことから逸脱することにはならないであろう。

同じことについての他の観想

天使たちは、悪によって自らのうちで死んだロゴス（キリスト）の復活を宣べ伝えている
あるいは「天使たち」とは恐らく、敬虔のロゴスをめぐる「良心による諸々の動き」であろう。それらは、悪
と無知とを全く放棄することによる動きである。かくして天使たちは、「悪によって自らのうちで死んだロゴス
1380D
（キリスト）」の復活を、彼女たちに思惟的に宣べ伝えているのだ。そして最後に彼らは、自らのうちで明らかに
顕現するロゴス（キリスト）そのものを見ている。そうした〔うちなる〕ロゴスは、もはや諸々の象徴も型もな
しに、思惟的喜びの思惟的受容性を満たしているのである。

五七　ペトロとヨハネ、そしてその両者の出会いについての象徴的意味

ナジアンゾスのグレゴリオスの言葉から。

「ペトロないしヨハネにならうがよい。善き戦いを戦って墓のところにゆき、引き返して、ともに走るがよい。（ヨハネ二〇・三）」（『復活祭の講話』第二四章）

「ペトロ」とは、生の回心によってキリストへの信仰の堅固さを獲得するすべての人のことである。他方「ヨハネ」とは、「柔和さ」とそれによる「心の純粋な浄め」とによって、ロゴス（キリスト）によって愛される人

1381A のことである。それゆえヨハネは、知恵と知との諸々の宝を信じ、ロゴス〔キリスト〕の秘められた神性から神学の力を得て、キリストの胸もとに寄りかかるのだ。

しかし、彼らは互いに出会う。すなわち、ペトロは、徳ある実践によってヨハネの観想を凌駕することを求め、ヨハネは、知的な観想によってペトロの実践に先んじようと急ぐ。が、彼らは、各々が同等な仕方で固有の善のために導かれながら、定めによってともに走るのである。

同じ箇所についての他の観想

1381B さてペトロとヨハネは、それぞれ神に近づくにふさわしい人である。そして、ペトロのように魂の実践的な人とヨハネのように観想的な人とは、ロゴスに従ってともに走る。一方が他方に対して過剰であることも不足することもないのだ。そして再び、定めによって互いに走るのだが、それぞれの極へと一方が他のもとへと走っていると看做されるのである。

五八　ロゴス・キリストの復活についての信と不信

ナジアンゾスのグレゴリオスの言葉から[245]。

「あなたがかのトマスのように、キリストが〔復活後に〕現れた当の弟子たちから離れているならば、あなたは〔キリストを〕見たときにも、信じないであろう。しかし、信じないとしても、〔キリストの復活を〕

語る人々を信じよ。そして、もし彼らを信じないならば、〔十字架の〕釘の跡を信じるがよい。」（『復活祭の講話』第二四章）

1381C

ここに「トマス」とは、二重の（双生の）人と解される。すなわち彼は疑いの人であり、あるいは諸々の想念に惑う。それゆえ、〔イエス・キリストの身体の〕釘の跡を感知することなしには、ロゴス（キリスト）の復活を信じるようにならない。従ってトマスは、いわばおよそ疑う人間であって、アレテー（徳）と知とによる、「自らのうちでのロゴスの復活」を信じることがむずかしいのだ。そして彼においては、かつて生じた諸々の罪の記憶が不受動な（情念なき）仕方で思惟的に型どられており、自らのうちなる「神的ロゴスの復活」を受容し、さらには〔イエス・キリストが〕主なる神であると告白するよう説得することになるのである。

ところで、ここに「主」とは、実践に従った「完全性の法の制定者」であり、「神」とは、観想に従った「全き神秘参入の導き手」である。そして、かつて生じた諸々の罪の「不受動な記憶」とは、実践とロゴス（キリスト）について、快楽も苦痛もなく、固有の諸々のわざないし思惟によって魂に生じる識別（知）である。そしてそれは、そこに生じた不受動心によって癒された傷の、穴ではなく型を見定めうるのである。

1381D

同じことについての他の観想

ロゴスの復活の指し示すもの

また「釘」とは、実践的哲学に即したアレテー（徳）の諸々の方式である。それらは労苦とともに神的恐れに

1384A よって、魂の釘づけられた状態を保持するのだ。そして、知の不受動で単純な、また語りえざる諸々のロゴスが、それらを受けとめ、魂の神化によって魂に生じた、貫くような「ロゴス（キリスト）の復活」を叫ぶのだ。その際、復活は、神的かたちの習性の不受動な（情念から解放された）姿を、まさに証しし指し示している。

そうした姿を蒙らない人は、それについて語る他の人を決して信じることはなかった。それは丁度、かのトマスと同様である。すなわちトマスは、〔キリストの〕復活を経験した使徒たちの語ることを、自らそれを蒙る経験の前には信じなかったのである。

五九　ロゴス・キリストの「地獄（冥府）への降下」の神秘

ナジアンゾスのグレゴリオスの言葉から。

「〔キリストが〕地獄（冥府）に降るならば、あなたたちもともに降るがよい。そして、そこにおける神の神秘を、つまり二重に降ることのロゴス（言葉、意味）を知るがよい。」（『復活祭の講話』第二四章）

1384B 霊的な人間は、神のロゴス（キリスト）が至るところで汚れなく存していることを知り、観想を通して神に従ってゆく。その際、人は、万物に対する〔神の〕予知を、良心によって知に積み上げているのだ。かくして霊的な人間は、地獄（冥府）に降るロゴス（キリスト）とともに降るのだが、それはむろん悪へと降るのではなく、神の「地獄（冥府）への降下」という神秘を語りかつ学ぶためである。そして、そこにおいて生じ完成される人々の驚くべきロゴス（言葉、意味）を学び知るためである。

同じことについての他の観想

「ロゴスの二重の降下」の意味

あるいはまた、すべての罪は地獄（冥府）であって、罪によって支配された、暗く崩れた滅びの魂をもたらす。それゆえ、諸々の情念について論じる人は、地獄に降る「教えのロゴス」とともに降る。そして、各々の悪によって死に至らしめられたアレテー（徳）をロゴス（キリスト）によって活かし、復活へと導き、さらには、悪
1384C の質料的執着という鎖をロゴスによって勇気をもって引き裂くのである。

しかるにロゴス（キリスト）は、先述の意味で二重の降下としてある。すなわち、ロゴスは一方では、最初の企てとして、身体とともなる魂を地上で信仰と生の浄い道とを通して救う。そして、身体なしに地獄（冥府）に降ったロゴスは、すでに死を迎えていた諸々の魂を信仰のみによって再形成することができるのだ。他方、第二の企てとして、悪の習性と働き（エネルゲイア）は、ロゴスによってアレテー（徳）と知への更新を受け取るこ
1384D とができるのである。

六〇　キリストとともに天に昇ること

ナジアンゾスのグレゴリオスの言葉から。

「キリストが天に昇るなら、あなたたちもともに昇るがよい。キリストに従い、あるいはキリストを受容し

た天使たちに結びつくがよい。つまり、諸々の翼によって昇るよう命じられているのだ。」（『復活祭の講話』第二五章）

知のゆたかさと聖霊への大きな関与とを通して、予知についてのロゴスを能う限り携えた人は、それに即した知識を現存のロゴス（キリスト）によって地から天へと高める。その際、彼は先に思惟されたすべてのものの、つまり見えるものと見えざるものとの自然・本性を、その諸々のロゴスとともに知的に担う。さらに彼は、何ら
1385A かの衝動ないし動きを全く有していないもの（無限なるもの）のうちに——それへと最も促されていたのだが——、あらゆるロゴスと方式とを通して摂取されてゆくのだ。

そのとき彼は、諸々の存在物における予知についての諸々の天使的なロゴスから、神学を受容した語りえざる諸々のロゴスと神秘との場へと上昇せしめられる。そして神的原理たるロゴス（キリスト）を受容するために、部分的な上昇によって魂の思惟的な門をより高いものとするのである。

同じ言葉についての他の観想

再び他の仕方で人は、あたかも地上から昇るかのように、アレテー（徳）に即した実践的哲学の諸方式から天上的なものへと、ロゴスによって上昇してゆく。つまりその際、上方へと引っ張る神的ロゴス（キリスト）に
1385B よって、観想に即した「知の諸々の霊的なもの」へと上昇せしめられるのである。

同じ言葉についての今一つの観想

「神の自己無化」と「人間の神的上昇」

これらのことについて、なおもより神秘的なことを言えば、摂理（オイコノミア）に従った知から――それによって父から「ロゴス（キリスト）の肉」の世界が生じたのだが――、ロゴスの受肉の世界が在ることに先立って、父における栄光の思惟（観念）へと高められる人は、自ら地上に降り立った神なるロゴスとともに、真実に天へと上昇したのだ。

そのような人は、この世にあって人間に許された知の尺度を満たす。つまり、かの人は人間たる限りで、神と
1385C
なるのだ。なぜならば、神が人間を通してわれわれの自然・本性（ピュシス）の終極へと、不動なる仕方で自己自身を無化して到来した限りで、それだけ人間は、神を通して諸々の神的上昇によって高められるからである。

六一　幕屋についての観想（ロゴスの受肉という摂理）

ナジアンゾスのグレゴリオスの『新しい主日について』の中の言葉から。

「証言の幕屋が、はなはだゆたかに新たにされる。神はそうした証言を示し、ベツァルエルが作成し、そしてモーセがそれを建設した。（出エジプト三六・一以下）」

右のように師が、幕屋についての観想の象徴的ロゴスを多様なものとして捉えたように、われわれもまた、そのことを観想しよう。それゆえ証言の幕屋とは、「神なるロゴス（キリスト）の受肉という神秘的な摂理」である。
1385D 神なる父はそれを是認し、あらわにした。また聖霊は、知恵あるベツァルエルを通してあらかじめ型どられたものを、協働し完成させたのだ。そして思惟的なモーセ、神なる父の独り子は自ら働いて、ヒュポスタシス的な結合・一性によって自らのうちに人間的自然・本性を宿らせたのである。

同じ言葉についての他の観想

幕屋の多様にして一なる意味

幕屋とは、「思惟的かつ感覚的なすべての被造物の似像」である。神なる父はそうした幕屋を何らか知性（ヌース）として思惟し、子は何らかロゴスとして形成し、そして聖霊は、〔そのわざを〕完成したのだ。また幕屋は、
1388A 単に「感覚的自然・本性の似像」であり、「魂と身体とから成る人間のみの似像」であり、そして、ロゴスに従って観想される「魂そのものの似像」なのである。そしてそれらのことは明らかに、それぞれにふさわしく観想されたロゴスに即して語られるのである。[246]

六二　ダビデとイエス・キリスト

ナジアンゾスのグレゴリオスの言葉から。

「ダビデの王国は新たになされる。が、それは一挙にではなく、まずは油注がれ、次に称えられるのである（列王上一六・一三）。」（『新しい主日について』第二章）

1388B 同様に、偉大なダビデは預言者にして王たる者として、自らにおいて象徴的な崇敬のロゴスを有している。師はそのロゴスに従って、今取り上げている箇所を観想し、われわれもそれを受容したのだ。

それゆえ、ダビデはイスラエルの真の王として、またイエス・キリストは神を見る方として思惟される。すなわち一方では、〔ロゴスの〕最初の顕現として、師が他の箇所で言っているように、ダビデは人間性の観念によって油注がれる。つまり、神性によって人間性に油注ぎ、油注がれた者としたのだ。他方、ダビデの第二の栄光ある顕現としては、神なる主、またすべての被造物の王として存立し、かつそう呼ばれるのである（『神学講話』第四講話）。

1388C

六三　「第一の主日（復活）」と、より高い「新しい主日」

今扱っているロゴス（言葉）について、ある人は次のように言っている。

「なぜ師は、復活の日が地上のすべての祭を超えると語ったのか。それは、地上における将来の人間的な日々を超えるのではなく、キリスト自身の、キリストにおける完成された日々を超えるということである。師はあたかも自らの言明を忘れたかのように、新生の日を提示してこう言う。高いものよりもより高く、驚くべきものよりもより驚くべきものだと。それゆえ、師は自らに反していると看做されよう。」（『新しい主

日について』第五章）

これについては、次のように言うべきである。すなわち、師自身は同じ説教において、右の言葉の後にこう
1388D 言っている。「ロゴスはそのとき自らに留まることを欲するのではなくて、つねに動かされ、善く動かされ、そして全く新たに創られるものたることを欲する」（同、第八章）と。それゆえ、新たにされたものは、自らよりもより高きものになり、アレテー（善きかたち、徳）に前進することによって、より神的なかたちに輝くものとなる。

それと同様に、われわれによって思惟されたすべての祭りの日は、われわれにおいて新たにされ、われわれが自らを通してその日よりもより高いものとなると信じるべきである。その日によって指し示される神秘が、われわれにおける固有の力を完全性にもたらすからである。

それゆえ、師は新たな主日を、「高いものよりもより高いもの」と呼んだ。それはわれわれにとって、つねに自己よりも高いもの、自己を超えゆくものだからだ。わたしは「復活」つまり「第一の主日」について、そのよ
1389A うに言う。すなわち「第一の主日」は、それ自身の神秘を通してひそかに、霊的にその神秘を全うする人々に対して、すべての質料的想像から全く浄められた生を与える。しかし他方、「新しい主日」は、第一の主日が先にもたらし始めたような、神的な善きもののすべての喜びを、彼らに十全に分かち与えるのである。

同じ言葉についての他の観想

信ある人にとって語られるべきと思われるのは、次のことである。すなわち、「第一の主日」とは、自由・意

志（プロアイレシス）による「アレテー（徳）の復活の型」であり、「第二の主日」とは、自由・意志による「知における習性の完全性の型」である。

1389B

同じ言葉についての他の観想

そして再び、「第一の主日」とは、来たるべき自然・本性的な復活と不滅性との象徴であり、「第二の主日」とは、恵みによる「来たるべき神化」の似像をもたらすことである。そして、諸々の善の享受は、諸悪を浄める習性よりも尊ぶべきものであろう。

他方、恵みによる神への「神化に従った変容」は、「真の知に即した完全性と自然・本性的な不滅性との」、アレテー（徳）に従った健全な自由・意志の習性であろう。（第一の主日はそれらの型であり、第二の主日はそれらの象徴である。）このように言えるとすれば、師はまさに、高いものよりもより高いものを導入して、「新たな主日」を語ったのである。

六四　時宜を得ない観想

1389C

ナジアンゾスのグレゴリオスの言葉から。

「空気による習慣（親密さ）をわたしは憎む。」（『新しい主日について』第八章）

師は女性たちに対して、とくに孤独な生を送り、諸々の習性の正しさについて多くの言葉を連ねている女性たちに対して、あらわな仕方で穏やかに励ましていると思う。というのも、禁欲的に過ごしている人々は、窓から窓のところで誰かを、とくに通り過ぎる人々を全く見るべきではないからだ。つまりそれは、時宜を得ない観想によって死の刺を捉えてしまうことのないためである。

六五　「在ること」、「善く在ること」、そして「つねに在ること」という階梯

1389D ナジアンゾスのグレゴリオスの『聖霊降臨についての講話』の中の言葉から。

「来たるべき世から先取りした一つの日は例外であって、それは第八で最初の日である。むしろそれは、一つで不壊の日なのだ。なぜならば、そこにおいては魂の安息が終極に達するからである。」（同書第二章）

「在ること」の三つの方式

聖書によれば、七を端的に数として捉える人は、神的なものについて労苦を愛する人々の神秘的観想を、自然・本性的に有している。というのも彼は、時間、世（アイオーン）、世々、動き、包摂、測り、限度、予知、そしてその他の多くのことを、各々のロゴス（言葉）に従って美しく観想し、それぞれ意味づけているからだ。が、

1392A 他方、その人は休息のみを目指して、神秘参入に関する多くの知を自ら有している。しかしわれわれは、各々について俗な言葉を作ってしまわないように、他のさまざまなものよりもより高いと思われる言葉を形成するよう

努めよう。なぜなら、諸々の神的なことに精通している人々は、次のような三つの方式を語っているからである。ロゴス的実体のすべての生成に関する全体的ロゴスは、「在ること」（τὸ εἶναι）、「善く在ること」（τὸ εὖ εἶναι）、そして「つねに（永遠に）在ること」（τὸ ἀεὶ εἶναι）という三者を有していると観想される。そして、まず「在ること」は、実体（ウーシア）として諸々の存在物に与えられる。しかし、第二に、「善く在ること」は、自ら動きうる存在物に自由・意志（プロアイレシス）によって与えられる。そして第三に、「つねに在ること」は、それらに恵みによって与えられるのである。

「在ること」、「善く在ること」、そして「つねに在ること」という階梯の意味と構造

さらにまた、「在ること」は「可能性（力）」としてあり、「善く在ること」は「働き、活動」（エネルゲイア）によって現にもたらされ、そして「つねに在ること」は「静止」によって保持される。

すなわち、「在ること」のロゴス（言葉、意味）は、働きへの可能性（力）のみを自然・本性的に有しており、
1392B 自由・意志（プロアイレシス）なしには十全な働きを持つことができない。そして「善く在ること」のロゴスは、自然・本性的な可能性（力）の働き（現実化）を意志（グノーメー）的に有するのだが、もとより自然・本性なしにその全体としての力を有しているのではない。

しかし、「つねに在ること」のロゴスは、全体としてそれによって包摂されるものを包んでおり——一方は可能性（力）を、他方は働きをであるが——、諸々の存在物に自然・本性的に可能性に即して完全に含まれているということはなく、また必然的に自由・意志に全く伴って生じるのでもない。実際、「つねに在り、根拠も目的も持たないもの」が、「自然・本性的に根拠と目的とを動きに即して持っている諸々のもの」のうちに、どうし

て内在しえようか。
かえって、「つねに在るもの」とは、限界（限度）そのものであって、可能性（力）に即して自然・本性を静止させ、働き（エネルゲイア）に即して自由・意志を静止させる。が、それは、両者のそれ自体としてのロゴスを全く変化させることはなく、すべてに対してすべての世々と時間とを限定するのである(247)。

神秘的に祝われる安息日

1392C 思うに、このことは恐らく神秘的に祝われる安息日である。安息日とは、諸々の神的なわざの大きな休息の日であって、世界創造の書（創世記）によれば、根拠（原因）も目的も生成も持たないように見える。それは、測り（尺度）によって限定された諸々のものの動きの後に、限定も測りも超えたものが顕現することである。またそれは、把握され限定された諸々のものの後に、把握されず限定されぬものが、無限の同一性として証示されることである。

その際、自由・意志に即した働き（エネルゲイア）は——自然・本性に即してであれ、自然・本性に反してであれ——、自然・本性（ピュシス）の力を用いる。そして、「善く在ること」ないし「悪しく在ること」は、その限界そのものを——それは「つねに在ること」に他ならないが——受容するのである。かかる「つねに在ること」のうちで、諸々の魂はすべての動きから離れて安息日を祝うことになる。

1392D ところで、八日目で最初の日、あるいはむしろ一にして不壊の日とは、神の純粋な輝かしい現存である。それは、「在ること」のロゴスを自然・本性に即して意志的に（グノーメー的に）用いる人々にとって、動かされた諸々のものの静止の後に生じる。そのとき、全体は然るべき仕方で全体に到来し、固有の分有を通して「つねに善く在ること」をもたらすのだ。そしてそれのみが、本来的に「在り」、「つねに在り」、そして「善く在る」のである。[248]

しかし、「在ること」のロゴスを自然・本性に反して意志的に用いる人々には、「善く在ること」の代りに「悪しく在ること」が、当然の報いとして生じる。すなわち、反対の仕方で身を処す人々は、そしてまた、探究されているものの顕現の後に〔それを志向する〕動きを全く持たない人々は、「善く在ること」を受容することができない。しかしもとより、そうした〔志向の〕動きに即して探究する人々には、探究されている当のものが本来的に顕現せしめられたのである。

1393A

同じ言葉についての他の観想

また再び、七日目と安息日とは、アレテー（徳）に即した方式と観想に従った知的ロゴスとの通過点である。そして八日目とは、実践的に為されたものと観想的に知られたものとの、〔根拠と原因に向かった〕恵みによる真の再生である。

同じ言葉についての他の観想

それゆえにまた、七日目と安息日とは、アレテーに即した実践的哲学の引き受ける不受動心（アパテイア）のことである。しかし、八日目と第一のものとは、一なる不壊のものとして、知的な観想の後に生じる知恵である。

1393B
そして、他のあらゆる方式によって探究する人々にとっては、それらについてのロゴス（言葉、根拠）を受容し、多くの美しく真実の観想を発見することが可能なのである。

六六　七日目の神秘と、六、七、十などの象徴的意味

そして、割れた木のくいを七度水に浸したのである。」（『聖霊降臨についての講話』第四章）

つまりエリヤはサレプタのやもめの息子の上に、七度身を重ねた。彼に息（霊）を吹きかけて生かしたのだ。

「あなたは二倍かつ三倍するがよい（列王上一八・三四、一七・二一など参照）。預言者エリヤのわざのように。

ナジアンゾスのグレゴリオスの言葉から。師は七日目の神秘についてこう言う。

至福な長老は、わたしに尋ねられて次のように答えた。恐らく師は、この箇所で六という数の力を追求して、象徴的に判断している。まず数の力として語られていることに即してであるが、ある種の数は、一性が完全なものを附与しつつ、二倍または三倍という仕方で成り立っているという。

1393C
たとえば、六四という数は二倍ということから生じる。つまり、一が二倍され、さらに二倍が六回繰り返される。また一に六が加えられると、七〔つの数〕が生じる。つまり、一が二倍されて二となり、同様にして四、八、一六、三二、六四となる。二倍が六回為されて作られているのだ。しかし、一は完全なものとして捉えられ、六を多数化する。それによって、二倍ということが始まり（根拠）を持つのである。

同様に、同じ仕方で規則を遂行して、われわれは六という数を完成する。そこで、「あなたたちは注ぎ出して、

二倍、三倍するがよい」と言われるのだ。それゆえ、一を二倍して二、二を三倍して六となる。そして、はじめの一が六に加えられて七となる。しかし彼らはこう言う。神秘的な観想に即して、三は同様な方式で、六に対して何らか霊的な共生を有する。その際、三によって尊敬し崇拝すべき三位一体が指し示されているのだ。そして
1393D さらに、七という数は乙女であるので、七によってその存在が意味されている。
また、十という数にあって一は、生むことも生まれることもない。このことは明らかに、『乙女について』と
1396A いう書物において論じられ、指し示されている。そこでは、「第一の乙女とは聖なる三一性（三位一体）だ」と
言われている。

同じ言葉についての他の観想

あるいは次のようにも言えよう。聖なる三一性によって、その働き（エネルギイア）を、つまり思うに、善を観想することによって、あなたは七という数を完成することになろう。ここに善とは、四つの主要なアレテー（善きかたち、徳）を顕現させるものである。それゆえ、最も称えられるべき聖なる三一性によって、その働き（エネルギイア）を神秘的に観想するとき、われわれは七という数を乙女に等しいものと捉えたのである。

六七　五つないし七つのパン、砂漠、四千人などの意味

1396B ナジアンゾスのグレゴリオスの言葉から。

「イエス自身は純粋な完全性であって、砂漠で五つのパンによって千人を養い、あるいは七つのパンによって四千人を養った。そして彼らが満足して、後に残ったものは十二の籠に、またさらに七つの籠に満たされた（マタイ一五、三七―三八）。わたしはこのことが、理に合わぬこと、霊にふさわしくないこととは決して思わない。」（『聖霊降臨についての講話』第四章）

わたしはこの〔パンの〕余剰について、すでにできる限り観想的習性によって考えるよう努めた。それはつまり、思惟を語る人々の言葉の多さによって、われわれの気が重くならないためである。そこで、諸々の神的なものの残りと余剰とについての観想を知的に受容するのだ。それゆえ、大麦でできた五つのパンとは、自然・本性的観想によってもたらされた諸々のロゴス（言葉）だと知られよう。

1396C 他方、それらによって養われた四千人の人々とは、自然・本性をめぐって動かされる人々であり、同様に、魂の受動的かつ非ロゴス的なものについて、関係的状態のすべての部分が浄められた人々を表している。これらの言葉を見る人々は、大麦によるパンの意味を思惟することができよう。大麦のパンは、動物や人間の糧に共通の種類であり、女性と子供にも共通である。それは明らかに、快楽による欲望や子供の理念など、不完全なものと全く無縁のものではないのだ。

しかし砂漠とはこの世のことである。この世で神的なものについて自然・本性的観想によって動かされる人々に対して、神のロゴス（キリスト）は、自然・本性のロゴス（言葉、意味）を霊的に打ち砕き、諸々の善きものの
1396D 満足をすべて与える。かくして、余剰の籠は明らかに、十二という数で示されるのである。

十二という数についての観想

十二は五と七との複合から成るものとして、時間（クロノス）と自然・本性（ピュシス）とに従ったロゴス（意味）を示している。なぜなら、時間は円環的に動かされるものとして七つのもの（一週）であり、動かされることへの適合性を当然持っている。つまり中間から両極に対して、「数に即した等距離」があるからだ。

1397A 他方、自然・本性は、いわば五という数によって自ずと秩序づけられる。なぜなら自然・本性は、五感と質料とを通して自らの十全な形相を有するからである。（五感によっては五つのものが分割され、端的な質料は四つに分割される。）実際、自然・本性は「形相とともなる質料」ないし「形相づけられた質料」として以外には、現に存立しなかった。すなわち、形相（エイドス）というものは質料が附加されてはじめて、自然・本性として現実化されるのである。

同じことについての他の観想

諸々の生成したものと永遠なるもの（世々）についての思惟は、動かされたものや限定されたものについての思惟たる限りは、「何なのか（本質）」、「どのようにか（性質）」、「いかに在るか」といったことのロゴス（言葉、
1397B 意味）を受容している。なぜなら、すべての〔被造的な〕ものは動かされかつ生成せしめられたものとしてあり、それゆえ、たとい動きによって測られるものではなくとも、全く時間のもとにある。

すなわち、すべて生成せしめられたものは、「在ること」へともたらされたものとして、「在ること」の根拠（原因）を有しており、また、そこから「在ること」が始まった当の拡がりを有しているのだ。しかるに、もし生成せしめられたものがすべて、在りかつ動かされているなら、それは全く自然・本性と時間のもとに在る。一方では在ることを通して、他方では動かされることを通してである。そしてそれら両者によって、十二（という数）のロゴス（意味）が複合として、既述の仕方で成り立ってくるのである。

他の観想

十二という数は、倫理的、自然・本性的、そして神学的な哲学（愛智）を示している。十二は四と五と三とを合計した数だからである。

1397C ここに四とは、現実にあって四つの一般的アレテー（徳）により習性に即した確かな哲学である。五とは、既述の原因による自然・本性的な観想である。つまりわたしは、自然・本性に即して五つに分けられた感覚のことを言っているのだ。そして三とは、神秘神学のことである。それはすなわち、最も聖なる一の「同一実体で聖なる三つのヒュポスタシス（個的現実）」を通してである。神秘神学とは、あるいはそれら（三つのヒュポスタシス）における聖なる一であり、あるいはより本来的に言うなら、聖なる一たる限りのものである。

他の観想

あるいは十二とは、普遍的かつ一般的なアレテー（徳）と知を意味する。すなわち十二は、一方では四つのアレテーを通して完成されるものであり、他方は、神秘的に示された来たるべきものが、八つによって観想された把握を示している。四と八との複合によって、十二という数が成り立つからである。

1397D

他の観想

十二はまた、現存するものと来たるべきもののことである。現存するものは、要素的な数と質料的な数とを自然・本性的に受容する。他方、来たるべきものは、それらにおいて観想された八という数を神秘的に受け取っている。つまり八は、時間による七を超えた固有性を有しているのである。

1400A

他の観想

裁きと予知との三つのロゴス

さらに十二という数は、諸々の思惟的なものと感覚的なものをめぐる「裁きと予知との三つのロゴス（言葉、意味）」を、明らかに意味している。つまり、思惟物と感覚物との各々は、それが在る限りで「在ること」の三つのロゴスを受容しているのだ。その際それは、諸々の神的なものの極みたる神秘的かつ神秘参入的なロゴス（意味）によって、ロゴス的な多くの修業を通して明らかなものとして生じたのだ。そこで、諸々の存在物の三つの普遍的ロゴスは、それらにおいて観想される四つの存在物を、自らによって三様のものとしている。あるいは、存在しているものによって、三つの普遍的ロゴス自身が再び四様のものとされる。かくして、十二という数が形成されるのである。

実体、可能性、そして働きという三つのロゴス

というのも、存在物が「実体・本質（ウーシア）」と「可能性（力）（デュナミス）」と「働き、活動（エネルゲイア）」を有しているなら、自らにおいて「在ること」の三つのロゴスを明らかに獲得しているからだ。が、もし
1400B 予知がそれらのロゴスを、三様に在る限りでの「在ること」へと明らかに結合するならば、予知のロゴスもまた、まさに三様のものとして存立することになる。

しかし、もし各々において語られたものの――つまり、「過ぎゆくもの」、「現存するもの」、そして「来たるべきもの」の――変化するロゴスが滅ぶならば、裁きは悪を懲らしめるものとして、罰する力なのだ。ここに裁きは、それ自身において、観想の三様のロゴスを有している。かくして裁きは、そうしたロゴスに即して、諸々の存在物の「実体・本質」と「可能性」と「働き」とを包摂しつつ、永続への固有の無限性を守って存続するのである。

他の観想

十二、十、二などの他の意味

再び十二という数は、原因と原因づけられたものとの能う限り完全な知を意味している。十に二を加えると
1400C 十二になるからだ。すなわち十とは、万物の主なる神イエスであって、一から発する諸々のものによっても外に出てゆくのではなく、一なる仕方で自らに立ち帰るのだ。そして十とは、一なるものであり、諸々の限定されたものの限定として、傾向づけられたものの拡がりとして、そしてすべての数的な終極の限度としてあるのである。また二とは、神の後なる諸存在物のすべての結合である。すなわち一方では、すべて感覚されたものは、質料と形相との結合として二である。他方、思惟されたものは、権能（力）と形相づけの力とを実体的に集約するものとして二なのである。

なぜなら、およそ生成せしめられたものは、本来的に単純なものとして在るのではないからだ。つまりそれは、単にこれこれとして〔端的に〕在るのではなく、基体としての実体（ウーシア）において、存立と消滅との異なりが観取されるのである。そこにおいて十はいわばものを存立させ、明らかに二から自らを区別するのだ。しかし、何らかの仕方で実体的に固有の存立を得ていると看做される〔被造的な〕ものは、決して〔神のごとく〕端的に「在る」ことはできないのである。

他の観想

1400D

三一性と三つのヒュポスタシス

十二という数はまた、神的な実体とその活動的働き（エネルゲイア）とを隠された仕方で意味している。まず
実体は、三という数によって指し示され、三つのヒュポスタシス（個的現実）としての存立を通して三様に称え
1401A られる。なぜならばその際、一なるものは三一性としてあるからだ。つまり、完全な三つのヒュポスタシスにお
ける、あるいは存立の方式における完全なるものとしてである。そして三一性は、実体ないし「在ること」のロ
ゴス（言葉、意味）における真に一なるものである。

六は活動的働き、十二は完全なもの

十二は他方、六という数で示された活動的働きを意味している。すなわち十二は、完全で充足した十のうちなるものに、また存立しているものの固有の部分からなるものに属する。さらに、普遍的なもの、諸々の不当な数を包摂するもの——それは等しいものと不等なものを言うのだが——に属する。つまり十二は、まさに完全で完成させるものである。（その働かせ保持させうるロゴスに即して、諸々のものが存在するのだ。）なぜなら、両極のうちで動かされる諸々のものは、両極の「つねに動かす静止」に対して同等ではないからである。

それは丁度、労苦を愛する人々が、一なるものから残りのものの統合を形成するためである。そして十二は、一方で極である。つまり神は、「われわれはわれわれの似像と類似性に即して人間を創ろう」（創世一・二六）と

語った。十二は他方、中間（媒介）である。つまり、「神は人間を創った。男性と女性とに創った」（同、一・
1401B 二七）とある。が、極として、「キリスト・イエスには男性も女性もない」（ガラテア三・二八）と記されている。それゆえ両極と中間とは同等ではない。後者は男性と女性を有し、前者は有さないからだ。そして神的エネルゲイアは、それらを創りかつ包摂する。

思うに、最も知恵あるモーセはそのことを神秘的に教えられ、他の人々にも善き仕方で指し示すべく、神が六日間で世界を全体として創造したと記したのだ。そこでわれわれは、一つながりと秩序に即して、諸々の存在物の予知と裁き、そして生成（創造）についてふさわしい仕方で観想しつつ、十二という数の意味するところを十分に語ったのである。

1401C

籠についての観想

籠は教育的な摂理のこと

残りのものが集められた籠は教育的な摂理のことだと、ロゴスは言う。それは、語られたことの諸々の思惟的ロゴス（言葉）を養う人々に関わる。というのも、彼らは教育的な教えよりも上になることは決してなく、またそうした教えは有益なものを然るべき仕方で附与し、そのように教育される人々に苦しい上昇の道を提示するからである。すなわち、籠が創られる当の質料（材料）は、自然・本性に即して打つものであって、われわれに思惟することを与えるのである。

七つのパンについての観想

1401D 四千人に与えられた七つのパンは、わたしの思うに、法的な神秘参入、ないしそれに即したより神的なロゴスを象っている。すなわちロゴス（キリスト）は、ロゴスによって三日待つ人々に、つまり倫理的、自然・本性的、そして知の輝きを作るような労苦を忍耐とともに寛大に担う人々に、それら（七つのパンによって象られたもの）を神秘的に与えるのである。

三日についての他の観想

あるいは三日とは、自然・本性的、聖書的そして霊的な法を意味している。その各々は、労苦を愛する人々に
1404A 霊的ロゴスそのものの光を分かち与えるのだ。彼らに倣って、神的なものに善く真実に飢えている人々は、科な
き仕方で神なるロゴスを待望しており、勝利と王国との象徴として満足の余剰を持ち、霊的な糧を同時に受け容
れる。

なぜなら七つの籠は赤い素材でできていて（赤は勝利と王国との象徴なのだ）、諸々の力ある霊の攻撃に対する「真理の混乱なき支配」のために、すべての悪と不和とに打ち勝つ糧を意味しているからだ。つまりそれら（七つの籠）は、諸々の情念と悪と霊とに対して、神なるロゴスによる不敗の権能を捉えるのである。

四千人という数についての観想

一、四、十、千などについての意味

1404B そして、霊的な諸々のロゴスを糧とする人々の数とは、彼らの真の完全性の明確な証しである。すなわち、一般に四は一（一性）を含む。最初の一ははじめの一であり、第二の一は十であり、第三の一は百であり、第四の一は千である。これらは最初の一を除いて、一でありかつ十である。ところで一とは、それ自身とともにあるものであって、自らにおいて存立しており、自らの十を十倍することによって完成する。しかし十とは、自らに先立つ諸々の一なるものの結合を自らのうちに含む。また千を四倍す
1404C ると四千となる。従って、最初の一は神秘的哲学の象徴であり、第二の一は神的摂理と善性との型であり、第三の一はアレテー（徳）と知との似像であり、そして第四の一は、諸存在物のより神的な変容の普遍的証しである。

数についての他の観想

籠の七という数は先のような仕方で観想すれば、知恵と思惟とを意味しているという。知恵（ソフィア）は、原因をめぐって知性（ヌース）に即して三様に動かされ、思慮は、原因の後なるもの、そして原因をめぐるものについて、ロゴスに即して原因を通して四様に動かされる。それゆえ、この偉大な師によれば、何ものも主によって非ロゴス的に、そして霊にふさわしくない仕方で生ぜしめられることはないのである。

六八　より善きものを識別するための賜物

1404D ナジアンゾスのグレゴリオスの言葉から。

「そして諸々の賜物（恵み）には、異なりが存する。より善きものを識別するために、然るべき他の賜物の恵みがあるのだ。」（『復活祭の講話』第一六章）

霊の識別の賜物

恵みの異なりはこの偉大な師によれば、他の恵みの明証のためであって、思うに預言であり、舌（言葉）によって語ることである。というのも預言は、誰が、どこから、どこで霊を持ち、いかなる霊に属し、また科があ
1405A るかが知られるための、霊の識別の賜物を有しているからだ。それは、語る人の精神の欠点から発せられたものが、あるいはまさに預言する人の自由な衝動が無意味なものにならないためである。そのようなことになるのは、何らかの事柄について小賢しさから、ロゴスに反して自然・本性として作為ある預言をするからである。

実際、たとえばモンタノス派やそれに近い派にあって預言で語られたことは、奇異なかたちのものであって、ダイモン的な悪しき霊に属するものであった。しかし、自分が経験していないことを語ったり勧めたりして、空しい栄光のために他の人々に対して技巧をこらしてはならない。そのようなときには、驚かされていると偽り、孤児のような言葉と思惟との虚偽によって、自分が栄光についての父なる知者だと公言することを恥とも思わないのだ。

そこで、神的な使徒は言う。「二人ないし三人が預言を語り、他の人々は識別するがよい」（一コリント1405B一四・二九）と。では、他の人々とは誰か。明らかに、諸々の霊を識別する賜物を有している人々である。それゆえパウロが言うように、預言が信じられ、知られ、そして称えられるためにも、諸々の霊の識別という賜物が必要である。つまり、諸々の言葉の賜物が解釈のために必要である。それは、語る人が狂っているとその場の人々から思われて、聴く人々の誰かが、語る人に従ってゆけないようにならないためである。

実際、偉大な師は次のように語っている。「もしあなたたちが預言を語るなら、信じていない人か見知らぬ人が入ってきて、あなたたちが狂っていると言わないだろうか」（一コリント一四・二四）と。そして、彼が〔正しく〕解釈する人でなければ、〔預言を〕語る人に沈黙するよう命じる。しかし師は、「より善きものを識別するために」と言う。つまり、諸々の神的なロゴス（言葉）によって知性（ヌース）を照らす人々は、預言と諸々の言1405C葉との賜物を有している。その識別と解明のために、諸々の賜物を用いるのだ。それはつまり、諸々の霊の識別と解釈のためである。それを知って師は、「より善きものを識別するために」と語ったのである。

六九　時宜を得た命題と不完全な命題

文法学者たちによれば、時宜を得た命題は、名詞と動詞（名詞と語り）から完全な意味（思惟）を成り立たせている。たとえば、「ヨハネは歩いている」といった場合である。しかし、不完全な命題は、名詞と動詞から完全な意味を成り立たせていない。それはたとえば、「ヨハネには思い煩いがある」という場合である。それゆえ、人が「ヨハネは歩いている」と言うとき、〔その意味はいちおう完結しているので、〕他のことをしていると示さ

1405D なかった。しかし「ヨハネには思い煩いがある」と言うときは、彼が何に思い煩っているかを省いているのである。

七〇　アレテー（徳）の称讃をめぐって

ナジアンゾスのグレゴリオスの『聖なるバシレイオスへの追悼』から。

「称讃される人々から生じるものでなければ、いかなる人にあっても何ら称えられない。」

1408A 人々が諸々の善きもの（美しいもの）を受け取るとき、彼はまさに成長（増大）を受けており、彼について語る人々から明らかに称えられ、励まされる。すなわち、神的なことでより大なるものが魂に附加された人は、称えられる。が、他方、称讃からより大なる促しを受け取る人は、より大なる成長へと励まされるのだ。というのも師は言う。「わたしは諸々の称讃を知っており、それらの成長をも明らかに知っている」と。すなわち、知っている事柄についての称讃を、そしてそれらを受容した人々の「アレテー（徳）における成長」を（それは増大とも考えられるが）知っているのだ。

それゆえ、称讃された人々のすべての事柄にあって、彼らの享受した諸々のことで増大が全く見出されない、ということはない。あるいは、師はさらに、「自己自身」、「諸々のロゴス（言葉）」、そして「アレテー（徳）への
1408B 称讃」という三つを附け加えている。そのとき師は、それら三つに関わることを調和させて、それらの語りについて捉えて説明したのだ。

そこで師は、まず自己自身の増大から話しはじめ、次にアレテーの称讃を中間として進み、ついには諸々のロゴスにおいて完成させたのである。それは、聖なるバシレイオスについての命題と称讃とに関するものであった。つまりそれは、師にとって、ロゴス（言葉）の命題にとって、そしてアレテー（徳）を愛する人々にとって、あるいはまさにアレテーの称讃にとって望ましいものであった。そして彼らは、アレテー増大のさまざまな方式を模倣によって知ろうと欲する。ここに、そうした〔アレテーの〕増大は、諸々のロゴスと調和しているのだ。アレテーによる諸々の善きものが、そこに現前しているからである。

かくして彼らは、神によって称えられるべき生を送るすべての人々の、そしてとりわけバシレイオスのすべてを把握することができよう。そして、その人のアレテー（善きかたち、徳）を愛する人々に――たといそのアレテーの大きさには達しえないとしても――、魂のうちなる生きた似像を提示するのだ。それゆえ、すべての事柄
1408C のうちでいかなることについても――ロゴス（言葉）と語る人と聞く人のいずれの点でも――、命題の美しさがその人に調和しない、などということはないのである。

七一　神的な受肉の神秘――神の愚かさと遊び

ナジアンゾスのグレゴリオスの言葉から。

「なぜなら、高いロゴスはあらゆる種類のかたち（形相）で遊ぶ。欲するままに、あれこれの世界を裁きつつ。」（『乙女への教え』）

人間の達しうる神秘の現れ

1408D
偉大なダビデは、霊において信のみによっていわば見えるもの（現象）を貫き、知性（ヌース）を諸々の思惟されるものへと導き、神的知恵によって人間の達しうる神秘の現れを示した。わたしの思うに、そのときダビデは、「淵は淵をあなたのとどろく声で呼ぶ」（詩編四九・九）と言うのだ。こうした言葉によってダビデは恐らく、次のことを示している。

1409A
すべての観想的知性（ヌース）は、諸々の思惟的なものの「自然・本性として不可視なものと深さと多数性」とを深淵に比較し、さらには見えるもののすべての秩序を超えて、諸々の思惟的なものの場に達した。そして再びそれらの美しさを、信・信仰に従った動きの激しさによって超えてゆく。その際、知性は全く確固たる不動なものとして自らのもとに立ち、万物を通り過ぎることによって、それから然るべき仕方で神的知恵に呼びかけるのだ。つまり、知としてはまさに語られえぬ淵を呼び、諸々の神的なとどろく声をそれに与える。しかし、それらのあるがままの特徴そのものを捉えているのではない。かえって、万物をめぐる神的予知の諸々の方式とロゴスについて、信・信仰によって何らか知られた現れ（意味）を示そうと努めているのである。

信・信仰によってこそ神を想起しうる

実に信によってこそ、ヨルダンとヘルモンの地から神を想起することが可能となろう。その地においては、神なるロゴスの「人間たちへの神的降下（受肉）」の、「肉を通した偉大で畏るべき神秘」が成就されるであろう。またそうした神秘において、神に対する敬虔の真実が人々に与えられたのだ。そしてそれは、自然・本性のすべての秩序と力とを超えゆくものなのである。

受肉の神秘は、神の愚かさと弱さ

ところで、右のような〔受肉の〕神秘は、偉大な使徒パウロによって——パウロは神的な最も隠された知恵の
1409B 祭司であるが——「神の愚かさと弱さ」と呼ばれた。それは思うに、〔人知を超えた〕溢れるほどの〔神の〕知恵と力とによる。他方、神的で偉大な〔ナジアンゾスの〕グレゴリオスによって、〔神の〕溢れるほどの思慮のゆえに、「遊び」と名づけられている。

実際パウロは、「神の愚かさは人間たちよりも思慮深く、神の弱さは人間たちよりも強い」（一コリント一・二五）と言っている。またグレゴリオスは、「高いロゴスはあらゆる種類のかたちで遊ぶ。欲するままに、これこれの世界を区別し完成しつつ」と言うのである。両者それぞれに、われわれに備わった諸々の力の欠如によって、〔逆説的に〕神的な習性を指し示し、われわれの力の否定によって諸々の神的なものを肯定しているのだ。なぜならば、われわれにおける愚かさや弱さや遊びは、知恵や力や思慮などの欠如であるが、神にあっては、知
1409C 恵や力や思慮の溢れんばかりの超越的な姿を明らかに示しているからである。

受肉の神秘は、神の遊び

それゆえ、もしわれわれにあって何かが欠如に即して語られるなら、それは、神について語られる習性を示すものとして受けとめるのが、全く正しいであろう。そしてさらに、もしわれわれにあって何かが習性に即して語られるなら、それは、神にあっては超越性（余りの過剰）ゆえに、欠如を示すものとして受けとめるのが、最もふさわしいであろう。というのも、諸々の神的なものの過剰は、われわれにおいては否定を通して欠如的に語られるのだが、それらの表現は、自らのロゴス（意味）に即した真の現れには大いに不足しているからである。

もしこのことが然るべきロゴスに即して真実ならば（神的なものは諸々の人間的なものに、端的には決して適合しないからだが）、そのとき、聖なる使徒パウロの言う「神の愚かさと弱さ」、そして驚くべき偉大な師（ナジアンゾスの）グレゴリオスの言う「神の遊び」は、まさに「神的な受肉（ἐνανθρώπησις）の神秘」である。すな
1409D わちそれは、すべての自然・本性の力と働き（エネルゲイア）のすべての秩序と調和を、超実体的に超出しているのだ。

すなわち神的なダビデは、神的な霊により知性（ヌース）に即して遠くから観られ、神秘へと導かれている。そこでダビデは、使徒の言う「欠如を通しての過剰な神の習性」を解釈し、たしかに思うのだが、ユダヤ人たちにこう叫んでいる。「あなたの力の多さゆえに、あなたの敵たちはあなたに欺かれる」（詩編六五・三）。そのように、すべての人は全く神の敵であり、自然・本性の法によって愚かにまた不敬虔に神を捉える人は、明らかに虚偽なる者となる。そして彼は、自然・本性のもとなる存在物のうちに自然・本性を超えて不受動な仕方で実体的に生成したもの（受肉した神）が、自然・本性としてあるものをすべて働かせうるということを、信じることがないのである。

神的なとどろく声は、淵を呼ぶ淵　知性も知恵も淵と名づけられる

1412A かくして、ロゴスは一つの解釈に即して、神の愚かさと弱さと遊びとを、ここではあえて推測的に観想したのだ。そして、それらとは別に、ロゴスははじめに提示された難問（アポリア）のいわば範型として、淵を呼ぶ淵を神的なとどろく声と捉えている。また知性（ヌース）を、呼びかける知的な知恵として受けとめている。すなわちロゴスは、「神的で語りえざる降下（受肉）」における諸々の神秘の、小さな何らかの現れを知らしめたのだ。

なぜなら、淵と淵の場所とは、同義的に名づけられているが、神的知恵の場所とは普遍的知性のことだからである。それゆえ知性は、然るべき把握で淵と呼ばれ、また知恵は、再び自然・本性として同じく淵と名づけられる
1412B のである。

同じことについての他の観想

流れる静止を見ること　摂理に司られたものがより善くなるために

他方、先のむずかしい問題を神的恵みの助けによって吟味しつつ——それは推測的であって断定的ではないが（前者は穏やかであり、後者は大胆である）——、くだんの論をさらに進めてみよう。

われわれは「中間のもの」の防禦を、両極からの等しい隔たりとして語るが、それは偉大な師によって「神の遊び」と言われていた。それはつまり、諸々の中間的なものの動揺し変化する状態（静止）のためである。が、むしろ、より本来的に言えば、「流れる静止」なのだ。

1412C ここに逆説的なのは、「つねに流れ移りゆく静止を見ること」であり、さらには、摂理に司られたものがより善くなるために、「つねに動く流れを、神によって予知的に思惟されたものとして見ること」である(249)。そのときわれわれは、摂理によって教育されたものが力を賢明に知って、それを他のものへともたらすことを全く希望し、そして、他者に関わる神秘の限界（目的）が、神への傾きにより、恵みを通して確固として神的なものとされると信じるのである。

ところで、わたしが「中間のもの」と言うのは、「諸々の見られるもの」と「今、人間をめぐる、そして人間

を包む諸々の存在物」との全体のことである。また他方、「見られぬもの」と「人間をめぐって偽りなく来たるべきもの」とのヒュポスタシス（個的現実）を、「中間のもの」と言うのだ。それはつまり、神的善の語りえず根源的な方式とロゴス（言葉）に即して、主要にかつ真実に形成され生ぜしめられた諸々のもののヒュポスタシスである。

高いロゴスは、あらゆる種類のかたち（形相）で遊ぶ

丁度そのように、知恵ある伝道者は、諸々の見られるものと流れゆくものとの生成を魂の大きく明らかな目で
1412D 見て、いわば真に形成され生ぜしめられたものの視像において生成するのだ。では、生ぜしめられたものとは何か。生ぜしめられるべきものそのものである。そして、形成されたものとは何か。形成されるべきものそのものだという。それはすなわち、明らかに諸々のはじめのものと終わりのものとが——諸々の存在物と真の存在物として——記憶されたものであり、また中間のものと移りゆくものとの、場所に即しては決して記憶されぬものである。

というのも、生成せしめられた後、動物と石との何らかの自然・本性について、また端的に言えば、諸々の存在物のうちで観想された多くのものについて見えざる仕方で——大いなる仕方でとくに師が為しえたのだが——、師はそれらに附け加えて語っているからだ。「高いロゴスはあらゆる種類のかたち（形相）で遊ぶ。欲するままに、
1413A あれこれの世界を区別し完成しつつ」と。

それゆえ同様に、『聖霊降臨についての講話』において、師は神性と被造的本性とについて次のように論じている。

「各々のものを固有のものに留める限り、神は尊厳のうちに、また人間は低みにおいて在り、そして善性は混合せず、人間愛は共有されない。そのときには、富者と〈ラザロやアブラハムの望まれた懐〉とを、大きな渡りえぬ断絶が分け隔てている。すなわちそれは、すべての生ぜしめられた（被造的な）流れる自然・本性を、生まれず静止したものから隔てているのである。」（同書、第一二章）

「高いロゴスが遊ぶ」ということの三つの階梯

さて、聖にして神的で偉大なディオニュシオス・アレオパギテースは、そのことに同意してこう論じている。「真理について次のように言うことは大胆である。万物の原因そのものは、愛する善性（ἀγαθότης）の卓越
1413B 性のゆえに、万物への善美なる愛によって自らの外に出る。それは、すべての存在物についての予知による。そして万物の原因は、いわば善性と愛と欲求とによって引きつけられ、〈万物を超え、万物として、万物から発出するものから〉、万物のうちなるものへと降下する。しかもそれ自身は、超実体的な脱自的力によって、自らから離れることはないのである。」

そこで、ディオニュシオスが言っているように、「高いロゴスが遊ぶ」ということについての先の方式を、その思惟に従って簡潔に解釈することが可能であろう。

すなわち、両親は（われわれを超えた事柄についての書へとわれわれの生を範型として用いるのだが）、子供たちからまず怠惰を除くことからはじめ、降下（謙遜）という仕方に適合させる。そのようにして、子供たちの遊びを
1413C それに順応させてゆくことになろう。つまり、たとえば一緒に踊り、サイコロ遊びをし、あるいはさまざまな色の花で飾り、多くの色で染められた服で喜ばせ、また呼びかけたり驚かせたりする。その際、子供たちは他のこ

とはしないのだが、後になって両親は、さまざまな訓練によって子供たちを導き、より完全なロゴスと本来のわざとを与えるのである。

それと同様に、恐らく師は既述のことを通して万物の神を語っている。すなわち神は、第一に、現象した被造物の歴史的な自然・本性を通して、全く子供のようなわれわれを、それらの神的な知によって「驚きないし上昇」へともたらす。神は第二に、それらのうちなる「より霊的な諸々のロゴス（言葉、根拠）の観想」へとわれわれを導く。そして、神は第三に、神学のより神秘的な知を通して、われわれの達しうる限りで、「自らの完全
1413D なるもの」へと導き入れるのだ。そうした神秘的な知は、形相、質、形態、量、そして大きさ、かさ等々におけるすべての多様性と複合とから全く浄められており、初期の教育では観想という目的に向かって「遊ぶこと」だと、神的グレゴリオスによって言われる。それはまた、神的ディオニュシオスによっては、「引きつけられる」とか「自らを超え出る」とか言われるのである[250]。

なぜならば実際、「固有にかつ真に存在するもの（神）」に対しては、互いに比較によって観想されるもの、後
1416A に明らかになるもの、現に在るものそして現象するものなどはすべて、「子供のようなもの」、そしてそれからもなお遠いものだと思われるからである。そして、「本来的に神的で第一の事態の真理」と比較すれば、現に在ってみられる事態の秩序は、神的な華やかさの美をできるだけ全体として受容するにふさわしい人々にとっては、真に「在る」とは看做されない。それは丁度、子供の遊びが、何らかの真実の事態に比して、決して「在る」と看做されないのと同様である。

同じことについての他の観想

質料的な事物は、神的ロゴスによってこそ自らの自然・本性の限度（定め）を得る

われわれが手がけている質料的な事柄は、多様な仕方で他のものに変化しかつ変化せしめられる。だが、質料的なものの変化は、恐らく最初の〔神的〕ロゴス（言葉、根拠）以外には、決して安定した基礎を持たない。つ
1416B まり、そうしたロゴスに基づいてこそ、それら質料的な事柄も、知恵ある仕方で予知的に移りゆかせられかつ移りゆき、またロゴスに支配されていると、われわれによって看做されるのだ。

その際、それらのものは支配されているというよりはむしろ逃れゆく。そして、それらを所有しようとするわれわれの欲求は支配されている。それゆえわれわれは、むしろ自己自身から追い出されており、支配するかあるいは支配されるかということでは全くないのだ。そこでわれわれは、〔神的ロゴスによってこそ〕自らの自然・本性の確たる限度（定め）を——流れゆき留まらぬこととしてであるが——獲得しているのだ。そうした姿は、師によって正当にも「神の遊び」と呼ばれた。すなわち、神はこれらのことを通して、われわれを「真に在るもの、決して移りゆかぬもの」へと導くのである。

われわれの生は、神的な生命の範型に比すならば「神の遊び」である

1416C そこでわれわれ自身は、自らの現にある自然・本性に伴うつながり（意味連関）に即して、地上の他の動物と似た仕方で生まれ、さらに子供となる。そして、成長し開花しても、若さはすぐに失われ、しわの多い老年へと朽ちて死を迎え、さらには他の生に向かって変容してゆくであろう。してみれば、この神的な師によってわれわれが「神の遊び」と呼ばれたのも、あながち理に反してはいないのだ。実際、神的で真実の生命の「来たるべき範型」に比すならば、現にある生命は「遊び」であり、その他の仕方ではより実体なきものとなったであろう。

そして師は、『カイサリオス追悼』の中でいっそう明確に示して、次のように言っている。

「兄弟たちよ、生きているわれわれのこの生は、束の間のものであり、地上での遊びである。すなわちわれ
1416D われは、在らぬものから生まれ、生まれても消滅せしめられる。われわれはいわば、「存続しない夢」、「保持しえぬ幻視」、「飛び去る鳥の飛行」（知恵五・一一）、「海の上の痕跡なき舟」（同、五・一〇）、「塵」（詩編一・四）、「泥」（ヤコブ四・一五）、「朝の露」（ホセア四・一五）、「瞬く間に咲き、瞬く間にしぼむ花」（一ペトロ一・二四）、そして「その日は草のように、野の花のように咲く」人間（詩編一〇二・一五）である。このように神的なダビデは、われわれの弱さについて美しく語ったのである。」（同書第一九章）

結　語

1417A
さて以上のことは、われわれの偉大な師〔ナジアンゾスの〕グレゴリオスの言葉のうちで、至福なる人々よ、あなたたちが難問と思い、力の限り解き明かすようわたしに要請したことに対する応答の言葉である。

わたしはあなたたちの求めにまっすぐ従って、それらの問題に熱心に取り組んだ。もとより、十分に解明しえたわけではない。神的な師の偉大で高い思惟には、われわれの知性（ヌース）は達しないからである。しかし、意図としては諸々の熱望（パトス）の矢に射られて、その傷手によってむしろ喜びに燃えたたせられ、あるいは諸々のアレテー（善きかたち、徳）の恵みによって浄められるのだ。が、悪の大きな慣いによって習性が形成されるなら、罪に傾いてしまうのである。

1417B
そして、わたしの論述が、もし提示された問題にふさわしい言葉で、また真理から全く外れてはいないとあなたたちが思われるなら、それは神に感謝すべきことである。実に神は、わたしの低くかつ地に落ちた思惟を照らし（これはあなたが驚くためであるが）、調和あるロゴス（言葉）を与えたもう。そして、従順で、祈りの助けによってすべてを正しく為すあなたに対して、思惟されたものの調和を鋭いものにするのである。

しかし、もしわたしが正しくなく、あるいは屈折しており、全体的にか部分的にか真理から逸れているなら（それについては、偉大で神的なディオニュシオスの言葉があなたの慰めとなろうが）、「意図せず無知な人を、あなたの人間愛が正すがよい。そして、教えるべき人にロゴス（言葉）を与え、自立した力を持たぬ人に助けを与え、そして意図して病んでいるのではない人を癒すがよい。」

1417C
かくしてこのことを、あなたの他の美しさとともに、またむしろ、他のすべてに先んじて「あらゆる犠牲よりも称えられるべき尊い捧げ物」として、神に捧げるがよい。天においても地においてもすべての被造物から称えられ、われわれからはただ、他者に対する人間愛のみを犠牲として求めたもう神に。

聖　母
コンスタンティノポリス（現イスタンブール），カリエ美術館，12世紀

解説

本書は、証聖者マクシモス（五八〇頃―六六二）の主著『難問集』の全訳である。翻訳の底本とした原典は、「ミーニュ・ギリシア教父全集」第九一巻に収められている。（Maximus Confessor, Liber Ambiguorum, Patrologia Graeca, PG, 91, 1032A―1417C.）

この書は大別して二つの部分に分かれており、それぞれの原題は、「聖なるディオニュシオスとグレゴリオスのさまざまな難解な言葉をめぐって、マクシモスが聖なるトマスに宛てて」（PG九一、一〇三二A―一〇六〇D）、および「クジコスの最も聖にして至福なる主教ヨハネに宛てて、卑しい修道士マクシモスが挨拶を送る」（同、一〇六一A―一四一七C）というものである。

そこからも窺われるように本書は、証聖者マクシモスがディオニュシオス・アレオパギテース（Dionysius Areopagita, 往時はパウロの弟子とされていたが、恐らく六世紀はじめのシリアの修道者）と「カッパドキアの三つの光」の一人たるナジアンゾスのグレゴリオス（Gregorius Nazianzenus, 三二九／三〇―三八九／九〇）との諸著作の中から――大部分はそのグレゴリオスの著作からであるが――、難解と思われる箇所を適宜択び、それらを解釈しつつ大きく敷衍した文章から成る。しかし、そうした仕方で連綿と記された本書は、一見すると両者の言葉の註解という体裁を取っているが、結果的には、二世紀以来の東方・ギリシア教父の全伝統を継承し、ゆたかに展開させたものとなっている。古来、マクシモスが実質的に「東方教父の伝統の集大成者」、「ビザンティン神学のチャンピオン」と目されてきたゆえんである。

なお、通常は東方教父の最後を飾るヨハネス・ダマスケヌス（Johannes Damascenus, ダマスコスのヨアンネス、六五〇頃―七五〇頃）が伝統のまとめ役として集大成者とされ、その著作を通して西欧スコラ学などに東方教父の伝統が受容されてゆく。が、その背後には、カッパドキアの教父たちや証聖者マクシモスがより大きな源泉として存するのである。そこで本論に入るに先立ち、まずはマクシモスの生涯と歴史的位置について少し見定めておこう。

一　証聖者マクシモスの生涯と、西洋思想史上の歴史的位置づけ

その生涯

マクシモスは五八〇年頃、東ローマ帝国の首都コンスタンティノポリス（現在、トルコ共和国のイスタンブール）に生まれた。聖書の伝統だけではなく、古代ギリシア哲学、ストア派、新プラトン主義などについての広範な教育を受ける。その家系には、代々ビザンティンの宮廷に重用された人が多かったという。マクシモス自身も、皇帝ヘラクレイオスの筆頭書記官に任ぜられた。が、三年後にはその職を辞して、六一四年、帝都の近郊クリュソポリスの修道院に入り、東方キリスト教的霊性の道に身を捧げた。後には、マルマラ海の南岸にあるシジクスの修道院に移っている。

しかし六二六年、ペルシア、スラブなどの侵入とともに流浪の旅を余儀なくされ、クレタ島、キプロス島を通って、六三〇年に北アフリカのカルタゴに辿り着く。その地で反単意説論者ソフロニオス（Sophronius, 五六〇

頃—六三六、エルサレム主教在位六三四—没年）と出会い、また偽マカリオス（Macarius, 三八〇頃—三四〇頃）の霊性にも学んだ。そしてマクシモスの神学・哲学的著作の大部分は、カルタゴでの十五年ほどの間に著されている。

ところで六三八年、皇帝ヘラクレイオスはコンスタンティノポリス総主教セルギオスの起草した勅令「エクテシス」を公布し、「キリスト単意説」を擁護した。（単意説とは、イエス・キリストのうちに神的意志のみを認め、弱き人間的意志はことごとく排除する説であった。）そこでマクシモスも六四五年頃から「キリスト両意説」（キリストには神的意志と人間的意志との両方が存するとするもの）を守るべく、険しい神学論争に関与するようになり主導的役割を果たした。その結果、六四九年ローマのラテラノ教会会議において、単意説批判が教皇マルティヌスによって布告されるに至る。

それに対して新皇帝コンスタンス二世は、六五三年にローマで教皇マルティヌスを捕え、クリミア地方に流刑に処した。また六六二年、マクシモスも捕えられて拷問を受けたが、「キリストの神人性」と「両意説」との信仰を貫き通した。そのため、そうした信・信仰を卓越した仕方で語りかつ記した舌と右手とが切り落とされたという。そして黒海の南カフカスの地ラジカに追放され、そこで客死したのである。「証聖者（コンフェッソル）」という固有の称号は、まさにそうした受難と証しとに由来する。

ちなみにマクシモスのキリスト両意説はその後、奇しくも六八〇／八一年の第三コンスタンティノポリス公会議において正統として確立された。そしてそれは、「ビザンティンの勝利」として永く歴史に記憶されてゆくことになるのである。

歴史的位置づけ

さて証聖者マクシモスは、二世紀から八世紀中葉に及ぶ東方・ギリシア教父という思想潮流の後期に属し、それまでの伝統をすぐれて集大成した人である。すなわちマクシモスは、「カッパドキアの三つの光」と称えられたバシレイオス（Basilius, 三三〇頃―三七九）、その朋友ナジアンゾスのグレゴリオス、そしてバシレイオスの弟ニュッサのグレゴリオス（Gregorius Nyssenus, 三三五頃―三九五頃）をはじめとして、擬ディオニュシオス・アレオパギテース、偽マカリオスなど、東方教父や師父たちの神学・哲学的かつ霊的な遺産をゆたかに継承し、また「カルケドン信条」の精神を遵守しつつ、それらすべてを集大成したのだ。

ただしそのことは、マクシモスが殊更に体系的な著作を記したということではない。マクシモスの著作の多くは、『難問集』のように人からの要請を受けて、先行の教父たちの文脈の難解な箇所を詳しく吟味・探究したり、旧・新約聖書のさまざまな箇所を適宜取り上げて霊的象徴的に解釈したり（その代表作は『タラッシオスに宛てて』である）、あるいは当時の教理論争の中で応答していったりして成立したものである。が、それらが相俟って、結果として先行の多様な伝統をすぐれて綜合したものとなっているのだ。

しかし、より大局的に見るならば、証聖者マクシモスにおいてはヘブライ・キリスト教と古代ギリシア哲学という二つの伝統が出会い、ある種の緊張のもとにゆたかに統合されている。すなわちマクシモスは、旧・新約聖書と教父の伝統を土台としつつ、古代ギリシア的伝統を（ストア派や新プラトン主義を含めて）受容し、根本における拮抗のもとにそれらを超克していったと考えられよう。

ともあれ、マクシモスの探究は、確かに聖書の文脈に主として依拠するものであるが、それとともに普遍的な愛智（哲学）の道行きの結実した姿だと言ってよい。つまりそこにおいては、「神」、「創造」、「罪」、「受肉」、「神人性」、そして「神化」など、後期スコラや西欧近・現代の大方の学的枠組みでは宗教、神学、教理学に属すると看做される事柄も、はじめから特殊な教理（ドグマ）にのみ関わることとして探究の局外に分離されてはいない。かえってそれらの問題は、「存在」、「知」、「善」、「人間」、「自然・本性」、「自由・意志」、「愛」、「他者」、そして「共同体」などについての普遍的な探究によって、改めて根本的な意味と射程とが問い披かれ、全体として一つの愛智の営みとなっているのだ。（それゆえそこには、後世に見られるような「神学」と「哲学」との分離、領域分けは存在しない。）

総じて言うなら、証聖者マクシモスのそうした探究は、いわゆるヘブライズムとヘレニズムという二大思想潮流の邂逅であって、前者による後者の「受容、拮抗そして超克」という未曾有の歴史の縮図であり、それらを映し出した姿なのである。そのことは一般に、教父的伝統そのものの基本的特徴でもあった。そして、そこでの拮抗と格闘および超克の営みが極めて困難で、また根源的なものであったからこそ、そこに形成されたものは、時代、民族、場所などの異なりを超えて、後世の範とするに足る普遍性を備えており、容易に凌駕しがたい「人類の古典」となりえているのである。

二　証聖者マクシモスにおける哲学・神学の基本構造——人間と自然のダイナミズムに即して

この『難問集』には、「哲学（愛智）」＝「神学」の広範な問題がゆたかに吟味・探究され、随所に透徹した洞察が示されている。たとえば、ふつう見過ごされやすいことも一般に定まった知見となっているようなことも、証聖者マクシモスの手にかかると、驚くほど射程の大きい深遠な問題として新たに甦っているのだ。すなわち、いわば一輪の百合、一人の他者がこの可変的世界に現に生成・誕生してくることにも、ある意味で謎・神秘が存していると考えられよう。

そこで以下、本書の多様な文脈に通底する基本的把握を多少とも見定めてゆくことにしたい。それが単に一方的な解説に止まるものではなく、むしろ、今もつねに現存する古典の言葉とその指し示すところに、読者の方々（広義の同行者）とともに何らか参与してゆくよすがとなればと思う。

（一）神の実体・本質と働き・活動との峻別――「わたしは在る、在らんとする」たる神名の顕現とその意味射程

神名の啓示と、神的エネルゲイアの類比的分有

ヘブライ・キリスト教の伝統にあって神（ヤハウェ、テオス）は、実体・本質（ウーシア）としてはどこまでも知られえぬ無限なるものである。「あなた（モーセ）はわたし（主なる神）の顔を見ることはできない。人はわたしを見て、なお生きていることはできない」（出エジプト三三・二〇）とあり、また、「未だかつて、神を見た者はいない」（ヨハネ一・一八）と言われる通りである。それゆえ、神のウーシアはわれわれにとって最後まで不知に留まるのであり、神はただ、そのエネルゲイア（働き）との出会いから、何らか経験され知られるに過ぎない。つまり原初的には、神的エネルゲイア（ないし霊・プネウマ）を何らか宿した「信という魂のかたち」として、神が何らか顕現し、不完全な仕方で知られてくるのだ。

言い換えれば、「ウーシアとエネルゲイアとの峻別」という東方教父の伝統の思想財と看做される事柄は、むろん単に対象的な「知の方式」などではなく、人間が神的エネルゲイア・プネウマにまみえ、神への愛に促され

た経験そのものに根差しているのだ。そして、自己を超えゆくそうした脱自的愛は、無限なる神へと開かれたものであるので、「絶えざる道行き」となるのである。

ところで、周知のごとくモーセは、シナイ山においてヤハウェ（神）の顕現にまみえたという。そのときヤハウェは、自らを「わたしは在る、在らんとする」（ehyēh, Ἐγώ εἰμι）という名（神名）として示した（出エジプト三・一四）。それは神を限定して知る名ではなく、かえって万物を在らしめる超越的根拠の働きを指し示すものであろう。さらにはまた、「わたしは在る」が神の名であるのなら、われわれの「わたし・自己」はつねに謎かけられていることになろう。この意味で「自己」とは、最初にして最後の難問でもある。

右のような「わたしは在る」たる神は、後世やや抽象化されて「自存する存在そのもの」（esse ipsum per se subsistens）とか、「純粋現実態」（actus purus）とかの言葉で捉え直される（トマス・アクィナスなど）。それはともあれ、くだんの神名は、諸々の存在物の「在ること」の意味を改めて反省し吟味することを促してくる。すなわち証聖者マクシモスの文脈に即して言えば、すべて存在物の「在る」ということは、端的に独立のものとしてではなく、いわば「神的エネルゲイア（働き）の分有」として語られよう。これは、諸々の存在物の中間的存在領域を「それ」として措定しない捉え方である。そしてそこにおいて、神的エネルゲイア（いわば「在る」の無限の働き）の「類比的（アナロギア的）分有」が語られることになる。

この点、まず人間以下の諸々の存在物（無生物、生物、植物、動物など）は、一言で言うなら、自らの形相（固有の名、本質）に応じて神的エネルゲイアを類比的に分有している。つまりそれらは、神的な「在る」の「分有の階梯」として捉えられるのだ。ただ、それらの自然・本性（ピュシス）は所与のものとして定まっており、より善くもより悪しくもならない。たとえば動物は、その本性のままに生きており、勝義には悪を為すことも罪を犯すこともない。彼らのすべての営みは根本において、世代を越えて自らの種（本性）（εἶδος, species）を持続させることに定位されていると言えよう。

しかし人間は、自由・意志（プロアイレンス）の働きを介して「より善きものにか、より悪しきものにか」という両方向に、いわばその都度開かれている。しかもそうした意志的働きによって、自らが「より善きかたち（アレテー、徳）にか、より悪しきかたち（悪徳）にか」形成されてしまうのだ。すなわち、つとにニュッサのグレゴリオスがすぐれて洞察したように、自らの意志や行為と存在様式とは密接に連関している（『モーセの生涯』II・二—三、七三—八六など）。そして、善く意志することによって形成されてくる「魂・人間の善きかたち（アレテー）」は、ある意味で「新しい存在の現出」だとされるのである。

証聖者マクシモスはこうした把握を継承し、それを新たな観点から吟味し展開させている。が、ここではさしあたり次のことに注意しておこう。人間においては、先の「アナロギア的分有」からさらに進んで、意志による「希求のアナロギア」とも言うべきものが認められる。つまり、人間は神的エネルゲイアの現存に対して、その都度の今、「意志的希求ないし聴従の度合に即して」、あるいは「信・信仰の測りに即して」自由に応答しうる。そのことに応じて人間は、「神的エネルゲイアの分有」に類比的に（アナロギア的に）与ってゆくのだ。それは同時にまた、この可変的かつ有限な世界における「神的エネルゲイア（つまり、神的な「在る」の働き）の生成・顕現のかたち」でもあろう。

（二）「実体・本質のロゴス（意味）」と「生成の方式」――変容・生成のダイナミズムと身体性

生成における根源的結合力

右に触れたような「この世界における生成・顕現」ということに関して、マクシモスは愛智の探究そのものに一つの重要な区別を導入している。それは、「実体・本質（ウーシア）のロゴス」と「生成（ゲネシス）の方式」との異なり（区別）である。前者はいわば、「無時間的な意味領域」のうちにある。が、後者は、およそ存在物（自然・本性）がこの有限な可変的世界に現に生成してくることの機微に関わるのだ。

というのも、諸々のもの・存在物を構成している要素的なものは、（とりわけ今日）さまざまに分析されうる。だが、それらの諸要素を結合して一性を与え、一つのものを現にこの世界に生成させている力ないし働きは、実は深く隠されている。たとえば一輪の百合においてすら、そのように一性を附与する根源的結合力は、自らの現実の生成・存立のうちに、いわばあらわでありつつ隠されているのである。

そのように万物の生成（創造）に根拠（ἀρχή）として漲っている根源的結合力は、周知のごとく「神なるロゴス」と呼ばれてきた（ヨハネ一・三）。それはあるいは、「結合し一性を与える働き」ということからすれば、神的な意志であり愛（ἀγάπη）でもある。そして重要なのは、人間は自らの生成（創造）において、そうした神的ロゴス、神的意志の働きを蒙っているとともに、さらには自らの自由・意志の働きによって神的意志に応答し、「より善き全一的な結合」の形成に与ってゆくことができるということである。

すなわち、「魂の善きかたち（アレテー、徳）」は、単に個人の内面に閉ざされたものではありえず、本来は、他者との「より善き交わりと愛」の形成へと定位されている。ただその際、感覚的なものや身体的なものが切り捨てられるのではない。端的に言えば、魂・人間の「神への道行き」にあって、身体は決して排除されないのだ。そしてこのことは、「魂と身体との結合」としての人間把握の根本に関わり、さらには人間的自然・本性の開花・成就の道の中心的位相に関わるのである。

変容・生成のダイナミズムと身体の意味

さてそこで、右に述べたことから、証聖者マクシモスの愛智の基本的特徴を改めて確認しておこう。

マクシモスにあっては、形相（エイドス）のいわば「無時間的領域」は突破され、「形相はそれ自体として在る」とは言われない。形相（限定）間の関わりに論の基礎を置く古代ギリシア的な形相主義（本質主義）の枠組みは、もはや主導的なものとは看做されていないのだ。

ただし、一般に個々の形相は、「在ること」が現成してくるために必要な限定・器となり、質料もそのことが具体化してくるための広義の素材ないし身体となりうる。しかしマクシモスは、既述のごとく、存在物のそうした成立要素を静止した仕方で分析するに留まらず、かえって、この可変的世界にものが現に生成してくることに働く当の根源的結合力を、そしてつまりは神的ロゴスと愛を注視しているのだ。そのとき基本的には、諸々の形相は、より上位のものたる「在る」ということの現成に対して、いわば質料的な位置に立つことになる（『難問集』一一八一D、以下、書名は省く）。この意味では、「形相がそれ自体として在る」といった把握方式は、存在の現成に関わる動的な場からの、多分に二次的な抽象なのである。

言い換えれば、マクシモスにあって、「無限性（神）への抜き」あるいは「無限なる神性への意志的聴従と信」こそが、存在の現成の中心的位相に関わるものとなろう。そして、無限なる神に何ほどか与りゆく道がわれわれにとって最後まで途上であり、「絶えざる変容・生成」としてあるほかない限りで、身体ないし身体性が不可欠なのだ。つまりその際、身体というものは、人間的自然・本性が何らか神性（善性）に与りうるという、その変容可能性を担うものとなるのである。

（三）「善く在ること」（アレテー）の成立と自由・意志

「生成、動き、静止」という階梯

有限なもの（自然・本性的事物）は、証聖者マクシモスの文脈では、「生成、動き、静止」という階梯のもとに捉えられている。それはまた、「創造、動き、完成」、あるいは「根拠、根拠づけられたもの、目的」という階梯としても語られる。しかもこれらは、いわば「在る、存在する」ということの顕現の度合とも言うべき観点から、「在ること」（τὸ εἶναι）、「善く在ること」（τὸ εὖ εἶναι）、「つねに（永遠に）在ること」（τὸ ἀεὶ εἶναι）という三組と対応せしめられている（『難問集』一一一六B）。

その際、両極の「在ること」と「つねに在ること」とは、それぞれ「所与の姿」と「究極の完成の姿」としてわれわれの力を超えている。が、「善く在ること」（神的在り方）、つまりアレテー（徳）のいわば動的かたちは、われわれの自由な意志と動きとに依存しているという。ここに注目すべきは、中間の「善く在ること」が形成されたとき、はじめて「在る」ということの意味と射程が明るみにもたらされるということである。すなわちそのとき、自らの在ることが単に平板な完結した事実なのではなく、無限なる存在へと開かれた動性としてあることが知られてくるのだ。

それはニュッサのグレゴリオスの言葉で言えば、人間のこころ・魂（花嫁）が超越的な神性（花婿）の「愛の矢」によって貫かれ、同時にまた、当の神性への愛に促されたような、根源的な出会いと驚きの時（カイロス）であろう（『雅歌講話』第四講話など）。そうした出会いの経験以前には、われわれは日常的な多様な像と想念に多少とも捉われ、平板な存在了解のうちに埋没している。つまりそこにあっては、自他の「在ること」は不分明なままに前提されており、「在る、存在する」の意味が真に問題化することはないのである。

してみれば、マクシモスの言う「善く在ること」という「超越へと開かれたかたち」が成立してくるのは、自己の閉ざされた存在了解が突破され、魂が神性（存在そのもの）の息吹き（霊、プネウマ）に改めて貫かれたときであろう。ただし、神性の現存する働き（エネルゲイア）との出会いとは、神的働きと自己とのひそやかな交わりであるとともに、他者とのさまざまな関わりを通して具体的に経験されてくる。

その際、たとえば喜ばしい出来事に心打たれ感謝の念が湧き上がることを通して、あるいは人知れぬ悲しみや受苦、罪の念などに駆られることを通して、己れの「在ること」自身がいわばその根底から謎かけられてくるのだ。しかしそれは、われわれが人間的自然・本性を無限に超えた働き（エネルゲイア）に全体として晒され、そのことをしも自覚的に受けとめた姿である。（ちなみにそれは、確実性の原初的かたちでもある。）かくして、神性の働きに貫かれた姿が現出したとき、主体・自己の「在ること」の意味は、もはや静止し完結した事実としてではなく、かえって己れ自己を超えゆく脱自的な動きとして、逆説的に探究さるべきものとなる。あるいはむしろ、「在り、かつ在らぬ」という両義性を否応なく抱えたわれわれにとって、己れの「在ること」の勝義の意味は、「絶えず己れを超えゆく自己超越の動き」（エペクタシス）そのものにあると言うべきであろう。

先述のように、「善く在ること」という中間のかたち、つまり「つねに在ること」へと開かれたかたち（アレテー）が形成されなければ、「在る」の意味が真に問題化してくることもない。言い換えれば、「善く在る」という志向的かたちは、無限で知られざる神性への絶えざる動き、つまり「神性への愛」のうちに、自らの志向する目的たる真理をあらわにしている。神ないし神性が何らか知られるのは、ただそのような仕方においてなのだ。すなわち神性は、絶えず己れを無みし、己れの全体が神性に開かれてゆくような脱自的愛として、何ほどか顕現し知られてくる。そして証聖者マクシモスにあって、アレテー（善きかたち、徳）が「身体化した（受肉した）神」という意味合いを持つとされるゆえんも、そこに存するのである。

神的ロゴスへの自由な応答とその意味射程

そこで改めて言えば、「善く在ること」（アレテー）という志向的かたちの形成は、「在る、存在する」のいっそう大なる（より善い）宿り・顕現であろう。しかし、それはむろん必然的に生じる出来事ではなく、自由な意志と択びによってその都度獲得さるべきことであった。そのことは、人間がロゴス的な力を附与されていることと密接に関わっている。そして、自らの存立根拠に対して「より善くか、より悪しくか」自由に応答してゆくことこそが、人間という存在者の根本の意味であろう。このことについて、マクシモスは次のように言う。

> 神は偉大な与え手たる主として、われわれ人間にロゴス（言葉、知性）の力を本性的に組み入れて、神自身への自然・本性的な欲求と愛とを与えた。……われわれはそうしたロゴス的力にもとづいて、万物において秩序ある仕方で現れている真理や知恵や摂理などへの欲求を動かされ、かの存在を探究すべく促されるのである。（一三六一A）

このように、人間にあってロゴスの力は、己れを存立せしめた当の原因・根拠を自己還帰的な仕方で求めてゆく。この意味で「わたし・自己」とは、自らの根拠の呼びかけに対して自由に応答してゆくことそれ自身だと考えられよう。

ところで証聖者マクシモスによれば、人間はすべての自然・本性（存在物）の「紐帯」だという（一二〇五C）。というのも、無生物、生物、植物、動物などは一見それぞれ独立に存在しているかに見えるが、それらの在ることは、未だ真の実現・成就に達しているわけではない。それらはいわば、人間のロゴス的働きを通してロゴス化され、より大なる秩序に参与することを待っているのだ（『神秘への参入（奉神礼入門）』）。つまり、それぞれの形相によって限定された事柄は、その閉ざされた在り方から解き放たれ、無限性へと開かれるとき、改めてより充実した存在のかたちへと甦らしめられることになろう。そのようにしてさまざまの自然・本性的事物は人間のうちに包摂され、より大なる（より善き）「存在の秩序」に与ってゆくべく招かれている。すなわち、人間が自らのロゴス的力を正しく（自然・本性にかなった仕方で）用いるとき、人と人、そして他の事物は、全体として相俟って存在の現成（神の顕現）を宿しゆくとされている。

それはいわば「自然のロゴス化」であり、「創造のわざの継続と成就」という意味合いを有した。その観点からすれば、世界創造とは、単に過去に生じた完結した出来事としてではなく、今、ここに、ほかならぬわれわれの自由なロゴス的意志的なわざによって成就されゆくべきものとして捉えられていた。そして、マクシモスの眼差しは基本的にはつねに、そうした宇宙的な神化（神的生命への与り）とも呼ぶべき事態に向けられていたのである。

（四）存在の次元における悪と罪の問題

人間的自由の根底

右に言及したように、人間がロゴス的力を与えられていることは、いわば神性に呼びかけられそれに応答してゆくべき本性を有していることであった。それゆえ、その神的な呼びかけに対して、自由・意志によって「虚心に聴従するか」、「頑なに自己を閉ざして背反するか」という応答の仕方は、「人間に託された可能性の開花か枯渇か」を、あるいは「存在（＝神性）の現成か埋没か」を、大きく左右するものとなるであろう。

ところで、われわれは他者との関わりにあって、移りゆく有限なもの（諸々の権力、富、快楽、名声など）をめぐる情念に捉われ、それらに自ら執着してしまうという抜きがたい傾きを抱え込んでいる。しかもそれは、そのように欲し意志する主体・自己自身を多分に害し、非存在の淵へと陥れてしまうのだ。（なぜなら、たとえばグノーシス主義やマニ教などの教説とは異なり、自らの意志や行為とは離れて安心して確保されているような主体などはどこにもないからである。）しかし他方、人間的自由の悪しき傾き、可能性を闇雲に取り去ってしまうならば、恐らく自然・本性がより善く開花してゆく可能性もなくなり、そもそも自由ですらありえなくなってしまうであろう。

そのことに窺われる逆説は、人間的自由そのものに否応なく伴うものであるが、それは同時に、神（神性）に与りうる人間という存在者の謎・神秘を指し示すものであろう。ここにおいてわれわれは、人間・自己成立の根底に潜むものとしての「悪と罪の問題」の前に立たされることになる。

「自然・本性への意志的背反」としての罪と、存在の問題

一般に教父の伝統においては、「悪いもの」とはもの（在るもの、実体）の害された欠如的な姿であった。そして悪いものとは、悪の原因というよりは、むしろ悪しき傾きの結果というべきものであろう。従って、「存在の、そして善の欠如たる悪」とは、もはやわれわれが単に自分の外に対象として眺めうるようなものではない。すなわち、悪の起源は、ほかならぬわれわれ自身のうちに存するのであって、自らの「自然・本性に背反する意志的動き」こそが、「在ること」の欠如的な姿を引き起こしてしまうのである。

もとより古来、悪霊や悪魔などの名で由々しい働きがさまざまに語られてきており、それは必ずしも軽視されるべき事柄ではない。しかし、もしわれわれがそれらのものを自分の全く与り知らぬ外なる敵対者とのみ看做すならば、そこには自己把握の虚偽と傲りとが忍び込んでくるであろう。

すなわち、悪霊のわざが語られるときにも、それは、それと対峙する自己の自由との関わりにおいて捉えられなければならないのだ。言い換えれば、与えられたロゴス的力の根拠に対して自己が自由に応答する際の、ある種の転倒した働きの極みとして、悪霊や悪魔の働きが象徴的に語られてくる。この意味では、往昔の修道者の喝破するごとく、「われわれが自分の意志を行う以上、悪霊がわれわれを攻撃するのではない。われわれの意志が、悪霊になるのだ」（『砂漠の師父の言葉』ポイメン・六七）。このように人間の自由は、自らが悪霊にもなる可能性を有するほど、無底の深淵を抱えているのである。

かくして悪とは、自然・本性に背反する意志的な働きにこそ起源を有する。が、そのことがさらに己れの魂の内奥において切実に凝視されるとき、悪の探究はさらに罪という問題位相へと深化してゆく。マクシモスはこの

点、次のように洞察している。

> 諸々の情念（πάθος）が膨れ上って、悪しきもの、また本性的に情念的なものが侵入してくる。そしてこれは、〔自然・本性からの〕背反による罪（ἁμαρτία）の法のことである。つまり、われわれの意志（グノーメー）の、自然・本性に背反した状態が罪の力なのである。（一〇四四A）

そこで改めて、次のことを押えておこう。悪とは固有の実体としての存立を持たぬもの、「善の欠如」であるが、そうした悪の内実は、人間の自然・本性がその本来志向すべき目的に適合せず、そこから意志的に落下した姿である。そうした頽落をもたらすのが、ロゴス的力の、また諸事物の「自然・本性に背反する使用」であり、それこそが罪の状態にほかならない。そして端的に言えば、罪とは「神への意志的背反」なのだ。

ところで罪とは、自己の「在ること」の欠如をもたらすものとして捉えられていた。この意味で罪は、単に特殊な宗教に属するものである以上に、根本としては、より普遍的に存在論の中核に関わっているのである。すなわち、何をいかに意志し行為するかということは、主体・自己の存在の変容をもたらす。それゆえ、どんな行いを為そうが自己の「在ること」は無傷のまま存続するなどと思いなすこと自体、ある種の傲りと虚偽を抱え込んでいるのだ。このことにかんして証聖者マクシモスは、人間という存在者の両方向への可能性を見定めて、いみじくも次のように語っている。

> もし罪によって己れを殺し、情念への自由な衝動によって己れを神的ロゴスから切り離してしまうことがなければ、人間は全体として神によって生き、神とともにあって決して死ぬことはない。……他方、自然・本性（ピュシス）は、それに背反して生きる余り、それを朽ちさせてしまう人々に対して、その分に応じて懲らしめを与えている。つまり彼らは、自らの自然・本性の力を全体として実現しておらず、無思慮な仕

方で「在らぬもの」への傾きによって、自分自身に対して「在ること」の欠如を招来させているのである。（一一六四A―D）

この表現は、われわれの「在る」、「生きる」ということの意味について根本的な反省を迫るものであろう。というのも、そこにあって常識的かつ自然科学的な「生と死との把握」は突き抜けられて、罪こそが人間的生にとっての死だとされているからである。すなわち、「罪が己れを殺し」、「罪こそが死だ」という捉え方は、人が通常「生きていること」の多分に不分明な意味次元を切開し、「人間として（つまり単に生命体としてではなく）生きるとは何か」、そして「善く生きるとは何か」という問いを、われわれにとって真に切実なものとさせるのである。

ところで先の文に、「人間は在らぬものへの傾きによって、在ることの欠如を招来させてしまう」とあったが、その「在らぬもの」とは何なのか。もしそれがはじめから空無で、何ら人を引きつける力のないものとしか映らないなら、人を欺いたり迷わせたりすることもないであろう。それゆえ右の「在らぬもの」とは、真実には「在らぬもの」でありながら、人目には「在る」と看做され、それに執着させてしまうようなすべてのものであろう。この意味では、世のさまざまな事物も、一見価値あるわざ（行為、仕事）も、一度び徹底した否定の調べに晒されねばなるまい。実際、諸々の権力、富、快楽、名声等々、この世で重んじられているものはすべて、「それが在ると思い込んでいる人の考えの中でだけ在るに過ぎない」という（ニュッサのグレゴリオス『雅歌講話』第四講話）。そして、「真実には在らぬもの」（神ならぬもの）にいたずらに執着するとき、そのわざ・行為は、とくに根底に傲慢や虚栄が潜んでいる場合、ほかならぬ自己自身に「在ることの欠如」を刻印してしまうのである。

さて、そこには一種の再帰的構造が潜んでいるが、それは次のような機微を有していると考えられよう。われわれが諸々の欲求や意志の個々の目的を立ててそれに向かうとき、それは目的(そこに至れば欲求が満たされて止むところのもの)たる限りで、ともかくも「善いもの」(充足、完成)という性格を持つ。しかし、われわれがそうした有限な目的(＝善いもの)に殊更に執着し、そのように欲した自己をしも肯定してしまうなら、そのような姿は、無限なる善(究極の目的)に対してほとんどそれとして気づかれぬままに己れを閉ざした在り方である。そのときわれわれは、超越的な善(神性)の働き・現存に背を向け、自己自身が善の規範になってしまっているのだ。それこそは傲慢(悪霊の名)であり、罪の姿にほかなるまい。

ただここに注意すべきは、そのとき同時に、自らの背反の姿が超越的善なる神によっていわば知られ、それとして現出せしめられるということである。すなわち、われわれが神に対して「いかに応答したか」、「どの程度心披いて諸々のわざを為したか」という内的な姿は、そのまま神によって知られ、生起せしめられるであろう。端的に言えば、神に対する意志的応答のかたちが、自己の新たに成立せしめられた姿なのである。

とすれば、神(超越的善)に対して「善く」応答し聴従してゆくとき、善きかたち(アレテー、徳)が自らに刻印され、「悪しく」応答するとき、悪しきかたち(「在ること」の欠如)が刻印されよう。この素朴なしかし中心的な位相にあっては、「善く」という意志的応答のかたちが、通常の「在ること」の了解に先立つのだ。そしてそこに、「在る」と「善い」(存在と善)との、ロゴス的で意志的な存在者たるわれわれにとっての原初的連関が存するのだ。

しかしその際、次のことに注意しておくべきであろう。すなわち、右のような全体としての動的な構造において、個々の行為のかたち(形相)は、それ自体として完結しているのではなく、むしろ魂・人間が神に対してどれほど開かれているかという「より上位のかたち」を宿すところの、広義の身体（ないし質料）となるのだ。言い換えれば、神（無限なる善）に応答する「魂のかたち」は、個々の行為のいわば「形相の形相」であり、また逆に、個々の行為の形相の方は、「神への魂の意志的開き」（つまりは信・信仰）という「より上位の動的かたち」に対しては、身体的かつ質料的な位置に立つのである。

かくして、無限なる神へと開かれたそうした動的構造において、問題の中心は人間的自然・本性（ピュシス）が自由・意志による頽落と罪に晒されつつも、自らのより善き開花と成就へと開かれているという、その変容可能性にこそ存しよう。そして、そのことは証聖者マクシモスにあって、「人間の自然・本性」と「人間を紐帯とする万物の自然・本性」とが全一的な仕方で神的生命に与り、まさに「存在の現成」、「神の顕現」に参与してゆくような、いわゆる「神化」（θέωσις）という広がりの中で捉えられていたのである。

（五）　自然・本性の変容と身体性

罪とは一言で言えば、自然・本性とその根拠たる神とに背反する意志の働き、わざであった。が、そのことにはいわば逆説的な意味が秘められている。なぜなら、そうした意志的背反（罪）の可能性は、それが否定され浄められることを通してはじめて、人間本性がより善く開花しうるという可能性をしも、逆説的な仕方で指し示しているからである。

しかし、そのように罪が何らか無化され、人間的自然・本性がより善き変容へともたらされる道は、決して純粋な魂が身体（ないし肉体）を捨て去って、単独に超越的な神性の域に上昇してゆくという類のものではなかった。これはむろん、ヘブライ・キリスト教の伝統の根幹に関わる事柄である。そこで次に、マクシモスの語る

「魂と身体との結合」（いわゆる心身問題）について、その基本線を少しく見定めておこう。

魂と身体との同時的生成

証聖者マクシモスは、往時のオリゲネス主義の標榜する「魂の先在」や「魂のみの死後の存続」などの教説を退け、「魂と身体との同時的生成」を語る。その論拠となる主な表現は、次の通りである。

もし魂が〔それ自体として〕先在したとすれば、死を何らかの仕方で受け容れることもありえなかったであろう。なぜなら、身体と魂とが人間の部分であって、部分というものが必然的に何かとの関係として在るとすれば、そのように関係的に語られるものは、その生成（γένεσις）に際して、同時に全体として、また全体的に在るからだ。すなわち諸々の部分は、それらの結合（現実の生成）によって〔人間という〕形相全体を完成させるのであって、ただ区別のための概念（無時間的な意味）によってのみ、〔魂や身体という〕各々の本質・実体を互いに区別するのだ。つまり、魂と身体とは人間の部分として、〔現実には〕互いに時間的に先在したり、後に別々に存在したりすることはできない。というのも、そのようなことを言えば、関係のロゴス（意味、根拠）が廃棄されてしまうからである。（一一〇〇B—C）

このようにマクシモスは、「実体・本質（ウーシア）のロゴス」（無時間的意味の次元）と現にこの世界での「生成の方式」とを区別して、「魂と身体との同時的生成」を語る。なぜなら、魂は生成の後、確かに実体・本質としては意味として区別されるが、現実の生成にあっては、「いつ、どこで、何に対して（関係として）」という状態（結合）においてあるからだ。それゆえ魂は、「身体の死後にも単純に魂なのではなく、人間の魂であり、しかもある人の魂なのだ」とされている（一一〇一A）。

大略、こうした論の眼目は、単に人間の誕生以前や死後の状態を言挙げすることにあったのではなく、何よりもまず、現に在る「今、ここなる」われわれの自己把握そのものに存した。そしてそこにあっては、「魂と身体との結合」たる人間の自然・本性的働き（可変性）と変容可能性とが凝視されていたのである。

その際、身体ないし身体性とは闇雲に排除されるべきものではなく、恐らくは人間的自然・本性の全体としての変容可能性を宿す何ものかだということになろう。というのも、既述のごとくわれわれは本性上「動き」のうちにあり、何を意志し何を為しても影響を受けないような不動の魂をすでに所有しているわけではないからだ。逆に、もし神的で善なる魂が――グノーシス主義やそれに類する思想形態の主張するように――、はかない二次的住居たる悪しき身体（肉体）に閉じ込められているのならば、人間は本性的にはすでに完成しており、また救われていることになろう。従ってそこにあっては、より善くなることやアレテー（徳）の形成のための努力や修業なども何ら必要ではなくなる。そしてひいては、キリストの受難や復活などということも、現実のわれわれにとってほとんど無縁の出来事となってしまうであろう。

このことは、つとに先行の教父たち（とくにエイレナイオスやアレクサンドリアのクレメンスなど）が、グノーシス主義に抗して闘った際の中心の論点であった。そしてマクシモスは、往時のオリゲネス主義の「魂の先在説」などに、同様の危険な傾き、自己把握の虚偽を見ていたのだ。そして問題はむろん、過ぎ去った思想形態にのみ関わることではなくて、まさに同時的に、今、ここなるわれわれの道行きの根本に関わってくること、言うまでもない。

ちなみに、近・現代の自然科学の抱える多分に唯物的な自然観・存在観は、現代のわれわれのうちに相当深く浸透している。だが他方、それとは対極的に、魂なり精神なりの存在を身体や情念から離れた独立の実体として措定するならば、そうした二元的把握は、意外とかつてのグノーシス主義と類縁性を持つのであって、今日それらから全く免れているとは誰も言えないのである。

「魂の三部分説」の変容――身体性の復権

なお、人間本性と身体性との意味に関わることとして、マクシモスはプラトン以来のいわゆる「魂の三部分説」（『国家』第四巻など）に対して、小さからぬ変更を加えている。その要点のみ言えば、魂のロゴス的力（言葉、知性）は、他の二つ、つまり欲望的力と気概的力とを「ロゴス的力のしもべ」として、支配し制御すべきだという。が、それに留まらず、欲望と気概とは、ロゴス的・知性的力によって支えられ節度あるものとされるときには、ある種の変容を受け、より善きものに甦ってくるとされるのだ。マクシモスはこの点、次のように洞察している。

> 欲望と気概との力をロゴス的力に服属させている人は、次のことを見出す。すなわち、一方で欲望は、恵みにおいて魂が神的なものに汚れなく結合しているような快楽となっている。他方、気概は、神的なもののうちに快楽を守るような熱情となり、また魂の没我的な力の欲求に対して、諸々の存在物から完全に離脱させるような狂気となっているのである。（『神学と受肉の摂理とについて』V・五六）

これは簡明に言うなら、欲望が「神的な快楽になりうること」、また気概が「善き没我・離脱へと向かう狂気となりうること」を示している。あるいは、「欲望的力がふさわしく用いられると、神への愛の乗り物となる」とも言われている（『タラッシオスに宛てて』PG九〇、四四九B―C）。つまり、欲望や気概などは、ロゴス的力によって秩序づけられ浄められることによって、新たに善きものに変容せしめられ、今度は魂・人間の全体を先導してゆく役割を担うことになるのである。

この意味では、諸々の情念（パトス、受動）にしても、単に廃棄されるべきものというよりは、むしろ己れ自身への執着や傲りが否定されることを通して、新たに変容・再形成されるべきものとして捉えられていた。すなわち具体的には、感情的な怒りは不正や罪への怒りとなり、妬みはさまざまな偶像（権力、富などはもとより、有限性に閉じられた限りでのこの世のすべての事物）の拒否となり、他者へのいたずらな裁きは、神の前での悔改めとなり、また有限なもの、人への情愛は、究極の目的たる神への愛となるべきだとされている。

ところでそこには、身体ないし身体性についての積極的な評価が含まれていた。マクシモスによれば、「われわれは諸々の〔悪しき〕情念を捨てて、身体をアレテー（善きかたち、徳）のロゴス的働きの場としなければならない」（『神学と受肉の摂理とについて』Ｖ・二一）という。

このように捉えられた身体は、もはや単に副次的なものでも悪しきものでもなくて、「アレテーの働きの場」となることへと定位されている。それゆえ身体は、古代ギリシア的伝統におけるよりも遥かに積極的な役割を担っている。が、それはむろん、魂と身体との全体に関わることであった。

今一つ注意すべきは、マクシモスにあって、魂のロゴス的力そのものも不変な完結したものとは捉えられてはいないことである。ロゴス的力すら、本来の自然・本性に反した悪しき方向に働きうるからである。それゆえ、ロゴス的力は「祈りと観想によって神に向かうとき、はじめて善く働きうる」とされる。言い換えれば、ロゴス的・知性的力も、それが傲りに傾く限りで、一度び根底から打ち砕かれなければならない。そこで、集約的な仕方で次のように語られている。

魂の気概的力を愛によって帯せよ。欲望的力を自制によって弱めよ。そして、ロゴス的力に祈りによって翼

を与えよ。そうすれば、知性（精神）の光は決して暗くされることがないであろう。（『愛についての四百の断章』IV・八〇）

魂の諸力と情念とのこうした変容・再形成の道は、身体性の復権とも看做されようが、証聖者マクシモスはそこに、身体の聖化とそれを介した万物の神化という道を見ていた。すなわち、人が心砕かれた謙遜のうちに神性・善性の働き（エネルゲイア）を受容し、自らの全体が無限なる神性の宿る場とも器ともなること、そしてそのことによって、すべての自然・本性が全一的なかたちで神的生命を表現するものとなること――、マクシモスの眼差しはつねにそうした宇宙的神化という事態に注がれていたのである。

しかしそれは、必ずしも殊更に大仰な出来事としてあるのではなくて、われわれがさまざまな情念と罪を抱えた己れの姿を見つめ、神的な霊（プネウマ）に聴従してゆくひそやかなわざとして、現にこの身、この世界に生成し顕現してくることだと考えられよう。

（六）　愛によるアレテーの統合と他者

神的エネルゲイアの発現の三つの階梯

言うまでもなく人間のうちには、無生物、生物、植物、動物などすべての要素が含まれ、それらが一つの自然・本性へと統べられている。ロゴス的・知性的な力が、諸要素を一に統べる力として働いているのだ。それゆえ人間には、動物、植物などに比して、いわば「結合・一性の度合」のより高い姿が備わっている。しかも、それらはさらに、アレテー（善きかたち、徳）という「一性のいっそう高次の姿」へと本来は定位されているのである。それゆえ、「一性の度合」あるいは「神的エネルゲイアの発現の度合」として、（i）、人間以外のさまざまな存在者、（ⅱ）、ロゴス的存在者としての人間、そしてさらに（ⅲ）、人間の「善く在ること」というアレテーのかたち、という三つの階梯が見出されよう。この「善く在ること」（アレテー）の成立はむろん必然的なものではなく、既述のごとくわれわれの自由・意志の働きに依存している。そしてわれわれは、反対の悪しき方向にもつねに晒されているので、「善く在ること」という高次のかたちは、悪や罪への意志的傾きが絶えず否定されるような「否定と浄化との契機」を介して、はじめてこの身に（この時間的世界に）顕現しうるのであった。

右のような三つの階梯は、いわば「神的エネルゲイアの発現」の、そしてつまりは「神の顕現」の階梯であろう。とすればここに、一つの見通しとして、すべての被造的事物は恐らくは「神的エネルゲイアのより大なる発現」へと定位されているのだ。そうした全体的動向にあっては、人間も他の存在物もそれぞれが別箇に孤立しているのではなく、かえってすべてのものは本来、多様にして一なる「全一的交わり」（エクレシア、教会）の形成へと開かれていると考えられよう。言い換えれば、そうした動的構造において、人間を「自然・本性的紐帯」として万物が『宇宙的神化（神的生命への与り）』へと参与してゆく道が見つめられていたのである。

このように問題の基本的方向を窺った上で、改めて「アレテー（魂・人間の善きかたち、徳）」の動的かつ全一的な姿を少しく見定めておこう。

まず注目されるのは、証聖者マクシモスにあって、思惟的なものと感覚的なものとが分離して独立の領域にあるのではなく、本来は類比的に関わりつつ霊的な一性のかたちへと定位されているということである。それゆえアレテーのうちには、思惟的なものと感覚的なものとのすべての自然・本性が浸透し、より善き仕方で結合しているのだ。そして、そのように高次のかたちが形成されたとき、身体の諸力と魂の諸力との間にはある種の類比的関わりが存するという。つまり、視覚は思惟的力ないし知性に、聴覚はロゴス（言語）的力に、嗅覚は気概的力に、味覚は欲望的力に、そして触覚は生命的力にそれぞれ属するとされている。それはともあれ、全体として次のように洞察されている。

魂はもし固有の力によって諸々の感覚を善く用いるならば、……神の法に即してそれらの感覚的な力に自然・本性的に関与し、感覚されるものへと多様な仕方で移りゆく。そして魂は、見られるものすべてを知恵ある仕方で自らの方へ移し入れることができる。そのとき神は、見えるもののうちで告知されつつも隠れている。しかし、神は自らの意志にもとづいて、〔神的な〕思惟（知）のうちに最も美しい霊的な世界を創ったのだ。すなわち、思惟的にかつ霊（プネウマ）に即して諸々のアレテーに満ちた世界を成就させるべく、神は構成要素として四つの普遍的アレテーを結びつけるのである。（一二四八C―D）

この文はある種の学的常識を超え出た驚くべき表現であろう。そこに示されているのは、感覚的なもののうちに隠された神的な意図（つまり感覚的事物の志向的な意味）を読み取り、霊的次元へと高めてゆく道である。そのように、すべての事物は本来、アレテー（徳）という善きかたちに結合・一体化されるべきものとして捉えられている。この意味では、アレテーの形成とは、諸々の人やものが異なりと分離との状態を脱して、「より善き一性のかたち」へと結合してゆくことであった。

愛によるアレテーの統合

マクシモスはさらに、右のような把握をいっそう押し進めて、個々のアレテー（徳）が結合し、ついにはそれら全体が愛（アガペー）へと統合されてゆく姿を語っている。あらかじめ言うなら、その道筋は、「思慮」、「勇気」、「節制」そして「正義」という四つの基本的アレテーにはじまり、それらがまず「知恵」と「柔和さ」へと結合し、さらにはそれらすべてが相俟って、「愛」へと統合されるというものであった。ただここでは、その概要のみ押えておこう。

（ｉ）思慮と正義とが結合して、知恵（ソフィア）が生じるという。それは諸々の知られるもの（知）の限度・終極である。また勇気と節制とが結合して、柔和さが生じるという。それは諸々の為されるもの（実践）の限度・終極である。

（ii）そしてさらに、知恵と柔和さとが結合して、「最も普遍的なアレテーとしての愛（アガペー）」が生じるとされている。かかる愛の特質は、己れ自身を超え出てすべてのものを神的ロゴスへと導き、それらに真の一性を与えることであった。それゆえ愛においては、身体的なものや感覚的なものを含めて、すべてが相俟って神化（神的生命への与り）へと定位されているのである（一二四八A—一二四九C）。

このように真実の愛とは、諸々のアレテー（徳）が結合された姿であった。そうした愛は、まさに結合・交わりの根拠として、思惟的なものと感覚的なものなど、次元を異にするものを結びつけ、全体としての一性を与える。それゆえ、人間が諸々の自然・本性（存在物）を結合する紐帯として働きうるのは、勝義にはアレテーの極みたる愛によってなのだ。ちなみに、「神は愛である」（一ヨハネ四・八）という周知の言葉からすれば、人間の愛は、神なる愛（つまりは聖霊）の働きを何ほどか分有し宿したものであってはじめて、真に愛の名に値するものとなるであろう。

かくして総じて言うならば、すべての事柄はある意味でアレテー（徳）の働きによって、そしてとりわけ「最も普遍的なアレテーたる愛」の働きによって統合され、「より善き（＝より大なる）存在秩序」へと形成されてゆく。すなわち人間が、自らのロゴス的力をはじめとして、気概的力、欲望的力を正しく、「自然・本性に即した仕方で」用いるとき、人と人、人とものとはそれぞれの分（形相）に応じて、また全体として相俟って、「神の顕現」に何ほどか参与してゆくことになろう。

そのことは伝統的に、「神性の霊的かつ全一的交わり」（エクレシア、広義の教会）の成立として捉えられてきた。それゆえ、先に述べたことと重ね合わせるなら、「神への愛」、あるいは「エペクタシス（絶えざる自己超越）」は、単に個人の内面に閉ざされたものではなくて、同時にまた「神性の全一的交わりたるエクレシア」というかたちで、この身、この歴史的世界に具現してくると考えられよう。

ところで、パウロの周知の言葉によれば、「エクレシアはキリストの身体であり」（エフェソ一・二三）、他方「エクレシアの頭はキリストである」（同、五・二三）という。これはまさに神秘的な事柄であって、ここで十分に吟味することはできないが、後の論述に備えて一つの見通しのみ示しておこう。すなわちわれわれは、それぞれの分（分け前、運命）に応じて、また「信・信仰の類比（アナロギア）に即して」エクレシアを形成してゆくべく招かれ、それぞれに何ほどか積極的な役割と責任とを担っている。（ただ、役割や責任とはいえ、それはむろん「神の眼差しにおいて」ということであり、必ずしも人の目に見える顕著なわざである必要はない。）そして、そうした道行きが可能となる根拠は、ロゴス・キリスト（受肉した神）の働き（エネルギア）に意志的に聴従し、それに与ってゆくことにほかならないであろう。

他者と絶対他者

さて、くだんの「万物の統合の道」にあって、そのすべての段階で陰に陽に他者との関わりが現実の場を形成している。そしてそのことには、他者と絶対他者（＝神）という二つの次元が重なっているのだ。そこでこの観点から、これまでの論に実は浸透していた他者の問題について、改めて考察を加えておこう。

　われわれの自由な意志的行為は、見える仕方、見えない仕方で、つねに他者との何らかの関わりの中で生じる。つまり、情念や罪、そしてその否定・浄化と変容ということにしても、われわれの内面の出来事であるとともに、具体的な他者との関わりにおいてである。しかもまた、有限な他者とのさまざまな関わりは、その根底においては、超越的な善（神、神性）にどこまでも開かれた構造のうちで生じているものであろう。

　とすれば、そうした構造においてある限りで、有限な他者との関わりは、無限な他者、つまり絶対他者とも言うべき神との関わりと微妙に重なっている。それゆえ、一言で言うならば、神との関わりはつねに、他者（隣人）との関わりを広義の場とし、身体・質料として現に生起してくると考えられよう。

　ただその際、必ずしも目に見える関わりだけが問題なのではない。たとえば、目の前にいない人のことをひそやかに思うことも、ときに切実な実在的関わりとなりうる。あるいは往昔の修道者のように、人里離れた砂漠に隠棲して祈りと修業のわざを為すことも、単に他者との交わりを欠いた生と看做されてはなるまい。彼らの生はいわば、自己と世界との成立の根源に遡ることによって、神の眼差しのうちですべての人との交わりを生きることであったであろう。（『砂漠の師父の言葉』は、その如実な証しである。）あるいはまた、すでに亡き人を追憶して祈りを捧げることも、祭壇の前に額くことも、恐らくそうしたすべてのことが、他者との生きた交わりとなりうるのである。

　ともあれ、有限な他者とのさまざまな関わりは、絶対他者（神）とのわれわれの関わりの姿をおのずと宿し、あらわに映し出してくる。それゆえ、そこには次のような双方向の関係が認められよう。

（ｉ）　他者との関わりが自然・本性に適った「善きもの」であるときには、そのうちにその成立根拠として、絶対他者（神性・善性）の働きが現前しているであろう。

（ii）と同時に、絶対他者との関わりは、有限な他者との「善き関わりのうちに」、また「善き関わりとして」、それをいわば身体・質料として生じてくる。

これは端的に言うなら、「神への愛」と「他者（隣人）への愛」との関わりである。神と隣人とは、むろん単に対立する二つの対象ではない（マタイ二二・三七、三九、申命記六・五、レビ記一九・一八参照）。が、神を愛し、神に聴従するとき、いわば器となった魂・身体にエネルゲイア・プネウマが改めて注ぎ込まれよう。そしてそのことが、「隣人への愛」としてゆたかに具現してくるであろう。

そうした関わりの姿は、この世の有限なもの・人へのいたずらな執着、そして結局は自己自身への執着や傲りの姿とは、対極的な姿である。それゆえ、他者に対する善き関わり（愛）が成立してくるためには、己れ自身を何らか無化し、いわば「少な少なと悪しきことの去る」ような――これは世阿弥の能楽論「花鏡」の中の言葉であるが――、絶えざる否定と浄化とのわざが不可欠であろう。そしてそれゆえにこそ、われわれはこの生におけるそれぞれの境遇と分（運命）に応じて、それぞれの仕方で悲しみと苦しみをも担ってゆかざるをえないのである。

さてそこで、右のことに密接に呼応する表現として、他者と絶対他者（神）との関わりを語る印象深い言葉を取り上げておこう。

「この小さき者の一人に為したことは、わたし（キリスト）に為したことだ」（マタイ二五・四五）とある。神はこう語って、善く為しうる人が恵みと分有によってまさに神であることを証示している。なぜならその人は、神の善きわざの働き（エネルゲイア）を受容しているからだ。……そして、もし憐れみを必要としている貧しい人が神であるのなら、それはわれわれのために貧しくなった神の降下（受肉）のゆえである。すなわち神は、それぞれの人の受苦（πάθος）を自らのうちで同苦（συμπάθος）という仕方で受容し、それぞれの人の受苦の類比（アナロギア）に従って、善性（神性）によってつねに神秘的に受苦（受難）を蒙っているのである。（『神秘への参入（奉神礼入門）』七一三A—B）

極めて意味深長な表現であるが、そこから次のことを窺うことができよう。他者（この小さき者、貧しき者）に対して「善く為しうる人」は、「神の善きわざの働き（エネルゲイア）を受容している」という。だがそうしたエネルゲイアとは、右の文脈上、「われわれのために貧しくなって（無化して）受肉した神」（フィリピ二・七）のエネルゲイアなのだ。とすれば、われわれが他者に対して真に「善く為しうる」根拠は、受肉した神のエネルゲイアに与ることに存しよう。

ところで、「神はそれぞれの人の受苦を自らのうちで同苦という仕方で受容する」とあった。逆に言えば、われわれもまた、自らの何らかの受苦（受難）が、そのように神に担われてはじめて、自らもかろうじて受苦に耐え、それを従容と担ってゆくことができよう。とすればさらに、次のようにも言えるであろう。すなわち、「神の絶対的な自己無化と受苦との働き（エネルゲイア）」は、恐らくは時と処とを越えてつねに働いているとともに、われわれの側の「受苦の、あるいは信・信仰の類比に従って」、その分だけ、その都度の今、顕現し具体化してくるであろう。

ともあれ簡明に言うなら、絶対他者たる神への心の披きと祈りあってこそ、およそ他者との真実の交わりと愛

（アガペー）も成り立ってくるであろう。そしてそのようなとき、有限な他者は、いわば絶対他者たる神を、あるいは神的働きの現存を指し示す「しるし・象徴」として、また神からの「賜物」として現出してくるのだ。この意味で、およそ他者との「今、ここなる」出会い（カイロス）を虚心に受けとめてゆくならば、それは、この移りゆく世界にあって神の現存の働き（エネルゲイア・プネウマ）に聴従し、それを真に言祝ぐことになるであろう。

（七）神的エネルゲイア・プネウマの現存――ロゴス・キリストの受肉（神人性）を証しするもの

使徒的経験の場に

言うまでもなく、神的エネルゲイア・プネウマの経験ということの一つの典型は、使徒たちにおける「イエス・キリストとの出会い（カイロス）」に存する。すなわち、使徒たちがキリストに出会ったとき、『雅歌』の言葉で言えば、花婿たる神の「愛の矢」に貫かれた「愛の傷手」（『雅歌』二・五）が、そこに「信・信仰という魂のかたち」が刻印されたであろう。（このように言う際、いわゆる受肉、受難、復活において、いわば時と処とを越えて全体的に働く神的エネルゲイアとの出会いを意味している。）そして、そのとき同時に、そうした出会いの根底に漲る神的エネルゲイアと全く結合してゆくべく、「無限なる愛の渇望」が現出してくる。実に彼らは、自己と生との全体を捧げて悔いなしという「脱自的な愛の道行き」に促されたのである。

しかしそこにあって、「自らが何を愛しているのか」という究極目的そのものは、どこまでも知られざる超越に留まる。つまり、「自らの出会ったイエス・キリストとは一体誰であるのか」は、その「実体・本質（ウーシア）としては」決して知られない。しかし他方、その「働き、活動（エネルゲイア）」に心貫かれて無限の愛に促されたということ自体は、確かな（確実性のある）経験なのだ。それは聖書が全体として証示するところであり、使徒なら使徒のそうした姿が、とりも直さず「イエス・キリストの真実」でもあるのである。

そして既述のごとく、神的エネルゲイア・プネウマは、「つねに（永遠に）」時と処とを超えて現存して働いているであろう。が、それはやはり歴史上の「あるとき」、その都度の今、それぞれの仕方で経験され、現にこの身、この世界に生成・顕現してくると言わねばなるまい。すなわち、根源的な出会い（カイロス、瞬間）においては永遠と時間とが何らか触れ合うのだ。そしてさらに、神的な働き、霊とのそうした根源的な出会いという一点に関しては、通俗的な時間表象を超えて、たとえばモーセ、エリヤ、エレミア、第二イザヤ、エゼキエルといった歴代の預言者たちの姿も、いわば同時性として通底し交わってくるであろう。

ともあれ、探究の基本線を確認するとすれば、神的エネルゲイアの現存の経験が、その神的エネルゲイアが発出してくる源泉たる存在を証示している。とすれば、それは「ロゴス・キリストの受肉（神人性）」という事態が発語されうる原初的経験なのだ。言い換えればそれは、「神人的エネルゲイア」（ἡ θεανδρικὴ ἐνέργεια）との出会いの経験にほかならない。（その語は用例は少ないが、擬ディオニュシオス・アレオパギテースの『書簡』四、および証聖者マクシモスの『難問集』において、重要な文脈で用いられている。）

神人的エネルゲイアの経験と神人性存在――ロゴス・キリストの受肉

神人的エネルゲイアの経験とは、その典型としてはむろん、使徒たちがイエス・キリストの「神的かつ人間的な働き・わざ」に出会ったことである。この点、とりわけ注目すべきは、イエス自身の次の言葉である。「もしわたしが父のわざを為すならば、たといわたしを信じなくとも、そのわざを信じよ」（ヨハネ一〇・三八）。そして、そのように信じる人においては、イエスが人間でありつつ神的なわざを為していること、つまり「神性と人性とが不可分に交流していること（ペリコーレーシス）」が、何ほどか経験されると考えられよう。

ところで証聖者マクシモスは、先に述べたように、「実体・本質（ウーシア）のロゴス」（いわば無時間的な意味）と、「（この身、この世界における具体的な）生成の方式」とを峻別していた。そのことをここでも適用すれば、次のように言うことができよう。

（i）　実体・本質（ウーシア）の意味と順序からすれば、むろん、「神人性のウーシアからそのエネルゲイア（つまり神人的エネルゲイア）が働き出す」としなければなるまい。

（ii）　しかし他方、いわば経験の順序としては、神人性存在（ロゴス・キリストの受肉存在）は、ただわれわれにおける「神人的エネルゲイアとの出会いの経験」から、つまり「信・信仰の成立ないし生成」から、原初的に発語され、遥かに指し示されるであろう。

言い換えれば、「神人性存在（ロゴス・キリストの受肉）」とは、単に客体知として語られうるものではなくて、神人的エネルゲイアの経験による「脱自的愛の向かうところ」であり、この意味での「信の対象」なのである。「聖霊によらなければ、誰もイエスをキリストと告白しえない」（一コリント一二・三）とされるゆえんである。つまり、神的な愛（聖霊）に貫かれ、それを宿した姿（信というかたち）が、ほかならぬ「神的愛の現存」を、またひいては、「神人的エネルゲイアとその主体（源）たる神人性存在との現存」を証示しているのである。

そしてさらに、いわゆる「神化」（神的生命への与り）ということは、神人的エネルゲイアないし神的エネルゲイア・プネウマの受容と宿りによって生起しうるであろう。そこで以下、「受肉と神化」、つまり「ロゴス・キリストの受肉と人間の神化」という中心的主題について、証聖者マクシモスの指し示すところを見定めておこう。

受肉と神化とをめぐる論の歴史的概観

時代を遡って言えば、受肉と神化との密接な結びつきは、エイレナイオス（一三〇頃―二〇〇頃）、アレクサンドリアのクレメンス（一五〇頃―二一五頃）、アタナシオス（二九三―三七三）、そしてカッパドキアの教父たちなどにおいて、つとに洞察されていた。そこでマクシモスの文脈に入る前に、便宜上、その歴史的背景とそこでの問題点について極く簡単に振り返っておきたい。

周知のごとく「ニカイア信条」（三二五年）は、アレイオス派がキリストの人性（人間本性）のみを主張したのに対して、「キリストは神と同一実体（ホモウーシオス）であり、また真の神にして真の人間である」とした。改めて注意すべきは、その言明が、単に客体としてのイエス・キリストについての天下りの把握である以上に、われわれ人間の救い（完成）や神化との連関の中で、それらの成立根拠として語られていたということである。実際、「ニカイア信条」成立の立役者アタナシオスは、直截に次のように言っている。

神のロゴスが人間となった（人間のうちに宿った）のは、われわれが神になる（神に与らしめられる）ためである。（『ロゴス（言）の受肉』第五四章）

受肉（ἐνανθρώπησις）と神化（θέωσις）とは、このように密接に連関することとして捉えられている。が、それは、人間が神的生命に与りゆくことが何らか成立したとき、そうした経験の根底に働いている神的な働き・霊（エネルゲイア・プネウマ）を凝視してのことであったであろう。

その一つの範型は、むろん使徒たちにおける「イエス・キリストとの出会い（カイロス）」の姿である。つまり彼らは、神的エネルゲイア・プネウマに貫かれることによって、キリストへの無限の愛に促され、新しい生へと引き出されたのだ。（そしてこのことは、神的働きの絶えざる現存ということからすれば、ある種の同時性として後世の人々においても、同根源的な経験として語られうるであろう。)

アタナシオスにあって今一つ注意しておくべきは、「人間は宇宙・世界(コスモス)という身体の部分だ」というコスモロジー的把握のもとに、「受肉」が捉えられていることである。すなわち、「神のロゴスが宇宙という身体のうちにあり、その全体と諸々の肢体とのすべてに浸透しているとすれば、ロゴスが〔時満ちて〕人間のうちに宿ったとしても、何か不条理なことがあろうか」とある(『ロゴスの受肉』第四一章)。

この意味で、受肉は何か不合理な逆説なのではなく、むしろ創造のわざの貫徹ないし成就として捉えられているのだ。かくしてアタナシオスは、存在物の全体たる宇宙の成り立ちを注視しつつ、「神的ロゴスの全き顕現・受肉」という可能性に開かれたものとして、人間的自然・本性を再発見したのである。

アタナシオスの後を承けて、ナジアンゾスのグレゴリオスは、「受肉が神化の根拠であること」の理由としてこう喝破している。

人性は、それが神性によって摂取されなければ、救われることもない。(『書簡』一〇一、PG三七、一八一D―一八四D、『神学講話』III・一九、IV・二)

この言葉は、まさに問題の中心的位相を言い当てている。人性(人間的自然・本性)は、自らが「神性に摂取されること」によって、はじめて成就・完成されよう。それは逆説的な事態であるが、そこには人間という存在者のいわば謎・神秘が潜んでいるのである。

ともあれ、この問題を問い進める際、受肉なら受肉の教理が語り出された、いわば誕生の場そのものが見つめられなければならなかった。この点ニュッサのグレゴリオスは万物に働く神的エネルゲイアに注目して、次のように言う。

神が肉（＝人間）においてわれわれに顕現したことの証明を求めるのであれば、神の働き（エネルゲイア）を見つめるべきである。……われわれが全宇宙（世界）を鳥瞰し、この世界に働く摂理（オイコノミア）、およびわれわれの生に与えられる神の恩恵を吟味するなら、われわれは、生成してくるものを創り出し、存在するものを持続させる何らかの力（くだんの根源的結合力、神的霊）が存在していることを把握できよう。それと同時に、肉を通してわれわれに自らを現わした神（ヨハネ一・一四）についても、神の働きを受けた驚くべき事柄（奇蹟）が、神性の現われの十分な証拠になると考えてきた。（『大教理講話』第二五章）

この文に明らかなように、受肉（ロゴスの宿り）の真実を証しするのは、既述のごとく、神的エネルゲイア・プネウマと出会った経験そのものであろう。また「奇蹟」とは、ふつうは聖書にある「不治の病の癒し」、「悪霊の追放」、「死からの甦り、復活」などを指す。が、より普遍的に言うなら、「神的働きと人間的働きとの交流」という経験がすべて、「受肉存在（神人性）の働き」を何らか指し示しているであろう。

ところで、五世紀中葉の「カルケドン信条」（四五一年）は、それまでには未だ明確には表現されていなかった事柄を、いっそう明るみにもたらすものであった。それは、多様な険しい探究と論争を経て択び取られた定式であるが、「ニカイア信条」に加えて、新たに次の二点を強調している。

（ｉ）神性と人性とは、ヒュポスタシス（個的現実）に即して結合し、「一なるヒュポスタシスとしてのキリスト」が存立している。

（ii）だがその際、神性と人性とは、それぞれが自らを十全に保持しつつ、「融合せず、変化せず、分割せず、分離せず」、一つのヒュポスタシス・キリストへと共合している。

ここに改めて注意すべきは、これらの事柄が全体として、客体的な知の対象ではなくて、「われわれは師父たちの伝承に従って、信じ告白する」という「信の文脈」のうちにあるということである。そしてそのことの源をたずねてゆくと、いわば同時性として「イエス・キリストに出会った使徒たちの経験」にまで遡るのだ。

ただここでは、右の（ii）での四つの否定辞に注目しておこう。それは徹底した不知の表明である。つまり、「神性と人性との結合」は、いかなる結合の様式をあてはめてもついには知られず、また限定されえないのだ。しかし、そこにはより積極的な意味が隠されている。すなわち、四つの否定辞は、「キリストの神人性（受肉の姿）」がいわば無限性に開かれ、神秘（「耳目を閉じるほかないもの」の意）としてあることをしも、「閉じられた限定の否定」という仕方で間接的に浮彫にしているのだ。そしてそのことは、われわれの側から言うなら、人性が限りなく神性に結合してゆくことのできるその場と可能性を、否定表現を介して守っていると考えられよう。

このように見るとき、われわれは一見無味乾燥な教理表現の背後に、無限なる神への愛に促された人々の姿を感知することができよう。彼らは実に、人性が神性へと関与しうる道を文字通り生命をかけて守ろうとした。そしてそれは、すでに述べたように、「神的働きと人間的働きとの実在的交流（ペリコーレーシス）」についての確かな経験に支えられていたのである。

神人的エネルギイアの経験——根源的経験からその根拠へ

マクシモスは本書の「トマスに宛てて」（一〇三二A—一〇六〇D）において、極めて重厚な「ロゴス・キリスト論」を展開している。またさらに、たとえば一〇七六A—一一〇一C、一一一三A—一一一七B、一一三七A

—一二四六B、一三一六B—一三四九Aなど多くの箇所で、「神的ロゴスの顕現とその存在論的階梯」、「愛による統合と他者」、「受肉と神化との関わり」、「創造と再創造」等々の広範な哲学・神学的問題をめぐって、まことに透徹した洞察を語り出している。それらは全体として、「東方教父の伝統の集大成者」の名にふさわしく、およそ古来のキリスト教の歴史上、一つの規範的な表現に達していると考えられよう。

ただ、以下においては、紙数も限られているので、問題の中心的位相に関わることについてのみ僅かながら考察しておくことにしたい。

さて、神人的エネルゲイア（あるいは神的エネルゲイア・プネウマ）との出会いとその受容は、人間的自然・本性（人性）が「善く在ること」、「善く生きること」へと形成され、ひいてはより善く（より大に）神性に与ることをもたらすものであった。それはまた、神性と人性という両者のエネルゲイアが交流した「神的かつ人間的な生」であり、「新しい生の誕生」をもたらすものとして捉えられている。このことの代表的な表現として注目されるのは、証聖者マクシモスの次の言葉である。

主（ロゴス・キリスト）は、神人的エネルゲイアを自らのためにではなくわれわれのために働かせ、人間的自然・本性をその自然・本性を超えて新たにした。……つまり主は、自然・本性において〔神性と人性として〕二様であり、相互に交流する神的かつ人間的な生を適切に顕現させた。その生は神的な法と人間的な法とによって、同一のものとして混合なき仕方で結合している。すなわちその生は、単に地上のものと無縁で逆説的なものではなく、新しく生きる人間の〔神的かつ人間的な〕新たなエネルゲイアをしるしづけているのである。（一〇五七C—D）

これは完全な生成・顕現としては、イエス・キリスト自身の姿を語る言葉であろう。そのように、受肉の神秘たるキリストにあっては、「燃える剣において火が剣と一体化しているごとく、神性と人性とはヒュポスタシス的に結合している」（一〇六〇A）とも言われている。

ただしかし、今述べた「イエス・キリスト自身の姿」とは、同時にまた、われわれの成りゆくべき究極の姿でもあろう。この点、神人的エネルゲイアとの出会いという確かな経験から、その愛し志向する目的として神人性存在（ロゴス・キリスト）の姿が遥かに望見され指し示されること、すでに述べた通りである。それゆえ、われわれはこの生にあって、誰しもその究極の姿には到達しえず、どこまでも途上にあるのだ。パウロの周知の言葉、つまり「神の直視によってではなく、信・信仰（ピスティス）を通して歩んでいる」（二コリント五・七）という言明は、まさにそうした「信と知との根本的関わりを示すもの」であった。

そこで、基本的な一点を確認するなら、ロゴス・キリストの神人性と神人的生を語りうるのは、その原初的場面としては、使徒なら使徒がイエス・キリストと出会い、神性と人性との交流したかのような「神的かつ人間的働き」を受容したことにもとづく。すなわち、より正確に言うならば、神人的エネルゲイアとの根源的出会い（カイロス）の経験として現出した「信という魂のかたち」は、それ自身が神人的エネルゲイアの具体的発現である限りで、神人的エネルゲイアの発出する主体たる「ロゴス・キリストという神人性存在」の探究が、そこにおいて為されるべき当の第一の場であり対象なのだ。「根源的経験から、その根拠へ」という探究方向が、ここに主導的なものとなる。「何人も聖霊によらなければ、イエスを主であると言うことはできない」（一コリント一二・三）とされるゆえんも、そこに存しよう。

受肉の現在について

神的エネルゲイア・プネウマないし神人的エネルゲイアとの出会いとその受容・宿りが、「人間的自然・本性の開花し成就してゆく道」、そして「神的生命へと与りゆく神化への道」となるならば、それは単に〔通俗化された意味での〕特殊な宗教的教理に閉ざされたことではなくて、より普遍的に「人間がまさに人間に成りゆくこと、神の似像へと開花してゆくこと」であろう。それは同時に、「他者との全一的交わり（エクレシア）」と愛とが真に実現してゆく道でもあった。

ともあれ、身近な場面を振り返ってみれば、ほんの小さな善き意志も、貧しき者の一人に何らか善きわざを為すことも、自力のみでは容易に成立しえず、神的エネルゲイア・プネウマ（働き・霊）の受容とその支えあってこそであろう。しかもその神的エネルゲイアとは、恐らくは原範型たるロゴス・キリストのエネルゲイア、つまり受肉、受難、復活の全体を貫いて現存する神人的エネルゲイアなのだ。そしてそれは、二千年前の一時点に固定されるべきものではなかった。実際マクシモスは、ロゴスの受肉は勝義には、「かつて」ではなく「今」われわれのために生起したと言っている。

今あなたによって蔑ろにされている方は、かつてはあなたの上にあり、明らかにすべての時代（世代）と自然・本性との彼方に、それ自体として在った。しかし今は、あなたのために〔時間と自然・本性との〕両方に服した者になろうとしている。……かつてはただ神にして、身体から離れた者であったが、今は思惟的魂を有した肉を摂ったのである。（一〇四〇A—B）

そしてこの文章に続いて、「ロゴスが自己無化（κενώσις）によって受肉したこと」、さらに「そうした受肉が、傲りと罪のうちにあるわれわれの神化のためであること」が語られるのであった（一〇四〇C—D）。

そうした文脈にあって、永遠性における「かつて」と歴史上のその都度の「今」との対比は余りに鮮やかであり、思わず人を瞠目させる力を持っている。（それはたとえば、「ヨハネによる福音書」第一四章から第一八章におけるキリストの言葉が現在形で語られていることをおのずと想起させるであろう。）それゆえ、受肉とそれにもとづく神化とは単に過去的なこととしてではなく、いわば同時性としてつねに、「今」、すべての人に生起しうることとして捉え直されるのである。このことに関してマクシモスは、いみじくも次のように洞察している。

神のロゴスがわれわれのために、人間本性の弱さによって十字架につけられ、また神の力によって復活せしめられたのならば、ロゴスは明らかに同じことを、つまり受肉と復活のわざを、われわれのために今も霊的に為している。それは、われわれすべてを救うためである。（『神学と受肉の摂理とについて』II・二七、『フィロカリア』III所収）

このように神とロゴスは今もつねに働き、心の披きと信とによってそれを受容する人のうちに、その都度現前してくるであろう。実際イエスも、「わたしの父は今に至るまで働いており、わたしもまた働く」（ヨハネ五・一七）と弟子たちに告げている。

これらの言葉は、通俗的時間表象を超えた事柄を示しているが、そこには永遠的なものと時間的なものとの不思議な関わりが窺われよう。すなわちすでに言及したように、神的エネルゲイア・プネウマはその固有の意味からして、つねに（永遠に）時と処とを超えて働いているであろう。が、それは歴史上の「あるとき」、「その都度の今」、われわれの「意志的聴従の度合、信・信仰の類比（アナロギア）に従って」現に顕現してくるのである。

そこで今一度言うなら、使徒たちはイエス・キリストとの出会いの経験にあって、神的エネルゲイア・プネウマの現存に貫かれ、それに聴従しつつ、己れを限りなく超えゆく脱自的な愛へと促された。まさにそのとき、彼らは自らのそうした愛の内奥に、その「成立根拠＝究極目的たるロゴス・キリスト」の神人性の働き、つまり神人的エネルゲイアが現前していることを見出し、語り出していったと考えられよう。

だが、このように使徒たちの経験、そして「信というかたち」を捉えるとき、それは同時に、「イエス・キリスト自身の信」と分かちがたく結びついていることになろう。言い換えれば、イエス・キリストにあっては、父なる神への全き聴従と信とが存し、それゆえ受肉と神化とが同時に現成している、と信じられたのである。

それゆえここには、「信の信」とも言うべき再帰性が認められよう。つまり、「イエス・キリスト自身の信」という信の範型は、「イエス・キリストと出会って神的な霊に貫かれ、イエスを主キリストと告白する人々の信」として現出する（ローマ一〇・一〇―一三など）。彼らの信は、いわば根拠たる神の象り、似像であるが、その志向的かたちのうちに「イエス・キリスト自身の信」を宿し、かつそれへと開かれているのである。

さて、ロゴス・キリストの現存は、かつての「今」、根源的な出会い（カイロス）において経験された。そしてそれは、同時にまた、われわれがそれへと成りゆくべき「完全性のかたち」（神人性、あるいは神性と人性とのヒュポスタシス的結合）として、今も現存し働いているであろう。してみれば、このことはさらに、次のような微妙な構造のもとにあることになろう。

（ⅰ）それは、かつての今、使徒たちにおいて典型的な仕方で生成・顕現した。

（ⅱ）しかるにそれは、恐らくは創造のはじめ（根拠）たる今において現存する。

（ⅲ）それゆえにこそ、歴史上のいかなる今においても、信という志向的かたちとして生成してくると考えられよう。

ここに何らか見出されてくるのは、「受肉の現在」とも呼ぶべき事態である。それはやや大仰な言い方であるが、ある意味で極めて普遍的な「現実以上の現実」を指し示している。しかも、ロゴス・キリストの働き、神的エネルゲイア・プネウマは、今一度言うなら、われわれのほんの小さな善き意志、善きわざのうちにも、その真の成立根拠として現存して働いているであろう。

とすれば、人間が意志的聴従に従って、心砕かれた謙遜によって神的エネルゲイア・プネウマを受容し宿すという、一見単純なことのうちに、ほとんどすべての問題が一度び収斂してくるであろう。そうした「神的エネルゲイアの受容」は、「魂・人間の善きかたち（アレテー）の成立」であり、それがさらに「ロゴス・キリストへの愛」として働き出してくる。そこにわれわれは、この有限な世界に神（ヤハウェ、テオス）が勝義に顕現してきた動的かたちを認めることができよう。

かくして、改めて注意すべきは次のことである。われわれが何ほどか謙遜でありうること、己れを多少とも無にしうることの根底には、恐らく「ロゴス・キリストの自己否定ないし自己無化の働き（エネルゲイア）」が、原範型としてまた可能根拠として現前しているであろう。従って、意志的聴従を介してそれに与ることがなければ、われわれは結局は傲りと罪のうちに取り残され、多分に非存在の淵にさ迷うことになろう（ヨハネ一五・一―六など）。

しかし、そうであればこそ、われわれのあらゆる意志とわざとを貫き、自由なより善き応答を促しているのは（フィリピ二・一三）、無限なる神の憐れみであろうか。ともあれ、恐らくはすべてに先んじて働いている神的なわざと摂理に、そして「神的エネルゲイア・プネウマの現存」に思いを潜めて、いわば開かれたままで、この拙い解説文を終えることにしたい。

あとがき

証聖者マクシモスの名をはっきり記憶に留めてから、早や三十年ほどになる。それは一九八六年から一年間、イタリアに遊学していたときのことである。

はじめの頃わたしは、古都シエナのドミニコ会修道院に三か月ばかり居候をさせてもらい——シエナのカタリナの名に惹かれてであったが——、それからローマの通称「アンヂェリクム」という神学大学に身を置いていた。そして「教父学」の演習に出たりしていたのだが、あるとき担当の教授から、「証聖者マクシモスが東方教父の伝統の集大成者だから、あなたもいずれマクシモスに目を向けるとよい……」というようなことを言われた。ただ、その言にはいちおう納得しつつ、何となく聞き流していた。というのも、当時わたしは、主としてアウグスティヌスやニュッサのグレゴリオスを主たる目標としており、東方教父に関しては「ニュッサのグレゴリオスで十分ではないか」などと思っていたからである。それでもマクシモスの名がやはり気になり、『愛についての四百の断章』や二、三の研究書に目を通したりしたが、そのときはそれ以上には進まなかった。

しかしその後、アウグスティヌスとニュッサのグレゴリオスについて、それぞれ一書を何とかまとめたとき、証聖者マクシモスの名がおのずと甦ったのだ。二〇〇〇年春のことである。そこでその年の秋から、ミーニュ・ギリシア教父全集で主著『難問集』を繙き、半年ほどかけていちおう読了した。もとより、それは長文で難解なギリシア語で著わされており、十分にそしゃくしたとは言えないが、とにかくも高峰に登ったという感慨があったのである。

それ以来、証聖者マクシモスを研究対象として、あるいはむしろいわば導師として、及ばずながらいろいろな論考を記し、それらをもとにして『人間と宇宙的神化——証聖者マクシモスにおける自然・本性のダイナミズムをめぐって』（知泉書館、二〇〇九年）という書を上梓した。ただ、そのときはまだ、大部の『難問集』を全訳しようなどとは思っていなかった。

しかし、一つの旅がきっかけとなって気持の変化が生じたように思う。四年ほど前、旧知の鈴木道剛さん（イコン研究の第一人者）に誘われてセルビアと聖山アトスに旅し、東方教父、ビザンティンの伝統を継承する霊的な精神風土に直接触れることができたのだ。そして折しも次の年には、証聖者マクシモスの「昇天一三五〇年記念」の結構大きなシンポジウムがベオグラードで開かれ、わたしも参加してきた。それらのことが何らか機縁となったのだろうか、ほどなくして『難問集』全訳への思いが、ふと心に芽生えたのである。

さて、それから二年余り、日々かなりの時間を割いてこの訳業を進めていった。それはいわば甘美な苦しみ（?!）の連続であり、同時にまた、すぐれて恵みでもあったのだ。そしてこの著作が真の古典として、まさに汲み尽くしがたい宝を蔵していることを思うとき、いわば新たな道行きの端緒に立たされているような気もするのである。

ともあれ、本書が現在および将来の広義の同行の人々にとって、つたない翻訳ではあるが一つの先例ないし土台として、さらなる吟味と探究を促すものとなれば幸いである。そして、はしがきにも述べたように、この書が、真に道を求めるすべての人々にとって、何らか心の糧となりよき生の道しるべともなれば、筆者の喜び、これに過ぎるものはない。

なお、こうした訳書が成るためには、筆者の若き日よりの彷徨や遍歴、そして教父・中世の古典への長い道のりが、何らか素地となり促しともなっている。それにつけても、それぞれの時期における多くの師友との出会い、あるいは心の琴線に触れた人々——生きている方も今は亡き方も含めて——との出会いが、陰に陽に支えとなり励ましとなっていることを思う。ここで個々のお名前を挙げることは控えるが、そうした方々の名を想起して深く胸に刻み、改めて衷心からの感謝を捧げたい。また、このかなり大部の訳書が成立するに際して、若き研究者の廣田智子さん（九州大学大学院博士課程を経て、現在、山口県立大学専任講師）が、筆者の手書き原稿を連綿とパソコンに打ち込んでくださった。ここに記して、心から感謝申し上げる。

最後になったが、知泉書館の小山光夫、高野文子両氏には、今回は恐らく、従来の拙著などの場合よりも大きな御苦労をおかけし、また多大の御配慮を賜った。そしてとくに、本書のような東方教父の伝統の「知る人ぞ知る古典」の出版は、小山光夫氏の高い見識と稀有な使命感とがなければ、今日容易には実現しえなかったであろう。改めて、深甚の感謝を捧げる次第である。

二〇一五年七月

訳　者

訳註

トマスに宛てて

序言

（1）神は（θεός）は、実体・本質（ウーシア）としてはわれわれにとって決して知られえないが、その働き・活動（エネルゲイア）としては何らか経験され知られうる。そこで、「神の働きを現に何ほどか宿したかたち」としてのアレテー（魂・人間の善きかたち、徳）が、ある意味で「身体化した神」と言われているのである。こうした「アレテー」（ἀρετή）という言葉は証聖者マクシモスにあって（また一般に東方・ギリシア教父の伝統にあって）、無限なる神（善ないし善性）に徹底して開かれた動的な性格を有するので、従来の「徳、卓越性、器量」といった訳語ではその意味を表わしがたい。それゆえ本書では、あえてそのまま「アレテー」ないし「アレテー（善きかたち、徳）」などと表記することにする。

（2）ここには、「父なる神へのイエス・キリストの聴従（従順）と自己無化」に倣おうとする態度が示されている。

（3）魂（ψυχή）を真に生かすもの（魂の魂）として、キリスト（つまりその働き、霊）が捉えられている。）

（4）神の「霊」（聖霊）は、実質的には神の「働き」であり「愛」（ἀγάπη）でもある。神的働きに貫かれ、それを受容した経験によってこそ、「イエスが主であること」、すなわち「神性と人性との何らか結合した存在たること（ロゴス・キリスト）」を発語しうる。（ロゴス・キリスト論については、この後の数節において詳しく吟味・探究される。）

（5）ロゴス（λόγος）はむろん、「言葉」、「意味」、「思考」、「根拠」、「比率」、「理性」など、広範な意味を有する。しかも単数でのロゴスは、教父の伝統にあって「ロゴス・キリスト」（受肉した神）をも指し示すことが多い。それゆえ本書では、それぞれの文脈で別々の訳語を当てることはせず、そのまま「ロゴス」、「ロゴス（意味、根拠）」などと表記する。

（6）証聖者マクシモスのこの『難問集』は、主としてナジアンゾスのグレゴリオス（三二九／三〇―三八九／九〇）の著作から――一部分は擬ディオニュシオス・アレオパギテース（六世紀始め）の著作からであるが――、難解な多くの箇所を適宜引用して、それらを解釈しつつ大きく敷衍した文脈から成っている。これは体系的な著作ではなくて、右のような多くの註解を集成したものである。しかし、それは結果として、先行する教父たちの伝統を継承し、東方・ギリシア教父の伝統全体の集大成となっているのだ。そしてそこには、より大局的に言えば、ヘブライ・キリスト教の伝統が古代ギリシア的諸伝統を「受容し拮抗し超克していった」一つの典型的な姿が見出されるのである。

一　三一性（三位一体）の意味

（7）ナジアンゾスのグレゴリオスのことであるが、東方キリスト教の伝統にあってとくに「神学者」（θεολόγος）という固有の名称で呼ばれるのは、福音記者ヨハネ、ナジアンゾスのグレゴリオス、そして新神学者シメオン（九四九頃―一〇二二）の三人である。ただしその際、「神学者」とは、「無限にして知られざる神をしも、ふさわしく語り出し称える」という意味合いであった。

（8）超越的な神性はいわば関係性そのものを超えており、被造的存在物の原因という仕方で関係性の中では捉えられない。われわれはむしろ、「神性の働き（エネルゲイア）に触れて、それを何らか宿した経験から」、その根拠たる神性への愛に促され、神性の栄光について語りうるのである。

（9）エンヒュポスタトス（ἐνυπόστατος）は文字通りは「ヒュポスタシスのうちなるもの」の意味で、三一性（父と子と聖霊）という存在様式の現存を示す。そしてヒュポスタシス（ὑπόστασις）は、この後の論述の中心線を担う言葉である。あらかじめ言っておくとすれば、人が自然・本性（φύσις）という言葉に収まりきれぬ驚くべき現実に出会ったとき、すなわち、「神性（神的本性）と人性（人間的本性）とが交流しているかのような働き」に出会ったとき――その典型は、使徒たちの「イエス・キリストとの出会い」の経験であろうが――、その新たな現実を表現するために、ヒュポスタシスという新たな言葉（新たな現実把握）を必要としたのである。そこで本書では、この語に従来の「位格」という訳語を当てず、単に「ヒュポスタシス」ないし「ヒュポスタシス（個的現実）」と表記する。ヒュポスタシスおよびエンヒュポスタトスの把握については、J. Meyendorff, Byzantine Theology, Historical Trends and Doctrinal Themes, Fordham Univ. Press, New York, 1974, p.154; pp.162-163 etc.（J・メイエンドルフ『ビザンティン神学――歴史的傾向と教理的主題』鈴木浩訳、新教出版社）参照。

ちなみに、ペルソナ（persona）は周知のように「響き渡る」（personare）に由来する語で「仮面」を意味するが、ラテン教父の伝統以降、便宜上ヒュポスタシスの訳語ならぬ訳語として用いられた。父と子（キリスト）と聖霊とが「同一の実体・本質（οὐσία, substantia）」でありかつ「三つのヒュポスタシス」だという定式の中で、ヒュポスタシスの直訳の subsistentia という語は、substantia と区別しにくいからであろう。なお西欧近代以降は、三位一体論における意味連関から切りはなされて、ペルソナにあたる各国語は「人格」を意味する語として定着してゆくことになる。そのことは、「神なき人間の自律、自存」といった人間把握に傾く嫌いがあるのだ。（また他方、「人格的神」という言葉は、冷たい法則や原理としては神を語れないという思いによるものであろうが、右のようなヒュポスタシス・ペルソナ本来の意味からすれば、余りふさわしいとは言えない。）

(10)「神・神性が動かされる」とは、神性そのものが受動し変化するのではなく、神性がその超越的な境位を脱して有限な他者（世界）に到来することであろう。

(11) 神性が「動かされ」かつ「動かす」ということは（「神による世界創造」や「人間の神への道」などの根本にも関わるのだが）、本書の一二六〇B―一二六一A、一二八〇B―Cなどにおいて主題化され、改めて吟味される。

二　子の無化と受肉

(12) アレイオス（アリウス）（二五六頃―三三五）ないしアレイオス派によれば、イエスは先在のロゴスが肉体を取った存在であり、受難を蒙ったので、不受動、不受苦ではありえない。そのように捉えられたイエスは、アタナシオス（二九五―三七三）の主張するような「神と同一実体（ὁμοούσιος）」なる存在ではない。そしてアレイオスでは、ロゴスたるイエスは最初の被造物であるが、その生涯の功徳によって「父なる神の養子」とされたということになる。アレイオスのこうした「父なる神に対する子の従属説」は、「ニカイア公会議」（三二五年）において断罪された。なお、アレイオスとアタナシオスをはじめ、教父におけるロゴス把握についての的確な見定めとして、宮本久雄『教父と愛智――ロゴス（言）をめぐって』（新世社、一九九〇年）参照。

(13) アポリナリオス（三一五頃―三九二以前）は、「ニカエア信条」を守った反アレイオス主義者。しかしアポリナリオスは、受肉したロゴスの神性を強調する余り、「キリストは人間として魂と身体を有するが、魂ではなくロゴスがキリストの生命原理として、神性と人性との結合を成り立たせている」とした。この説はカッパドキアの教父たち（バシレイオス、ナジアンゾスのグレゴリオス、ニュッサのグレゴリオス）などによって批判され、「第一回コンスタンティノポリス公会議」（三八一年）において退けられることになる。ただアポリナリオスの説は、キリストの人性の意味を改めて探究する契機となった。そしてアポリナリオス派は、後にキリスト単性説に類するかたちで存続してゆく。証聖者マクシモスは、ここではアレイオス派やアポリナリオス派について簡単に言及しているが、以下、一〇四〇Aから一〇六〇Dに至る「ロゴス・キリスト論」(「トマスに宛てて」の全体)は、東方教父の数世紀にわたる探究を統合しつつ、神学・哲学的に最も重厚で透徹した論述となっている。そしてそれは、およそキリスト論において歴史上、一つの規範的な表現に達していると考えられよう。

(14)「キリストは罪から全く離れており、迷いある意志(グノーメー)を持たない」という。これは後に詳しく吟味されるように、キリストが「神性と人性とが不可思議に交流した存在」(神性と人性とのヒュポスタシス的結合)として見出され発語されることに密接に関わっている。

三　受肉と神化(その一)

(15)この文脈での「かつて」と「今」は、数直線上の各々の時点を指すものではない。つまりここでは、通俗的な時間表象は突破されているのだ。(もとより、多くの文脈ではいわば物語風に「過去」や「現在」が語られているが。)その限りでは、いわゆる歴史上の過去は、根本においては「その都度の今」なのである。ところで、神がその名に値する存在ならば、「つねに(永遠に)」、「時と処とを超えて」働いていると言わざるをえない。しかし他方、そうした神的働き(エネルゲイア)は、そして神の愛(アガペー)、神の霊(プネウマ)は、われわれにとって「その都度の今」何らか経験され、現にこの有限な世界、この身において生成し顕現してくるのだ。そしてあらかじめ言っておくとすれば、「神的エネルゲイア・プネウマとの出会い(カイロス)」という根源的経験においては、使徒も預言者も、さらには教父も後世の人々も、ある意味で「同時性」として触れ合い、根底でつながっているのである。この「同時性」ということはヘブライ的時間把握でもあろうが、大方の教父たちは、ヘブライ語とは一見対極的な文法構造を持つギリシア語やラテン語で思索しつつ、ある種の拮抗とともに、生成・動態を旨とするヘブライ的ダイナミズムを担い切ったと言えよう。なお、ヘブライ的時間把握や同時性ということについて、今も参照されるべき書として、次の三つを挙げておく。T・ボーマン『ヘブライ人とギリシア人の思惟』(植田重雄訳、新教出版社、一九七〇年)、浅野順一『イスラエル預言者の神学』(創文社、一九七五年)、A・J・ヘッシェル『人間を探し求める神――ユダヤ教の哲学』(森泉弘次訳、教文館、一九九八年)。

（16）　神化（θέωσις）とは、証聖者マクシモスにあって極めて重要な言葉で、人間の自然・本性（φύσις）が目的として志向してゆくべき完全性を指し示す。ただしそれは、人間が端的に「神に成る、変化する」などということではなくて、神的存在（神的生命）に与ることである。言い換えれば神化とは、「神の似像と類似性とに即して創られた」（創世一・二六）とされる人間にとって、最上の希望を表わす言葉であった。

（17）（これはアタナシオスの『ロゴスの受肉』中の周知の表現で（Athanasius, De Incarnatione, C.54.『言〈ロゴス〉の受肉』、小高毅訳、『中世思想原典集成』2、平凡社、一九九二年）、「受肉と神化」との基本的関わりを言う。より正確には、「神のロゴスが人間のうちに宿った（ἐνανθρώπησεν）のは、われわれ人間が神に与らしめられる（神的かたちに形成される）（θεοποιηθῶμεν）ためだ」という意味である。アタナシオスのこの言葉は、その後の教理探究に対して、一つの基本線を提示するものとなった。

（18）　このように、「神自身の無化（受肉）」は「人間の神化（神的生命への与り）」の根拠となろう。では、そのような事態は、われわれの自由な意志の根底において、いかなる仕方で見出されるのか。以下の二つの節に見られるように、マクシモスはそのことの内実を、とりわけ「神性と人性とのヒュポスタシス的結合」、「神的（神人的）エネルゲイアの現存」、そして「それに応答する人間的自由・意志」――その都度の今、聴従と背反（罪）との両方向に開かれているが――などとの関わりという観点から、新たに問い披き解明しているのである。なお後世トマス・アクィナスにおける「ペルソナ」、「受肉の神化」については、稲垣良典『神学的言語の研究』（創文社、二〇〇〇年）を参照。

四　受肉と神化（その二）

（19）　人間の自然・本性（ピュシス）の受動性（蒙っている姿）（παθητόν）は、過誤による報い（罰）だという。この意味では、さまざまの悪しき情念（パトス）にしても、はじめから人間の自然・本性に帰属しているのではなく、「神への意志的背反（罪）」――それは「自然・本性への背反」でもあるが――によって、結果（報い）として附着してきたものだということになる。これは多分に常識に反する見方であろうが、「人間的自然・本性の本来の姿とは何か」を考える上で、重要な論点ともなる。後に改めて問題となるが、あらかじめ言うなら、「現に在るわれわれ」はすべて、原初的な完全性から罪によって落下した者としてである。「すべての人が罪（ἁμαρτία）のもとにある」（ローマ三・九）とされるゆえんである。

(20)「人間愛」という言葉が、ロゴスの無化と降下（受肉）とのわざを示すものとして用いられている。ちなみに、「神はその独り子を与えるほどに、この世を愛した」（ヨハネ三・一六）とある。

(21)「神への意志的な背反」ということが、罪の基本的な定義ともなる。それは、神によって創造された自然・本性（ピュシス）への背反でもある。後に論じられているように、そうした罪（神への、そして自然・本性への意志的背反）はわれわれにとって、「神からの分離（分裂）」、「自己自身からの分離」、そして「他者からの分離」をもたらすことになる。

(22)使徒たちの「イエス・キリストとの出会いの経験」は、このことの典型であろう。すなわち、「ロゴス・キリストの自己無化の働き（エネルゲイア）」に貫かれたとき、「神への意志的背反（罪）」という「万人に附着している負の力（可能性）」が何らか否定され、人間的自然・本性（ピュシス）を神化（神的生命への与り）へともたらすのである。

(23)人間は創造されると同時に、自由に意志し始める。それゆえ誰しも現実には、「意志的背反（罪）」によっていわば「病」（頽落）を抱えているのだ。「救い・救済」（σωτηρία）とは「健やか」（σῶς）に由来し、病が健やかになることと解されよう。なお、創造は本質的な意味としては「罪」（いわゆる原罪）に先立つが、現に在るわれわれにとっては、罪の成立と同時的なのだ。この点については、シェリング『人間的自由の本質』が参照されるべきであろう。また、アウグスティヌス『三位一体論』第十二巻における「創造と罪」の把握は、証聖者マクシモスのくだんの文脈と同根源的である。こうした論点については、拙著『人間と宇宙的神化――証聖者マクシモスにおける自然・本性のダイナミズムをめぐって』（知泉書館、二〇〇九年）、同『アウグスティヌスの哲学――神の似像の探究』（創文社、一九九四年）など参照。

五　受肉の神秘――ヒュポスタシス的結合と二つのエネルゲイア

(24)「その力」との出会いによって促され、かつ「その力」を志向する脱自的な愛が、「受肉した神」を証ししている。このことは、つとにニュッサのグレゴリオスが『雅歌講話』の「愛の傷手」（第四講話）のくだりで美しく語り出したところであった（大森正樹、宮本久雄、谷隆一郎、篠崎栄、秋山学訳、新世社、一九九一年）。また同じく『大教理講話』では、次のように言われている。「神が肉（＝人間）においてわれわれに顕現したことの証明を求めるのであれば、神の働き（エネルゲイア）を見つめるべきである。……神の働きを受けた驚くべき事柄（奇蹟）が神性の現れ（受肉）の十分な証拠になると、われわれは考えてきた。」（篠崎栄訳、『中世思想原典集成』2、平凡社、一九九二年）。

（25）このように言われるのは、もし神のロゴスが人性（人間的自然・本性）全体を摂取することなく、人間を単に外的な場所ないし器として現れたのなら、そこに生じた存在は神性と人性との真の結合ではないからである。そのことのさらなる吟味から、次にマニ教やアポリナリオスへの批判が語られる。

（26）マニ教は肉体を蔑視し、いわゆる「キリスト化現説」に傾く。またアポリナリオスの説では、キリストが人間的魂を有することは否定され、魂の位置にロゴスが取って代わるという。こうした論点について、たとえばA. Louth, Maximus the Confessor, Routledge, London and New York, 1996, pp.214 - 215など参照。

（27）「ロゴス（ないし神性）がヒュポスタシスに即して人性と結合・一体化している」との把握は、以下に詳しく吟味・探究されているように、対象知・客体知ではありえず、徹底して不知に開かれている。が、そこには、「神的（神人的）エネルゲイアとの確かな出会いの経験」が漲っているのである。ちなみに、神的ペルソナと結びつくべきものとしての人間について、田島照久『マイスター・エックハルト研究——思惟のトリアーデ構造esse・creatio・generatio論』（創文社、一九九六年）を参照。

（28）Dionysius Areopagita, Ep.3, PG3, 1069B.

（29）神的ロゴスが摂理（人間愛）によって人性（人間本性）を摂取しても、人性の実体と働き（エネルゲイア）が滅ぼされるわけではない。かえって人性は、「ロゴスに摂取されることによって」新たな存在方式へと高められ開花するのだ。

（30）人性は自存しているのではなくて、それを摂取する神性によって「真に動かされ」、自らの「在ること」を現実に得ることになる。このことは、西欧近代以降の「神なき人間の自律、自存」といった人間把握に根本的反省を促すものとなろう。

（31）「在ること（ないし実体）のロゴス」（ὁ τοῦ εἶναι λόγος）と「いかに在るかの方式」（ὁ τοῦ πῶς εἶναι τρόπος）とは、証聖者マクシモスにあって峻別され、著しい特徴となっている。前者は、いわば「無時間的な意味次元」に関わる。が、後者は、この可変的世界において人性の「在ること」が現に生成してくる際の、具体的個別的な「生成の次元」に関わるのである。

（32）これは「カルケドン信条」（四五一年）の後を承けて、それを「実体の（無時間的な）ロゴス（意味）」と「具体的生成の方式」との峻別と言う観点から、一歩踏み込んで語り直す表現となっている。「カルケドン信条」では、「神性と人性とはそれぞれが自らを十全に保持しつつ、融合せず、変化せず、分割せず、分離せず、一つのヒュポスタシス・キリストを有している」などとあった。Enchiridion Symbolorum, H. Denzinger, Herder, Romae, 1976, pp.300 - 303, Actio V, 22, Oct. 451 : Symbolum Chalcedonense. なお、結合・混合のあらゆる様式（型）を古代ギリシア以来の諸伝統との対比によって精査したものとして、坂口ふみ『個の誕生――キリスト教教理をつくった人びと』（岩波書店、一九九六年）を参照。

（33）キリストにおいては、神性と人性とに即して神的エネルギアと人間的エネルゲイアとが「混合なき仕方で」分かちがたく交流し、「単一的ないし単一形相的に」一なるものとして働いている。すなわち、神性と人性とはそれぞれの自然・本性的なロゴス（意味）を保持しつつ、この世における「現実の生成としては」、「ヒュポスタシスに即して一性（ἕνωσις）を有した存在（一なるロゴス・キリスト）として」顕現してくるのだ。ただそのことは、ロゴス・キリストの神的かつ神人的エネルゲイアと出会い、脱自的な愛に促された経験からこそ（使徒たちはその典型であろうが）、いわば愛による志向的知として、そしてつまり、すぐれて信・信仰として発語されえたのである。

（34）聖母マリアを「神を生む者（神の母）」（θεοτόκος）と呼ぶのは、アレクサンドリアのキュリロス（三七〇／八〇―四四四）の強調するところで、「キリストの神性」を際立たせる呼称であった。それに対してネストリオス（三八一頃―四八一以降）は、「キリストの人性」を過度に強調して「キリストを生む者（キリストトコス）」という呼称を主張したとされる。（そのため、後にネストリオスは断罪された。）証聖者マクシモスは「神を生む者（神の母）」という呼称を継承しつつ、以下において、ロゴス・キリストが「神性と人性とのヒュポスタシス的結合」たることの内実をいっそう明らかにしてゆく。

（35）このように言われるとき、「ロゴス・キリストの神的かつ人間的働きとの出会い」が根底に存している。つまり、神的エネルゲイアと人間的エネルゲイアとが不可思議に交流しているような「イエス・キリスト」との出会いによって、「超無限の力」が知られ、その力ないし働きの発出する主体として「神人性存在（ロゴス・キリスト）」が――その実体・本質（ウーシア）は知られえないとしても――遥かに指し示されるのだ。

（36）神的ロゴスは人間本性に対して強制的かつ必然的に働くのではなく、人間的自由・意志の聴従の度合に従って、また「信の類比（アナロギア）」に従って、現にこの身（この世）に顕現・生成してくる。そしてそこには、神的働きと人間的自由の働きとの協働（シュネルギア）という事態が存するのだ。これはニュッサのグレゴリオスと同様、証聖者マクシモスにおいても、中心的主題の一つであった。これについては、拙著『人間と宇宙的神化』（前掲書）の第六章、第九章など参照。なお、「ロゴスはわれわれの為しうる中で働きつつ……われわれの意志の動きは、実はロゴスによって動かされたものだ」とされているが、この点、とりわけパウロの次の言葉が想い起こされる。「あなたたちのうちに働いて、御旨を為さんために〔善きことを〕意志させ、かつ働かせているのは、神なのである」（フィリピ二・一三）。それは、神への意志的な聴従を人々に語った後に続く言葉であり、われわれのうちに働く「神の働き」とわれわれの「自由・意志の働き」との微妙な関わりを洞察したものであった。そこで基本的なことを言えば、ロゴスの意志は、われわれの意志的聴従を介して、ほかならぬわれわれが「善く意志すること」のうちに顕現し受肉してくると考えられよう。

(37) 信・信仰とは、キリストとの出会いの場面に即して言うなら、ロゴス・キリストの神的な働き（エネルゲイア）ないし霊（プネウマ）を受容し宿した「魂のかたち」であろう。その限りで信は、「キリストの神秘を何らか知的に保持している」のである。もとより、ロゴス・キリストの実体・本質（ウーシア）は、どこまでも知られざる超越に留まるとしても。

(38) 「奇蹟的受難」と「受動的奇蹟」という二つの言葉によって、神的エネルゲイアと人間的エネルゲイアとの交流（ペリコーレーシス）と結合が集約的に示されている。それは、イエス・キリストについての聖書の言葉・証言を真っすぐに受容し、そこに秘められた「キリストの神秘」を指し示している。

(39) 「神人的エネルゲイア」とは、ディオニュシオス・アレオパギテース『書簡四』に由来する言葉であるが、証聖者マクシモスはそれを彫琢し、ゆたかに敷衍している。ここに、「同一の存在のうちに神的かつ神人的エネルゲイアを顕現させている」とは、まさにキリストの姿（キリストの真実）を語り出す表現である。キリストのうちには、「人間となった神の何らか新たな神人的エネルゲイア」が漲っているのだ。それゆえキリストにあっては、「ロゴスの受肉」と「人間の神化」とは実は同一の事態として現出していると言えよう。しかし、もとよりわれわれは、そうした「受肉＝神化」なるロゴス・キリストの原範型的な働き、つまり「神性と人性とがヒュポスタシス的に結合した神人性存在」の「神人的エネルゲイア（働き）」に能う限り心披き、それに何ほどか与りゆくほかないのだ。パウロの言に、「われわれは信・信仰によって〔この世を〕歩んでいるのであって、〔神の〕直視・知（εἶδος）によってではない」（二コリント五・七）とあるゆえんである。

(40) 信・信仰（πίστις）の成立とは、単に天下りの所与ではなくて、「神人的エネルゲイアの宿り・顕現」の経験による。この意味で信は、「ロゴス・キリストのエネルゲイア・プネウマ」を受容し捉えた「魂・人間のかたち」（ある種の知）なのだ。それはニュッサのグレゴリオス『雅歌講話』における「愛の傷手」が、象徴的に語り出すところであった（第四講話）。なお、J・メイエンドルフは、エネルゲイア・プネウマの経験こそが父、子、聖霊という三位一体の探究の端緒であり、プネウマ（霊）の経験が神的恵みを、そしてその与え手（源泉）たる神を証示しているとする。J. Meyendorff, Byzantine Theology（前掲書）、pp. 93－94など参照。ちなみにまた、「使徒たちの根源的経験（新しい存在の経験）こそ」が「復活者イエスへの信仰の母体」であることについては、E・スヒレベークス『イエス――一人の生ける者の物語』（宮本久雄、筒井賢治訳、新世社、一九九四年）、一五二―一六九頁を参照。

(41) ここに「新しい生」とは、「新しく生きる人の新たなエネルゲイアをしるしづけている」という。それは、「ロゴス・キリストの神人的エネルゲイア」と出会い、「ロゴス・キリストとの結合・一体化への愛」に促された人々の姿である。使徒たちがその典型であるが、先に言及した「同時性」という観点からすれば、預言者や教父たちも、また後世の人々も、神的エネルゲイア・プネウマに、そしてつまり神人的エネルゲイアに出会い、それを自らの身に何ほどか宿す限りで、同様の「新しい生」に与りうるであろう。ところで、神人的エネルゲイアを意志的聴従を介して受容するとき、ある意味で「受肉の受肉」が何ほどか生起すると言えよう。ただその際、そのことが成立しうる究極の根拠として――神的働きと人間的自由・意志の働きとが無際限の循環に陥らないためには――、神人的エネルゲイアが恐らくはすべてに先んじて働いているとしなければなるまい。つまり、そうした神人的エネルゲイアの発出する主体（源泉）として、「ロゴス・キリスト（受肉した神人性存在）の原範型」が現存するのではなかろうか。そしてそれは、「神の憐れみの先行」、「受肉の現在」といった事態でもあろう。実際、「イエス・キリストの父なる神は……世界の創造の前にわれわれをキリストにおいて選び」（エフェソ一・四）とある。またイエスは、「アブラハムが生まれる前から〈わたしは在る〉（Ἐγώ εἰμι）」（出エジプト三・一四参照）と自らを告げている。

(42) こうした一連の文脈は、ロゴス・キリストが「神性と人性とのヒュポスタシス的な結合・一体化」として、また一なる存在として「神人的に働いていること」を、透徹した言葉で語り出している。しかしそれは、ロゴス・キリストの受肉存在（神人性）の客体知を意味するものではない。すなわち、その本質・実体（ウーシア）はどこまでも知られえず、無限なる超越にあると言わざるをえない。が、その働き（エネルゲイア）は万物に及び、それらの存立を根本から支えている。そして、とりわけ人間は、そうした神的かつ神人的エネルゲイアに自由に応答し、より善く参与してゆくべく呼びかけられているのだ。してみればわれわれは、一見無味乾燥な教理表現の背後に、無限なる神の働き、神的エネルゲイア・プネウマにまみえ、それを自らの生の全体をもって探究していった無数の人々が存していることを忘れてはなるまい。彼らの生とアレテー（善きかたち、徳）の姿そのものが、「神の憐れみと人間愛」を、そして「イエス・キリストの真実」を証ししているのである。

(43) 神なるロゴスの「神的かつ人間的な働き（わざ）」の経験によってこそ、「ロゴス・キリストの真理」が信じられる。信・信仰（ピスティス）とは、その原初的な成立の場面に遡って、つねに問い抜かれてゆくべきものであろう。ここに改めて想起されるのは、とりわけ次のようなイエスの言葉である。「もしわたしがわたしの父のわざを為すならば、たといわたしを信じなくとも、そのわざを信じよ。そうすればあなたたちは、父がわたしのうちにおり、わたしが父のうちにいることを知りまた悟るであろう」（ヨハネ一〇・三八）。「父がわたしの名において送る聖霊は、あなたたちにすべてのことを教え、またわたしがあなたたちに言ったことを、すべて思い出させるであろう」（同、一四・二六）。

クジコスの主教ヨハネに宛てて

序言

（1）知と知識と言う言葉は、日本語ではほとんど区別しがたいが、証聖者マクシモスにあっては、ἐπιστήμη がある種の対象的・客体的な知識を示すのに対して、γνῶσις の方は主体・自己にいっそう関わってくる知を示すという使い分けが認められる。

（2）信・信仰（πίστις）と神的生の経験とは、単に併存しているというよりは、むしろ次のような関わりが存する。「信・信仰」とは、超越的な神の働きないし霊（エネルゲイア・プネウマ）を宿し、自らの全体が無限なる神へと開かれゆく姿であり、他方「神的生の経験」とは、そうした信による働きが有限なもの（この身、この世界）に還帰し、他者との具体的な生のうちに何らか結実してくることであろう。つまり両者は、「無限性（神）への超出」と「諸々の有限なものへの還帰」という性格を有する。

（3）ここに「尊い貧しさ」とは、キリストが父なる神に従いゆくような（フィリピ二・八）聴従のことであろう。人がそのように主に聴従し関わってゆくなら、その人において主の霊がゆたかに宿り、主の栄光が現れると言えよう。

（4）「神を畏れる人々の助け主」については、イエスの次の言葉が密接に呼応している。「もしわたしが去らないなら、弁護者（παράκλητος）はあなたたちのところに来ないであろう。しかしもしわたしが行くなら、わたしは弁護者をあなたたちのところに送るであろう」（ヨハネ一六・七）。また、「弁護者、すなわちわたしの名によって父が遣わす聖霊は、あなたたちにすべてのことを教えるであろう」（同、一四・二六）とある。マクシモスはここでは、「神を畏れる人々の助け主」としてのキリストがマクシモス自身のもとに来て、自らの解釈の言葉を導くであろうと語っている。なお、ヨハネ福音書における「弁護者（パラクレートス）」や「イエスの真実」について、とくに宮本久雄『他者の風来――ルーアッハ・プネウマ・気をめぐる思索』（日本キリスト教団出版局、二〇一二年）の第四章を参照。

六　神なるロゴスの隠された在り方

（5）アレテーと知とにおいて、人間的自然・本性の「より善きかたち」が形成されてゆく。「救い」とは本来、自然・本性（ピュシス）のそうした変容と開花とともに語られうるのだ。

（6）気概と欲望とは、ロゴス的（理性的）力とともに魂の三部分を形成する。それはもとよりプラトンにおける「魂の三部分説」（『国家』四三九ａ）に由来するが、意味合いは大きく異なる。証聖者マクシモスはプラトンの論を変容させ、いわば変容・生成のダイナミズムへと超克しているのだ。すなわち、気概や欲望は単にロゴス的力に服すのではなくて、ロゴスによって知性（ヌース）と親密なものにされるなら、「気概は愛に、欲望は喜びに変容させられる」という。（そして後に語られるように、人間のロゴス的力すら神の力によって一度び打ち砕かれ、謙遜なものにならなければならない。）この点マクシモスは、ニュッサのグレゴリオスの把握（『モーセの生涯』（谷隆一郎訳、『キリスト教神秘主義著作集』Ⅰ、教文館、一九九二年、Ⅱ九六―九七参照。）を継承している。これは「身体・質料の復権」という事態として、マクシモスにおいてもさまざまに論じられている。それについては、拙著『人間と宇宙的神化』（前掲書）第四章など参照。

（7）われわれが無限なる善（神）に虚心に聴従するならば、いわば器となった魂に神的な霊（プネウマ）が注がれ、アレテー（魂の善きかたち、徳）が形成されよう。そしてそのとき、有限なものへの執着がなみされ否定されている限りで、そこには「魂の自由」が存しよう。しかし、神への意志的背反（罪）が先行する際には、悪しき情念と執着が魂・人間を不自由にしてしまうのだ。

七　人間と神化——自然・本性の存在論的ダイナミズム

（8）罪に対する罰（結果）として魂の「身体との結合」が生じたとするとき、「人間の創造」についての解釈が大きく逸脱してくる。これは直接には、往時のオリゲネス主義に対する批判として展開されてゆく。その一つの眼目は証聖者マクシモスにあって、「魂と身体との同時的生成」という把握であった。が、そうした心身関係の吟味に先立って、被造的な自然・本性（ピュシス）の動的な構造が、いわば存在論的ダイナミズムとして探究されてゆくのである。

（9）「在ること」を得るに至るもの（被造物）、そのように動かされ生成せしめられるものは、その自然・本性として本質的に

「動き」のうちにある。そして、終極の目的たる神的なもの（不動なもの）は、それへの「動き」として現出してくるというが、神的霊によって促された「神への脱自的な愛」は、そうした動きの最たるものであろう。とすれば、神はいわば「神への愛として」、この有限な可変的世界に顕現してくると考えられよう。この点、ニュッサのグレゴリオスは『モーセの生涯』および『雅歌講話』などにおいて、同様な洞察を示している。

（10）このことは後に（本書の四一、一二四八A―一二四九Cなど）「愛によるアレテー（善きかたち）の統合」、「諸々の自然・本性（存在物）の紐帯としての人間」、そして「万物の再統合と神化」といった主題のもとに論究されてゆく。

（11）有限な自然・本性的事物は全体的な構造として、「生成、動き、静止」という階梯を有することになる。マクシモスのこの把握は、『静止、動き、生成」という階梯を主張する往時のオリゲネス主義への批判でもあった。彼らにあって「動き」とは、「神への背反」たる罪の結果として生じるものであって、「動き」も「身体（物体）」も悪しきものとされる嫌いがある。シャーウッドはそれを、「ヘレニズムの混乱」と見ている。P. Sherwood, The Earlier Ambigua of St. Maximus the Confessor and his Refutation of Origenism, Orbis Catholicus, Herder, Romae, 1955, p.101 etc.

（12）この言葉は、人間の自然・本性が超越的な神（キリスト）に向かってどこまでも伸展・超出してゆくべきことを示す。そしてそれは、ニュッサのグレゴリオスがエペクタシス（絶えざる自己超越）を語る一つの典拠でもあった。ちなみにアウグスティヌスも、『告白』第十一巻の「時間論」の最後で、パウロの言に依拠しつつ、「精神の延長と志向」としての時間を、「根拠かつ目的なるキリストへの絶えざる超出」として語っている。

（13）このことはまさに、証聖者マクシモスの基本把握である。ロゴス的存在者（人間）は所与としての「在ること」から、自らの自由な意志を介して「善く在ること」へと形成されうるのだが、さらには「つねに善く在ること」（究極の目的、神）へと定位されている。人間本性のそうした「善く在ること」（つまりはアレテー）という動的かたちは、この有限な世界において「神が何ほどか顕現し受肉（身体化）してきた姿」と解されよう。

（14）ただし、「善く在ることが恵み与えられる」とは、単に天下りの一方的なことではなく、自由・意志の「神への聴従と信に従って」人間本性のうちに神的な霊（プネウマ）が注ぎ込まれることとしてある。この点、証聖者マクシモスの『神学と受肉の摂理とについて』V・二四、三五など参照（『フィロカリア』Ⅲ所収。谷隆一郎訳、新世社、二〇〇六年）。

（15）それゆえ、「思惟的なものが動かされる、思惟する、愛する、脱自を蒙る、根拠へと促される、熱心さを伸展させる、そして全体が捉えられるまでは止まらない」といった階梯が存する。そこには、「根拠＝目的」（神）なる存在に発し、それへと定位されたある種の円環的構造が認められよう。が、それは、人間のうちで神的エネルゲイア・プネウマがより大に、より善く宿り受肉してゆくような伸展と深化との階梯なのである。

(16) その際、神的な働きと人間的自由・意志の働きとは、ある種の「協働」として働いているという。つまり、関係性そのものを超えた無限なる存在（神）との微妙な関わりがそこに存するのだ。

(17) この言葉は、いわゆる「キリスト両意説」が主張されることの一つの典拠ともなる。「父よ、この杯（受難のこと）を取り去りたまえ」（マルコ一四・三六）という人間的意志が、神的意志に全く委ねられ摂取されているからである。マクシモスのこうした両意説とは、「一なるヒュポスタシス・キリストのうちに神的意志と人間的意志とが、それぞれの固有性を保ちながら結合して働いている」とするものであった。ただし、キリストにはグノーメー（迷いある意志）はなく、それゆえキリストは「われわれ（人間本性）の成りゆくべき究極の姿」と目される。他方、マクシモスが論駁した「キリスト単意説」とは、「キリストのうちに純粋な神的意志のみを認め、罪に傾くような弱き人間的意志を排除するもの」であった。こうした論点については、拙著『人間と宇宙的神化』（前掲書）の第七章を参照。

(18) 「もはやわたしが生きているのではなくて、わたしのうちでキリストが生きている」という印象深い言葉は、パウロが（そしておよそ人が）「意志的聴従を介して神的エネルゲイア・プネウマを十全に受容し、それによって新たな生を生かしめられている姿」を示している。

(19) 神的エネルゲイアそのものは知られざる超越においてあるとしても、それぞれの分（意志的披き）に応じて神的エネルゲイアを受容し、神化に何らかもたらされることは、確かな経験として成立してくるであろう。そしてそのとき、主導的な神的エネルゲイアが「混合なく、分離なき仕方で」人間的エネルゲイアと交流しているとされるのだ。そこで改めて言うなら、両者のそうした交流の経験、つまり神人的エネルゲイアとの出会いの経験からはじめて、「神性と人性とのヒュポスタシス的結合」（ロゴス・キリストの受肉、神人性）が、信・信仰（神人的エネルゲイアの受容のかたち）として保持され、さらには己れを超えて脱自的に愛されるのである。

(20) 「在る、存在する」と真に言えるのは神のみであり、他のすべてのものは「神との関わり」から切り離されれば、ほとんど無に等しい（ヨハネ一五・五―六参照）。それゆえ、欲求や愛が有限な自己に向かい、そこに閉じられるときには、逸脱となり罪ともなろう。

(21) 「神の後なる」諸々のもの（自然・本性）の知がとにかくも完成し、無限なるもの（神）に全体として開かれるとき、その度合に従って類比的に「無限で神的なもの」が何ほどか分有される。

(22) それぞれの被造物は多なる部分（形相的要素）から成るが、とにかくも一つのものとして現に生成し存立している限りで、そこには多を一にもたらす力が働いている。それゆえ神的ロゴスは、すべての事物の根底に働くいわば「根源的結合力」として見出されるのだ。そしてそれは、およそ結合・一性をもたらす「愛」や「聖霊」の働きでもあろう。

(23) かくして神的ロゴスは、有限な自然・本性のうちにそれらの現実の生成に関わる根源的結合力として働きつつ、それらと混合（融合）してしまうことがない。それゆえそこには、神的本性（神性）と被造的本性との不可思議な「交流」（περιχώρησις）が存しよう。「エンヒュポスタトン」なる独特の言葉は、自然・本性（ピュシス）という語の古代ギリシア以来の用法（意味射程）には収まり切らない新たな現実を、つまり「右のような二つの本性の交流」を担う言葉として、新たな仕方で導入されている。

(24) 同一の「神なるロゴス」が、万物の「原因」であり「媒介」であり「目的（終極）」であるという。だがそのことが見出され語られうるのは、「受肉したロゴス」の働き（エネルゲイア）が経験されることによってである。すなわち、「神的エネルゲイアを受容したかたち」（信という魂・身体のかたち）が、自らの「根拠＝目的」たる神的ロゴスを脱自的に愛し、かつ証示しているのである。

(25) 神的なロゴスとソフィア、そしてプネウマ（霊）は、真にその名に値するものなら、「つねに（永遠に）」、時と処とを超えて働いているであろう。が、それはやはり、歴史上の「然るべきときに」、しかも「その都度の今」この世界に生成し現出するのだ。言い換えれば、創造（生成）（γένεσις）とは単に過去的出来事ではなくて、「不断の創造」として捉えられる（ニュッサのグレゴリオス『雅歌講話』第五、第八講話など）。そしてそれは、勝義には、われわれ自身の知と意志との働きを通して、この有限な世界に現に生起してくるのだ。後に論じられているように、そこにおいて人間は「自然・本性的紐帯」として働き、多様にして一なる「全一的交わり」（エクレシア、広義の教会）の成立のために、中心的役割を担いうる。ちなみに、神なるロゴスが『善き意志によって』、「然るべきときに」創造のわざを為すということは、新プラトン主義的な一者（ト・ヘン）からの必然的流出といった把握とは、大きく異なっている。証聖者マクシモス（そしてヘブライ・キリスト教の伝統）にあっては、創造の根拠として神的意志が先行し、神の超越性が際立っている。しかも注目すべきことに、創造という神的働きはその具体的なより善き生成・顕現のためには、人間の「善き意志、善きわざ」を通して開花し成就してゆく必要があるのである。

(26) 天使たちのロゴスは諸々のものの「実体と力とのロゴス」であるが、無時間的なものとして、「上なる世界」を形成しているという。人間のロゴスとは、そうした天使的ロゴスを礎としつつ、「在ること」への生成の原型となっているのである。

(27) 人間のロゴス（神的ロゴスのうちなる人間の定め）は、人間の在るべき普遍的な姿を示しており、個々の人々の異なりや区別の彼方にある。逆に言えば、個・個体とはどこまでも謎・神秘を含んでいるのである。

(28) ディオニュシオス・アレオパギテース『神名論』第四章第四節（熊田陽一郎訳、『キリスト教神秘主義著作集』1、『ギリシア教父の神秘主義』教文館、一九九二年）参照。そこにも示されているように、神によって生成せしめられたものはすべて、それぞれの形相と存在様式に従って「類比的に（アナロギア的に）」神を分有している。とくにロゴス的存在者たる人間にあって、善（すぐれて神名）を希求することは各人の自由意志に依存しており、「善への希求のアナロギア」ともいうべきものが認められよう。そして人間は「自然・本性的紐帯」として、他の事物における「善への希求」を顕在化させ自らのうちに包摂し全一的交わりを形成してゆくべく役割を与えられている。なお、右のようなアナロギア構造については、拙稿「神への関与のアナロギア――擬ディオニュシオスから証聖者マクシモスへ」（『中世における信仰と知』知泉書館、二〇一三年、第一部、教父思想の四）を参照。

(29) 「神への志向（意志）によって神になる」と言われているが――「神」（θεός）という語がこのように柔軟に用いられている――、それは、根拠たるロゴスの働き（エネルゲイア）への意志的聴従によって、「当のロゴスへの上昇と更新」が絶えず生起してくることである。それゆえそこには、「生成と動態のダイナミズム」が漲っているのだ。そしてその際、われわれの自由・意志が不可欠の契機として働いているが、全体としてすべては、根本において神的ロゴスによって「動かされている」のである。

(30) これら二つの事柄は、後に「諸々の形相の拡張と集約」という問題として語り直される。ただし、諸形相の「多への拡張」と「一への集約」とのいずれの方向も、現実の世界にあっては、「一なる神的ロゴスの無限性」へと開かれているのだ。

(31) アレテー（魂・人間の善きかたち、徳）はわれわれにあって、善（神）の超越性へと開かれた途上の姿であり、動的な性格を有する。先に「アレテーにおいて身体化した神」という表現もあったように（一〇三二B）、アレテーという新たに形成された「習性」（中間的な姿）は、「その成立の根拠」＝「志向する目的」たる神を何ほどか分有し顕現させているのである。

（32）文中「神となる」とは強い表現だが、その際「神」は、単に固定した実体を示す言葉ではない。むしろ「神となる」とは、神的エネルゲイア・プネウマが充溢した仕方で宿り来たった姿を意味しよう。またマクシモスにあっては、神との「類似性（ホモイオーシス）」は、初めの所与たる「似像（エイコーン）」が、その萌芽的な状態から開花し成就してきたかたちとして捉えられている。この点、二つの語をほぼ同義語と見るニュッサのグレゴリオスやアウグスティヌスなどと語り口がやや異なるが、萌芽的な「エイコーン」からその開花・成就たる「ホモイオーシス」へと「人間本性（ピュシス）の展開の道行き」を捉えるということについては、両者は軌を一にしていると言ってよい。

（33）「神（神性）の人間化」と「人間（人性）の神化」とは、いわば同時的なこととしてあり、しかも「受肉したロゴス」の姿そのものでもある。が、それは、「受肉したロゴス」の神人的エネルゲアに出会い、それを受容した人々（使徒たちはその典型であるが）の魂に映じた姿である。そして、そうした原型たる「受肉の神秘」によって、すべての人は働きかけられ、いわば「受肉の受肉」へと定位されているのである。

（34）「より悪しきものへの自由な傾き」の根底にあるのは、「神への意志的背反」（＝罪）であって、それ以上に遡りうる原因はない。人間的自由・意志は、いわば自らが悪霊にもなってしまうほどの深淵を抱えているのだ。このことについての透徹した言葉として、『砂漠の師父の言葉』（前掲書）、ポイメン・六七参照。

（35）感覚的なものも思惟的なものも、それぞれの形相（いわば分・分け前）に応じて神的エネルゲイアを分有している。それらを考察し観想することを通して、類比（アナロギア）的な仕方で「神の意志」が何らか読み取られよう。なぜなら、神的エネルゲイアのもたらせた結果（被造的事物）が、その遥かな根拠（創造の神的意志）を証しし指し示しているからである。

（36）魂が無限なる神性に開かれるとき、神の息吹（霊）が吹き込まれる。が、そのことによって、この有限な世界に現にわざ（行為）が生じてくるためには、身体が必要なのだ。その際、魂はいわば「無限なるものへの超出」に、身体は「有限なものへの還帰」を担い、両者の微妙な結合によって人間的自然・本性が成り立っている。しかしそれは、決して完結した実体として存立しているのではなく、本来は神性への与りへの「動き」においてある。それゆえ、次にすぐ、神化（神的生命への与り）ということの機微が問題とされているのである。

（37）先に、「諸々のアレテー（善きかたち、徳）において身体化した神」という表現もあったが、魂と身体とが相俟っての「善きかたち」は、神（神性、善性）の何らか現成してきたかたちであろう。そして、「受肉した神」の恵み（働き、霊）によって人間が神化せしめられるとある。ただ「神化（テオーシス）」とは、既述のごとく、人間が端的に新たになってしまうことではなくて、神的エネルゲイア・プネウマが（そしてつまりは神人的エネルゲイアが）、人間のうちにすぐれて受容され十全に漲っている姿を意味しよう。が、その際、魂のみが神化するとは言われず、身体は決して排除されない。言い換えれば、人間の自然・本性（ピュシス）の全体が開花・成就してゆく道行きにあって、身体（質料）（σῶμα）は、人間本性のそうした変容可能性を担う素材ないし道具として不可欠の役割を担っているのである。後の文脈で（一一〇一A以下）、「魂の先在説」が批判され、「魂と身体との同時的生成」が決然と主張されるゆえんである。

(38)　「神化」とは、われわれにとって「最も愛されるべきもの」（目的・終極）であり、最上の希望でもある。そこに伴う状態として、「快楽」、「聴従」そして「喜び」の三つが挙げられているが、それらの成立においては総じて、閉ざされた自己を超えゆく「脱自的力」が働いている。そして次に語られているように、「情念からの解放」（ἀπάθεια）――それは元来、ストア哲学に由来する語である――が何ほどか生じるのだ。もとよりそのことは、情念や身体的なものの単なる排除ではなく、「情念の変容と再形成」ないし「身体・質料の復権」とも呼ぶべき事態なのである。

(39)　「無限なるものへと伸展させる」という言葉は、ニュッサのグレゴリオスの強調する「人間的自然・本性の絶えざる自己超越（エペクタシス）」の把握（『モーセの生涯』、『雅歌講話』などにしばしば語られている）と、深く呼応している。その際、注意すべきは、神的働きと人間的自由・意志の働きとが、単に対立しているのではなくて、次元を異にしつつも微妙に協働しているということである。

(40)　身体、物体、そしてこの世が悪ではなく、身体的なもの、有限なものに対する意志的執着が、「善の欠如」たる悪の原因なのだ。それゆえ、「弱さ」の自覚は、自らが自由・意志によって神へと向き直ることの契機ともなる。「わたし（イエス・キリスト）の恵みはあなたに十分である。力は、弱さにおいてこそ完成される（発揮される）」（二コリント一二・九）とあるゆえんである。

(41)　魂のみが分離して、神と合一する（神化する）などと言ってはならない。「魂が無限なる神への意志と愛によって神化されること」と、「有限な他者との交わりにおいて善きわざを為すこと」とは、ほとんど同時的なことであり、互いに密接に関わっている。そのとき身体はアレテー（善きかたち、徳）の現実の生成のために、不可欠の道具とも場ともなるのである。

（42）神は、実体・本質（ウーシア）としては知られえないが、神的エネルゲイア・プネウマによる「アレテー（善きかたち、徳）」と、「他者との善き交わり」として何らか顕現し（知られ）、かつ証示される。

（43）神・神性の働きは、諸々の有限な存在物の自然・本性（ピュシス）と何らか交流し、それらを包摂している。その意味で、そうした次元の異なる自然・本性が何らか結合した現実を指し示す言葉として、「エンヒュポスタトン」（ヒュポスタシス・キリストのうちなるもの）という語が新たに導入されている。

（44）自由・意志による択びは、単に対象的行為の択びに止まらず、「自己の存在様式の変容」に、そして「新しい存在の現出」に関わる。このことは、つとにニュッサのグレゴリオスの根本的洞察であった（『モーセの生涯』など）。しかし、そうした力を附与された自由・意志をその根拠たる神に背反して用いるならば――罪とはまさにそのことであるが――、われわれは神から分離し、ひいては「自己自身を追放してしまう」ことになろう。

（45）罪（神への意志的背反）は人間本性の「在ること」の欠落を招くので、罪が同時に罰として己れに帰ってくる。その際、「神は自らを［十字架の］死によって懲らしめた」とあるのは、いわゆる代贖（キリストが人類に代わって十字架の死を担ったこと）を意味しよう。「十字架」の意味については本書でさまざまに論じられるが、直接に言及している箇所としては、たとえば四七、一三六〇A―D、五三、一三七二C―一三七七Bなど参照。

（46）罪は本来的姿からの落下であり否定であるが、「受苦を蒙ること」（ある種の自己否定）によって、われわれは「存在への力を再び取り戻す」という。それゆえ、自己存在の真の成立には、「否定の否定」という二重否定的な契機が存しているのだ。なぜなら、罪という落下・否定の姿が改めて否定され浄化されることによって（またそのこととして）、人間本性が真に開花し成就してゆくと考えられるからである。

（47）「それから」、「それによって」、「それにおいて」、そして「それのために」という言葉で語られる際、アリストテレスのいわゆる「四原因説」（『形而上学』一〇四四a三二―b一五など）が援用されている。しかし、それは証聖者マクシモスにあっては、人間の誕生・生成とその全き成就（救い）に関するものとして、無限なる神性に開かれた動的構造において捉え直され展開されている。

（48）そうしたキリストの働き（エネルゲイア）との出会い（使徒的な経験）が、神（キリスト）への愛を成り立たせる。そしてその脱自的な愛は、個人の内面に閉ざされたものではありえず、他者とのよき交わり（愛）として顕現してくるのだ。この意味でエクレシア（教会）とは、神の呼びかけに対して自由に、より善く応答していった人々の「霊的かつ全一的な交わり」にほかならない。

(49)　愛（ἀγάπη）（ないし聖霊）は、根源的結合力として、万物においてその構成要素を結合し一性を附与している。と同時に、「神なる愛」（一ヨハネ四・八）は、人間の意志的聴従を介して人間に注がれ、アレテー（善きかたち、徳）とエクレシアとの成立根拠としてつねに働いているのだ。

(50)　「カルケドン信条」（四五一年）では、「神性と人性とは融合せず、変化せず、分割せず、分離せず、一つのヒュポスタシス・キリストへと共合している」とされた。証聖者マクシモスの一連の文脈は（「分離することも混合することもなく」と言われているが）、「カルケドン信条」を継承しつつ、それを超えゆき展開させたものと考えられよう。なお、「世々に先立ってキリストのうちに在るべくわれわれは定められている」とあるが、それが現に生成・顕現してくるためには、時間と歴史との過程を、そしてとりわけ人間的自由・意志のより善き応答ないし聴従を必要とするのだ。とすれば、『エフェソ書』、『コロサイ書』における壮大な宇宙論的表現も、いわばわれわれ一人一人の意志の自由な択びと決断に一度び収斂してくるであろう。

(51)　ここでは物語風に、「世のはじめの父祖たちにおける過誤（いわゆる原罪）」と、それを更正し成就させるものとして「神の神秘的な宿り（受肉）の神秘」とが語られている。だが、通俗的時間表象を超えた内実としては、受肉は単に過去の特殊な出来事であるに止まらない。つまり「受肉存在（キリスト）」の働き（神人的エネルゲイア）は、神がこの有限な世界に顕現・生成してくるために、われわれの自由・意志の根底にその都度の今、現前し働いていると考えられよう。

(52)　魂（ψυχή）とは現実には、身体が全体として一性を保つこと（一で在ること）を成り立たせている結合力であり、いわばそうした働きそのものである。つまり、魂という「実体のロゴス」（無時間的意味）はそれとして語られうるが、現に生成・誕生している人間にあっては、身体に一性を与える働きの場から切り離して、いたずらに魂を人間の部分として実体化してはならないのだ。そして、魂と身体との微妙な結合関係は、「語りえざる神秘」に開かれているとされる。

(53)　「魂が身体より先に先在する」という説は、主として往時のオリゲネス主義のものであるが、古代ギリシア的伝統は身体から離れた「魂の自存」を語る傾向がある。往時のオリゲネス主義とそれに対する証聖者マクシモスの論について詳しくは、P. Sherwood, The Earlier Ambigua of Saint Maximus the Confessor and his Refutation of Origenism,（前掲書）参照。なお、より大局的には、オリゲネス主義の断罪は、オリゲネスの創造神話に対するキリスト教的対抗物の形成という点で、東方キリスト教の神学において決定的な一歩であったという。この点、J. Meyendorff, Byzantine Theology（『ビザンチン神学』）（前掲書）I, 2 など参照。

（54）「現実の生成（ゲネシス）の方式」と「実体・本質（ウーシア）のロゴス（意味）」との峻別は、証聖者マクシモスの愛智の探究にあって最も基本的な視点であった。その際、無時間的な形相や意味の次元に論が終止することはなく、この可変的世界、この身における「現実の生成」、つまり「存在（いわば神の名）」の顕現・生成」にこそ、問題の中心的位相が存しよう。そしてさまざまな論点（主題）も、本来はそこに収斂してゆくのだ。実際、「魂と身体との同時的生成」というくだんの事態は、われわれにとって「生成の問題」の如実な現場なのだ。なぜなら、魂と身体との「関係のロゴス」は具体的な生成の場面においては決して廃棄されないからである。（両者はむろん、「実体・本質の無時間的意味」としては明確に区別されるのだが。）「生成・動態のダイナミズム」を旨とするこうした把握は、一般に東方・ギリシア教父の伝統に特徴的なものであって、ある種の「形相・本質主義」を基調とする大方の古代ギリシア的伝統とは、著しい対照を為している。ちなみに、「いかなる形相にあっても、滅びなしにある形相から他の形相へと変化することはありえない」という把握は、「形相（εἶδος）」というものの根本を言い当てているであろう。（これは、ダーウィン流の進化論に対する厳しい批判ともなりうる。）この点、「形相の無時間的な意味領域の突破」、「諸々の形相の拡張と集約」といった事柄については、本書の一一六九C、一一七七BC、一三一二D—一三一三Cなどで詳しく吟味されている。

（55）魂と身体とは、現実の生成にあってはあくまで「関係的に在り」、それゆえ「魂は身体の死後にも、人間の魂であり、しかもある人の魂だ」という。このことは、いわゆる復活の後の人間の状態を語るものでもあり、「肉体の復活」という教理（信条）を支える論となる。なお証聖者マクシモスのこうした把握と呼応する論として、「復活の後に魂と肉体（身体）とが再び結合される」といった事柄については、ニュッサのグレゴリオス『教理大講話』（前掲書）の第一六章、第三五章など参照。

八　神への意志的背反（罪）と、その結果としての身体の腐敗と死は、アレテー（善きかたち）へと変容せしめられる。

（56）身体の腐敗、死、そして悪しき情念は、（常識に反してであるが、）人間の自然・本性に元来は帰属していない。それらは原初的に、「神への意志的背反（罪）」によって、人間本性に附着してきたのだ。（ニュッサのグレゴリオスも同様に捉えている。）してみれば、現に在るわれわれは、罪による頽落の姿から始めるほかはない。「すべての人が罪のもとにある」（ローマ三・九）と言われるゆえんである。なおマクシモスは、「自由・意志、択び」（προαίρεσις）という語のほかに、罪をも犯しうる「迷いある意志」の意味で γνώμη という語も用いている。「グノーメー」という語は、「キリスト両意説」（キリストには神的意志と人間的意志の両者が存するとするもの）が主張される際、「キリストにはグノーメーはない」というように、通常の「意志」（θέλημα）や「自由な意志、択び」（προαίρεσις）とは区別して用いられているのである。ところで、右に言及したような原初的な罪（いわゆる原罪）は、単に人類の始祖の過去的な事柄ではなく、すべての人間が抱えている意志の構造そのものに関わる。なぜなら、改めて言えば、自由な意志は、人間の成立（創造）と同時に働き始め、「神への背反」（罪）をも意志しうるからである。ちなみに、こうした論点については、記述のごとく、アウグスティヌスの『三位一体論』第一二巻やシェリングの『人間的自由の本質』が、合わせて参照されるべきであろう。

(57)　人間の自由・意志は両方向に開かれており、「悪しく意志すること」の可能性なくしては、「善く意志すること」もありえない。それゆえ、罪（神への背反）は逆説的な意味を有する。「悪しく意志すること」（罪への傾き）を否定し浄化することによって、「善く意志すること」、「善く生きること」が現に生起しうるからである。

(58)　身体や質料（物質）が悪なのではなく、それらのもの（有限な事物）に対する意志的執着が悪なのだ。それゆえ、われわれの意志が神的なものに向き直るならば、身体的質料的なものもより善きものに変容せしめられよう。そこにおいて、変化や生成ということも、より積極的な意味を担うことになるのである。

九　無限と卓越した否定

(59)　神的ロゴスはあらゆる形相的限定を超えており、いわば「卓越した否定」、「否定の極み」である。この意味で、「無限性（無限ということ）」（ἀπειρία）こそ神の名であり、「神（の実体・本質）について何も知りえないということ自体が、知性（ヌース）を超えて知ることだ」とされる（証聖者マクシモス『愛についての四百の断章』Ⅰ・一〇〇、谷隆一郎訳、『フィロカリア』Ⅲ所収、新世社、二〇〇六年）。

一〇　神学・哲学の諸問題

1　序　言

(60) このことは、単に「観想に対する実戦の優位」を語るものではなく、むしろ現にこの身、この世界に顕現し受肉してこそ、観想や知識もいわば真に「存在」に与るというのである。この点、観想や知識（エピステーメー）を多分に実践から切り離して論じるような、大方の古代ギリシア的把握とは少なからず異なる。それゆえ既述のごとく、一般に教父的伝統（つまりヘブライ・キリスト教的伝統）にあっては、身体ないし身体性が愛智（哲学）の探究にあって重要な役割を担っているのだ。

(61) 身体は、アレテー（善きかたち、徳）の顕現・生成のために、不可欠の道具、場となりうる。先に、アレテーは「身体化した神」と看做されていたが、アレテー（善きかたち）の形成によって人は「善美の分有」に与り、「神の分（分け前）にふさわしい者になってゆく」のである。

(62) さまざまなアレテー（徳）には、ある種の円環性が存する。実際には、たとえば「勇気はあっても思慮を欠く」とか、「思慮はあるが節制に欠ける」とかいうことがあろう。しかし、一つのアレテーが完全である度合に応じて、その程度だけすべてのアレテーを備えているとも言えよう。少なくとも、それぞれのアレテーは、切り離されてそれぞれが独立に成立しているのではないのだ。

(63) アレテーがこの時間的世界に顕現し、真に「在ること」を保持するためには、身体を必要とする。（心の中で思惟するというようなことも、やはりある意味で身体性を有しており、手足の運動を伴った行為のみが行為ではない。）

(64) 意志や行為と自らの存在とは、密接に連関している。つまり、何を意志し何を為すかということによって、自らの存在様式は変容を蒙るのであって、そのことを離れて「安心して確保されている主体・自己はどこにもない」のである。（ちなみにこのことは、アウグスティヌスが『三位一体論』後半において、「神の似像」たるべき人間精神の構造を探究してゆく際の基本的視点でもあった。）

2a　肉（σάρξ）が何らか雲や蔽いであることについて

(65) 思惟的なものと感覚的なものとは、後に詳しく吟味されるように（本書の一二四八A—一二四九Aなど）、単に二つの独立の領域に固定されず、魂の意志的働きに応じて、より善く交わり結合したり、反対により悪しく分離したりする。

2b　快楽はいかにして生じるか

(66) 自然・本性に即して意志し行為するとき、人は神との結合を求めて、「神へと動かされる。」（これは「神が動かす」ことである。）が、他方、人が神的エネルゲイア・プネウマを受容し宿したとき——それは『雅歌』の花嫁（人間）が「愛の傷手」を受けたことでもあろうが――、そのことへといわば「神が動かされる」のである。なお、本書の一の訳註（5）を参照。

3　魂のすべての動きはいかなるものか

（67）魂の動きの内実が「感覚」、「ロゴス（言葉）」、そして「知性」の三者に即して示されているが、それらは切り離されたものではなく、人間本性が神（神性）と何らか結合してゆく階梯を分節化して語っている。その成立の根底に、神的な霊（プネウマ）が根拠として働き、人間的自由の働きとのある種の協働（シュネルギア）を為しているのである。

（68）「人間の神化」と「神の人間化」という二つのことは、キリストにあっては同一のことであろう。が、われわれにあっては「受肉したロゴス・キリスト」の働き（神的かつ神人的エネルゲイア）を受容することによって、神への関与が何ほどか可能になろう。そして、「神と人間とが互いに範型だ」とは柔軟な捉え方であるが、「神の顕現」の機微として一つの要となることを言うなら、人間的自由・意志の「善き働き」のうちに、神（神人的エネルゲイア）が働き、現前してくると考えられる。

（69）アレテー（善きかたち、徳）とは、決して身体を排除して形成されるものではない。端的に言えば、無限性（神）への披きと聴従は、同時にまた有限な場に還帰し、「魂と身体とのより善き結合のかたち」として（つまり、いわば「身体の聖化」として）、現に生起してくるであろう。

（70）「魂は知性（ヌース）とロゴスと感覚とを有し」、本来的な姿としては、思惟的なものは感覚的なものと結合し、「愛による統合へともたらされなければならない。（この点、本書の一二四八A―一二四九C参照。）それはまた、「神の顕現」の勝義のかたちでもある。その際、魂と身体などの諸々の働き（エネルゲイア）は、それらの中間段階（存在領域）が独立に措定されることなく、すべては根拠（与え手）たる神に帰せられ収斂せしめられるという。

（71）これは、証聖者マクシモスの神学・哲学にあって基本的動向を語る表現であった。注目すべきは、次にあるように、「善く在ること」（つまりはアレテー）の成立においてこそ、「在る」（存在）の意味が真に問題化するとされていることである。（それ以前には、常識的にも学的にもいわば埋没していたのだ。）言い換えれば、「善く在ること」とその「絶えざる生成」とを問い披くことが、存在論の中心的位相に関わるのである。それはまた、神的創造のわざの継続と展開・成就を、人間が担いゆくということでもあった。

（72）「自然・本性（ピュシス）への背反」、そして「根拠たる神への背反」こそ罪であり、そこから腐敗（非存在への落下）が生じる。すなわち罪は、「神からの分離」、「自己自身からの分離」、そして「他者からの分離」をもたらすとされるのである。

（73）感覚の働きはいわゆる五感に閉ざされず、より高次の思惟的なものに結びついてゆく。そのことは、人間的自然・本性全体のより善き変容（アレテーの成立）へと定位されている。「ロゴスによる高貴な感覚」という言葉は、そうした道をしるしづけるものであろう。

（74）これはむろん、モーセに導かれたイスラエル民族の「紅海（葦の海）渡河」（出エジプト一四・一五―三一）を念頭に置いた表現である。しかしそれは（次にあるように）、単に過去の歴史的出来事であるにとどまらず、時と処とを超えていわば同時性として、今、ここなるわれわれ自身の「生の道」として霊的かつ象徴的に解釈されている。

4　モーセによる紅海（葦の海）渡河についての観想

（75）すでに触れたように、神（神性、善性）は諸々のアレテー（善きかたち、徳）によって、何らか具体化し受肉してくるという。紅海の渡河という出来事は、およそ人間が、そして人と人との善き交わり（共同体）が神的な導きないし神的力によって神への道をゆくということを、象徴的に示しているのである。なお、このことについての同根源的な洞察として、ニュッサのグレゴリオスの『モーセの生涯』（前掲書）、Ⅱ・一二一―一二九など参照。

5　モーセのシナイ山登攀についての観想

（76）神は超越の極みゆえ、有限なわれわれにとっては、その高みに近づけば近づくほど「闇（暗黒）」として経験される。それは「神経験の深化」とも言えようが、いわゆる「否定神学」の基本がそこにある。ちなみに「闇のうちなる神の顕現」については、ニュッサのグレゴリオスの『モーセの生涯』（前掲書）、Ⅱ・一六二―一六七の表現が規範的である。またその一つの継承・展開として、ディオニュシオス・アレオパギテースの『神秘神学』（今義博訳、『中世思想原典集成』3、平凡社、一九九四年）参照。なお神への登行にあって、人間的知性は一度び根底からなみされ突破されよう。そこで知性（人間）は、「神以外のあらゆるものとの関わり（執着）から」解き放たれ、まさに自由となる。「真理はあなたたちを自由にさせるだろう」（ヨハネ八・三二）と言われるゆえんである。

（77）神は「諸々のアレテー（善きかたち、徳）の型、範型」であり、モーセは「そうした神的な型の型」だという。無限なる神への聴従と超出が有限な型として具体化し、その姿はおのずと他者（イスラエルの民、共同体）に分かち与えられることになる。

6　ヨシュアの指導とヨルダン河の渡行、そして石による割礼についての観想

(78) ヨシュアは、『セプチュアギンタ（七十人訳ギリシア語聖書）』では「イエス」と表記される。そしてヘブライ語の「イスラエル」とは、「神（エル）を見る」の意味である。

(79) 語りえざる神秘を、つまり神的超越的働き（エネルゲイア）を受容したかたち（何らかの知）は、今一度言えば、信・信仰というものの原初的な意味であろう。そして、そうした信（神についての何らかの知）は、アレテー（魂・人間の善きかたち、徳）として、われわれ自身によって現に担われてゆくのである。

7 エリコの町を七周したこと、契約の箱、角笛、そして断罪などについての観想（ヨシュア六・一以下）

(80) もとより、神的ロゴスの働きそのものが直接に死をもたらすのではなく、「神的ロゴスへの意志的背反」（＝罪）を介して、「神（神的生命）からの分離、つまり死」が結果として自己自身に生じるのである。

8 テュロスとその支配、攻略についての観想

(81) キリストの「十字架の死」は、父なる神への全き聴従（従順）によるものであった（フィリピ二・七―八）。そうしたキリストの無化（ケノーシス）の働き（力）に与ることによって、「神への背反、傲慢」としての罪が――悪魔はそうした傲慢の象徴であり化身であるが――何らか滅ぼされよう。なお、十字架の意味については、本書の一三六〇A―C、一三七二D―一三七六Dなどを参照。

9 「諸々の天は神の栄光を語り告げている」（詩編一八・一）についての観想

(82) 神の霊（ルーアッハ、プネウマ）は、それがその名に値するものなら、時と処とを超えて「つねに（永遠に）」働いているであろう。が、それはあくまで歴史上の「あるとき」、「その都度の今」、それを受容する人の「意志の披き、あるいは信の測り（度合）に従って」顕現し、具体的に生起してくるのだ。それゆえ、神の霊（働き）と出会い、それぞれの仕方でそれを宿した人々は、根源的経験を同じうする限りで「同時性」を帯びてくる。こうした「つねに」と「あるとき」（永遠と時間）との微妙な緊張と結びつきとを洞察すればこそ、東方教父の伝統の主流を担った教父たちは、時代的に一見大きく隔たった旧約・新約の人々の経験（出来事）をも、普遍的に人間の「神への道行き」に関わるものとして、霊的かつ象徴的に解釈しえたのである。

(83) 諸々の個ないし個体は、現にこの可変的世界に生成し現出してきた限りで、無時間的形相の限定（知）によっては汲み尽くしえぬ謎を秘めている。それらは根底において、生成（創造）の根拠たる神に開かれているからだ。すなわち一輪の百合、一人の他者も、瑞々しい心で驚きとともに出会われるならば、不可思議な謎・神秘を有しているのである。

10　「わたしの父と母はわたしを見捨てた」（詩編二六・一〇）という言葉についての観想

（84）「自然・本性的な法」を後にして「霊的な法」によって新たに生きるとき、「神の類似性（ホモイオーシス）に即したアレテー（善きかたち）と知」とが生じる。それはくだんの語り口で言えば、単に「在ること」から「善く在ること」への（あるいは似像から類似性への）、上昇と変容との姿である。

11　ホレブ山の洞穴でエリヤが見た幻視（列王上一九・九）についての観想

（85）「神の現存する優しい風の声を聞き取る」とは、それ以前の多分に能動的な働きを伴うもの（分別、熱心さなど）に比して、より静謐な受動と聴従との姿である。また、「美（善）によって傷手を受けて」という表現は、旧約の「雅歌」の花嫁が花婿の「愛の矢」に貫かれたというくだりを想起させよう（雅歌二・五）。それは教父の伝統にあって、人間が神的な霊によって貫かれた姿として解釈されてきたのである。そしてそうした全き受動の境地は、証聖者マクシモスのこの箇所では、「神の現存の経験」が最も高められた姿として語られている。なお、エリヤにおける「ヤハウェ＝エヒイェ（脱在）との出会い」（ヤハウェの顕現）を鮮やかに語り出したものとして、宮本久雄『他者の風来——ルーアッハ・プネウマ・気をめぐる思索』（前掲書）の第一部を参照。

（86）「見よ、火の戦車が火の馬に引かれて現れ、二人（エリヤとエリシャ）の間を分けた。エリヤは嵐の中を天に昇っていった」（列王下二・一一）とある。

12　エリヤの弟子エリシャについての観想（列王下二・一）

（87）エリシャは「霊の恵みによって」、神的な力が「自分の伴侶（友）であると認めることができた」という。ただその際、「伴侶」という語によって示唆されているように、神的な力は一方的な天下りのものとして働くのではなくて、それが現にこの世界、この身に顕現し生成してくるためには、神的働きと人間的自由の働きとの協働（シュネルギア）を必要とするのである。

13　アンナとサムエルについての観想

（88）「神に聴従するロゴス」とは、ここでは人間の有すべき最上のものとして語られているが、それは「父なる神に聴従するキリスト（ロゴス）」の姿を想起させよう。たとえば、受難を前にしたゲッセマネでの祈りの言葉として、こう言われている。「もはやわたしの意志するようにではなく、あなた（神）の意志するように為したまえ」（マタイ二六・三九）と。それは、後に問題とされるように、証聖者マクシモスがいわゆる「キリスト両意説」を主張する際の、一つの典拠ともなる言葉でもあった。

また、父なる神への「子たるキリストの全き聴従（従順）」については、キリストの自己無化（受肉）を語る周知の箇所（フィリピ二・六―八）がとりわけ注目される。

(89) パウロの言葉に、「あなたの持っているもので、〔神から〕受け取らなかったものが何かあろうか」（一コリント四・七）とある。

(90) 神のロゴスが真に宿され生起するのは、「あらゆる善の根拠かつ目的（終極）たる神」に聴従する人においてである。なお、「神のロゴスの生起」という言葉は、後世エックハルト（一二六〇頃―一三二八頃）の語る「魂のうちなる神の子の誕生」という捉え方とも通じる。それは、『エックハルト説教集』（田島照久訳、岩波文庫）の基調となっている。

14　不浄の家を滅ぼす人についての観想（レビ一四・三八）

(91) これは『レビ記』では、祭司が不浄の家に入り、家の中に広がるかびを浄めたという物語であるが、普遍的な意味を有するものとして象徴的に解されている。つまり、人が神的ロゴスを真に受容するならば、魂の汚れた状態が浄められ、ひいては人間本性の全体が本来的姿に開花し成就してゆくであろう。

15　聖なるエリシャとサラプティアのやもめについて観想

(92) 「器としての肉」とあるように、肉（ヘブライの語法では人間の意だが）は、「諸々のアレテー（善きかたち、徳）による実践的な調和」（いわば一性の成立）のための、器とも素材ともなりうる。言い換えれば肉や身体は、神的ロゴスの受容によってアレテーが現に生成するために、器、場、そして道具として不可欠なものなのだ。また「かごとしての知性」とあるが、知性（ヌース）というものは、一度び己れを無にして神の観想に委ねられるとき、より高次の神的ロゴスを受容し保持する「かご」となるのである。

16　主の変容（μεταμόρφωσις）についての観想

(93) 「変容したキリストにまみえる」とは、単に対象的な知としてではなく、それにまみえる人自身の存在様式の変容を伴い、かつそうしたまみえる人の変容として生じるであろう。というのも、およそ人との、そして出来事や作品などとの「出会い」というものは、それに立ち合う人の内的な姿に応じてその分だけ現出してくるのであって、主体・自己の変容と切り離された客体的事実としてあるのではないからだ。とすれば「キリストの変容」という事態も、それにまみえた人々の存在様式の変容のうちに、その成立根拠として働く「神的かつ神人的エネルゲイア」が経験されることによって、指し示されるものであろう。

すなわち、神の霊（プネウマ）ないし神人的エネルゲイアを宿した魂・人間の「信というかたち」（神のある種の知）が、「神性と人性との交流し結合した存在」（変容のキリスト）をいわば志向的に証示している。それゆえ、そうしたキリストは「万人にとって、その本質（ウーシア）が」全く捉えられぬもの」という風に、否定を介して語られる。が、使徒たちは、そのキリストのエネルゲイア・プネウマに貫かれて、「父の独り子たる栄光」（ヨハネ一・一七）へと上昇せしめられたという。「主の変容」についてのこうした解釈に呼応するものとして、大森正樹『エネルゲイアと光の神学――グレゴリオス・パラマス研究』（創文社、二〇〇〇年）参照。また、彼らは「肉から霊に移った」とあるが、それは肉や身体の放棄ではなく、「霊によって魂と身体との感覚的なものが浄められたこと」であった。これは小さからぬ問題を含んでいるが、それについては後に（本書の一二四八D―一二四九Cなど）、「思惟的なものと感覚的なものとのより善き交流」たる「アレテーの成立」、そしてさらには「愛による諸々のアレテーの統合」といった論点として吟味・探究されている。

（94）キリストの「顔の光」や「白くなった衣」は、「人性の神性との交流（結合）のしるし」だという。そのことを感知しうるのは、むろん神的霊（プネウマ）を受容することによる「感覚の浄め」（霊的感覚）あってこそである。「聖霊によらなければ、誰も〈イエスは主である〉と言うことはできない」（一コリント一二・三）とある通りである。

17　自然・本性的な法と書かれた法、それら相互の関わりにおける調和についての観想

（95）多様な部分から全体として一なるかたちが成立している姿は、全一的交わりとしての広義の「エクレシア（教会）」である。こうしたエクレシアの諸相については、『神秘への参入（奉神礼入門）』（Mystagōgia）という著作で詳しく論じられている。その主要部分を訳出し祖述したものとして、拙著『人間と宇宙的神化』（前掲書）の第八章参照。

（96）この三組は元来、エウアグリオス・ポンティコス（三四五／六―三九九）によって「修業の三段階」とされたもので、オリゲネス（一八四／五―二五三／四）にも関わる（『雅歌註解』序など）。こうした点について、A. Louth, The Origins of the Christian Mystical Tradition. From Plato to Denys, Oxford: Clarendon Press, 1981.（『キリスト教神秘思想の源流――プラトンからディオニシオスまで』、水落健治訳、教文館、一九八八年）を参照。その三組は証聖者マクシモスにおいてもしばしば登場し、ゆたかに展開されている。

（97）諸々の形相（エイドス）は、「それ自体として在る」とは言われず、現実の生成の場面において、より上位のもの（より善いもの）たる「在ること」を宿す器だとされる。この意味では、存在の生成ということにあって「形相の質料化」が見られよ

う。それゆえ、形相や形態が「衣服」、「肉体」などと呼ばれるのだ。そしてそこにあって、創造主たるロゴスが、もの（存在物）の生成の根拠として「あらわでありつつ隠されている。」こうしたことは、古代ギリシア的な大方の「形相把握」とは少なからず異なっている。

(98) 神なるロゴスは、その実体・本質（ウーシア）としては決して知られず、「超越の極み」である。それゆえわれわれは、あらゆる形相的限定（知）の「否定を介して」、そしてさらには「無限なるものへの愛（アガペー）によって」、かの神的ロゴスへと上昇してゆく」ほかはないであろう。

(99) 「現在の生」は、それ自体として愛される（目的として志向される）べきものではなくて、本来は「霊の法」に即した生へと開かれ定位されているという。そのように言われるのは、人が神的エネルゲイア・プネウマに貫かれ、それと結合してゆくべく脱自的な愛に促されるからであろう。

(100) 同様に、「ロゴスの受肉」とその目的とがこのように語られうるのは、目的の姿が現に何ほどか、不完全なものとしてであれ生起しているからである。つまり、「根拠＝目的」なるロゴス（つまり、神性と人性との不可思議な結合、受肉）は、その働きを受容した「信・信仰というかたち」として何ほどか知られ、また己れを超えて志向的に愛されるのである。

(101) すでに見たように、「神的な変容の山に登ること」と「霊による心と感覚との浄め」とは、ほとんど同一の事態である。言い換えれば、「キリストの変容」にまみえるということは、それに立ち合う人の「意志的聴従、あるいは測りに従って」生起するのだ。さらに言うなら、神的ロゴスは、おそらく人間を介して初めて勝義に生起してくるであろう。すなわち神は、「アレテー（魂・人間の善きかたち、徳）として」、また「神への愛として」何らか顕現し生成してくるのである。

18　自然・本性的観想の五つの方式についての簡潔な解釈

(102) このことには、ある種の再帰的構造が認められる。つまり、知性（ヌース）が諸々の存在物における神（神性）の顕現を虚心に見るとき、再帰的な仕方で知性のうちに神的働き（霊）が注がれ、その印象が形成されよう。一般に、自由な意志、行為と自らの存在様式とは、密接に連関しているのだ。

(103) ただしこのことは、「神が在ること」をその働きの経験から、いわば志向的に学び知るだけであって、被造的存在物の「原因」として神を限定し知ることではない。神は、原因と原因づけられたものという関係性そのものを無限に超えているからである。

(104)　諸々の存在物は多なる要素（部分）から成るが、それが現実に一つのものとして存立しえているのは、その根底に、多を一に結合し一性を附与している根源的結合力が働いているからである。また、万物が互いに秩序立って結合し調和していることにも、同様な力が働いているであろう。そして、万物に現前して働くこうした「根源的結合力」は、神的な「愛」や「聖霊」の働きを指し示すものともなる。ちなみに現代の生物学において、生命を構成する要素（遺伝子等々）の解析が進めば進むほど、「一つの生命体」の成立がいっそう謎めいてくると言われることがある。それは、右に述べた根源的結合力――それをH・ドリーシュ（一八六七―一九四一）のようにエンテレヒーと呼ぶかどうかはともかく――を探究の外に放置している限り、むしろ当然のことであろう。

(105)　ここに語られた神的な「裁き」や「予知」は、諸々の存在物の異なり（差異）においてなおも「調和」、「統合」、そして「存続」が成り立っていることを注視して語り出されており、基本的には先の「根源的結合力」に通じているであろう。

(106)　神的な予知と裁きは必然的かつ強制的に働くのではなく、われわれの自由な意志と択びに応じて、さまざまなかたちで顕現してくる。そこには既述のごとく、神的働きと人間的自由の働きとの微妙な協働（シュネルギア）が存するのである。

(107)　人間的意志の役割はかくも大きく、それが神に聴従することによって善く働くときには、神に適合した世界の形成（創造）に参与することになる。創造は過去に完結した出来事ではなく「不断の創造」としてあり、しかも人間は「神とともに働く者（協働者）」として（二コリント六・一）、創造という神的わざの継続と成就のために積極的な役割を担いうるのである。

(108)　これによれば、この有限な世界、この身に「在ること」が現に生成してくることの原因（根拠）として、「父と子と聖霊との三位一体のロゴス」が働いているという。それゆえ、そこにはすでにして「神性と被造的ピュシスとの何らかの交流」が認められよう。その一見逆説的な生成のもたらすものを示すために、「ヒュポスタシス」（個的現実、位格）という語が新たに導入されたのだ。「存立（生成）の方式」という言葉が――「実体（ウーシア）の無時間的な意味」とは区別されて――用いられるのも、右のような「現実の生成の場面」を注視してのことであった。

(109)　右の文脈においては、「実体」、「動き」、「異なり（差異）」、「混合」、そして「場所」という五つの観点から、被造的存在物のそれぞれの観点での意味と、それらが全体として結合・一体化せしめられてゆく動的構造とが、まさに透徹した言葉で語られている。もとよりそれは汲み尽くしがたい内容を含んでいるが、あえて一つだけ附言しておこう。右に示されたさまざまな事柄（限定・知）の「根拠」であり、かつ成りゆくべき「目的」として、「超実体的で超善なるもの」とも言われる神（無限性そのもの）が志向され望見されている。そこで、中間のさまざまなものはすべて独立に「在ること」を保持しているのではなく、「より善いもの」（神的な「在る、存在する」の働き）を受容することへとつねに委ねられているのだ。従って、そこには全体として「絶えざる伸展（エペクタシス）」、「不断の創造」へと開かれた「生成・動態のダイナミズム」が漲っているのである。

19a　メルキセデクについての観想

(110)　アレテー（魂・人間の善きかたち、徳）は、先に見たように「身体化した神」という意味合いを有した。が、そうしたアレテーは、「あらゆる思惟を語りえざる脱自・超出（エクスタシス）によって神自身へと引き上げる」とあるように、無限性に開かれた構造のもとにある。そして、「無限なる善（神）へとどこまでも己れを超えゆく（あるいはむしろ、超えさせられてゆく）動性は、およそ人間的自然・本性の成りゆくべき姿であった。この点むろん、ニュッサのグレゴリオスの洞察と深く呼応している。

(111)　アレテーにおける「神的な類似性（ホモイオーシス）」は、生得的な「似像（エイコーン）」が開花し成就したかたちである。その際、「意志的に変容させた」と言われているが、それは単に能動的なわざによるということではなく、改めて言えば、「神的・超越的な働きと人間的自由・意志の働きとの協働」ということを含意している。

(112)　神的なもの（神性）が、そしてつまりは神的エネルゲイア・プネウマが、意志の披きを介して新たに摂取されなければ、知もアレテー（徳）も、ひいては人間的自然・本性（人性）も真に開花することなく、未だ可能性の域に留まるであろう。

(113)　もとよりこのことは、古のメルキセデクの特殊な出来事として語られるだけではなく、時代、民族、風土などの異なりを超えてすべての人々がいわば同時性として、同様の霊的な誕生に招かれていると考えられよう。

(114)　この意味ですべての人は、「自らのうちに形成されたアレテー（善きかたち）」を通して、「善・善性の原型たるキリスト」のかたち（似像）を身に宿すべく呼びかけられている。そしてそうした道行きが成り立つのは、キリストの働き（神人的エネルゲイア）に意志的聴従を介して与りゆくことによるであろう。

19b　メルキセデクについて語られたことの「主についての解釈」

(115)　神的な恵みは人間の自然・本性的力の根底に、ある意味で「つねに」働き、人に呼びかけている。そこで真に欲するなら、いわば「その都度の「あるとき」」、「古の聖人たちの生の方式とかたちが模倣され」、現に生成してくるという。それゆえここにもまた、「つねに」と「あるとき」との、そして「神の恵み」と「人間的意志の働き」との微妙な関わりが改めて見出されるのである。

19c　メルキセデクについての他の観想

(116) 「霊との結合が生じたこと」自体が、「キリストの愛に、そしてつまりは神的エネルゲイア・プネウマに与ること」によるであろう。とすれば、二つのことはほとんど同時的であり、「霊との結合が生じたこと」はすでにして、「キリストの愛から引き離されてはいないこと」を意味すると考えられる。

19d　日々の始めも生命の終わりもないことについての他の観想

(117) もとより実際のわれわれは、最後までこうした姿への途上においてある。が、「より善き生命のために」意志によって一歩を踏み出しえたとき、その「根拠＝目的」たる神的ロゴスの現存し働いていることが、何らか感知され証しされるのである。

19e　「永遠に祭司に留まる」(ヘブライ七・三) についての観想

(118) ここに「イエスの復活」は、「罪のわざを止め、さらには霊において生きる」人によって、はじめて真に告白されうるであろう。そして「イエスの復活」は、単に過去の客体的出来事である以上に、「霊において生きる人の生の変容とともに」、また「その成立根拠たる神的エネルゲイア・プネウマの現存として」語られるであろう。

(119) イエスは、とくに『ヨハネによる福音書』の幾つかの言葉に顕著に窺われるごとく、「わたしは在る」(Ἐγώ εἰμι) たるヤハウェ (ehyēh)(出エジプト三・一四) の現存そのものである。すなわち、「わたしはぶどうの木で在る」(同、一五・一)、そして「アブラハムの生まれる前から、わたしは在る」(同、八・五八) など、いずれも「わたしは在る」たる神の名とイエス自身とが不即不離に結合し、時と処とを超えてつねに現存する「神のロゴス」たることを証示している。

20　アブラハムについての他の観想

(120) これは通俗的時間表象を超え出た語り口であるが、その内実は次のことであろう。つまりそれは、万物の創造の根拠 (ヨハネ一・三) たる「ロゴス・キリストとの出会い」と、「その神的エネルゲイア・プネウマの全き受容」とを意味しよう。

(121) 意志的な聴従と愛によって「神 (神性・善性) に近づく人」は、アレテー (善きかたち、徳) の形成に与り、そのことにおいて象徴的に「もう一人のアブラハム」になるという。(すでに述べたように、同等の出会いの経験は、同時性として結びつくのだ。) それは至難のことであるが、すべての人が自らの自然・本性のそうした開花・成就に開かれているのである。この点、A・ヘッシェル『人間を探し求める神』(前掲書) も参照。

21a　モーセについての他の観想

(122) 以下モーセについて、また『出エジプト記』のさまざまな記述について霊的かつ象徴的解釈が遂行されてゆくが、同根源的なものとして、とりわけニュッサのグレゴリオス『モーセの生涯』（前掲書）が深く呼応している。

(123) 燃える柴における神的な火のくだりは、ニュッサのグレゴリオスと同様、聖母マリアにおける「イエスの処女降誕」を示すものと解されている。

(124) モーセは燃える柴の光景のうちで、「わたしは在る（在らんとする）」（Ἐγώ εἰμι）神（ヤハウェ）の顕現にまみえたという（出エジプト三・一四）。ただそのことは、神がその実体・本質（ウーシア）としては決して知られえず、対象化されえぬ存在であることからして、単に客体的出来事と看做されてはなるまい。「神の顕現」とはむしろ、モーセ自身の「魂の浄め」（「靴を脱ぐこと」の象徴的な意味）、「感覚的なものへの執着からの自由」、そして「聴従により神性を受容することへの自己超越（エペクタシス）」といったかたちとしてはじめて、この有限な可変的世界に現に生成してくるであろう。

21b　同じくモーセについての簡単な観想

(125) 「モーセは闇のうちに入り、そこにおいて神を見た」（出エジプト二〇・二一）とあるように、ニュッサのグレゴリオス、ディオニュシオス・アレオパギテースなどの否定神学的伝統にあって、「神との交わり」は無限なる神への脱自的な超出（エペクタシス）として生起する。と同時に、それはおのずと有限な他者へと還帰し、「全一的な交わり」（エクレシア、広義の教会）としての共同体の形成をもたらすことになる。十戒の石板や祭司制の制定は、そのことの具体的なかたちである。

22　「法以前の聖なるもの」と「法以後の聖なるもの」とは、いかに似たものとなりうるか、そして「自然・本性的な法」と「書かれた法」とはいかに対応しているか、についての観想

(126) 万物の根拠としての「神的ロゴス」に意志によって立ち帰るなら、われわれもまた、予型として「かつて」記された聖人の姿へと、いわば「今、ここにおいて」何ほどか霊的に変容させられるであろう。

(127) このことは、教父の伝統にあって霊的かつ象徴的解釈が可能となるゆえんでもある。すなわち、時空を超えてつねに働いている神的霊（プネウマ）に心披かれるとき、文字（そして通常の過去的出来事）という「衣」に隠された霊的・普遍的意味が、ゆたかに観想されるのである。

23　法（法律）に即して聖人たる人々は法を霊的に受容し、法によって示された恵みを予見したこと

(128) こうしたダビデについては「サムエル下二四・一〇以下」、またヒゼキヤについては「列王下二〇・二以下」を参照。

24　諸々のアレテー（徳）の姿をもってキリストに真摯に従いゆく人は、書かれた法と自然・本性的な法とを超えた者となること

(129) 「法なしに浄い信を通して」という素朴な言葉は、さまざまな宗教や思想の異なりを超えて、それらが一に収斂しうるような姿を指し示している。それは無限なる超越的なるものへと――それを（さまざまな思想伝統において）いかなる名で呼ぼうとも――、徹底的に開かれた脱自的な超出ないし愛の姿であろう。もとより、旧約の個々の法などが単になみされ廃棄されればよいというのではなく、その閉ざされた境域が一度び突破され無限なる神性・善性に開かれるときには、それらは新たに、いわば神への道行きを構成する身体・質料ともなろう。

25　すべてにおいて神に聴従する人は自然・本性的な法（νόμος）と書かれた法とを超える、というその方式についての観想

(130) こうした一連の表現は、決して神のはかなさや不在を語っているのではなく、かえって、人を超越的な境位へと突き動かし、脱自的愛を発動させたような働き（エネルゲイア）の現存を、逆説的な仕方で証示している。してみれば、およそ否定神学的な文脈の背後には、無限なる神的エネルゲイア・プネウマに貫かれた人々の瑞々しい経験が漲っているのだ。

26　福音書に語られているような「盗人たちに遭遇した人」（ルカ一〇・三〇―三七）についての観想

(131) 「自分自身を捨てる」とは、むろん容易ならぬわざであって、自力のみではついに為しえない。が、それは自由の放棄ではないのだ。それゆえそこには、すでに言及したように、「神的力の助け」（ここでは、真理の光）と「それを受容せんとする人間的意志の働き」との、微妙な協働が存する。そして知性（ヌース）は、「神の知から離れては」霊的な観想を為しえないのである。

27　アダムの逸脱が生じた仕方についての観想

(132) このことは人類の始祖の出来事として語られているが、実はわれわれ自身のことである。死は始めから人間本性に帰属しているのではなく、神の命令への意志的背反（逸脱、罪）によって生じたという。これは常識にはなはだ反する捉え方だが、人間的自由の逆説的意味と構造を洞察したものである。すなわち、背反（＝罪）の可能性があればこそ、それを再び否定し浄化することによって、人間的自然・本性が現に開花・成就し、ひいては善（善性ないし神性）がこの世界、この身に現成しう

ると考えられよう。そのように人間は、いわば「否定の否定」という仕方で、神の霊によって新たに生まれなければならないのだが（ヨハネ三・三―七参照）、そこには人間的自由の謎・神秘が存している。

28　聖人たちは「この定まりなき現在の生命とは別の、真実で神的で純粋な生命がある」と教えていること

(133)　このように語られた「神的で純粋な生命」とは、単にはかない願望ではなく、聖人たちが神的エネルゲイア・プネウマと出会い、それを宿した姿として現に経験されたものであろう。もとよりそれは完全に成就したものではありえず、それゆえ「自ら進んでの死を通して」何ほどか達成されつつも、現実には絶えざる伸展・生成としてあるほかはない。

29　聖人たちは、われわれのように「自然・本性的な観想」や「文字による神秘への参入」を為したのではないということ

(134)　「肉や質料からの離脱」とあるのは、それらの端的な除去ではなく、意志的な執着や曇りからの離脱である。そしてそれを介して、肉（身体）や質料が根底からの変容を受け、「物質のロゴス化」、「身体の聖化」とも呼ぶべきことが生起してくるであろう。

30a　主の変容についてのさらなる観想

(135)　「類比的（アナロギア的）な神の顕現」とは基本的には、「被造物のそれぞれの形相に応じて」、そしてとくに「人間の意志の披き、あるいは信・信仰の測りに従って」、神（神性・善性）がこの有限な世界に類比的に顕現してくることである。

(136)　「彼ら（エリヤとその弟子エリシャ）が話しながら歩き続けていると、見よ、火の戦車が火の馬に引かれて現れ、二人の間を分けた。エリヤは〔主が起こした〕嵐の中を天に昇っていった」（列王下二・一一）とある。これは主イエスの昇天のしるし・予表と解されてきた。ちなみに、祈りと苦行とを旨としたエリヤの生は、古来修道生活の先駆とされ、後のカルメル会などはエリヤを始祖と仰いでいる。

(137)　「在らぬもの（有限なあらゆる事物）への執着」とは、われわれにとって「自然・本性への背反」であり、「根拠たる神への背反」であって、それが罪にほかならない。そしてかかる「神への意志的背反としての罪」が、「在ること」の欠如を自らに招いてしまうという。（それゆえ罪は、いわば同時的に罰として生じるのだ。）これは、およそ「存在の問題」の最も奥深い位相に関わる事態であろう。

30b　〔主の〕変容についての他の簡単な観想

(138)　ここに「神学の二つの方式」とは、一言で言えば、「無限なるものへの超越」と「有限なるものへの還帰」であろう。つま

り、恐らくは無限なるもの（神、神性・善性）への心の抜き（信）と謙遜あってこそ、この有限な感覚的世界において他者との善きわざ、善き交わりも結果してくるのである。

30c　主が「肉を通して自らの摂理に従って」自らの原型として生じたこと

(139)「人間愛」という語は、つとにエイレナイオス（一四〇―二〇二頃）、アレクサンドリアのクレメンス（一五〇―二一五頃）、オリゲネスなどに多く用いられている。その根底に存するのは、一つだけ挙げるとすれば、イエスの次の言葉である。「神はその独り子を与えたほどに、この世を愛した。それは、独り子を信じるすべての人が滅びることなく、永遠の生命を得るためである」（ヨハネ三・一六）。

30h　主の変容にあって主と対話したモーセとエリヤについての観想

(140) アレテー（善きかたち、徳）は、魂・人間が神的な働きないし霊に心抜き、それを宿すときに成立してくるであろう。とすれば、神の「何で在るか」という本質はどこまでも知られえないが、神の「在ること」は、その働き（エネルゲイア）と霊（プネウマ）との出会いの経験から指し示され、さらには、アレテーというかたちのうちにある意味で受肉しているのである。

31　世界が必然的に終極を有することについての自然・本性的な観想

(141) 要点を押さえるとすれば、「普遍的なものの互いの結合」は、変化による互いの滅びであるとともに、「部分的（個別的）なものの生成」である。他方、「部分的なものの普遍的なものへの還元」は自らの滅びであるとともに、「普遍的なものの存続と生成」なのだ。それがこの「感覚的世界の状態」であるが、いずれの方向にも「無数の仕方で分散し変化している。」しかし、それらのいかなる姿もその成立の「根拠＝目的」たる神的ロゴスそのものに達することはありえない。そうした神的ロゴスは、生成消滅するすべてのものの根底につねに現前し働きつつ、それ自体としては隠れているのだ。

32　将来の世について、そして神と人間との間の淵、またラザロと父祖アブラハムとの間の淵とは何かということについての簡単な観想

(142)「現存する生」と「来たるべき生」との対比は、必ずしもわれわれの意志の姿から離れて対象化されてはなるまい。神と人とを（つまりは永遠と時間とを）隔てる深淵は、「身体と世とに対する愛着・執着」だとされているからである。そして、以下の文からも読み取れるように、神の恵み（神的霊の働き）に対する意志の抜きに応じてアレテー（善きかたち、徳）が形成され、そのアレテーによって類比的に（アナロギア的に）、「受肉した神」の現存に与りゆくことができよう。いわゆる「復活」への

信もまた、恐らくはそうした道行きのうちにある。

33 諸々のアレテー（善きかたち、徳）についての観想

(143) 幸福の内実が鮮やかに語られているが、そこに窺われるのは、「アレテー（魂・人間の善きかたち、徳）」が「身体化（受肉）した神への与り」（神性との何らかの結合）であり、それが取りも直さず「人間本性の開花・成就」だという基本的意味連関である。なお、続く「一一七三B—一一七六B」の箇所は、後の五三節及び六三節と同じ文なので、（内容を考慮して）そちらに回すことにする。

(144) 諸々の存在物における秩序や比率（ロゴス）などから、それらを成り立たせ統合している「超越的な働き」（予知ないし摂理）を見出し、それをしも「神」、「創造主」と呼んでいる。「働き（エネルゲイア）の経験から、その根拠へ」という探究の眼差しがそこに存する。

35 世界が、そして神の後なるすべてのものが根拠と目的とを有することについての自然・本性的観想

(145) こうした論は確かに、アリストテレスの『自然学』（二五一a九—二五二a四、二五八b—二五八a二〇）や『形而上学』（一〇七二a一九—b一二）などの論述を想わせる。しかし、以下三六から四二の論に如実に見られるように、証聖者マクシモスにあっては、全体として無限性（神）へと開かれた「生成・動態のダイナミズム」が漲っている。この点、たとえば次の一文に、「諸々の存在物の知はそれらの〔完結した〕実体・本質（ウーシア）ではなくて、それらにおいて観想された習性（ヘクシス）だ」とされている。そのことは一般化して言うなら、「古代ギリシア的形相・本質主義」に対して、それを多分に超克する「ヘブライ・キリスト教的な生成のダイナミズム」の一つのしるしであろう。

36 実体、性質そして量——それらは根拠なきものではありえないが——の「集約と拡張」についての観想

(146) それゆえ、諸々の存在物の「在ること」は（そして、その実体や形相は）、それだけを切り離して対象的に固定しえない。そこで、すべての実体の「拡張と集約」が「上方にも下方にも限定されつつ」、全体として（前註にも述べたように）、無限性（神）へと徹底して開かれた動的構造が存しているのである。

37 神以外のすべてのものは明らかに場所のうちにあり、それゆえ必然的に時間のうちにあり、そして場所のうちにあるものは時間に従って「在ること」を始めた、ということの証明

(147) ものの「在ること」は、創造（生成）における最初の限定のかたちであるが、その根拠たる「神的なもの」（神的ロゴス）

は「在ることそのもの」をも超えており、「何なのか」という限定（知）としては決して捉えられない。神的なもの（神性）はむしろ、諸々の存在物を在らしめる働き（エネルゲイア）の経験から、ただ「それ在り」と指し示されるだけである。

（148）ディオニュシオス・アレオパギテース『神名論』（前掲書）の第五章に同様の表現が見られる（PG. 3, V, 8, 824A など）。

38　もし何かが多なる量に即して「在ること」を有するならば、それは無限なるものではありえないということについての論証

（149）とすれば、諸々の形相（エイドス）は、「在ること」に比して「より劣ったもの」であって、「それ自体として在る」とは言えない。こうした事柄についての一連の考察は、古代ギリシア哲学の大方の「形相把握」や「質料の無始性という把握」を、いわば無限性へと突破していると看做されよう。（それは次の39において、明確に見定められている通りである。）

40　二と単一について

（150）ディオニュシオス・アレオパギテース『神名論』（前掲書）、第一三章第三節。

（151）既述のごとく、無限なる神の働き（エネルゲイア）を受容し宿した信・信仰（という魂のかたち）は、それ自身が「神の何らかの知」なのである。

41　万物に対して神の自然・本性的な予知（摂理）があることを示す観想

（152）予知（摂理）の働きは万物に及ぶとはいえ、われわれにとってとくに個（個別的なもの）は測りがたい謎を含む。しかしそのことから、予知が否定されてはならない。そして個別の択びに関わる自由・意志すら、ある意味で予知のうちにある。この点、たとえばパウロは、「あなたたちのうちに働いて、御旨を為さんために〔善きことを〕意志させかつ働かせているのは、神なのだ」（フィリピ二・一三）と喝破している。

42　右のような質料的な二に関して、聖人たちの言う異なり、および三一性のうちに思惟される一性についての観想

（153）創造（生成）の根拠に立ち帰ることによって、諸々のものの形相が改めてロゴス化され、人と人、人とものとが創造の「より善き秩序」に参与してゆくことになろう。そしてそれは、「不断の創造」という性格を有することとして捉えられてきた。なお、「三一性のうちなる一性」の働きとは、「根源的結合力」としての聖霊と愛の働きであろう。

（154）魂が「知性とロゴスと霊に即して」神の類似性（ホモイオーシス）に高められることは、「善性の模倣」だという。その際〔ここでの論のさらなる展開について言っておくとすれば〕、魂の部分をなす気概と欲望という「質料的な二」は変容を受け、

「アレテーの統合としての愛（アガペー）」が現出してくる。なお、「魂の三部分」（ロゴス的力、欲望的力そして気概的力）の捉え方は、プラトンの『国家』（四三九Ｄ以下、五八〇Ｃ―五八三Ａなど）に由来するが、ニュッサのグレゴリオスと同様、証聖者マクシモスにあって解釈に根本的変容が見られる。すなわち基本的な方向としては、ロゴス的力に支えられるとき、気概は神的な狂気に、欲望は善き情熱になって新たに甦り、魂全体を神的なものに引っ張るものとして働く。そしてロゴス的力も、一度び打ち砕かれるべきだという。つまり「祈りと観想によって翼が与えられてこそ」、善く働きうるのだ。この点、『神学と受肉の摂理とについて』（『フィロカリア』III、所収、谷隆一郎訳、新世社、二〇〇六年）、Ｖ・五四―五六、IV・九五、またニュッサのグレゴリオス『モーセの生涯』（前掲書）のII・九六、九七など参照。

43　魂の受動的部分、およびその一般的な異なりと区分についての考察

(155)　もとよりこれは至難のわざであるが、そこには広義での「学と修道（そして観想と実践）」との合致が認められる。それは無限なる神への道行きにおいて、「神の何らか身体化（受肉）した姿（アレテーという魂・人間の善きかたち）でもあろう。その際、すでに言及したように、気概や欲望などさまざまな情念の浄化と変容が伴わなければならないのだ。

44　聖書によれば、知者は自然・本性の法に知恵のロゴスを結合すべきではないこと、そしてアルファという字母がアブラムの名に附加されたのはなぜなのかということについての観想

(156)　「神化（テオーシス）」（神的生命への与り）とは、証聖者マクシモスにあって最も重要な言葉である。それは本書においてすでに論じられてきたのだが、ここで便宜上、神化を語る代表的箇所をまとめて挙げておく。一〇四〇Ｂ―Ｄ、一〇五六Ｂ―一〇五七Ｄ、一〇七六Ａ―Ｃ、一〇八八Ｃ―一〇八九Ａ、一二三七Ｃ―Ｄなど。

(157)　「ロゴス的力が一度び脱ぎ捨てられ」、神的エネルゲイア・プネウマに聴従することによって、「それを宿した信・信仰という魂のかたち」が形成されよう。それは、情念や執着による分散した多から「一なる形相を得ること」への変容であり、神への真の道行きであるが、アブラムからアブラハムへの改名はそのことを示しているのである。

46　犠牲の諸部分についての観想

(158)　「神に対する真実の犠牲とは砕かれた霊であり、神はそうした砕かれ謙った心を無にはしない」（詩編五一・一九）とある。それゆえ、真に否定され切り捨てられるべきは何であれもの（実体）の方ではなく、自由・意志の「自然・本性に背反した（つまり、神に背反した）働き」である。そしてそれが、「神的な火」（聖霊）によって溶かされなければならないのだ。

（159）「癩病」という語は、元来は「月に似合う、関わる」（σεληνιάζομαι, epileptic）という意味である。

（160）神が「動かされ」かつ「動かす」ということは、相当に重要な論点である。これについては、ディオニュシオス・アレオパギテースの『神名論』（前掲書）、Ⅳ・一三―一四（PG3, 712A-C）を参照。また本書の四八（一三六一A―C）にも、内的に呼応する文脈が見られる。

（161）「謙遜」とは古来、広義の修道の道における「至上のアレテー（徳）」として尊ばれた。「謙遜を木の根として、愛が花開く」と言われる。古代ギリシア語では、謙遜（ταπείνωσις, ταπεινοφροσύνη）とは、「卑しさ、卑しい心（思い）」との意味であったが、キリスト教的伝統にあっては、「神の前に謙った心」、「全き聴従の姿」を意味する最上の言葉となった。それゆえそれは、大きな価値転換のしるしでもある。ちなみに、往昔の修道者の珠玉の言行録である『砂漠の師父の言葉』（前掲書）においても、謙遜はすべてのわざ・修業の収斂してゆくべき姿、悪霊の傲慢にも打ち克つ力として、随所に印象深く語られている。たとえば「テオドラ・六」、「ダニエル・三」、「ヨハネ・コロボス・二二」、「オール・九」など、また悪霊ないし悪魔の意味と彼らとの闘いについては、「ポイメン・六七」、「シュンクレティケ・七」など参照。

一一　幸福なヨブについて

（162）同様の言葉として、「この小さき者の一人に為したことは、わたし（キリスト）に為したことだ」（マタイ二五・四一）とある。そこに窺われるのは、他者のために謙遜に善きわざを為すこと、ともに苦しむことのうちに、神との善き関わりが何ほどか顕現してくるということである。証聖者マクシモスは『神秘への参入（奉神礼入門）』という作品の中でその言葉を取り上げ、そのことを可能にするのは「受肉した神の働き」であるとし、さらにはいみじくも次のように語っている。「神はそれぞれの人の受苦（πάθος）を自らのうちで同苦という仕方で（συμπάθως）受容し、それぞれの人の受苦の類比（アナロギア）に従って、つねに善性（神性）によって神秘的に受苦を蒙っているのである。」（Mystagōgia, PG91, 713A-B.）

一二　ロゴス・キリストは、罪を犯す人々を鞭打つ

（163）人間が神の霊の住まう宮ないし神殿（ναός）であることについては、次のように語られている。「あなたたちは、自分が

神の神殿であり、神の霊が自分たちのうちに住んでいることを知らないのか」（一コリント三・一六）。「キリストにおいてこの建物全体（キリストの身体としてのエクレシア・教会）は組み合わされて成長し、主における聖なる神殿となる」（エフェソ二・二一）。

一三　耳と舌との欲求と、それらに抗する魂の姿

(164)　ここに見られるように、「釘」という言葉は、魂の二つの方向への働き（実は同等の働き）を示している。すなわち簡明に言えば、一方は「美（善）の語りえざる愛」を確たるものに釘づけし、他方は悪しき情念や快楽を釘づけし、滅びゆくものへの執着を起こさせない。そして釘は、キリストの「十字架」を暗示し、また神の自己無化としての「受肉」をも示している。なぜなら、右のような「釘づけ」のわざは、自力のみで為しうるものではなく、キリストの受肉と受難（十字架）との働きに与ることによって、はじめて何ほどか可能となると考えられるからである。

(165)　なぜこのように言われるのかは、恐らく自由の深淵を凝視してのことであろう。つまり、魂の根底から突如として「悪しく意志すること」（神への背反としての罪）が生起し――『創世記』第三章の蛇の登場のごとく――、それが諸々の悪しき欲求や情念の原因となる。が、人間的自由のいわば構造そのものに潜んでいる「悪しく意志すること」の可能性は、現にあるわれわれにとって容易に汲み尽くされることはない。であればこそ、「それとの戦い」と「それからの解放（自由）への祈り」とは、最後まで止むことがあってはならないであろう。

一四　ロゴス（言葉）と事柄との秩序

(166)　喜びや悲しみという感情（パトス）は、もとより奥行きの深いものであるが、ここに思い起こされるのは、次のような聖書の言葉である。「悲しむ人々は幸いである。その人たちは慰められるであろう」（マタイ五・四）。「あなたたちは泣いて悲嘆に暮れるが、世は喜ぶ。あなたたちは悲しむが、その悲しみは喜びに変わるであろう」（ヨハネ一六・二〇）。「わたしたちは悲しんでいるようで、つねに喜び、物乞いのようで多くの人を富ませ、無一物のようで、すべてのものを所有している」（二コリント六・一〇）。

(167)　「音楽」とふつう訳されるμουσική という語は、言うまでもなくΜοῦσα（ムーサないしミューズの神）に由来し、元来は

あらゆる音楽や詩、そして学芸をも意味する言葉であった。

一五　万物の根拠たる神

(168)　人間は「神と神の後なるすべてのものとの間に置かれており」、後に語られるように「自然・本性的な紐帯（συνδέσμος）」として、万物を一つに結びつける役割を担っているという。そうした役割は、神的創造の継続と成就に参与してゆくことでもあろうが、そこに「より悪しきものからより善きものへの上昇の道」が生じてくるのだ。

(169)　それゆえ、生成せしめられた存在物（被造物）にあっては、「生成、動き、静止」（あるいは「創造、動き、完成」）という階梯が存する。ただ、その両極は無限性に開かれており、「存在物のすべての生成と動きとの根拠（原因）であり目的である」のは、無限なるものとしての神、あるいは「無限性を超える」神だとされる。既述のごとくこれは、往時のオリゲネス主義の言う「静止（滞留）、動き、生成」という図式に抗するものであった。この点、本書の註（11）を参照。

(170)　われわれの一見能動的なわざ・働きも、自らの自然・本性（ピュシス）が端的に「在らしめられている」限りで、根本では働きを蒙っているのだ。言い換えれば、これは自由・意志というものに抵触することではなく、「自由に意志するということ自体」が、まさにそのようなかたちを原初的に与えられているのであって、無限なる神によって根拠づけられているのである。

一六　「子が父に似ていない（非相似）」とするアレイオス派に対する批判

(171)　神の「何でないか」というさまざまな言明は、神の「何なのか」（本質）を語るものではなく、神が「関係性そのものを超え」、無限性の彼方に在ることを、ただ否定を介して指し示している。しかし、そうした否定の調べの背後には、超越的かつ神的なエネルゲイア・プネウマに出会い、それに与りゆくべく無限なる愛に促された人々の確かな経験が漲っているのである。

一七　諸々の存在物の実体・本質（ウーシア）、自然・本性、形相、形態、結合、力（可能性）、働き、蒙りなどの意味射程

(172)　「あらゆる被造物に等しく現前する無限の力」とは、存在物を構成する無数の要素を一つに結合することによって、その存在物を現にこの可変的世界に存立させている「根源的結合力」のことであろう。諸要素の分析だけでは、この後に記されているように、「被造物の最低のものについての正確な把握ですらわれわれのロゴス的働きを超えている。」つまり、一輪の百合、

一人の他者にも謎・神秘が宿っているのだ。なお、こうした根源的結合力とは、神の「ロゴス」、「霊（プネウマ）」、そして「愛（アガペー）」の働きと考えられよう。

(173) これは（前註と同様）、ある種の実証的ないし自然科学的な方法で探究がなされるとき、いかなる分野においてであれ、つねに注意すべきことであろう。なぜなら、要素的かつ部分的な分析を為す際、一つの生命体、一つの作品等々が真に成立し、この可変的世界に生成・顕現してくることの根拠（根源的結合力）は、それぞれのもの（存在物）のうちに、いわばつねに現前しつつ隠れているからである。

(174) 基体（ὑποκείμενον）、基盤などと語られているが、それは実体的なものというよりは、先述の根源的結合力の働きである。それがつねに現前し働いてこそ、眼前一箇のものも人間も、それらの結合や交わりも、一つの「それ」として現に成立するのだ。用いられている用語は確かにアリストテレス的なものであるが、以下に展開されていることは、アリストテレスおよび古代ギリシア的愛智（＝哲学）のかたち（意味射程）を根本的に超え出ていると思われる。

(175) この文脈での「それ自体として在ること」とは、神を指し示しているが、それはむろん対象化された実体（ウーシア）ではなく、およそ「ものの存立」と「それらの結合や秩序」とに一性を附与する働きとして語られている。われわれはそうした神的な働きを何ほどか経験しつつ、決してそれを捉えて知にもたらすことはできず、ただ愛しゆくことができるだけである。それゆえ、「すべてを超えた（神的な）知恵に驚きの目を見張り」、「沈黙によって拝するがよい」とされている。

(176) ここに両極とは、「神と神の後なるもの」、そして「神的働きと有限なものの働き」であろう。そうした「両極が何らか混合しつつ、互いに交流している」とは、既述の「神性と人性とのヒュポスタシス的結合、そしてそれらの何らかの交流」を念頭においての表現であろう。してみれば、有限な事物の「この世界での生成と存立、それらの秩序」などにおいても、根底において「ロゴス・キリストの働き（エネルゲイア）」が、その都度つねに現前し働いていると考えられよう。

(177) つとに「教父哲学の祖」アレクサンドリアのクレメンス（一五〇—二一五頃）は『ストローマテイス』において信と知との関わりを本格的に探究し、信・信仰（πίστις）を「有意的先取」（πρόληψις ἑκούσιος）と呼んでいる。つまり信とは、究極目的たる神・神性の働きが自由な意志を介して現前し宿ったかたち（何らかの知）なのだ。そうした信は、その名に値する愛智（哲学）の端緒であり、また論証の基礎・土台（論証されざる第一原理）だとされている。この点については、拙著『東方教父における超越と自己』（創文社、二〇〇〇年）第一部を参照。

(178) 改めていえば、神的エネルゲイア・プネウマと出会い、それを宿した経験（信という魂のかたちの成立）から、「神の在ること」は確かに証示される。ただし、「神の何なのか」という実体・本質（ウーシア）は、決して知られえない。それゆえ、「ウーシアとエネルゲイアとの峻別」というくだんの事柄は、「人間の神経験とその深化の道行き」が、無限性へと開かれた動的構造のうちにあることを指し示しているのである。

一八　神的なものは「在りかつ存立する」が、「何であるか」は知られえない

(179) 既述のごとく、神的な諸々のわざを、あるいはむしろ、イエス・キリストの「神性と人性との交流した神人的働き（エネルゲイア）」を現に経験することがなければ、神の「在ること」を、そして「神的な無限の力」を真に語ることはできない。

一九　昼のような想像と夜の偽りなき視像

(180) 「昼のような想像」とは、心を透明にして霊的な感覚によるかのように形成された像のことである。そこに働いているのは感覚ならぬ感覚であって、多分に逆説的な意味合いがあるが、そのように霊的な像形成が為されることによって、神的なものへの参入があるとされる。

(181) 「夜の偽りなき視像」とは、昼の想像を後にして、さらに「最上の不受動心」において生じるような将来の「神的な事柄の視像」だという。その顕著な例として、ヤコブの子ヨセフは、ファラオの不思議な夢を解き明かし、エジプト全土を危機から救った（創世記第四章）。また預言者ダニエルは、やはりネブカドネツァル王の夢を解いて、民全体を救った。すなわち、「ダニエルは天の神に憐れみを願い、その夢の秘密を求めて祈った。すると夜の幻によってその秘密がダニエルに明かされた。ダニエルは天の神を称え、こう祈った。〈神の御名を称えよ。……神は時を移し、季節を変え……奥義と秘儀を現し、闇に潜むものを知り、光は御もとに宿る〉」（ダニエル二・一八―二二）とある。

二〇　パウロの言う第三天、そして「前進、上昇、摂取」という階梯

(182) 「前進、上昇、摂取」の三段階は、「倫理的哲学（愛智）、自然・本性的哲学、神学的哲学」、あるいはこの後の言い方では、「実践的哲学、自然・本性的観想、神学的神秘参入」といった三組として示される。こうした事柄については古来、東方教父の

学と修道との伝統においてさまざまに語られてきたが、証聖者マクシモスはそれらを統合し、一つの規範的な表現を与えている。なおこれに関して、本書の註（96）を参照。

(183)　これは注目すべき言葉であって、恵み（恩恵）というものを一方的な天下りのものとは捉えていない。かえって恵みは、すでに触れたように、人間の自然・本性的力のうちに働いてその変容・発現をもたらすのだ。言い換えれば、恵み（神的働き）は人間的自由・意志の働きとの微妙な協働（シュネルギア）によって、初めてこの身に生成・顕現してくるであろう。（つまり、恵みをいたずらに対象化し実体化してはならないのだ。）従って、「神化」という事態も超越的な神になってしまうなどということではなく、むしろ神的エネルゲイア・プネウマに満たされるような「神的生命への与り」であり、同時にまた「自然・本性のわざ（実り）」だとされる。そして端的に言えば、神化とは、人間的自然・本性の「無限性（神）への絶えざる動き」なのである。

(184)　三つの段階は全体として、自然・本性の完結性・必然性を超出しており——この点、自然・本性と世界とのある種の完結性を語る古代ギリシア的伝統とは異なるが——、無限性へと開かれかつ関与してゆく「生成・動態のダイナミズム」が際立っている。そして、神化の道行きの最終段階は、神的エネルゲイア・プネウマの「受動としての摂取」として語られている。ただその際、「摂取する人の働き（能動）が消失するのではなく、自由の放棄でもない。かえって、「受動としての〔神的エネルゲイアの〕摂取」の根底に、意志的（グノーメー的）聴従が存しているのだ。ちなみに、そうした「摂取」とはさらに、「恵みによる諸々の存在物の統合」だとされているが、そのことは後に本書の四一において、はなはだ壮大な視野のもとに主題として論じられることになる。

(185)　くだんの第三天において、パウロは「恐らく身体のうちにはなく、しかし身体の外にあるのでもなかった」と微妙な言い方をしているが、それは身体ないし身体性の廃棄と看做されてはなるまい。「離脱のときにも思惟をとめることがない」とされているように、自然・本性の「動き」と「変容可能性」を宿すものとして（何らかの素材、器として）、広義の身体性は、現実の人間存在にとって最後まで不可欠のものであろう。

二一　愛によるアレテーの統合、および神的ロゴスの顕現

(186)　神的な働き（力）に貫かれたような根源的愛の経験においては、通常の対象的時間把握を超えて「同時性」という性格が

見て取られよう。その意味では、洗礼者ヨハネと使徒ヨハネも、あるいは預言者や使徒たちも、「観想に即しては等しい」とされる。

(187) 感覚的なものと思惟的なものとは、本来は二つの独立の領域にあると看做されてはおらず、アレテー（魂・人間の善きかたち、徳）において何らか交流し、より善きものへと結合されてゆく。つまり、「真理のロゴスがそれら両者を包摂し、一性に即して結合している」という。そしてそれは、「創造の神的な意図」だとされるが、神的ロゴスのうちなるそうした定めが現に生成し顕現してくるためには、時間と歴史が、またとくに人間の善きわざが必要なのである。

(188) 以上のように、（i）、世界の四つの要素（火、空気、水、地）は、四つのアレテー・徳（思慮、勇気、節制、勇気）とそれぞれ対応しているという。（ii）、それらはまた、四つの福音（マタイ、マルコ、ルカ、ヨハネ）と独特の仕方で対応している。（iii）、さらにマタイ、マルコ、ルカ、ヨハネによる四つの福音はそれぞれ、信・信仰、実践的哲学（愛智）、自然・本性的哲学、神学的哲学の象徴だとされている。（iv）、そこで改めて、視覚、聴覚、嗅覚、味覚、触覚という五感はそれぞれ、思惟的力ないし知性、ロゴス（言葉）、気概的力、欲望的力、生命的力に属し、その似像だという。このような意味づけは独特のうがったものであって、じっくり味読するほかはない。が、さしあたり注意すべきは（後の論述に展開されているように）、感覚的なものと思惟的なものとのさまざまな要素（部分）が、単に分離し併存しているのではなく、本来は「より大でより善き交流・結合」へと定位されているということである。

(189) 四つのアレテー（いわゆるギリシア的な四元徳）は、いっそう高められて「知恵」と「柔和さ」へと結合され、さらには「最も普遍的アレテーたる愛」に統合されてゆくべきだという。そしてこうした愛は、「万物の神化（神的生命への与り）」という「再創造の道行き」の中心を担うのである。そこに改めて注目すべきは、（i）、「根拠（原因）＝目的」なる円環的・動的な構造が漲っていることである。なぜなら愛（神的意志）は、この世界を成立させた「根拠」であるとともに、万物が志向し収斂してゆくべき「目的」でもあるからだ。そして人間の真実の愛は、そうした「根拠＝目的」たる存在（神）の何らか顕現してきた姿であり――既述のごとく、神は「神への愛として」現出してくる――、「万物の神化」の最前線に位置する。（ii）その際、気概や欲望などは、単に下位に服属しているだけではなく、ロゴス的力に支えられるときには、魂・人間の全体を導いてゆくような力として働く。してみればそこに、「身体・質料の復権」が見られ、いわば「万物の変容・生成のダイナミズム」が漲っているのである。

(190)「復活」の内的契機が、まことに透徹した言葉で説き明かされているが、その表現が「現世と来世」との単なる対比を前提としてではなく、現在と未来との時制のもとに為されていることは、改めて注意すべきであろう。つまり、現に在る魂の自由な働き（善きわざと悪しきわざ）とその根拠とが示され、それに応じて「神への関与（復活）」か「神からの分離と裁き（審判）」かということが語られている。それはまずは、われわれの生の「今、ここなる」問題であり、いわゆる復活というものは、そうした切実な現実の真に開花・成就した姿として指し示され望見されることになろう。

(191) ヤハウェ（ehyēh, Ἐγώ εἰμι）（「わたしは在る（在らんとする）」たる神）（出エジプト三・一四）は、時と処とを超えて、まさにイエスにおいて、イエスとして現前している。しかし、人がそのことを真に自らの言葉（ロゴス）として発語しうるのは「真理の霊（プネウマ）」と出会い、それに聴従する限りにおいてであろう。

二二　ロゴスと神的エネルゲイアとの顕現

(192) 諸々の生成したものには異なり（多）が存し、それらの成立の根拠として諸々のロゴスも異なっている。しかし、万物が存立するゆえんの一なる神的ロゴスは、あらゆる関係性を超えており、それ自体としてはわれわれによって決して知られえない。ただし、神的ロゴスの働き（エネルゲイア）の経験からかろうじて、「それが在る」（そして「神が在る」）と証示されるのである。

二三　三一性の成立の構造

(193) ここまでの議論は、アリストテレスが第一原因としての「不動の動者」（神）を導出するくだりとほぼ同じである（『形而上学』、一〇〇五b五―三四、一〇七二a一九―b一二参照）。しかし、この後の展開はアリストテレス的な論の枠組みを大きく超え出て、神的なもの（神性）が「動かし」かつ「動かされる」という不思議な事態を語り出している。

(194) 神的なものが「動かし」かつ「動かされる」ということは、神的エネルゲイアとこの世界、この身との関わりの機微として重要な論点を含んでいる。この点、『雅歌』の表現を用いて言えば、花嫁（人間）が花婿（神）の「愛の矢」に貫かれて、「愛の傷手」を受けたことは――それは「信という魂・人間の善きかたち」の成立でもあろうが――、その方へと「神が動かされること」であろう。が、他方、そうした「愛の傷手」から今度は花嫁たる人間が、姿を隠している（無限なる）花婿たる神をどこまでも愛し求めてゆくことは、そのように「神が動かすこと」であろう。つまり、この有限な世界への「神の脱自的な脱在（ヤハウェ・エヒイェ）」は、「神が動かされること」（ある種の受動）であり、神への「人間の脱自的かつ自己超越的な愛」は、神が人間を自らへと引きつけ「動かすこと」（能動）とされよう。なお、ヤハウェ・エヒイェ（「わたしは在る、在らんとする」なる神名）（出エジプト三・一四）を「脱在」（この世界への到来）と喝破した論として、宮本久雄『ヘブライ的脱在論――アウシュビッツから他者との共生へ』（東京大学出版会、二〇一一年）、『他者の風来――ルーアッハ・プネウマ・気をめぐる思索』（前掲書）など参照。また「神が動かされ、かつ動かす」ということに呼応する論とも思われるが、トマス・アクィナスの「感情論」に着目しつつ、パトス（passio, πάθος）（受動、感情）の諸相を見定め、さらにはキリストのパトス（受難）を新たな視点から照らし出したものとして、山本芳久『トマス・アクィナス、肯定の哲学』（慶應義塾大学出版会、二〇一四年）がある。

二四　意志と生成

(195)　いわゆる世界創造は、神からの必然的な流出ではなく、神の意志と言葉（ダーバール、ロゴス）による。それに対して新プラトン主義は、ト・ヘン（一なるもの）からの必然的流出という把握に傾くであろうが、ヘブライ・キリスト教的伝統は、意志の強調によって神の超越性を際立たせているのだ。ただし、アレイオス派のように「独り子たるキリストが父の意志の子だ」と言うときには、子は父と同等の存在ではなく、「父に従属するもの」（従属説）となってしまう。

二六　父と子とは同一実体（ホモウーシオス）であること

(196)　父と子とは「関係の名」として、相互に区別されるが、同一実体として同じ働き（エネルゲイア）を有する。ただし、神のうちなる三位一体的働きと被造物に対する働きとは、意味としては区別される。

二七　「神」、「父」という言葉について

(197)　神性と人性という二つの自然・本性（ピュシス）から成る「一つのヒュポスタシス・キリスト」が語られているが、ここでの強調点は、両者が思惟（意味）によって区別されつつ、実在的に「一なるキリスト」として存立していることに存しよう。

そしてそのことは、神性と人性との交流した「神人的エネルゲイア」との出会いという確かな経験——使徒たちがその典型であるが、根源的経験における「同時性」からすれば、教父たちもいつの時代の人々においても——から、証示され志向されるのである。

二八　神のうちなる「諸々の自然・本性のロゴス（意味、根拠）」

(198)「知恵」、「善」、「正義」などを「神に帰す」と言われる際、神を被造物との類比や関係性によって捉えることではなく、神の「何なのか」（本質）を限定して知るなどいうことでもない。人はただ、無限なる神に心抜きつつ、自らの最良のものを、いわば供え物として神に捧げることができるばかりである。

三〇　神の子という呼称

(199)「恵みによって神となる」ということの内実は、アレテー（徳）と知との形成による「知の伸展」に存する。つまり既述のごとく、神は「神への脱自的愛として」、この可変的世界に顕現し受肉してくるのだ。（「神となる」という表現は、柔軟に受け取る必要があろう。）

三一　「新しいアダム」たるキリストと、上なる世界の完成

(200)物語風に語られているが、創造と罪とは、通俗的時間把握での先後のことではなく、ある意味で同時的である。なぜなら、人間は創造（人間としての成立）とともに意志しはじめ、そこに同時に、罪（神への意志的背反）も生じてくるからである。

(201)「新しいアダム」たるキリストは、単に過去的な存在ではなく、人間の自然・本性の更新と成就とが何ほどか生起してくることの根拠として、「その都度の今」われわれのうちに現存し、神人的エネルゲイアとして働いていると考えられよう。

(202)神性が人性を全体として摂取したこと（受肉）は、同時にまた人性が神性と結合したこと（神化）として語られている。そうした「受肉＝神化」という事態は、まさにキリストの姿であろうが、現に在る人間はそれとは大きく隔たっており、「受肉＝神化」なるロゴス・キリストの働き（神人的エネルゲイア）に与り、その助けによって多少とも神化への道をゆくほかはないであろう。

（203）神化の道行きにおいては、神的働きと人間的自由の働きとの微妙な協働が認められるが、人間は「神への意志的背反たる罪」にも、いわば自由・意志の構造としてつねに晒されている。それゆえ、神と人間との働きにあって、ある種の循環が無限遡行に陥らないためには、「神なるキリストの無化と受肉」という根源的事態が、すべてに先んじて現存し働いていると考えられよう。それは恐らく、「神の憐れみの先行」ということでもあろう。「すでにキリストにおいて完成されており、後にキリストに即した人々において再び」という言葉は、右に記した事柄の機微を示していると思われる。

三二　十字架についてのさまざまな観想

（204）ここに十字架とは、「不受動心（情念からの解放）（アパテイア）を完全に実践すること」のしるし・象徴と解されている。そうした根拠の働き（呼びかけ）に聴従し与りゆくとき、われわれもまた「キリスト的かたち」に何ほどか形成されるという。

（205）これは不思議な言い方である。恐らく、われわれが霊的に十字架に引き上げられるとき、そこに根拠として現前し働くことによって、「キリストの十字架のわざ」が改めて生成し現実化してくるということであろう。

三三　「ロゴスの受肉」の意味

（206）受肉したロゴスの働き（エネルゲイア）に貫かれ満たされることによって、人間的自然・本性（ピュシス）が神性へ引っ張られ、多少とも結合・一体化されてゆく。もとよりそのことは、現に在るわれわれにとっては最後まで途上の姿においてあり、それゆえ不断の創造という意味合いを有する。

三四　神についての知と不知

（207）神の「何でないか」という「否定を介した何らかの知」は、「神の在ること」の信・信仰（という知）に支えられている。つまり、神的エネルゲイア・プネウマとの出会いによって成り立つ信は、それを何らか受容し宿した「ある種の知」でありつつ無限性に開かれ、徹底した不知に晒されているのだ。

三五　善性の注ぎ、その受容と分有

(208)　万物は自らの分（形相）に応じて、類比的に神的エネルゲイアを分有している。ただ人間のみは（動物以下の存在物とは異なり）、自由・意志による聴従の度合いに応じて、神的エネルゲイアを「より大、より小に」受容し分有しうる。それゆえ人間にあっては、分有ということのうちに、意志的聴従によるいわば「希求のアナロギア」が生じてくるのである。

三六　ヒュポスタシスに即した結合・一体化

(209)　このように「ロゴスの受肉」（神性と人性とのヒュポスタシス的結合）が、あえて「今」のこととして語られている。ある意味でそれは、文中「はじめのこと」（人間の創造）の継続と成就でもあろう。してみれば、創造は、単に過去的な出来事に留まるものではなく、その展開のために時間と歴史を、そしてとりわけ人間の「今、ここなる」自由な応答のわざを必要とすると考えられる。

三七　神的ロゴスの観想の諸方式

(210)　神のロゴスと霊を宿す人にあっては、自己を超えゆくかのような「喜び踊る」わざが発現してくる。洗礼者ヨハネは「ロゴスの胎から」喜び踊り、ダビデは罪の告白を介した浄めと再生から喜び踊るという違いはあるが、結末は同じである。

(211)　既述のごとく、ロゴス・キリストは「神性と人性とのヒュポスタシス的結合」として語られるが、その実体・本質（ウーシア）は無限性の彼方にあって知られざる超越において在る。しかし、その働き（エネルゲイア）は万物を存立させており、人間はそうした神的エネルゲイアとの出会いを経験し、自由に応答しうるのである。

三八　ロゴスとともなる苦難と、ロゴスに即した神的な生

(212)　ここにも顕著に見られるように、証聖者マクシモスのこのあたりの論は、主としてニュッサのグレゴリオスの『モーセの生涯』（前掲書）が解釈の土台としてあり、そのさらなる展開となっている。

(213)　ファラオは「肉への執着」と「欲望」の象徴であり、また蛇（悪魔の化身）は「神への意志的背反たる罪」の象徴である（創世三・一―五）。

(214)　アダムとエバにおけるいわゆる原罪のことであるが、それは単に人類の始祖の犯した過去のことではなく、およそ人間の

自由・意志の負の可能性（悪しく意志すること）が現実化することとして、「その都度の今」のことと解されよう。

四一　存在物の五つの異なりと、それらの統合・一体化

(215) 人間は「自然・本性的紐帯」として、万物の「五つの異なりと分離」を一つに結合し一体化する役割を与えられているという。つまり人間は自由な存在者として、いわば「創造の継続と成就」を、あるいは「不断の創造」を何らか担うべく定められているのだ。そこで以下においては、人間が「五つの異なり」のそれぞれを具体的に結合・一体化してゆく道が示され（一三〇五C―一三〇八C）、さらにはその成立根拠として、ロゴス・キリストの主導的な働きによる「万物の統合・一体化」の道が諄々と語り出されるのである（一三〇八C―一三一二A）。

(216) 神の似像と類似に即した「人間の端的な創造」と「男性と女性との創造」とが（創世一・二六、二七）、現代の大方の聖書学とは異なり、このようにうがって解釈されている。

(217) アレテー（善きかたち、徳）の形成において、魂と身体とはより高次のかたちに結合する。つまり、感覚的なものや身体的なものは決して排除されない。そしてこうした道は、すでに論じられていたように、「アレテーの統合としての愛」という姿に極まるのである。

(218) 被造的世界の「霊的かつ全一的なかたち」（エクレシア）は神の勝義の顕現の姿であり、創造と歴史とはそうした目的へと開かれ定位されている。

(219) 以上のような観点からすれば、キリストの受肉や復活ということも、神的予知（意図）のうちに先んじて存しているであろう。「神の憐れみ」、「人間愛」の先行と言ってもよい。ただ、それらのことが現にこの身に生成・顕現してくるためには、人間の自由な意志的聴従の働きを、そして時間と歴史とを必要とする。とすれば、「キリストは自らが神としてあらかじめ定めたことを、人間として〔意志的〕聴従に即したわざによって成就した」とあるのは、キリストが「永遠と時間との不可思議な出会い（カイロス）を担っていること」、それゆえにまた、「人間の為すべきわざの範型となっていること」を示しているのである。

四二　三つの誕生

(220) ここには、「人間の創造」、「罪による頽落」、そして「キリストの受肉による再形成（再創造）」といった三つの階梯が存し

よう。しかしこれらは、単に数直線上の三つの時点の出来事として対象化（過去化）されてはなるまい。（物語風にはそのように語られるが、その内実が問い披かれなければならないのだ。）それらはむしろ、魂・人間において自らの自然・本性が真に開花・成就してゆく道の三つの契機であろう。すなわち、現に在るわれわれは、いわば自由・意志の構造として、「神への意志的背反たる罪」をも抱えている。が、そうした姿を否定し浄化しうる根拠として、「ロゴス・キリストの受肉存在」の働きが存しよう。つまり、そうした神的ないし神人的エネルゲイアに、自由な意志的聴従を介して与りゆくことがなければ、ほんの小さな「善く意志すること」も、そして人間本性の成就（救い）も現実には生じえないのである。

（221）右に述べたように、「ロゴスの受肉」の働きに与ることによって、人間的自然・本性の救いと更新との力が新たに形成されよう。それは、人間本性（人性）のより善き変容であるとともに、神性とのより大なる結合でもある。言い換えれば、イエス・キリストにあっては「受肉＝神化」であろうが、そうした存在の働き（神人的エネルゲイア）に与ることによって、われわれにおいて神化（神的生命への与り）の道が可能となろう。

（222）ロゴス・キリストが「神性と人性とのヒュポスタシス的結合」として、二つの自然・本性の交流した一なる存在であることについては、とくに本書の第一部「トマスに宛てて」において詳しく論及されていた。が、この一連の文脈では、そのことの中心的位相が、人間的自然・本性の更新（再創造）という観点から改めてあらわにされてゆくのである。

（223）しばしば登場するように、「実体・本質（ウーシア）のロゴス（意味）」はいわば無時間的な意味次元に関わり、他方、「生成（ゲネシス）の方式」は、この可変的世界における現実の生成に関わる。両者は証聖者マクシモスにおいて明確に区別されているが、それは一般に、ヘブライ・キリスト教的伝統の「生成のダイナミズム」に特徴的なことである。（この点、古代ギリシア哲学でのいわゆる形相・本質主義とは根本的な違いが存しよう。）そしてこの点に密接に関わるのが、「魂と身体との関わり」（心身問題）であった。つまり、現に在る人間にとって、魂と身体とは「関係性のもとに」あり、具体的な生成（存立）としては不可欠である。（実体的な意味としては、両者はむろん区別されるのだが。）そこで以下、往時のオリゲネス主義に抗して、「魂と身体との同時的生成」が主張され、その機微が詳細に吟味される。

（224）魂（生命）の誕生・生成は、物質（質料）によるのではなく神的起源を有する。つまり、魂は諸々の質料から成るというよりも、それらを結合して一性を附与し生命を与える働きそのものであり、それはもはや、物質的要素から原因づけられないのだ。

(225)「在ること」、「善く在ること」、そして「つねに（善く）在ること」という基本的な三つの階梯については、本書の一〇七二C、一一一六B―Cなどに詳しい。ここではその三者が、それぞれ「身体からの誕生」、「洗礼による誕生」、そして「復活による誕生」に対応するものとして改めて吟味されている。

(226) 個々のものは神によってあらかじめ思惟され（予知され）、しかも「然るべきとき（カイロス）」に神的意志によって創造される。神の意志（意図）という言葉によって、一なるもの（根拠）からの必然的流出ではなく、神の絶対的超越性が強調されるのである。

(227) 悪は実体ではなく、「善の欠如」であり、自由・意志の悪しき（転倒した）働きがそうした悪の原因となる。（この点については、周知のごとくアウグスティヌスが徹底して探求し明らかにしている。『告白』第七、八巻、『神の国』第一二巻など。）マニ教やグノーシス主義のように「善と悪という二つの根拠（原理）が在る」などと闇雲に主張してはならないゆえんである。

(228) このように言われるとき、その根底には「ロゴス・キリストの働き」との出会いの経験が現存していることが忘れられてはなるまい。神人的エネルゲイアに打たれそれを宿すところに、「信という魂・人間のかたち」（神についてのある種の知）が形成されてくるからである。

(229)（それゆえ、「魂のみが身体を捨てて神と結合してゆく」などとは言えない。これは人間把握の基本であり、くだんの「神化」の内実に関わる。この点、すでに述べたように身体ないし身体性とは、「人間的自然・本性の変容可能性」を担うようないわば素材・道具として、不可欠の役割を有するのである。

(230) 魂は身体を生かす生命力であり、存立の根拠である。つまり、現存する魂なしには、身体の生成（存立）も現にありえないのだ。

(231) 人間・自己の「在ること」は、すでに静止した事実として確保されているのではなく、心披いて神的ロゴス（そしてつまり神的エネルゲイア・プネウマ）を宿すことによって、いわばより大に「在ること」を得る。それはくだんのアレテー（善きかたち）の成立でもある。人間はそうした「在ること」の「より大、より小」（より善く、より悪しく）という生成につねに開かれており、存在論的ダイナミズムとも呼ぶべき動的構造のうちにあるのだ。この意味では、「受肉したキリスト」の働き（神的エネルゲイア・プネウマ）に自由・意志の働きを介して「より善く与るか、否か」は、人間の真の成立（自然・本性の成就）にとっていわば最前線に位置する普遍的問題なのである。

(232)　諸々の存在物（形相）の変容は、単に客体的な出来事として切り離されず、かえって、それらにまみえる人間の「生のかたちの変容」という問題の拡がりのうちで、何らか相関的に捉えられている。ちなみにニュッサのグレゴリオスも、モーセの「出エジプト」の際に引き起こされたさまざまな奇蹟をめぐって、同様の洞察を示している。『モーセの生涯』（前掲書）、I・二五―二八、II・六三―九三など参照。

(233)　すでに言及したように、罪（神への意志的背反）の可能性は、人間の自由・意志の構造によるものとして最後まで残る。とすれば、それに打ち勝ってゆくためには、受肉した神的ロゴスの働き（神人的エネルゲイア）に与りゆくことが、恐らくは不可欠であろう。そこでさらに、自由・意志の働きの逸脱（罪）を否定し浄化する根拠として、「神人的エネルゲイアの現存」、そしてつまり「受肉の現在」という事態が、人間的意志と行為との根底に見出されることになる。

(234)　かくして、くだんの「三つの誕生」は、「在ること」、「善く在ること」、そして「つねに（善く）在ること」という「神（神性、善性）への道行きの階梯」として、改めて捉えられている。そこで、それを成り立たせる導きと摂理は、キリストの復活を通してもたらされるとされるのだ。が、その際、キリストの復活とは、もはや単に過去的な出来事に止まるものではなく、およそ罪（神への意志的背反）を現に「今、ここにおいて」否定し無化するような、「根拠の働き」である。そうしたいわば範型的エネルゲイアに依拠することがなければ、われわれが自らの情念と罪とをなみし否定して、何ほどか神化の道に与りゆくことはできないであろう。そして人間的生のあらゆる場面でその都度の今、絶えず現前する「根拠の働き」とは、恐らくはすべてに先んずる「神の憐れみ」だと考えられよう。

四五　アダムにおける「逸脱（罪）以前の姿」

(235)　知性（ヌース）が世のさまざまなものへの執着や情念にとらわれるとき、それらが心全体を蔽う曇りとなって「不知の闇」が生じる。それは、真に愛されるべきもの（真の目的ないし善）に対して心が開かれることなく、そうした自己に閉じこもった姿であろう。

(236)　ここに「最初の人間」は、逸脱（罪）以前の純粋な姿を保持していたというが、それは通俗的な時間軸上のことではなく、神のロゴスのうちなる「人間の定め（本来的姿）」のことと解されよう。現に在る人間はすべて、そこから逸脱してしまって「罪のもとにある」（ローマ三・九、六・一二など）が、「最初の人間」と言われる際、「われわれの成りゆくべき究極の姿（目的)」が「はじめ(根拠)に存した姿」でもあると観想されている。

(237) 既述のごとく、神的な働き(霊)に出会った根源的な経験から、己れ自身をどこまでも超えゆくかのような愛が生じるであろう。そのようなとき、脱自的愛の志向する「完成された姿」がいわば志向的に知られ、「それ」として指し示されてくるのである。

四七 キリストの神秘の受容と観想

(238) この一連の文章によって、「十字架にかけられること」のさまざまな内的かたちが語られている。すなわち、われわれにおいて何が十字架にかけられ死なしめられるかという階梯が示されるのだ。それは大別すれば、(i)、諸々の罪や情念、(ii)、想像や想念、(iii)、感覚や知性(ヌース)の動きなどが十字架にかけられるといった階梯である。平たく言えば、具体的な罪のわざや情念に死んでいる場合でも、想像や想念からは容易に解放されないであろう。またむろん、完全な不受動心(アパテイア)に達することは、まさに至難である。ともあれ全体として、「実践的哲学」、「自然・本性的観想」、そして「神学的神秘参入」という階梯が、いわば「十字架の階梯」として捉え直されているのである。

(239) 各々の人は右のような階梯にあって、神的な働きに対する意志的聴従の度合に従って、類比的に(アナロギア的に)キリストに分け与る。つまり、神への関与の道行きにおいて、その可能根拠として現存している「キリストの十字架(自己無化)の働き」に与りゆくとき、人間は類比的に「キリストになる」とされている。

四八 信・信仰によって「頭たるキリスト」(受肉したロゴス)に与りゆくこと

(240) ロゴス的力はさまざまな事柄についての知(限定)をもたらす力であるとともに、むしろそれ以上に、自らの存立根拠たる神への「欲求と愛」として捉えられている。そこで、無限性(神)へと開かれた自己超越的な愛が、人の真に問いゆくべきすべての問題の根底に現存するであろうし、またそうでなければならないのだ。

(241) すべての人々が「キリストの体(身体)」であり、「キリストがそうした全一的な体(エクレシア、教会)の頭」であることについては、よく知られているように、一コリント一二・一二—二七、エフェソ四・一—一六など参照。

(242) 身体の部分について象徴的に語られているように、各々の人は神に聴従してゆく姿に応じて、つまり信・信仰の類比(アナロギア）に従って、「キリストを頭とする身体」のそれぞれの部分に与らしめられてゆく。そしてそれは、各人が「霊的により大なるものになってゆく」ような道であり、そこにおいて神が、「類比的に与えられ分有される」のである。なお、人間的生の神秘とも言うべきこうした事柄については、とりわけニュッサのグレゴリオス『雅歌講話』（前掲書）の、第七、第九講話が合わせて参照されるべきであろう。ちなみにエックハルトによれば、「さまざまに分割されたわれわれの生を、秘蹟は単一な仕方で神化することへと集約する」（Sermo, II,n. 15）。このことについてはとくに、中山善樹『エックハルト研究序説』（創文社、一九九三年）参照。

五三　キリストとともに十字架につけられた人

(243)　このように言われるのは、キリストの自己無化の働き（そしてつまり神的エネルゲイア・プネウマ）が、それに意志的に聴従してゆく人のうちに恐らくは時と処とを超えて現存して働くからである。

(244)　この世と来るべき世とが対比されているが、それは単に両者を対象的に分離させているのではあるまい。むしろ「今、こなる」現在を注視しつつ、「この世」における人間のわざと神的な報いとが見定められ、そこからして「来るべき世」のことが予見的な仕方で指し示されているのである。

五八　ロゴス・キリストの復活についての信と不信

(245)　すでに言及したように、「ロゴス・キリストの復活」とは、単に客体的な出来事の報告ではなく、いわば「信仰としての現実」（信仰的事実）である。すなわち、キリストの復活（甦り）は、使徒たちの魂の変容と甦り（神化）とともに、その成立根拠として現存する働き（神的エネルゲイア・プネウマ）の経験の中から、まさに「それ在り」として証示されたと考えられよう。

六一　幕屋についての観想（ロゴスの受肉という摂理）

(246)　幕屋のこうした多様にして一なる意味に関しては、証聖者マクシモスの『神秘参入（奉神礼入門）』（Mystagōgia）に詳しく吟味・探求されている。これについての祖述として、拙著『人間と宇宙的神化』（前掲書）の第八章「エクレシアの諸相とその全一的かたち」を参照。

六五　「在ること」、「善く在ること」、そして「つねに在ること」という階梯

(247)　この基本的階梯については、本書の七、一〇八四B—C、一〇の3、一一一六Bなどで論じられていたが、ここではさらにその内実が明らかにされる。そして、続いて第二、第三の存在様式が、七日目の「安息日」と八日目」の「新しい主日」との内的意味として解釈されている。

(248)　「つねに善く在ること」(神)のみが、真に「在り」、「つねに在り」、そして「善く在る」という。してみれば、それ以外のあらゆるものは、未だ仮初の「在ること」を有しているに過ぎない。言い換えれば、中間のさまざまな存在物の「在ること」(ないし実体)を措定してはならないのだ。そこで、それぞれのものにおける「在ること」のアナロギア的な(類比的な)分有が語られもする。しかし、とりわけ人間にあって、神的エネルゲイア・プネウマへの意志的聴従の度合に即して、「希求のアナロギア」として「在ること」の分有が生じるのだ。そして、そうした人間を紐帯として万物が結合せしめられ、何らか「全一的な交わり(エクレシア)」の形成へと開かれているのである。

七一　神的な受肉の神秘——神の愚かさと遊び

(249)　ちなみに、「流れる静止」について一言すれば、ニュッサのグレゴリオスは「同一のことが静でありかつ動であることは最大の逆説だ」としている。それはつまり、確固とした善(全きアレテーたるキリスト)に拠り頼みつつ、無限なる善(神)へと絶えず伸展・超出してゆく姿を示すものであった。『モーセの生涯』(前掲書)、II・二四二—二四五参照。

(250)　こうした文脈での「神の遊び」とは、無限なる神が自らの超越の境を脱してこの有限な世界と歴史に到来することであろう。それは後の表現によれば、神が「引きつけられること」(受動、パトス)であり、また「自らを超え出ること」(能動、脱自ないし脱在)として捉えられている。このことは、先に述べた「神が動かされかつ動かす」という事態と通底しており、「わたしは在る、在らんとする」ヤハウェ(エヒイェ)の名とも密接に関わっている。この点、本書の二三、註(194)を参照。そして神は、こうした「遊び」(摂理)を通して、われわれを「真に在るもの」、「決して流れゆかぬもの」へと、すなわち神的生命へと導くとされているのである。

参考文献

（以下においては、今回の訳業に際して参考にした主な書物や、内容的に何らか呼応する書物などを、若干挙げておく。）

N. Constas, On Difficulties in the Church Fathers, The Ambigua, Maximus Confessor, ed. and tr. by N. Constas, Harvard University Press, 2014.

Saint Maxime le Confesseur, Ambigua, tr. par E. Ponsoye, Les Editions de l’Ancre, 1994.

A. Louth, Maximus the Confessor, Routledge, 1996.

Maximus the Confessor, Ambigua to Thomas, Second Letters to Thomas, tr. by J. Lollar, Brepols, 2009.

Magimus Confessor, The Classics of Western Spirituality, Selected Wridings, tr. by G. C. Berthold, Paulist Press, 1985.

V. Lossky, Théologie mystique de l’Eglise d’Orient, Aubier, 1944.（V・ロースキイ『キリスト教東方の神秘思想』宮本久雄訳、勁草書房、一九八六年）

ibid., In the Image and Likeness of God, ed. By L. H. Erickson and T. E. Bird, St. Vladimir’s Semary Press, 1974.

J. Meyendorff, Byzantine Theology, Historical Trends and Doctrinal Themes, Fordham University Press, 1974.（J・メイエンドルフ『ビザンティン神学――歴史的傾向と教理的主題』鈴木浩訳、新教出版社、二〇〇九年）

ibid., Christ in Eastern Christian Thougut, St. Vladimir’s Seminary Press, 1975.（『東方キリスト教思想におけるキリスト』小橋毅訳、教文館、一九九五年）

P. Sherwood, O. S. B., The Earlier Ambigua of St. Maximus the Confessor and his Refutation of Origenism, Orbis Catholicus, 1955.

A. Nichols O. P., Byzantine Gospel, Maximus Confssor in Modern Scholarship, T&Ckark, 1993.

L. Thunberg, Man and the Cosmos, The Visions of St. Maximus the Confessor, St. Vladimir's Seminary Press, 1985.
ibid., Microcosm and Mediator, The Theological Anthropology of Maximus the Confessor, 1995.
H. U. von Balthasar, Cosmic Liturgy, The Universe according to Maximus the Confessor, Ignatius Press, 1988.
A. Louth, The Origin of the Christian Mystical Tradition, From Plato to Denys, Oxford, 1981.（A・ラウス『キリスト教神秘主義の源流――プラトンからディオニュシオスまで』水落健治訳、教文館、一九八八年）
A. G.Cooper, The Body in St. Maximus the Confessor, Holy Flesh, Wholly Deified, Oxford, 2005.
『中世思想原典集成』1、2、3巻、上智大学中世思想研究所編訳・監修、平凡社、一九九二―一九九五年。

『フィロカリア』、Ⅰ―Ⅸ、新世社、二〇〇六―二〇一三年。（証聖者マクシモスの著作としては、『愛についての四百の断章』、『神学と受肉の摂理とについて』、そして『主の祈りについての講話』（いずれも谷隆一郎訳）が第Ⅲ、Ⅳ巻に収められている。）

ニュッサのグレゴリオス『雅歌講話』大森正樹、宮本久雄、谷隆一郎、篠崎栄、秋山学訳、新世社、一九九一年。

同『モーセの生涯』谷隆一郎訳、『キリスト教神秘主義著作集』1、教文館、一九九二年。

ディオニュシオス・アレオパギテース『神名論』、『神秘神学』熊田陽一郎訳、『キリスト教神秘主義著作集』1に所収。

『砂漠の師父の言葉』谷隆一郎、鈴木（旧姓岩倉）さやか訳、知泉書館、二〇〇四年。

秋山学『教父と古典解釈――予型論の射程』創文社、二〇〇一年。

有賀鐵太郎『キリスト教思想史における存在論の問題』創文社、一九八一年。

稲垣良典『神学的言語の研究』創文社、二〇〇〇年。

同『トマス・アクィナスの神学』創文社、二〇一三年。

今道友信『中世の哲学』岩波書店、二〇一〇年。

大森正樹『エネルゲイアと光の神学――グレゴリオス・パラマス研究』創文社、二〇〇〇年。

同『東方憧憬――キリスト教東方の精神を求めて』新世社、二〇〇〇年。

加藤信朗『アウグスティヌス《告白録》講義』知泉書館、二〇〇六年。

桑原直己『東西修道霊性の歴史――愛に捉われた人々』知泉書館、二〇〇八年。

坂口ふみ『〈個〉の誕生――キリスト教教理をつくった人びと』岩波書店、一九九六年。

E・スヒレベークス『イエス――一人の生ける者の物語』（第二巻）、宮本久雄、筒井賢二訳、新世社、一九九四年。

関根清三『旧約聖書と哲学――現代の問いの中の一神教』岩波書店、二〇〇八年。

田島照久『マイスター・エックハルト研究――思惟のトリアーデ構造 esse・creatio・generatio 論』、創文社、一九九六年。

谷寿美『ソロヴィヨフの哲学――ロシアの精神風土をめぐって』理想社、一九九〇年。

鶴岡賀雄『十字架のヨハネ研究』創文社、二〇〇〇年。

中山善樹『エックハルト研究序説』創文社、一九九三年。

久松英二『祈りの心身技法――一四世紀ビザンツのアトス静寂主義』京都大学学術出版会、二〇〇九年。

A・J・ヘッシェル『イスラエル預言者』（上、下）、森泉弘次訳、教文館、一九九二年。

同『人間を探し求める神――ユダヤ教の哲学』森泉弘次訳、教文館、一九九八年。

宮本久雄『他者の原トポス――存在と他者をめぐるヘブライ・教父・中世の思索から』創文社、二〇〇〇年。

同『他者の風来――ルーアッハ・プネウマ・気をめぐる思索』日本キリスト教団出版局、二〇一二年。

同、編著『ハヤトロギアとエヒイェロギア』教友社、二〇一五年。

山田晶『トマス・アクィナスのキリスト論』創文社、一九九五年。

山本芳久『トマス・アクィナス　肯定の哲学』慶應義塾大学出版会、二〇一四年。

K・リーゼンフーバー『中世における自由と超越――人間論と形而上学の接点を求めて』創文社、一九八八年。

同『中世思想史』村井則夫訳、平凡社、二〇〇三年。

谷隆一郎『東方教父における超越と自己――ニュッサのグレゴリオスを中心として』創文社、二〇〇〇年。

同『人間と宇宙的神化――証聖者マクシモスにおける自然・本性のダイナミズムをめぐって』知泉書館、二〇〇九年。

同『キリスト者の生のかたち――東方教父の古典に学ぶ』知泉書館、二〇一四年。

谷　隆一郎（たに・りゅういちろう）
1945年，岡山県生まれ，神戸に育つ。1969年，東京大学工学部卒業，1976年，東京大学大学院人文科学研究科博士課程単位取得。九州大学教授を経て，現在，九州大学名誉教授。博士（文学）。
〔著訳書〕『アウグスティヌスの哲学――「神の似像」の探究』（創文社，1994年），『東方教父における超越と自己――ニュッサのグレゴリオスを中心として』（創文社，2000年），『人間と宇宙的神化――証聖者マクシモスにおける自然・本性のダイナミズムをめぐって』（知泉書館，2009年），『アウグスティヌスと東方教父――キリスト教思想の源流に学ぶ』（九州大学出版会，2011年），ニュッサのグレゴリオス『雅歌講話』（共訳，新世社，1991年），同『モーセの生涯』（『キリスト教神秘主義著作集』1，教文館，1992年），『砂漠の師父の言葉』（共訳，知泉書館，2004年），アウグスティヌス『詩編注解（2）』（『アウグスティヌス著作集』18-Ⅱ，共訳，教文館，2006年），『フィロカリア』Ⅲ（新世社，2006年），『フィロカリア』Ⅳ（共訳，新世社，2010年），『キリスト者の生のかたち――東方教父の古典に学ぶ』（編訳，知泉書館，2014年）など。

〔証聖者マクシモス『難問集』〕　ISBN978-4-86285-219-9

2015年10月25日　第1刷印刷
2015年10月30日　第1刷発行

訳　者　谷　隆一郎
発行者　小山光夫
製　版　ジャット

発行所　〒113-0033 東京都文京区本郷1-13-2
電話03（3814）6161 振替00120-6-117170
http://www.chisen.co.jp
株式会社　知泉書館

Printed in Japan　印刷・製本／藤原印刷

索　引

あ　行

か　行

さ　行

た　行

な　行

は　行

ま　行

や　行

ら　行

わ　行

聖書索引